JN187521

銀行理論と情報の経済学

加藤 正昭 著

八千代出版

はじめに

　本書は「銀行理論」について論究・解説したものであるが、金融ビジネス関係者や、新たに金融の勉強を始める人にも理解してもらえるように工夫を施した。第1章で金融や銀行に関する基本的な解説を行い、そして数学モデルの使用を極力避けた（補論の一部を除く）。また事例や数値例を多く挙げて説明を行い、直感的に理解できるようにした。注も多く設け、専門的な説明に加え、基本的な用語解説を加筆した。

　銀行理論は非対称情報問題と深く関わるため、「情報の経済学」を解説する章を独立に設けた点も本書の特徴である。また金融市場と労働市場とは密接な関連を持つため（制度的補完性）、両者の関係に言及し、労働市場についても解説を加えた。

　銀行取引は相対型（あいたい）取引であり、資本市場の市場型取引とは異なる。非対称情報問題などがある場合、市場型取引は困難に見舞われる。そのため「銀行の情報生産」や、「メインバンク関係」など相対型の組織的取引が重要となるが、本書はその解説に力点を置いた。市場整備の進み具合で、組織的取引と市場型取引のどちらが効率的な資金や資源（人的資源を含む）の配分を行えるかが異なる。日本において金融自由化の進展以前では組織的取引の方が市場の失敗を回避し、効率的な金融取引が行えた可能性が高い。しかしそれ以降は市場型取引の効率性が増加したと考えられる。そして金融自由化の進展に合わせ金融市場の整備が進み資本市場も発達したが、同時に日本特有のメインバンク関係などの希薄化が進んだ。しかし今日でも、高度成長期のメインバンク関係とは変形した形態ではあるが、それと同様の機能がワークし得る点にも言及した。

　原稿枚数が出版社の計画を超えたため、執筆した章や節などの割愛や、説明の省略・簡潔化などの修正を行う必要が生じた。その結果、本書は銀行理論に関して網羅的ではないが、ユニークな著書となったと思われる。しかしながら書店の棚に金融関係の書籍が汗牛充棟（かんぎゅうじゅうとう）もただならぬ状況にある中で、本書を新たに出版することの意義は、読者の判断に委ねる外はない。

　著者は家族の介護で筆が遅れたが、八千代出版代表取締役・森口恵美子氏は

忍耐強く見守り励まして下さった。著者は介護疲れで一時鬱状態にあったが、本書執筆で鬱からの脱却の良薬が知的好奇心であることを知った。ただし良薬の服用で、特定テーマに偏った点は読者のお許しを乞いたい。そして本書執筆の機会を下さり、支えて下さった森口恵美子氏と、編集段階でお世話になった御堂真志氏には、この場を借りて心から謝意を表したい。また大東文化大学の郡司大志氏、土橋俊寛氏は本書の原稿を読み有益なコメントを下さった。合わせて謝意を表したい。

　ビジネス界、特に金融業界は荒海である。入社当初の内海（うちうみ）での穏やかな航海も、やがて外海（そとうみ）へと出るときが来る。アダム・スミスの表現を借りれば、"ハーキュリーズの円柱（Pillars of Hercules）を超えねばならない"（『諸国民の富』第一篇第三章）。ギリシャ神話ではハーキュリーズ、別名ヘラクレスが山を2つに裂きジブラルタル海峡を創ったが、裂かれた山は岬となりハーキュリーズの円柱と呼ばれた。古代世界で最も危険な冒険であると考えられたジブラルタル海峡を超え、外洋に舟出する勇気と知性が、今やグローバル展開するビジネスの勝者に必要である。

　ビジネス界に舟出すれば、ハーキュリーズの円柱を超えるときが来る。銀行理論・金融を理解することは、その航海で必要な海図を手に入れることであり、羅針盤を手に入れることである。

　今や複数のIT企業が人工知能やビッグ・データを用い、決済や融資を含む様々な革新的金融ビジネス（＝フィンテック革命）を始動させており、波は激しさを増している。本書を通じて銀行や金融の理解を深め、古代世界で熟練航海者であったフィニシア人やカーサジア人にも勝り、読者の航海が順風満帆となることを祈念して止まない。

2016年初春

加藤　正昭

目　　次

はじめに　*i*

第 1 章　銀行の資産変換と決済機能 —————————————— *1*
第 1 節　金融とは何か？　*1*
1.1　お金を持つことが最強であるか？　*1*　　1.2　資金の融通　*4*
第 2 節　金融の分類　*6*
2.1　直接金融と間接金融　*6*　　2.2　市場型取引と相対型取引　*10*
第 3 節　間接金融の資産変換機能　*12*
3.1　間接証券の小口化の利点　*12*　　3.2　銀行のリスク分散　*13*
3.3　期間のミスマッチ解消　*14*
第 4 節　銀行の決済機能　*16*
第 5 節　銀行機能の相乗効果　*19*

第 2 章　情報の経済学 I ——逆選択（レモン問題） —————————— *25*
第 1 節　情報の不完全性　*25*
1.1　不確実性と非対称情報　*25*　　1.2　隠された知識と行動の問題　*27*
第 2 節　自然淘汰と逆選択　*28*
2.1　逆選択と需要不足　*28*　　2.2　グレシャムの法則　*30*
2.3　逆選択の定義　*31*
第 3 節　財市場における逆選択　*32*
第 4 節　貸出市場における逆選択　*34*
第 5 節　情報生産による逆選択防止　*36*
5.1　情報生産の種類　*36*　　5.2　銀行の情報生産　*38*
第 6 節　逆選択防止策——シグナリング　*41*
6.1　シグナリング　*41*　　6.2　無形資産によるシグナリング　*42*
6.3　保証書および SNS　*45*　　6.4　負債によるシグナリング　*47*
6.5　負債シグナルの応用　*48*
6.6　金利と担保によるシグナリング　*50*
6.7　社債によるシグナリング　*51*
6.8　格付けによるシグナリング　*53*
第 7 節　逆選択防止策——継続取引　*53*

補論I　　異時点間取引と非対称情報問題　*55*
　補論II　　銀行による情報生産の理由　*57*
　　II.1　情報生産機関の存立可能性　*57*
　　II.2　銀行による情報生産の必要性　*65*
　補論III　　労働市場のシグナリング　*72*
　　III.1　スペンス・モデル　*72*　　III.2　職種選択モデル　*74*
　　III.3　出世モデル　*76*

第3章　情報の経済学II——モラルハザード問題　——*95*
　第1節　モラルハザード問題　*95*
　　1.1　巨大な釘の話——隠された行動の問題　*95*
　　1.2　プリンシパル＝エージェント理論　*96*
　　1.3　モラルハザード問題の前提　*96*
　第2節　モラルハザードの定義　*98*
　　2.1　モラルハザードの定義　*98*
　　2.2　モラルハザードと"サボる"こと　*99*
　第3節　モラルハザード・モデル　*100*
　　3.1　資本と経営の一致モデル　*100*
　　3.2　資本と経営の分離モデル　*102*
　　3.3　銀行と企業のモデル　*103*
　第4節　モラルハザード防止策の分類　*104*
　第5節　誘因両立性条件　*105*
　　5.1　担保の役割　*106*　　5.2　均衡信用割当　*107*
　　5.3　ホールドアップ問題　*108*　　5.4　ストック・オプション　*112*
　　5.5　資本市場を通じた企業統治　*114*
　第6節　動学的取引によるモラルハザード防止　*116*
　第7節　銀行の情報生産と経済発展　*118*
　　7.1　ランダム・モニタリング　*119*
　　7.2　銀行のモニタリングと企業統治　*120*
　　7.3　銀行融資が効率的な局面　*122*
　　7.4　ベンチャー・キャピタル　*124*
　　7.5　銀行の経営コンサルティングと外部効果　*126*
　補論I　　モラルハザードの定義とメインバンク　*129*

補論Ⅱ　賃金スキーム（誘因両立性条件）　*132*
補論Ⅲ　ホールドアップ問題と無形資産の有無　*139*
補論Ⅳ　「均衡信用割当」理論　*141*

第4章　日本の金融システムと銀行の役割 —————— *157*
第1節　メインバンク関係　*158*
1.1　メインバンク　*158*　　1.2　メインバンクの特徴　*160*
1.3　メインバンクの特徴と情報生産との関連　*160*
1.4　メインバンク関係の外部効果　*184*
1.5　メインバンク関係の将来展望　*189*
第2節　戦後日本の金融システム　*192*
2.1　市場の失敗と金融規制　*192*　　2.2　金融規制　*194*
2.3　日本の金融自由化　*197*　　2.4　バブルの膨張と破裂　*202*
2.5　市場型金融システムへの移行　*206*
2.6　ユニバーサルバンクとアンバンドリング　*209*
補論Ⅰ　メインバンク関係とホールドアップ問題　*215*
Ⅰ.1　企業が直面するホールドアップ問題　*215*
Ⅰ.2　メインバンクが直面するホールドアップ問題　*217*
補論Ⅱ　高度成長期の長信銀の役割　*220*

第5章　銀行取り付けと金融パニック —————— *243*
第1節　銀行取り付け　*243*
1.1　銀行資産の形態　*244*　　1.2　非流動資産の流動化　*245*
1.3　貸出債権譲渡　*246*　　1.4　証券化　*249*
第2節　「サンスポット型」銀行取り付け　*253*
第3節　「情報掌握型」銀行取り付け　*260*
3.1　預金者の情報生産　*260*　　3.2　情報生産の限界　*264*
第4節　金融パニック　*266*
補論　貨幣発行自由化論と銀行取り付け　*267*

第6章　信用秩序維持政策 —————— *285*
第1節　金融システム安定化対策　*285*
1.1　日銀のアナウンスメント効果　*285*

1.2　情報開示義務政策　*287*　　1.3　支払停止措置　*289*
  第2節　信用秩序維持政策　*291*
    2.1　預金保険制度　*291*　　2.2　預金保険のゲーム理論分析　*293*
    2.3　預金保険料とモラルハザード問題　*296*
    2.4　日銀のラスト・リゾート機能　*296*
    2.5　自己資本比率規制　*297*
    2.6　金融システムの未来——リーマン・ショックを超えて　*300*
  補論Ⅰ　銀行の情報公開と参入規制　*304*
  補論Ⅱ　銀行取り付けの進化論ゲーム分析　*312*
    Ⅱ.1　銀行取り付け　*312*　　Ⅱ.2　預金保険　*316*
    Ⅱ.3　早期是正措置　*317*　　Ⅱ.4　λがESSになるケース　*317*

結びに代えて—実用と信頼の美しい社会に向けて—　*331*
索　　引　*337*

第1章

銀行の資産変換と決済機能

第1節　金融とは何か？

1.1　お金を持つことが最強であるか？

"Money makes the mare go."（"金はしぶとい雌馬をも歩かせる"――地獄の沙汰も金次第）ということわざがある。ではビジネスで、持っていて最強なものは何であろうか？

「お金」、「天然資源」、「土地・建物」、「労働力」、「ハイテク機械」、「独自の優れた知識」のうち、どれか一つを持てるならば、何を持つのがビジネスで最強であろうか？

ことわざに従い、「お金」と答える人が多いかもしれない。しかし正解は「独自の優れた知識」である。知識（アイデア、技術、情報）には独自の製品開発の知識や、新しい販売方法の知識など多様なアイデアが含まれる。ビジネスに「お金」は不可欠であるが、所有していなくてもよいのである。そのことを、6つの章から成る本書の俯瞰を兼ねて以下で説明しよう。

「独自の優れた知識」――例えば映画にもなったアップル社の創設者スティーブ・ジョブズ氏のような商品開発の知識――を持てば、必要な資金は世界中から集まる。

逆にお金を充分に持っていても、ビジネスで最も重要な知識は買えない。なぜならば、相手が売らないからである。売ってしまうよりも、自分がそのアイデアで起業した方が大儲けできるからである（ここではそのような優れた知識を前提にしている）。

優れた商品開発の知識をもとに起業すれば、近い将来に高い成功確率で高収益を獲得できるため、資金調達が行える。起業家は調達した資金で当該プロジェクトを推進し、将来獲得できる高収益から高金利を債権者に支払う契約を結べ

る。債権者（投資家）はその高金利でリスクも適度な金融商品を喜んで購入する（すなわち資金を供給する）。独自の優れた知識さえ持てば、多額の資金を世界中から集めることができ、そのアイデアを実現できる。

　資金さえ集まれば、「労働力（技術者などを含む）」も世界中から高賃金で集められ、「天然資源」、「土地・建物」、「ハイテク機械」なども高値を払えば容易に集められる。高値を払える理由は、高値を払えるくらい大儲けできる優れたアイデアを持っているからである。

　しかしながら問題が一つ残る。先ほど最も重要なものは「優れた独自の知識」と述べたが、実はもう一つ重要なものがある。もし読者の脳裏に新商品の優れたアイデアが浮かんだとして、では本当に資金調達できるであろうか？　資金調達さえできれば設備投資を実行し、その優れた商品を生産し、人々から人気を博して大儲けできる。そして世界中の人々はその新製品を手にして便益（消費者余剰）を得られる。しかし、資金調達ができなければ、そのアイデアは"幻(まぼろし)"に終わる。

　では、そのアイデアが優れたものであることを、どのように投資家に伝えたらよいのであろうか？　投資家は企業家ほどには、その商品開発に関わる知識を持っていない（その独自アイデアは企業家の独占物）。人々は生産された商品を実際に手にして利用してみれば、その良さがわかるであろう。あるいは利用者からよい「評判」を聞けば、その良さを知ることができるかもしれない。しかし生産される前の段階で、そのアイデアを聞いて、"先見の明"があるとは限らない人々は、"つまらぬアイデアだ"としか思わないかもしれない。

　金融取引において、優れたアイデアや優れた技術を有する企業であることを示す"何らかのシグナル"を発して市場に伝達しなければならない。無名だが一流技術を持つ企業が、他人の目に三流企業に映ることは多々ある。その問題を克服できない限り資金は集められない。その克服方法は、「情報の経済学」における**シグナリング理論（第２章）**であり、資本市場に有望性のシグナルを発する方法である（評判の形成をも含む）。

　もう一つの解決策として、専門知識（情報）を蓄積している銀行に審査してもらい、その有望性を理解してもらった上で融資を受ける方法がある（銀行による「事前」の情報生産＝審査、**第２章**）。そのように資金調達は、資本市場（＝証

券市場）を利用する方法と、銀行を用いる方法とに大別できるが（**第1章**）、いずれの場合でも企業が有する独自の知識の有望性を何らかの方法で資金供給者に理解してもらう必要がある。

　ところで問題はまだ残されている。読者のアイデアが優れたものであることを投資家に理解してもらえたとして、次にそのビジネスに起業家である読者が真摯に取り組むことを投資家に信じてもらわなければならない。アイデア自体の有望性を理解してもらえたとしても、ビジネスに全力投球をせず怠惰に行う（＝モラルハザードを起こす）可能性を疑われれば、資金は集められない。なぜならばビジネスを怠惰に行えば、成功確率が低下する（＝資金の返済確率が低下する）からである。

　そのため、全力でビジネスに打ち込むことを何らかの方法で示す必要があるが、それは「情報の経済学」におけるモラルハザード問題を防ぐ**誘因両立性条件**を成立させることである（**第3章**）。また別の方法は、銀行が融資を行い、企業経営者がビジネスに全力投球していることを銀行が監視することである（銀行による「事後」の情報生産＝モニタリング、**第3・4章**）。

　J. A. シュムペーターは『経済発展の理論』の中で、資本主義経済の発展は、企業家による新結合（＝技術革新のことで、「独自の優れた知識」に該当）と、それに資金を供給する銀行の役割が重要であると主張した。シュムペーターは銀行の資金供給、特に信用創造により、多くの資金が新結合およびそれに派生する産業に供給されることを重視した。しかし情報が完全ではない現実の経済において、銀行に関していえば企業統治を含む**情報生産**が重要であり、例えば**メインバンク関係**が重要である（**第4章**）。

　実は「**独自の優れた知識**」に加えて必要なものは、「**整備された金融システム**」である。整備された金融システムとは、金融関連法の整備や、最低限必要な金融規制や信用秩序維持政策を包摂する概念であるが、その下で企業は「シグナリング」や「誘因両立性条件」の成立を示し、資金調達を円滑に行える。またその下で、銀行は情報生産（審査やモニタリング）を効率的に行え、有望な投資プロジェクトに融資が行える。

　整備された金融システムの下では様々な金融商品が取引される。利潤動機で様々な金融商品が金融機関により開発されるからであり、それらの自由な取引

を通じて、結果として市場原理の下で効率的な「資金配分」を通じた最適な「リスク分散」や「リスク分担」が行われる。

しかし金融システムには**銀行取り付け**や**金融パニック**（第5章）という脆弱性が潜むため、「整備された金融システム」を維持するためには**信用秩序維持政策**（第6章）が不可欠である。

1.2　資金の融通

"金融とは何か？"この答えは簡単でもあり、同時に複雑でもある。まず簡単な答えを答えよう。「金融とは黒字主体の余剰資金を赤字主体に融通すること」である。

黒字主体とは所得よりも支出が少ない主体のことであり、**赤字主体**とは逆に所得よりも支出が多い主体のことである。つまり「お金」が余っている人が「お金」に不足している人に、その余った資金を貸すことが金融であるというのが簡単な答えである。

しかしそう簡単に「お金」を貸せるであろうか？　もし返してもらえなかったら？　貸す相手を信じることができるか？　取引相手をよく知らない場合どうすれば資金の融通を円滑に行えるか？　それらの疑問に対して一言では答えられない。その複雑な方の答えは、本書全般を通じて説明していくことになる。

ところで資金の融通は贈与と異なり、将来時点で返済を伴う。したがって簡単な方の答えを言い換えて、「金融とは現在の購買力と将来の購買力との交換である」ということができる。少し複雑になったが、これは簡単な方の答えである。

購買力とは、市場で取引される財を入手できる力を意味する（財またはサービスを「財」と呼ぶ）。日本では**日本銀行券**（="お札"）を用い、市場で取引される財を購入できる（"コイン"も同様）。それは日銀券が貨幣として**国民の信認**を得ているからであり、日銀券は購買力を有する。日銀券を保有する主体は、現在買いたい財がなければ手許（てもと）に日銀券を置いておくこともできるが、その場合は何の交換も行われていない。しかし日銀券を貸し出せば、その分だけ現在の購買力を失う（＝その分「現在」買い物ができない）が、「将来」の返済時点で購買力を獲得できる。また、現在の購買力と将来の購買力との交換で、利子などの収

益を得た分だけ将来の購買力を増やせる（購買力を増やし得る場合に交換に応じる）。

金融は現在と将来の**異時点間取引**であるため、不確実性を伴う。すなわち債務不履行リスク（お金を返せないリスク）が生じる。債務不履行リスクは信用リスクとも呼ばれるが、資金が返済されなければ貸し手は損失を被る。しかし同時に借り手も破産する（または担保を取り上げられる）など痛手を被る。なお、資金貸借に関して、将来インフレになれば資金の貸し手は不利化し（借り手は有利化し）、デフレになればその逆となるが、ここではインフレ・デフレを捨象して議論する。

ところで、現在の購買力（今持っている日銀券）と将来の購買力とを交換することは、日銀券を支払って将来の購買力を購入することである。将来の購買力は証券（手形、貸出債権、社債など）の形をとるのが通常であり、証券は利子収入などの獲得を目的に購入される。

逆に現在の購買力不足、例えば怪我を今日したが入院費が不足する人の場合、資金を融通してもらい治療をすぐに行い、退院後（将来）に働いて資金を返済したいと思うであろう。返済時に利子を支払ってでも現在の購買力を獲得し、早く治療したいと思うのが普通である。この場合は将来の購買力（将来所得）と交換に、現在の購買力（入院費）を獲得するケースに該当する（この議論では医療保険を無視している）。

資金の融通が円滑に行われれば、資金の貸し手（黒字主体）と借り手（赤字主体）の双方が有利となり得る。貸し手は現在の購買力を犠牲にし、かつ資金が返済されないリスクを負うが、利子など収益の増加分だけ将来の購買力を増やすことができ得る。それが有利と思われる場合、余剰資金を供給する。また借り手は将来に資金（元利金）を返済しなければならず、将来の購買力が減るが（返済する元利金の分だけ減るが）、現在必要な購買力を獲得できる。借り手は将来資金を返済できないかもしれず、破産するなどのリスクを負う（破産時に不効用を被る）。しかし現在の購買力が必要な場合、例えば今すぐ怪我の治療費を調達したい場合や、今が大きなビジネス・チャンスの場合などは、資金を需要する[1]。

利子率は「市場型取引」の場合、貸出期間やリスクなどを反映して資金市場の需給で決まる。銀行取引など「相対型取引」では、貸し手と借り手の交渉力などを反映して利子率は決まる。なお株式会社は、資金の借入に加え（「社債」

発行や「銀行借入」などに加え)、「株式」を発行して資金を調達することもできる。株式発行で資金を調達した場合、企業は株主に資金を返済しないが、企業利潤を各株主に対して持ち分(持ち株比率)に応じて配当する。株主は買ったときの株価よりも高い株価で当該株式を売ることができれば儲かるため、キャピタル・ゲイン目当てで株式を購入する場合もある(売却しなければ「含み益」を得る)。むろん、逆に株価が下落すれば、売却時にキャピタル・ロスを被る(売却しなければ「含み損」となる)。また株主は株主総会で「議決権」を行使できるため、議決権の獲得を目指して株式を購入する場合もある。

　黒字主体から赤字主体に円滑に資金が融通されれば経済厚生を増大できる。効率的な金融取引のためには、金融に関わるリスクの軽減(**リスク分散**)や最適な**リスク分担**、金融取引の**取引費用**の軽減、そして**情報の非対称性**の問題への対処など、考慮しなければならない問題が多数ある。金融の仕組みを理解することは、それら諸問題を認識し、その解決方法を理解することでもあり、また同時に金融が経済全体に及ぼす影響を理解することでもある。

第2節　金融の分類

2.1　直接金融と間接金融

　黒字主体(貸し手)から赤字主体(借り手)への資金融通を、銀行など**金融仲介機関**が両者の間を仲介するケースと、そうでないケースとに分けることができる[2]。前者は預金証書など間接証券の発行を伴うため**間接金融**と呼ばれ、後者は間接証券の発行を伴わず本源的証券の直接的取引のため**直接金融**と呼ばれる。ガレイ＝ショウによる上述の二分法を用いて、銀行の資産変換機能を考察しよう(図1-1参照)。

　赤字主体は資金調達の際に**本源的証券**(＝債務証書)を発行する。黒字主体はその本源的証券を購入することで資金供給を行う。借り手は本源的証券を発行して貸し手に渡し、資金を受け取る。換言すれば、貸し手は本源的証券を借り手から買う(＝資金を渡す)わけである。それを購入する理由は、将来において利子などの収益を稼げる見込みがあるからであるが、債務不履行リスクを負う。

　赤字主体が資金調達のため発行する本源的証券は、借入証書や社債など様々

図 1-1　直接金融と間接金融

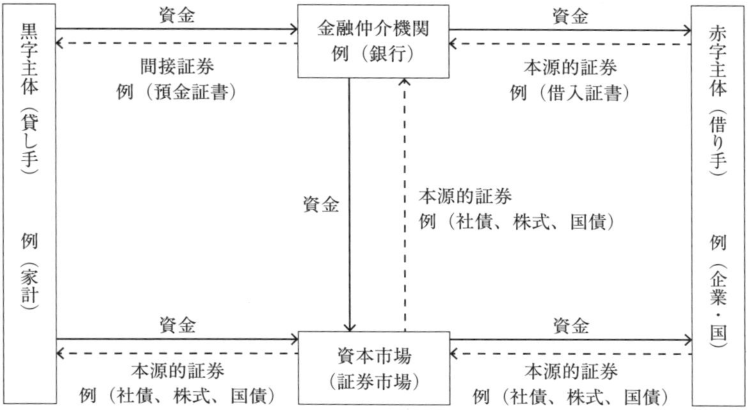

```
黒字主体（貸し手）例（家計）
    ─資金→　金融仲介機関　─資金→　赤字主体（借り手）例（企業・国）
    ←間接証券　例（預金証書）　　　例（銀行）　　　←本源的証券　例（借入証書）

                    ↑資金　↓本源的証券　例（社債、株式、国債）

    ─資金→　資本市場（証券市場）　─資金→
    ←本源的証券　例（社債、株式、国債）　　　←本源的証券　例（社債、株式、国債）
```

な形式のものが存在する。ところで、黒字主体が赤字主体の本源的証券をそのままの形で購入する場合（＝社債などのままの形で購入する場合）、それは直接金融と呼ばれる。他方、赤字主体と黒字主体の間に銀行や保険会社など金融仲介機関が介在し、**間接証券**（預金証書や保険証書など）が発行される場合は、間接金融と呼ばれる。

　図 1-1 の下半分は「直接金融」を表し、赤字主体が発行した本源的証券をそのままの形で黒字主体が購入して資金を供給している。それに対して図 1-1 の上半分は「間接金融」を表しており、銀行などの金融仲介機関が仲介して間接証券（預金証書など）が発行される形で資金の供給が行われている。

　企業（＝赤字主体）が必要とする設備投資資金を家計（＝黒字主体）が融通する場合を考えよう[3]。まず直接金融を考え、家計が企業の新規発行の「社債」を買う場合に注目しよう。社債とは企業が発行する債務証書の一種である（普通社債を考える）。家計は資金を企業に渡す見返りに「社債」（本源的証券）を受け取る。家計は当該企業の社債を資本市場（＝証券市場）で買うが、実際は証券会社を通じて買う（家計は証券会社に手数料を支払う）。すなわち企業と家計の間に証券会社が介在するわけであるが、社債という本源的証券がそのままの形で企業から家計へと渡るため、直接金融に分類される[4]。なお、資本市場とは、社債・国債・株式などの有価証券が取引される市場である[5]。

第 1 章　銀行の資産変換と決済機能　　7

次に間接金融について考えよう。図1-1に示される金融仲介機関は、間接証券を発行し、それを黒字主体に売却して得た資金で赤字主体が発行する本源的証券を購入する（＝資金を供給する）。金融仲介機関は、「銀行」・「保険会社」・「信託会社」などであるが、それぞれ間接証券として「預金証書」・「保険証書」・「信託受益権証書」を発行して資金を集め、その資金で企業などが発行した本源的証券を購入して資金の貸借を仲介する。

　では金融仲介機関として「銀行」を考えよう。銀行は「預金証書」という間接証券を発行し、それを預金者に売って資金を集める。家計が銀行に1万円を預金するということは、家計は1万円分の預金証書を銀行から買うことを意味する。家計は1万円を銀行に支払い、1万円と記帳された預金通帳（預金証書という金融商品）を受け取る。銀行は多くの家計に預金証書を売って得た資金をプールし、それを用いて企業の本源的証券を買う。例えば企業に1億円を貸し出す場合、銀行は企業が発行する本源的証券である1億円の借入証書を購入する（＝1億円の融資を行う）。銀行による金融仲介の過程で間接証券（預金証書）が発行されるが、**銀行は間接証券を本源的証券に変換**したわけであり、それは銀行の**資産変換機能**と呼ばれる。

　「資金配分」の決定を考えると、直接金融の場合の資金配分の主な決定者は、金融商品を所与とすれば、資金の貸し手であることが多い。すなわち貸し手がどのような金融商品をどれだけ購入しようと考えるかにより、資金配分は主に決まる。むろん、証券会社は資金の借り手に対し、どのような証券（金融商品）をどの時点でどれだけ発行するのかを助言するため、証券会社も資金配分に関与する。また証券会社や銀行などが新しい金融商品を開発すれば、資金配分に影響を与える。そして直接金融の場合、購入した証券に関するリスク（価格変動リスクや債務不履行リスク）を資金の貸し手が負担する（投資家の自己責任）。

　それに対し、「資金配分」に関して間接金融では、例えば銀行を考えれば、資金の貸し手である預金者は、資金配分（どの企業にどの時点でどれだけの金額の貸出を行うか）には直接的に関与しない（むろん、預金者はいくら預金するかにより資金配分に関与する）。銀行により融資方針が異なるため、預金者は各銀行の融資方針を見定めて預金先の銀行を選べば、資金配分に関与できる。しかし小口預金者の多くは銀行の融資方針には頓着せず、利便性を優先させ家の近くにある銀

行に預金することが多い。すなわち「資金配分」の決定者は、間接金融では主に金融仲介機関であることが多い。また銀行が破綻しない限り、預金は元本が保証されており、預金者はリスクを負担しない（銀行破綻時に小口預金者が預金保険で保護される点は、第6章参照）。

次に図1-1の垂直方向の矢印に注目しよう。それは金融仲介機関が資本市場で社債・株式・国債など本源的証券を購入することを示している。金融仲介機関は資金の一部を用いてそれらの金融商品を購入して資金運用を行い、運用益を得る活動も行う。ところで、上述の直接金融と間接金融の分類は単純であったが、より複雑な場合もあり得る。

ある経済主体（例えば銀行）が「本源証券」（例えば貸出債権）を購入し、同時に「別の証券」（例えば預金証書）を創出し、その創出した証券を売却することで資金を集め、資金供給を円滑化させることが間接金融の本質である。その考え方によれば、「証券化」（第5章）も間接金融に分類可能である。証券化とは、SPV（特別目的会社）が貸出債権などの本源的証券を銀行から購入し、それを裏付けに別の証券（小口化した証券化商品）を発行して多数の投資家に売却し、資金の融通を円滑化させる仕組みである。SPVが銀行から本源的証券を購入すれば、赤字主体と黒字主体との間に仲介機関として銀行とSPVとが二重に介在することで、本源的証券を間接証券に変換する機能を果たすことになる。

ところで、銀行が「貸出債権譲渡」（第5章）を行う場合は、銀行は貸出債権（本源的証券）を別の証券に変換せず（＝資産変換を行わず）、そのままの形で他の経済主体に売却(転売)する。ある銀行が保有する貸出債権を別の銀行に売却し（＝貸出債権譲渡）、その売却資金で企業に融資を行えば（＝その企業の借入証書を購入すれば）、その資金融通の過程では間接証券が発行されておらず、直接金融に分類可能である。

「**間接金融**」は、**銀行・保険会社・信託会社**が金融仲介をして**間接証券を本源的証券に変換**（資産変換）する形式で金融を行うことであると定義されることが多く、本書でもその定義を踏襲する。そして「**直接金融**」は**間接証券の発行を伴わない金融**と定義される。

実際には、銀行は預金で資金を集めると同時に、貸出債権譲渡や証券化などで保有する債権を流動化し（＝資金調達に該当）、また保有する国債などの資産売

却で資金を得たりする。さらにインターバンク市場（第5章（注27）参照）から資金を調達したりもする。銀行はそのように多彩な方法で獲得した資金を貸出に回したり、有価証券で運用したりする。したがって現実の金融の形態は上述の二分法に収まらずに複雑化するが、図1-1の上半分の間接金融と下半分の直接金融とに単純に二分化して考えると、金融仲介機関の役割を明瞭化して理解できる利点がある。

ところで直接金融と間接金融に関して資金配分の観点から相違を考えたが、図1-1を見れば、両者とも黒字主体（家計部門）から赤字主体（企業部門）に資金が融通されており、"構造において大差ないのではないか？"という疑問が生じるかもしれない。しかし両者は資金融通に関して機能上の大きな相違があるため、それを第3節で見ていきたい。

2.2 市場型取引と相対型取引

金融を「直接金融」と「間接金融」に分類したが、今度は別の観点に立脚し「市場型取引」と「相対型取引」とに分けてみよう。社債や株式など有価証券が売買されるオープンな市場は資本市場（＝証券市場）と呼ばれ、その価格は多くの市場参加者の需給を反映して決まる。したがって社債や株式を資本市場で購入する場合、同一銘柄を同一時点で購入すれば、経済主体の間で購入価格に差が出ない。そのような取引は**市場型取引**（market-based transaction）と呼ばれる。

それに対して、銀行が企業に融資を行う場合、金利や返済期日・担保などの条件は企業ごとに異なる。そのような一対一の取引は**相対型取引**（negotiated transaction）と呼ばれる[6]。

企業が資本市場（市場型取引）で資金を調達する場合、投資家に企業の財務内容などの情報が知られている必要がある。大企業の場合、「財務諸表」の内容がよく、またそれを反映して「優良格付け」を得ているため、投資家はリスクが少ないなど有望性を判断し得る。大企業は、知名度も高く資本市場から資金を調達しやすく、資本市場には多数の投資家が参加するため、多額の資金を調達できる。それに対して、無名企業で低格付け企業の場合、資本市場からの資金調達は難しい。そのような企業は銀行に融資を申し込む方法を選ぶ（ベンチャー・キャピタルについては第4章で言及する）。その企業が銀行の審査にパスすれ

ば、融資を受けられる。無名企業で低格付けの場合でも、銀行が当該企業の将来性を見出せば（＝資金返済の見込があれば）、銀行は融資を行う。

金融取引に関して「市場型取引」が行われる市場の中で「狭義の金融市場」と呼ばれる市場があり、それは「短期金融市場」と「長期金融市場（資本市場）」から成る。前者は「インターバンク市場」と「オープン市場」とで構成され、後者は「公社債市場」と「株式市場」とに分けられる。その狭義の金融市場に「外国為替市場」、「金融派生商品市場」を含めたものが市場型取引に関する「広義の金融市場」である。

金融取引に関して「相対型取引」が行われるのは、「貸出市場」と「預金市場」とである。預金が相対型取引に分類される理由は、例えば大口預金であれば預金者と銀行との交渉で預金金利が決まるからであるが、普通預金も相対型取引に分類される[7]。「市場型取引」に関する「広義の金融市場」に、「相対型取引」である「貸出市場」と「預金市場」とを加えたものが包摂的な金融市場の全貌である。

銀行が家計から預金を集め、その一部の資金で新規国債を買う場合を考えてみよう。家計から集めた預金は相対型取引である。しかし銀行が購入した新規国債は市場で購入したものであり市場参加者にとって同一条件で取引される（図1-1の垂直方向の矢印）。その場合、銀行は国債という本源的証券を購入して国に資金供給をしたが、その資金を預金証書という間接証券を発行して家計から集めたわけである。この場合、「相対型取引（預金）」と「市場型取引（国債）」とが混在している。

それに対して銀行が預金で集めた資金を企業に融資する場合は、「相対型取引」のみで完結する。また銀行が株式や劣後債（金融債）などを発行して資金を集め、その資金で新規発行の国債・社債・株式を買う形で国や企業に資金を供給すれば、その過程では間接証券が発行されておらず、その限りにおいて「市場型取引」で完結する。

非公開株式や私募債を個人間で売買する場合は、間接証券の発行を伴わない直接金融であるが、「相対型取引」である。投資信託は証券会社などが投資家から資金を集め、その資金を株式や社債、国債などで運用し、運用益を投資家に分配する仕組みである。投資信託委託会社が信託銀行と信託契約を結び、投

資信託委託会社が受益証書を発行するが、それを証券会社などが投資家に売る。投資信託の受益証書は間接証券であり、それを投資家に売った資金が本源的証券（株式、社債、国債）の購入に向けられる。投資信託は間接証券（受益証書）の発行を伴う「間接金融」であるが、「市場型取引」である。

第3節　間接金融の資産変換機能

3.1　間接証券の小口化の利点

"devil's advocate"（悪魔の代弁者）とは、議論を活発化させるため、自分の考えと反対のことをあえて提起する人を表す言葉である。時として経済学者は"悪魔の代弁者"にもなる。ここで先に読者の脳裏に浮かんだ疑問を再浮上させることにしよう。図1-1を見れば、間接金融も直接金融もどちらも黒字主体の資金が赤字主体に供給され、その逆方向に証券が渡っている。"両者は資金融通の観点から本質的に同じでないか？"という疑問が生じるかもしれない。以下で両者の相違点を考察することで、銀行の資産変換機能への理解を深めよう。

人々が銀行に預金する理由は複数ある。預金は預金者が「預金額」を自由に選べる便利な金融商品である（預金以外の金融商品では購入最小金額がある程度高額に定まっている場合がある）。また預金は「いつでも払い戻すことができ」、そして「預金金利を稼げ」、かつ「安全資産」であるという利点を持つ。また預金を持てばクレジットカードで買い物ができる。すなわち銀行の決済機能（第4節）を利用できる。上述の利点により、預金は多くの家計に購入される金融商品である[8]。換言すれば、銀行は多くの人々に好まれる預金という間接証券を発行することで、人々から「資金を広く集める」ことができる。

大企業の借入額（＝本源的証券の金額）が数十億円にのぼることも珍しくない。直接金融の場合、その本源的証券をそのままの形で売買するため、買い手（＝資金の貸し手）は巨額の資金を用意しなければならない。しかし、銀行が預金という充分に**小口化**された（預金者が預金額を自由に選べる）間接証券を発行することで、多くの人々から余剰資金を広く吸収できることは、銀行の大きな利点である（間接証券の小口化の利点）。

3.2 銀行のリスク分散

では次に、預金は「安全資産」である点に注目しよう（銀行の経営破綻の議論は、第5・6章まで不問に付す）。銀行が購入する本源的証券には**債務不履行リスク**がある。すなわち融資を受けた企業の経営が悪化し、契約通りに銀行に資金を返済できなくなるリスクがある。銀行は預金者から集めた資金を銀行の審査にパスした企業に貸し出すが、すべての企業が契約通り返済できるとは限らない。なぜならば将来事象には**不確実性**があるためである。その限りにおいて、銀行は預金者に常に預金の全額（元利合計）を返済できる保証はない。しかし、銀行は預金者に預金の全額を返済することを約束している。

融資資金が企業から契約通りに返済されない場合（あるいは返済見込みが少なくなった場合）、その貸出債権は**不良債権**と呼ばれる。銀行は抱え込んだ不良債権額に対応させて、各預金者の預金額を減額させる契約を預金者と結んでいないため、矛盾が生じる。

確かに不良債権額が少なければ問題はない。ほとんどすべての貸出に関し、返済時に契約通り元利金（元金＋利子）が返済されれば、銀行はその獲得した利子収入でわずかに生じた不良債権の穴埋めができ得る。しかし不良債権額が常に微少である保証はなく、問題が残る。すなわち銀行は預金の元本保証のため、本源的証券の債務不履行リスクの多くを消す必要がある。その手法の一つが**リスク分散**である[9]。

"Don't put all your eggs in one basket."（一つのバスケットにすべての卵を入れてはいけない）という格言（元来はフランス語の格言）はリスク分散の本質を物語る。一つのバスケットに10個の卵を入れる。不注意な人がいて2回に1回は転ぶとする。その人がバスケットを運べば2回に1回は卵がすべて壊れる（転べば卵は全壊すると仮定）。したがって卵が全壊する確率は「2分の1」（＝0.5）であり、かなり高リスクである。では2回に分けてバスケットを運んでみよう。最初にバスケットに5個の卵を入れて運び、次に再び5個の卵をバスケットに入れて運ぶ。そうすると10個の卵が全壊する確率は、2回連続で転ぶケースであり、その確率は $(1/2) \times (1/2) = 0.25$ となりリスクを軽減できた。では10個のバスケットに卵を1個ずつ入れ、10回に分けて運べば、卵の全壊確率は10回連続で転ぶ稀なケース（＝コイン投げで10回連続"表"が出るケースと同様）であり、「2

分の1」を10回掛けたきわめて小さな値（＝0.00097…）となる。一つのバスケットで全部の卵を運ばず、充分に分散化させることで「卵の全壊リスク」をほぼ消すことができたわけである。

　銀行が預金で集めた資金の全額を一つの企業に融資すると（一つのバスケットに入れると）、もしその企業が倒産すれば資金の大半が回収不能となり、銀行は破綻する。そこで銀行は集めた預金を「多数の企業に分散して融資」すれば、リスク分散が行える。その際、様々な業界に属する企業に分散化する必要がある。同じ業界の多数の企業に融資すれば、その業界が不況となれば融資資金の多くが返済されなくなる可能性が高い。銀行は、融資先を多彩な業界の様々な企業に分散化することでリスクを軽減できる（融資におけるリスク分散）。

　銀行が融資先企業を多様化させれば、その中に債務不履行に陥る企業があったとしても、すべての企業が同時に資金を返済できないわけではないため、銀行の倒産リスクは軽減される。いうまでもないが、無配慮に融資先企業を多様化させても、やはり銀行経営は危殆（きたい）に瀕（ひん）するであろう。融資先企業を充分に「審査」した上で、さらに融資後も企業行動を「監視」しなければならない。それは**銀行の情報生産機能**と呼ばれ、後の考察課題である。

3.3　期間のミスマッチ解消

　銀行は資産変換により「期間のミスマッチ」をも解消する。企業は融資資金で、例えば工場を建設したり、機械を備え付けたりする。そして製品を製造し、それを販売して売上金を入手し、ようやく借入金を返済できる。すなわち企業が借入金を返済できるまでには時間を要する。運転資金を別にすれば、「企業は長期間に渡り資金を借り入れたい」と考えている。それに対し、「家計は短期間の貸出」を望む。なぜならば予期せざる出費の必要に迫られるかもしれないからである。家計も将来の不確実性に直面する以上、短期間の貸出、または必要時に即時に流動化（＝現金化）できる金融商品でなければ購買意欲が薄れる。

　貸し手と借り手が望む貸借期間の齟齬（そご）は**期間のミスマッチ**と呼ばれる[10]。銀行が期間のミスマッチを解消するに当たり用いる手法は、統計学の「**大数の法則**」（law of large numbers）である。

　大数の法則とは、「独立な確率事象に関するサンプルの平均である標本平均

は、サンプル数が多くなるほど真の平均に近づく」というものである。銀行で"預金を引き出す人"もいれば、逆に"預ける人"もいる。それは人それぞれの"気ままな行動"であり、「独立な確率事象」である。統計学で定義される「独立」とは、多くの人々が相談して預金を預けたり払い戻したりしない、またはある出来事（情報）に反応して多くの預金者が同じ行動（＝預金の入金・出金）をしないことを意味する。

極端な例であるが預金者が5人しかいなければ、その5人が同時に独立にそれぞれ預金を引き出して買い物をしようと思い立つことが偶発的に生じても何ら不思議ではない。しかし預金者数が数千人以上ともなれば、彼らの大多数が独立に同じ行動を同時に起こす確率は非常に小さい。ただしある出来事、例えば銀行の不祥事などが預金者に同時に預金払戻行動を起こさせることはあり得るが（「銀行取り付け」は第5章参照）、ここでは考えない。そのように、ある出来事に扇動される行動は独立な確率事象ではない。今は平時（不祥事などがないとき）における「独立な確率事象」である預金行動に注目する。

預金者数が充分に多ければ預金の入金・出金の変動は均(なら)され、預金総額のうち一定割合の預金は引き出されるが、残りは引き出されないという数値が平均的に確定する（大数の法則）。そのように**預金払戻比率が確定**すれば、銀行はどれだけの資金を融資に回せばよいかを計算できるようになる[11]。

大数の法則を用いて、銀行が預金総額の一定割合だけを現金準備として手許に置き、残りを貸出に回せることは「金匠(きんしょう)の原理（goldsmith's principle）」と呼ばれる。「金匠の原理」は15～16世紀のイタリアの銀行家により発見されたと考えられており、また17世紀のロンドンの金匠（＝金の加工職人）が知っていたことも知られている。日本でも、室町時代の長禄徳政令（1457年）のときには、酒屋・土倉の金融業者がこの原理を経験的に知っていたと考えられる。しかし「金匠の原理」が成立するには、銀行は預金者数を増やすだけでは不十分で、預金者の種類（老若男女）をも多様化させなければならない。そうでなければ、大数の法則の「独立」な確立事象の条件が失われ得る[12]。

第4節　銀行の決済機能

　銀行機能の重要なものの一つに「決済機能」があり、それは「経済インフラ」でもある。ここではA君がB君にリンゴ10箱を注文するケースを考えよう。その対価を支払えば取引は完了する。相手が納得するモノで対価を支払い取引を完了させることを「決済」という。対価として支払うモノは貨幣であり、物々交換は稀である。ジャガイモが貨幣として人々の信認を受けていない限り、そしてB君が物々交換を望まない限り、ジャガイモ農家のA君は生産物のジャガイモで対価を支払えない。しかし銀行預金を用いて決済ができる。すなわち**銀行預金は貨幣として機能する。**

　A君は銀行振り込みでB君にリンゴの代金1万円を支払うことができる。すなわち、A君は自分の取引銀行の預金残高の中から1万円を引き出して送金し、B君の取引銀行の該当する口座に入金できる。この作業でA君は預金さえ保持すれば現金を持たなくてよいが、銀行に送金手数料を支払う必要がある。

　この決済は、「A君が利用する銀行」と「B君が利用する銀行」との間のみの取引のように思えるが、日銀を含むコンピュータ・ネットワークにより行われる。特殊例を除き、日本のすべての民間銀行（信用金庫・信用組合を含む）が「日本銀行金融ネットワーク・システム」（＝**日銀ネット**）に加盟しているため、銀行が存在する場所であればどこでも送金できる。

　A君がリンゴ10箱を、離れた場所に住むB君から受け取り、その代金の1万円をB君に渡さなければならない。代金を手渡しに行けば交通費がかさむが、銀行の決済サービスを利用すれば瞬時に送金でき手数料も比較的安い[13]。その決済サービスを担う日銀ネットは一国の経済活動を円滑化させる重要な公共財である。

　図1-2において、A君は自分の預金口座（α銀行）からリンゴの代金1万円をB君の預金口座（β銀行）に送金する。このように遠隔地での決済を、現金を輸送せず銀行の決済サービスで行う方法を**為替（かわせ）**という。決済が国内の場合を**国内為替**、国際間の場合を**外国為替**という（外国為替は「外為（がいため）」と略される）。

図1-2 国内為替決済

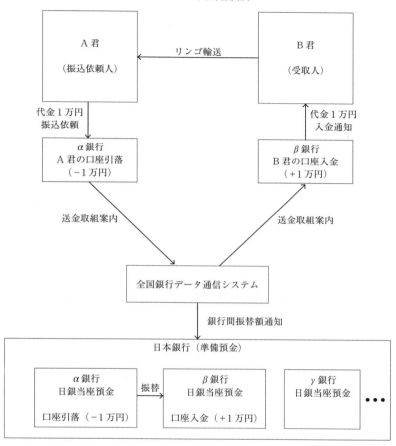

　A君はα銀行の窓口（またはATM）で、B君の預金口座へ1万円の送金依頼をする（またはATM操作）。α銀行はβ銀行にB君の預金口座に1万円だけ数字を書き加えるよう指示する（＝B君の預金に1万円が振り込まれる）。それと同時α銀行はA君の預金残高から1万円だけ数字を少なく書き換える。B君はβ銀行に行き、この入金された1万円を引き出すことができる。これで「A君とB君の間の決済は完了」した。残るは「α銀行とβ銀行との間の決済」であり、ここで日銀が登場する。

第1章　銀行の資産変換と決済機能　　17

しかしその前に「時点ネット決済方式」を述べよう。今はα銀行からβ銀行に送金がなされたが、逆にβ銀行からα銀行に送金が依頼されることもある。一定期間をおけば、逆方向の送金依頼との打ち消し合いが生じる。したがって差し引き金額のみを一定期間後に銀行間で決済する方が効率的であり、それは「時点ネット決済方式」と呼ばれる。その場合、銀行間決済は時間差が生じるが個人間決済は瞬時に行われ、送金とほぼ同時にB君は代金を手にできる。第5章で考察するように、「時点ネット決済方式」では一定期間内に銀行間で債権・債務が累積するため、もし債務を負う方の銀行が経営破綻すればその影響が他方の銀行に及び得る（破綻銀行から債権回収ができない）。つまり他方の銀行にも経営難が伝播する難点があるが、そのようなシステミック・リスクの回避を考慮すれば、「即時グロス決済方式」の方が望ましい可能性がある。

それでは銀行間決済であるが、簡単化のため一定期間に上述の2つの銀行における送金依頼はA君のみであったとしよう。その場合、α銀行から1万円をβ銀行に送金することで銀行間決済は終了する。

各銀行は日銀に当座預金口座を開設している。そして各銀行は集めた預金の一定割合（＝法定準備率）を日銀の当座預金口座に預金するが、その制度は**準備預金制度**と呼ばれ、銀行間決済にはその日銀当座預金が用いられる。この場合であれば、日銀はα銀行の日銀当座預金口座に1万円だけ数字を少なく書き換え、同時にβ銀行の日銀当座預金口座に1万円だけ数字を多く書き換える。これで「銀行間の決済は終了」した。現金は動かず数字だけが書き換えられたわけである。

では再度振り返り、資金の流れを見てみよう。A君は1万円の送金をα銀行に依頼し、B君の口座番号（β銀行）を伝えた。α銀行はβ銀行にそれを通知する。そしてβ銀行はB君の預金口座に1万円の数字を書き加える。B君はその1万円を引き下ろしリンゴの代金を手にできる（A君とB君の決済の終了）。

β銀行はB君の預金口座に1万円だけ数字を多く書き込みB君に与えることになるが、損をしたわけではない。日銀ネットを通じ、β銀行の日銀当座預金に1万円だけ数字が多く書き込まれており、その書き加えられた1万円を日銀口座から引き下ろせば損失は生じない。

α銀行はA君の預金口座から1万円だけ数字を減らした。したがってA君

はその1万円を引き出せなくなった（＝リンゴの購入に使った）。α銀行は数字を書き換えただけであるが、A君が引き出せない1万円分の得をしたわけではない。日銀ネットを通じ、α銀行の日銀当座預金残高が1万円減らされている。これで銀行間決済が終了したわけである。A君がα銀行に1万円を引き下ろしに行き、それをB君に直接手渡し、B君がその1万円をβ銀行に預金したのと同一の結果を、「日銀ネット」を活用して数字を書き換えるだけの情報通信操作で瞬時に行えたわけである[14]。

第5節　銀行機能の相乗効果

　銀行の決済機能が預金を促す側面があり、人々は銀行決済を利用するため預金を置くことがある。ところで証券会社も決済機能を有する。証券会社の「証券総合口座」は、決済機能を持つMRF（マネー・リザーブド・ファンド）と、株式や社債・投信などの取引口座とをセットにしたものである。MRFは公社債投信の一種であり、超短期の債券で運用され毎月分配金が出る（銀行の預金金利に該当）。MRFは元本割れリスクがあるが、過去に元本割れに陥った経緯はなく安全性が高い。雑駁に言えばMRFは銀行における普通預金の証券会社ヴァージョンである。しかし銀行の普通預金と違い元本保証はなく、預金保険制度の対象外である。

　MRFはすぐに現金化できる。当該証券会社から株式を購入すれば、そのMRF口座から代金が引き落とされ、逆に株式を売却すればその代金でMRFが自動的に買い付けられMRF口座に入金される。コンビニのATMでキャッシュカードを用いてMRF口座の残金を引き下ろすことができ、決済に用いることもできる。しかし銀行の日銀ネットを利用した決済システムと同等の水準までには至っていない。

　銀行は利便性の高い決済機能を有するがゆえに多くの預金を集めることができる側面がある。そしてその資金で企業の本源的証券を購入でき（＝巨額資金を融資でき）、充実した金融仲介機能を果たすことができる。また、銀行が安全性も高く随時流動化できる小口化された間接証券（＝預金証書）を発行するため、多くの預金が集まる。そして人々はその預金を用いて気軽にカード決済などで

買い物を楽しめる（＝有効需要の拡大）。そのように銀行の決済機能や資産変換機能などの間には相乗効果があるが、それは次章で述べる銀行の情報生産機能によりさらに高められ、一国の経済成長に寄与する[15]。

【注】
(1) 現在と将来の購買力の交換という概念を用いて公定歩合を考えよう。公定歩合とは日銀が民間銀行に貸し出す資金（日銀貸出）の利子率であるが、同時に民間銀行が保有する商業手形を日銀が買い取る場合の割引率でもある。例えば1年後に満期になる商業手形を民間銀行が日銀に現時点で買い取ってもらう場合を考えよう。この場合、日銀は「現在の購買力」である日銀券と、「将来の購買力」である商業手形（1年後に償還）とを交換したわけであり、「資金を貸したこと」と同等である。そして商業手形を割り引いて買った分が利子収入に該当し、1年後に資金返済が商業手形の償還という形で実現する。逆に民間銀行は日銀と「将来の購買力」（1年後に償還される商業手形）と「現在の購買力」（日銀券）とを交換したわけであり、「資金を借りたこと」と同等であり、割引率の分だけ（割り引かれた分だけ）利子を支払ったことに該当する。民間銀行は1年後に商業手形の償還資金獲得の権利を譲渡する形で日銀に資金を返済する（その手形を保有していれば入手できた償還資金が日銀の手に渡る）と解釈できる。なお、本書では「利子」と「金利」とを同義語として用いるが、「利子率」は資金1単位当たりの利子（金利）のことである。
(2) 下掲の古典的文献［1］でその二分法が考察され、直接金融で証券会社（アメリカの投資銀行）が果たす役割である「分配技術」（（注4）参照）と、間接金融において銀行が果たす役割である「仲介技術」（資産変換機能）が考察された。金融政策を含む金融全般の現代的な解説は［2］を参照のこと。銀行業の解説は［3］を、金融における非対称情報や不完備契約などの解説は［4］を参照のこと。また数学モデルを用いた解説は［5］を参照のこと。
　［1］Gurley, J. G. and Shaw, E. S.（1960）*Money in a Theory of Finance*, Washington, D. C.: Brookings Inst.（ガーレイ, J. G., ショウ, E. S.〔1963〕『貨幣と金融』〔桜井欣一郎訳〕至誠堂）
　［2］福田慎一（2013）『金融論：市場と経済政策の有効性』有斐閣
　［3］内田浩史（2010）『金融機能と銀行業の経済分析』日本経済新聞出版社
　［4］村瀬英彰（2006）『金融論』日本評論社
　［5］酒井良清・前多康男（2003）『新しい金融理論：金融取引のミクロ的基礎から金融システムの設計へ』有斐閣
(3) 家計は個々に異なるが、集計すれば所得の全額を消費（＝消費財購入）に用いたり、住宅の購入（＝投資）に用いたりせず、その一部を将来のためにとっておく（子孫への贈与目的を含む）。所得のうち消費（または住宅購入）され

なかった分は「貯蓄」と定義され、それを現金で保有しようが、銀行に預けようが（＝預金証書の購入）、株式を買おうが貯蓄に分類される。「株式投資」という言葉があるが、株式を購入しても貯蓄に分類され、投資にならない。「投資」とは企業が工作機械（＝投資財）を買う場合のように「実物資産」を増加させたり、また商標（ブランド）を買う場合のように「無形資産」を増加させることを意味し、金融資産の購入を含まない（ただし無形資産は会計制度では多くの場合計上されない）。企業が新株を発行した場合、企業はその資金で実物資産や無形資産を購入するとは限らず、賃金支払や資金返済に当てるかもしれない。またその株式を購入した主体も、実物資産の増加に必ずしも関与しない（ただし株式の議決権を用いて当該企業に設備投資を実行させるケースはある）。株式投資という言葉は"慣用的"に用いられる言葉である。家計が消費財ではなく住宅を購入すれば投資に分類されるが、実物資産を増加させるためである。実物資産への投資は「設備投資」「在庫投資」「住宅投資」に分類される。住宅は実物資産であり家賃収入を産むが、自分で住む場合には自分自身に家賃を払う（帰属家賃）と考える。家計は貯蓄を用いて住宅投資を行うこともできる（自己金融）。銀行やノンバンクから借入を行う赤字の家計もあるが、マクロ的に集計すれば日本の場合、家計は黒字主体であり、企業は赤字主体である。

(4) 図1-1では証券会社を省いているが、証券会社は企業の社債発行に関して償還期限・利子・抵当物件の指定などの諸条件に関して助言を行い、事務処理を行うことで資金調達を円滑化させる重要な役割を果たす。また証券会社は黒字主体の本源的証券購入に関しても助言を行う。そして企業の株式発行に関しても重要な役割を果たす。そのように証券会社が企業を審査し、市場分析に基づいて本源的証券の発行条件・発行方法・発行タイミングなどを決定する技術は「分配技術」と呼ばれる（（注2）の文献［1］を参照のこと）。

(5) 資本市場（＝証券市場）とは、社債、国債、株式などの有価証券が取引されるオープンな市場であり、有価証券に対する多数の供給者と需要者の売り・買い注文（需給）を反映して価格が決まる。資本市場は「発行市場」と「流通市場」に分けられる。発行市場は借り手（企業、国など）が新規に社債・国債などを発行して資金調達を行う市場である（また同時に貸し手に資金運用機会を与える市場でもある）。流通市場は、すでに発行済み（既発）の有価証券を売買する市場である。

(6) 銀行融資が相対型取引である理由は、企業ごとに財務内容や保有する投資プロジェクトがすべて異なり、その情報はそれを調べた銀行のみが知るためである。すなわち企業と情報生産を行った銀行との一対一の取引となる。他の主体は当該企業の資金需要を知らず（プロジェクト構想を知らず）、知ってもプロジェクトの有望性がわからず融資に応じられない。ただしメインバンクの情報生産にフリーライドし、他の銀行が当該融資に加わることがある（第4

章)。また相対型取引である銀行融資を市場型取引に近づける工夫として、貸出債権譲渡(第5章)などがある。

(7) 普通預金の場合も、一定水準以上の金額に達する預金者に対して、景品(手帳やカレンダーなど)が銀行から贈呈される場合があり、その分だけ預金金利が実質的に高まる。また銀行によるが、投資信託などの金融商品を一定金額以上購入すれば一定期間は定期預金金利を高くするキャンペーンなどが実施される場合があり、預金金利が預金者間で異なるケースがある。

(8) 特に日本の高度成長期において家計の余剰資金が銀行に預金として集まった背景には、資本市場の発達が規制されていたことが関与している。当時は「起債調整」が行われ資本市場の発達が抑制された結果、資金が間接金融部門、特に銀行に集まるように規制された(ただし同様の理由で郵便局にも貯金が集まった側面がある)。「起債調整」とは、「起債会」が企業の社債の発行に際し、発行量・起債時期・起債銘柄・発行条件などを調整した慣行であるが、金融自由化の進展で撤廃された。「起債会」は受託銀行と引受証券会社により構成されていた。金融自由化以後、家計も資本市場を利用するようになり、加えて様々な金融商品の開発が促され、預金以外での資金運用が増大した。

(9) 銀行は融資先企業の情報生産を行うことで、債務不履行リスクの多くを消すことができる。しかし銀行がリスク分散や情報生産でも消し切れなかったリスクは、銀行の株主が負担する。すなわち不良債権が生じた場合、銀行の資本を減らし(=銀行株主が負担し)処理される。その処理でも不足するほど多額の不良債権を抱えれば銀行は倒産し、預金者に損失が及ぶ。銀行の倒産まで考えれば預金者も債務不履行リスクを負うが、今日の先進資本主義諸国では、預金保険により小口預金者は保護される(第6章)。

(10) 貯蓄が多い家計は、貯蓄のうち当面消費する必要のない一部の資金を長期間に渡り貸し出すことができ得る。しかし家計のその少ない長期資金供給額では、特に高度成長期など、長期資金に対する旺盛な資金需要の下では均衡における長期金利は高騰する。したがって長期資金を要する企業の設備投資が不活発となり、経済発展に支障が出る。銀行の資産変換による期間のミスマッチ解消(=金利をあまり上昇させずに短期貸出希望額を長期借入希望額にマッチさせる技術)は有意義であると考えられる。

(11) サイコロの1の目が出る割合を数回サイコロを振る試行で推論することは難しい。その数回の試行で1の目が一度も出ないこともあれば、頻繁に出ることもあり得よう。しかしコンピュータ模擬実験(シミュレーション)を数十万回行えば、1の目が出る割合は6分の1にきわめて近い値となり、真の確率をかなり正確に知ることができる。預金の入金・出金は平時(銀行不祥事などがないとき)において独立な確率事象と考えられるが、預金者数が充分に増えれば、預金の何割が引き出されずに留まるかという見通しが確定する。

(12) もし銀行が10代・20代の女性のみから預金を集めると、ヴァレンタインデー

に一斉に多くの預金が引き出される可能性がある。ヴァレンタインデーは予測できるからまだよい（銀行は預金支払準備ができ得る）。しかし有名ハリウッド女優が突然来日し、その女優のファッションに若い女性たちが魅せられた場合、その服を買うため一斉に預金が引き出されるかもしれない。そのような事態を避けるため、銀行は預金者を分散化させる必要がある。しかし銀行は預金者を選別できないため、支店数やATM数を増やすなどして多数の預金者を獲得し預金者層を厚くする必要がある。なお金匠の原理に関する歴史的記述は下掲文献［1］を参照したが、理論的には［2］を参照のこと。

［1］三上隆三「貨幣・信用学説」、熊谷尚夫・篠原三代平編集（1980）『経済学大辞典Ⅲ』所収、東洋経済新報社

［2］Diamond, D. W. (1984) "Financial Intermediation and Delegated Monitoring," *Review of Economic Studies*, 51, pp. 393-414.

(13) 代金を現金書留で送る方法もある。しかし金額が1万円ではなく数百万・数千万円ともなれば、現金書留は適切ではない。企業が原材料などを購入する際、その対価を支払う必要があるが、金額が大きいため現金書留は用いない。経済活動で必要な決済総額に対して現金書留が用いられる割合は相対的に少ないため、ここでは捨象する。

(14) アメリカで高額商品を購入する場合、州によってはパーソナルチェックやクレジットカードでの支払を拒否されることがある。なぜならば預金残高がその代金を下回っている（あるいは次の瞬間に下回る）かもしれないからである。またアメリカでは通常、高額商品を現金で取引しない。その場合「支払保証小切手」（Certified Check）を銀行に発行してもらい、それを企業に手渡すことで決済できる（州や企業による）。例えば2万ドルの車を買う場合、買い手の当座預金の残高が2万5000ドルであったとする。買い手は「支払保証小切手」の発行を銀行に依頼し、銀行窓口で渡された用紙に支払先企業名や自動車代金など必要事項を記入し、手数料を支払う。銀行は自動車代金（2万ドル）以上の預金残高があることをまず確認する。そして自動車ディーラーが代金2万ドルを引き下ろすまで、車の買い手（預金者）がATMなどで勝手に5000ドルを超えて出金できないように管理する（IT制御）。その制度の下で企業は安心して顧客から2万ドルの「支払保証小切手」を受け取り、それと引き換えに当該商品を手渡すことができる。「支払保証小切手」を発行することも、高額商品取引を円滑に行わせるための銀行決済機能の役割の一つである。

(15) 銀行の情報生産により融資先企業の債務不履行リスクが減れば、預金の安全性が高まり、預金が増える。預金増加が銀行の諸機能の相乗効果を増やし得る。逆に決済機能が情報生産機能を高めることも知られている。銀行は融資先企業の当座預金を用いた決済の仕方を見れば、計画通りに事業が推進できているか否かという情報を入手し得る（第2章補論Ⅱ参照）。銀行の諸機能の間に相乗効果（範囲の経済）があるため、銀行業務の効率性は高まる。

第2章

情報の経済学Ⅰ——逆選択（レモン問題）

　金融システムを理解するには、「市場の失敗」を引き起こす原因と対策に関する理解が不可欠である。「市場の失敗」の原因の一つは**非対称情報問題**にある。非対称情報（asymmetric information）の存在は金融取引の大きな障害となる。各経済主体はその障害を可能な限り回避すべく行動する。またその障害を克服すべく金融制度が構築されるケースがある。非対称情報問題を大別すれば「逆選択問題」と「モラルハザード問題」とに分けられるが、本章で前者を考察し、続く第3章で後者を考察する。

第1節　情報の不完全性

　金融の特徴の一つは異時点間取引であり、そしてもう一つは「借り手」の情報を「貸し手」は費用をかけずには知り得ないことである。したがって情報に関する2つの問題が生じる。前者は**不確実性**の問題であり、後者は**非対称情報**の問題である。最初にこの2つの問題を整理し、続いて本書における考察の主眼である非対称情報問題について考察していこう。

1.1　不確実性と非対称情報

　「異時点間取引」は**不確実性**を伴う。農家は「春」に銀行から融資を受け（その資金でタネなどを買って農作業を行い）、「秋」の収穫時に資金を返済したいと考える。この場合、「秋」の返済時に収穫が豊作であるか不作であるか、融資契約時点の「春」には不確実である。収穫量が不確実性を伴い確率的であれば、資金返済も確率的となる。

　異時点間取引である以上、将来事象について資金の「借り手」も「貸し手」も"同程度に"（＝対称的に）不確実性に直面する。将来に実現する収益（収穫）X は現時点において未確定であり、**確率変数**となる。したがって資金の貸し

手も借り手も収益（確率変数 X）に関する確率分布を想定して対処することになる[1]。

第1章では不確実性リスクの対処として**リスク分散**を考えた。ここでは**リスク分担**（リスク・シェアリング）による経済効率の改善を考えよう。最適な「リスク分担」とは、"リスクを小さくする"のではなく、複数の主体間で"誰がどれだけリスクを負担するのが経済全体で最適であるか"を考えることである[2]。

経済主体が異なればリスクに対する態度（＝どの程度リスクを嫌うかを表す**リスク回避度**）が異なるが、一般的にいって「リスク分散ができている経済主体ほどリスク回避的でない」。各経済主体が各自の「**リスク回避度**」に対応させて「**リスク分担**」を行えれば、経済効率を改善（パレート改善）できる。

農業の例に戻り、地主と小作農の労働契約を考える。収穫量 X は農作業開始の現時点では確定できず、確率変数である。では現時点で地主と小作農はどのような契約を結べばよいであろうか。地主は田畑（＝「農業」）に加え舟をも所有しており、漁師を雇って「漁業」をも同時に行い「リスク分散」ができるため、小作農ほどリスク回避的ではない。小作農は他では働かず、リスク分散ができない。以上の仮定の下で「地主がリスク中立的」（＝収穫量の期待値のみが関心事）であり、「小作農はリスク回避的」であるとしよう[3]。

この場合、小作農への賃金支払を収穫量にかかわらず「一定額に固定」する契約が最も効率的（パレート最適）である。すなわち地主がリスクの全部を負担するリスク分担が社会的に最適である（地主と小作農の社会）。ただしこの場合「情報の非対称性」がなく、「情報の不確実性」のみある場合の議論であることに充分な注意を要する[4]。

もし将来生起し得るすべての状態（ステート）に関する「状態条件付き証券市場」が完備していれば、自由な取引により最も効率的な資源配分が達成されることが理論的に知られている（（注1）の参考文献を参照のこと）。しかし現実にはそのような理想的な完備証券市場（そこにおけるアロー＝ドゥブリュー均衡）は存在しないため、経済主体間のリスク分担が重要となる。金融市場は様々な金融商品（様々なリスクやリターン）の取引を通じ、望ましいリスク分担を比較的安い取引費用で実現する場でもある。なお本書では主に「非対称情報」に焦点を合

わせて議論を行う。

非対称情報とは、市場参加者の"**一方が知っている情報を他方が知らない**"ことを意味する。資金の「借り手」（＝農民）は多数いる。その中には体調不良で充分に労働できない農民も混在する（体調不良者も健康なふりをする）。各農民は自身の体調を自覚しているが、「貸し手」（＝銀行）は個々の農民の体調（＝**借り手の質**）を知らない。"借り手の質"を「貸し手」がわからなければ、非効率性の問題が生じ得る（**逆選択問題**）。

また「借り手」（農民）が融資資金の一部を流用する（誤魔化して趣味のギャンブルに用いる）かも知れず、それにより事業（農業）が不完全になる（その分だけ肥料が少なく撒布され、実り豊かでなくなる）。しかし「貸し手」（銀行）にはその**借り手の行動**がわからない。そして秋になり実り具合がわかっても、それと肥料の撒布量や天候などの諸要因との因果関係が銀行には明瞭ではない。そのような場合、市場効率を損ねる問題（**モラルハザード問題**）が生じ得る。

1.2 隠された知識と行動の問題

「逆選択」とは、**高品質**の財（または人や企業）と**低品質**の財（または人や企業）とが市場に混在し、その質の違いを市場参加者の一方は知っているが他方は知らない（非対称情報）場合に生じ得る問題である。質に関する一方の経済主体の知識が他者に隠されていることから、逆選択問題は「**隠された知識**（hidden knowledge）**の問題**」とも呼ばれる。

財（サービスを含める）の「売り手」は財の品質を知っているが、「買い手」は知らない場合がある。財の購入後に使用して（食べて）初めて質がわかることがある。企業が労働者を雇う（＝企業が労働者から「労働力」を買う）場合も、労働力の質（＝有能性）を雇用前にはわからないことがある。銀行が企業に融資を行う場合（＝銀行が企業発行の借入証書を買う場合）、銀行には企業の質（企業のリスクなど借入証書の質）が融資前にわからないことがある。その場合、買い手は低品質の財を高品質と騙され高く買わされる問題が生じ得る。その問題は買い手のみの問題ではなく、売り手が直面する問題でもある。買い手が疑いを抱けば、高品質財の生産者は高品質に見合う価格で財を売ることができない。

それに対して「モラルハザード問題」とは相手の「行動」がわからないこと

から生じる問題である。「地主」と「小作農」の労働契約を再度考えよう。地主に代わり農作業を小作農が行うが、小作農の行動（＝農作業）の結果、地主は利得（＝収穫）を得る。地主にとって小作農に期待する最適な労働量が存在し、それは地主の利益を最大にする労働量である。地主はその労働量を小作農に依頼する（労働契約）。しかし小作農が手を抜き、地主が期待する水準未満の労働しか行わない可能性がある。その怠惰により収穫量が減っても、収穫量は天候など諸要因の影響を受けるため、地主には小作農の努力（労働）水準がわからない（＝怠惰がわからない）。

　「**地主**」が農作業の「**依頼人**」（＝プリンシパル）であり、「**小作農**」が「**代理人**」（＝エージェント）である。依頼人が望む水準の努力（労働量）を代理人に忠実に行わせるに足る**誘因**が代理人に与えられていない場合、「代理人が行う行動（行動の努力水準）」は「依頼人の望む水準」と"不一致"となる。その齟齬(そご)（不一致）を**モラルハザード**と呼ぶ（定義の詳細は第3章で行う）。

　実際に行動する主体である代理人の行動（労働）を依頼人は知らない（知るためには高費用を要す）が、代理人は自分の行動を知っている。すなわち代理人の行動に関して情報の非対称性が存在する。その場合、代理人は依頼人の意向に反する行動（＝モラルハザード）を起こす可能性がある。代理人の行動を依頼人は観察できない（低費用では観察できない）ことから、モラルハザード問題は別名「**隠された行動**（hidden action）の問題」と呼ばれる[5]。

第2節　自然淘汰と逆選択

2.1　逆選択と需要不足

　おいしいと評判のラーメン・チェーン店（高品質財）が店舗数を拡大させる一方、まずいラーメン店（低品質財）は閉店に追い込まれる。資本主義経済において、情報が完全であれば"良いモノが市場に残り悪いモノは淘汰される"（**自然淘汰**）。それと「逆」のことが起き、"高品質のモノが市場から退出し低品質のモノが市場に残る"倒錯した現象が**非対称情報**の下では生じ得る。

　市場に**高品質**の財（または人や企業）と**低品質**の財（または人や企業）が混在し、両者を**識別できない**場合、低品質の方が市場に残る現象は**逆選択**（adverse selection) と呼ばれる（厳密な定義は後述）。低品質財は"レモン"と呼ばれるため、逆選択問題は別名「**レモン問題**」とも呼ばれる[6]。

「情報が完全」であれば、資本主義経済では市場に「高品質財」（"ピーチ"と呼ばれることがある）が残り、「低品質財」（レモン）は淘汰される。むろん、情報が完全でも自然淘汰が起きず、高級寿司店（＝高品質）と安価な回転寿司店（＝低品質）とが共存することがある。両店とも完全情報下で、それぞれの品質を反映した価格で寿司を販売している（一定限度以下に品質が低い寿司店は市場から淘汰される）。寿司店の場合、どの店が「高級店」で、どの店が「安価店」かは入店前に一目（ひとめ）で区別がつくため（＝完全情報）、逆選択問題は生じていない。情報が完全であれば、低品質財が高品質財を市場から追い出すことはない。ただし注意を要する点は、この議論では高品質財と低品質財の「**両方に一定水準以上の需要がある**」ことが前提となる点である。

理髪店組合に所属する床屋は4000円程度の価格で散髪サービスを供給している（＝「高品質財」）。それに対し近年、組合に所属せず1500円程度の低価格で散髪サービスを供給する理髪チェーン店が店舗数を伸ばしている。その低料金理髪店は洗髪設備などが備わっていないという意味で「低品質財」（サービス）を供給している。そのような低品質財の新規供給（例えば規制緩和などによる新規参入）により、高品質財の生産者が廃業に追い込まれるケースがある。それは、その地域に高品質財の需要がもともと少なかったが、これまで低品質財が供給されなかったため、住民は高品質財を購入せざるを得なかったケースである。したがって低品質財の新規参入で高品質財が市場から退出させられたわけであるが、それは逆選択ではない。高料金の床屋は質の高いサービスを供給するが、それに対する需要が一定水準ある地域では、高品質・高価格の床屋と低品質・低価格の床屋とが共存している。

「完全情報」の下で低品質財の進出により高品質財が退出したのであれば、それは単に「高品質財の需要不足」であり、逆選択ではない。逆選択は、**完全情報下で高品質財の需要不足**で起こる問題ではなく、「**非対称情報下で高品質財の供給が減少する問題**」である。「情報が完全」であれば、一定水準の需要がある限り高品質財は淘汰されない。

2.2 グレシャムの法則

"Bad money drives out good money"(悪貨が良貨を駆逐する)ことは「グレシャムの法則」として知られる。それと同等のことが非対称情報下で生じれば、逆選択である。

「悪貨」の例として、金貨の内部を削り、その内部に金よりも安価で金と同等の重量を持つ金属（その存在を仮定）を入れ、表面は金貨と同一に鋳造した鋳貨を考えよう。悪貨が市場に出回れば、誰も「良貨」（金の純度が高い金貨）を貨幣として使わない。すなわち**良貨は市場から駆逐される**。「アルキメデスの原理」により悪貨と良貨の「比重」を比べれば金含有量の区別がつくが、取引の際に比重計測は煩瑣であり不可能であると仮定する。

買い物で良貨を使ってしまわず、良貨の一部の金を削り取り悪貨に改造した方が「削り取った金」の分だけ得である。良貨を使うのはもったいない。悪貨と良貨は見た目で区別できず重量も同じであり（仮定）、同じ価値が刻印されている。買い物で使うならば悪貨である。良貨は価値ある金塊として保蔵するのが得策である。悪貨と良貨を識別できないため（非対称情報）、良貨が市場から姿を消し、悪貨が出回るという逆選択が生じる。しかしこの場合、もし**情報が完全であれば良貨は駆逐されない**。

市場に良貨（表面に100と刻印）と悪貨（表面に100と刻印）とが混在しているとする。仮に悪貨は片側半分が金で、残り半分が安価な金属で鋳造してあり、一目で悪貨と見分けがつくとする（完全情報）。悪貨にも100（通貨単位省略）と刻印されているが、人々は悪貨を50と解釈する（金含有量が良貨の半分）。人々は「100の価値の商品」を買う場合、「良貨1枚」を手渡すか、「悪貨2枚」を手渡すことで決済する。この場合「完全情報」であり、良貨も悪貨も双方市場に共存し、良貨は駆逐されない。なぜならば良貨にも充分に貨幣としての需要があるためである。悪貨を2枚持ち歩くよりも良貨1枚の方が嵩張らず便利であり、良貨にも貨幣としての需要がある。しかし何らかの理由で良貨の使い勝手が悪いならば、使い勝手の良い悪貨の出現で良貨は流通しなくなるであろう。しかし逆選択の議論では、良貨にも貨幣としての需要があると想定の上で議論が行われる[7]。

逆選択問題では**高品質財にも常に需要があることが前提**となる。その前提の

下で市場に低品質財が混入し、両者の見分けがつかず（**非対称情報**）、高品質財が市場から姿を消していき（=**高品質財の供給が減少していき**）、低品質財ばかり供給されることが生じれば、それが「逆選択」である。その結果、最後には市場に低品質財しか供給されないことも起こり得る。もし低品質財に対する需要が非常に乏しければ、市場は崩壊する。では次に逆選択を厳密に定義しよう。

2.3 逆選択の定義

逆選択の定義：ある財（または人・企業）について高品質（**ピーチ**）と、低品質（**レモン**）の2種類がある。「財」であれば「ピーチ」を保有している人も「レモン」を保有している人も運命的にその品質の財のどちらか一方のみを保有しており、その品質を知っている。そして保有する財の品質を自分でレモンかピーチか選べず、変更できない。その財（ピーチまたはレモン）を売りに出すとき、買い手はピーチかレモンかを区別できない。

「人」であれば労働市場で労働の質が問題となるが、労働者は高い労働能力（ピーチ）か低い労働能力（レモン）かのどちらか一方を運命的に保有しており、自分でそれを選べず変更できないが、自分の能力を知っている。「企業」が「労働者」を雇用する場合、労働者から労働力を購入する（対価として賃金を支払う）。しかし企業は雇用時点で労働者の能力を知らない（=面接や試験で仕事能力を簡単に判別できない）。

「企業」であれば、企業は「ローリスク・ローリターンの投資プロジェクト」LLか「ハイリスク・ハイリターンの投資プロジェクト」HHのどちらか一方を運命的に保有しており、それを選択できず変更できないが、どちらを保有しているかを企業は知っている。

「銀行」が「企業」に融資する場合、銀行は当該企業が発行する借入証書を購入するが、購入時に、銀行は当該企業がLLかHHかわからない。第4節で考察するモデルでは、非対称情報下の「同一金利」の下で、銀行はLLへの融資から留保利潤以上の利潤を獲得できるが、HHへの融資からは留保利潤を下回る利潤しか獲得できない。そのような場合、銀行にとってLLはピーチであり、HHはレモンである。

「売り手」は売る財（供給する労働などを含む）の質を知っているが、「買い手」

は購入時にピーチかレモンかわからない。しかし「買い手」は購入後に質がピーチかレモンかわかる。

以上の前提の下で、ピーチ自体に需要があるにもかかわらず、市場にレモンが混入し、買い手にはレモンとピーチの見分けがつかず（**非対称情報**）、**市場からピーチの供給が減少していき、レモンが相対的に多く市場に供給される**ことが起きた場合、それを「逆選択」と定義する。では次に節を改め、逆選択の具体例を見てみよう。

第3節　財市場における逆選択

アカロフ・モデルを単純化して中古車市場の逆選択問題を考えよう[8]。中古車の品質を売り手は知っているが、買い手は知らない（非対称情報）。売り手は自分のポンコツ車（＝レモン）の塗装を綺麗に塗り直し、シートなども新品に換える。消費者は外見からその車を見てもレモンであるか否か見分けられない。

走行距離を表示するオドメーター（その調整は違法）が示す値を車の品質の指標にする場合が多いが、運転の仕方やメンテナンスで車の性能は変わるため、走行距離だけでは品質がわからないと仮定する。素人がエンジンを見ても、試乗で数キロ走ってみてもレモンかどうかわからない。車を買って数ヶ月後に動かなくなり初めてレモンだとわかる。もし買う時点でレモンだとわかれば逆選択問題は生じないが、ここではそれがわからない場合を考える。

ポンコツ車（レモン）は「半年」で動かなくなる（仮定）。他方、高性能の中古車（ピーチ）は「5年間」走ることができる（仮定）。以上のことは売り手も買い手も知っている。しかし特定の車について、それがピーチかレモンかを「売り手」は知っているが、「買い手」は知らない。そして上述の2種類の中古車（レモンとピーチ）のみが中古車市場に存在する。

すべての人（売り手・買い手）にとって、レモンの価値は100であり、ピーチの価値は1000であると仮定する（共有知識）。もし「完全情報」であれば問題はない。海外から半年間の出張でこの国に来た人は、100（通貨単位省略）支払ってレモンを買う（レンタカーの存在を無視する）。そして5年間走る中古車が欲しい人は1000支払ってピーチを買う[9]。

しかし情報の非対称性があると事情が異なる。買い手は中古車店で目に留まった１台の車がレモンかピーチかを区別できない。しかしどのくらいの割合でレモンが市場に混在しているのかを経験（噂）で知っており、「２分の１の割合」（＝確率1/2）でレモンが混在していることを知っていると仮定しよう。

買い手にとって「目の前にある１台の中古車」の価値は期待値で（＝リスク中立的と仮定）、$(1/2) \times (100) + (1/2) \times (1000) = 550$ である。数年間走る車（ピーチ）を買いたいと考える人は、期待値550の車に対して550よりも高い価格を支払おうとは考えないであろう。高い価格を支払ったところで、売り手に騙されレモンを買わされる可能性を排除できないからである。

ピーチの所有者は自分の車の価値が1000であることを知っているが、買い手から550程度の評価しか得られないならば、売ることを望まず自分で愛車に乗り続けようと考えるかもしれない。一方レモンの所有者は、100の価値の車が550で売れるならば売ろうとするであろう。その結果、市場からピーチが消えていき（あまり売りに出されず）、市場にレモンの割合が増加する「逆選択問題」が発生する。もし資金難でピーチを不本意価格（550）で投げ売りする人がいなければ、中古車市場はレモンで溢れる。そのことが共有知識となれば中古車価格は100となる。

ピーチとレモンを区別できない場合、両者は「同一価格」となる（今の例では550）。「非対称情報下の同一価格（期待値）」では**ピーチは過小評価され不利化**し（1000が550と過小評価）、**レモンは過大評価され有利化**する（100が550と過大評価）。**ピーチが不利化し、市場に供給されなくなる**ことが逆選択問題の本質である[10]。

「情報が完全」であれば、半年以内で車を利用する人は100支払いレモンを買う。安価な回転寿司店を顧客が利用するのと同様であり、完全情報下で顧客はレモン価格でレモンを購入し、非負の消費者余剰を獲得できる。

ところがレモンとピーチが混在し、買い手に両者の見分けがつかず（非対称情報）、同一価格（例では550）で売られる場合、買い手はレモンを購入すれば損をし、ピーチを買えば得をする。逆に売り手はレモンを売れば得をし、ピーチを売れば損をする。

「レモン問題」は情報の非対称性に起因する問題であり、「完全情報」であれ

ばレモンは低品質に相当する低価値で需要され、買い手は非負の**消費者余剰**を得ることができる（粗悪品で価格を充分に下げても負の消費者余剰しか得られない財は、完全情報下では供給されない）。

第4節　貸出市場における逆選択

　貸出市場にハイリスク・ハイリターンの投資プロジェクトを有する企業（＝HH）とローリスク・ローリターンの投資プロジェクトを有する企業（＝LL）が混在している[11]。銀行はHHとLLの見分けがつかないが（非対称情報）、両者の比率を経験的に知っている。

　銀行が融資を行う場合、企業が発行する借入証書を買う形で資金を供給する。銀行は債務不履行リスクが小さい「LLをピーチ」と考え、そのリスクが大きい「HHをレモン」と考える[12]。銀行が融資を行う（＝借入証書を購入する）場合にも、財市場で中古車を買う場合と同様、逆選択問題に直面する。ただし、今は銀行の情報生産を考えない。

　銀行はHH（レモン）とLL（ピーチ）を識別できれば（完全情報）、**リスクを反映**させ「HHには高金利r_H」で融資を行い、「LLには低金利r_L」で融資を行う（$r_L < r_H$）。しかし両者を識別できない場合（非対称情報）、両者に同じ金利rを提示せざるを得ない。その「同一金利r」の下ではHHのみが融資を申し込みに来る可能性がある（逆選択）。

　最初に「完全情報」の下で「$r_L < r < r_H$」となることを単純なモデルで考えよう。銀行は留保利潤を獲得できなければならない。**留保利潤**とは、経営を継続させる上で最低限獲得できなければならない利潤のことである[13]。また留保利潤以上の利得を獲得できることを**参加条件**が満たされるという。

　銀行取引は相対型取引であり、貸出金利を「銀行の参加条件」を満たす範囲に銀行は決定する。貸出金利の水準は企業と銀行との交渉力（金融情勢）などを反映して決まるが、銀行は期待利潤が留保利潤Π（所与）となるように貸出金利を決定すると仮定する。そして簡単化のため$\Pi = 0$と仮定するが、銀行の留保利潤Πは0以外の任意のプラスの値でも以下の議論の本質は変わらない。

「銀行の期待利潤」＝「返済確率 Pr」×「融資資金の元利合計」−「預金の元利合計」

上式で「返済確率 Pr」とは、融資資金が企業から返済される確率($0 < Pr < 1$) であり、Pr (probability) に関し、LL は（HH と比べ）1 に近い値をとり、HH は（LL に比べ）0 に近い値をとる。銀行は Pr の値を過去の経験（銀行経営能力）で予測しており、既知である。

また「融資資金の元利合計」とは「融資額＋貸出金利」である。「貸出金利」とは貸出の「利子」であり、融資額を 1 と基準化すると利子＝利子率となる（利子率は融資額 1 単位当たりの利子を意味し、利子率＝利子÷融資額）。

銀行は「貸出額 1」に必要な資金を預金で集める（預金額＝1）。そして預金の全額を融資に回し、預金者に預金の元利合計（預金額 1＋預金金利）を返済する（仮定）。銀行は預金返済を、企業の資金返済確率に依存させず必ず行う（預金契約）。また預金金利は銀行にとって所与であり、1％であると仮定する[14]。

銀行の留保利潤 $\Pi = 0$ の仮定の下で、銀行は「貸出金利 i」を次式を満たすように決定する。なお「企業の参加条件」は、完全情報下で満たされると仮定する。

「返済確率 Pr」×「1＋貸出金利 i」−「1＋預金金利（0.01）」＝0（銀行留保利潤）

Pr に関し、LL は $Pr = 0.8$ であり、HH は $Pr = 0.4$ であると銀行が認識しているとしよう。上式より「貸出金利 i」は Pr に依存して決まり、LL はローリスクで「Pr が大きい」ため、銀行は i を小さくしても留保利潤を稼げることがわかる。しかし HH はハイリスクで「Pr が小さい」ため、i をある程度大きくしなければ銀行は留保利潤を確保できない。

LL の貸出金利を r_L で表し、HH の貸出金利を r_H で表すと、次のように求められる。

$0.8 \times (1 + r_L) - (1 + 0.01) = 0$, ∴ $r_L = 0.2625$ ……①

$0.4 \times (1 + r_H) - (1 + 0.01) = 0$, ∴ $r_H = 1.525$ ……②

すなわち「完全情報」下では、$r_L < r_H$ となる（この結論は銀行の留保利潤がプラスの任意の値でも保たれる）。**情報が完全**であれば、銀行はリスクが低い LL には安い金利を提示し、リスクが高い HH には高い金利を提示することで留保利潤を獲得できることがわかる。

では次に**非対称情報**における金利決定を考えよう。この場合、銀行はLLとHHとを区別できず、両者に「同一金利 r」を提示する。銀行は両者が1/2の確率で混在することを経験で知っており（仮定）、銀行（危険中立）の期待利潤は次のようになる。

$(1/2)[0.8 \times (1+r) - (1+0.01)] + (1/2)[0.4 \times (1+r) - (1+0.01)]$

上式が銀行の留保利潤（=0）と等しくなるように r が決まり、$r \fallingdotseq 0.68$ となる。ここで求めた数値に現実的な意味はないが、注目すべきことは「$r_L < r < r_H$」となる点である（この結論は銀行の留保利潤が任意のプラスの値でも保たれる）。

すなわち、非対称性情報下の「同一貸出金利 r」は、完全情報下におけるLLの金利 r_L よりも高く、HHの金利 r_H よりも安いという結論が得られた。非対称情報下でLL（**ピーチ**）に r を提示すれば、完全情報下よりも金利が高くなり**不利化**する。それに対しHH（**レモン**）は逆に**有利化**する。

LL（ピーチ）はローリターンであるため、高い金利は払えない。LLは r_L の下（**完全情報**）では参加条件を満たしても、非対称情報下でそれよりも高い r **で参加条件を満たさなければ投資プロジェクトを断念**せざるをえない。それに対してHH（レモン）は r_H（完全情報）の下で参加条件を満たせば、非対称情報下ではそれよりも安い金利 r となり参加条件を満たすため、融資を受け投資プロジェクトを実行できる。すなわち貸出市場にHH（レモン）が混入し、銀行に見分けがつかなければ、LL（ピーチ）は駆逐される（逆選択）。

なお、上で求めた同一貸出金利 $r=0.68$ を①（ピーチ）の r_L に代入すると銀行の期待利潤はプラスとなり、②（レモン）の r_H に代入すると銀行の期待利潤はマイナスとなる。

第5節　情報生産による逆選択防止

5.1　情報生産の種類

逆選択を防ぐ方法を2つに大別すれば、一つは非対称情報の問題自体を消滅させるべく**情報生産**を行う方法である。これは情報生産費用が比較的安い場合に実行可能な方法である。そしてもう一つは、情報生産費用が高く参加条件を満たせない（留保利潤を得られない）場合に有効な方法であり、シグナリングな

ど取引形態を通じて逆選択を防ぐ方法である。それらについては第6節（シグナリング）・第7節（継続取引）で述べる。

では「情報生産」であるが、それは次の（ⅰ）〜（ⅳ）に分類できる。

（ⅰ）質に関して**情報を"持たない主体"が情報生産**を行う方法。例えば銀行が融資を行う前に企業を審査して企業の質（資金の返済確率など）を調べ、当該企業がレモンかピーチかを判断する方法などがそれである。

（ⅱ）質に関して**情報を"持つ主体"が情報生産**を行う方法。ピーチは自分の質を知っているが、第三者である情報生産機関を利用して情報を生産し、その情報を公開する方法がある。例えば企業が「格付け機関」に依頼して、手数料を払い、自社を「格付け」してもらい、その情報を公表する方法がそれに該当する（市場からピーチと認識されれば有利な条件で資金を調達できる）。ただし、このケースは生産された情報（格付けなど）が「シグナル」として機能するため、後述の**シグナリング**の分類に含めることもできる[15]。

（ⅲ）**小売店・通販**による情報生産。「生産者」が「消費者」に商品を販売する場合、情報を持たない消費者はレモンの混在を疑えば購買意欲が減退する。この場合、第三者である小売店（老舗百貨店など）、あるいはネット通販会社などが費用を負担して情報生産を行い、「ピーチ財」生産者と「レモン財」生産者とを見分け（商品の吟味）、前者のみから商品を仕入れ、小売店（通販）の評判を利用して消費者にピーチのみを販売する方法がある。

（ⅳ）**公的機関**による情報生産。例えば「消費者庁」が市場取引されている商品に関する情報を生産し、商品に記載されている表示が消費者に誤解を与えるような場合は改善命令を出し、粗悪品が流通している場合には公表して注意を喚起する方法などである。

「証券取引所」においても、財務内容などが一定の基準を満たす企業のみ有価証券の取引が認められている。また証券取引等監視委員会は株価の不自然な動きを監視し、インサイダー取引や株価操作などを防ぎ市場参加者の信頼性の保持を図っている。融資に関しては、日本では各都道府県に「信用保証協会」（公的機関）があり、中小企業の情報生産に従事している。信用保証協会から信用保証を得られた中小企業は容易に民間銀行から融資を受けることができる。ただし、信用保証協会は銀行の情報生産のごく一部を補完するにすぎず、平成不

況期の代位弁済額の急増から判断して、民間銀行よりも優れた情報生産能力を有しているわけではないと考えられる。

5.2 銀行の情報生産

　非対称情報下で銀行が融資先企業の情報生産を行うことは有益である。ただし銀行の情報生産費用が高ければ、銀行の参加条件を満たせない。またその費用の一部を融資先企業に転嫁すれば（＝貸出金利の上昇）、今度は融資先企業の参加条件を満たせなくなり得る。したがって銀行は効率的に企業情報を生産することが重要である。銀行は情報生産に関して「専門化の利益」、「規模の経済」、「範囲の経済」を発揮して効率性を高めることができる。

　銀行は新たに融資を申し込んできた企業がピーチかレモンか見分けがつかない。したがって銀行は費用を負担して**事前の情報生産**（＝審査）を行う（「事前」＝「融資前」）。銀行は審査部など情報生産部署を持ち、企業情報の生産を専門的に行う。その結果、様々な企業情報や経済（金融）情報が無形資産として蓄積され、効率良く企業情報を生産できる。審査部などが**情報生産に特化**することで得られる利益は「**専門化の利益**」と呼ばれる。

　企業情報の生産費用には「固定費用」が含まれる。中小企業の少額の投資プロジェクトの場合でも、銀行は当該企業の財務内容や当該業界の成長性、さらにはその企業に原材料を供給している他企業の安定性などを、一定水準は調べなければならない。その費用は融資金額に比例しない固定的要素を持つ。融資額が増えるほど（＝大規模プロジェクトになるほど）必要な情報量は増え、情報生産の「可変費用」は増えるが、一定の「固定費用」も存在する。固定費用が大きいということは、融資額が増えるほど「平均費用が大きく逓減」することを意味する。それは情報生産における「**規模の経済**」と呼ばれる。そのことは、銀行は多くの中小企業に少額ずつ融資するよりも、ある程度多額の資金を需要する大企業や中堅企業に融資した方が効率がよいことを含意する[16]。また銀行は情報生産における「**範囲の経済**」の利益も得ることができる（補論Ⅱ参照）。

　ところで融資に際して「銀行は企業情報が必要」であっても、「なぜ銀行が企業情報の生産を行う必要があるのか」という問題が残る。すなわち**情報生産機関**が銀行とは別に存在し、銀行が情報生産機関に必要な企業情報を注文し、

その情報を購入してから融資を行ってもよいわけである。トヨタは自動車生産にタイヤが必要であるが、タイヤは他社（例えばブリヂストン）から買うことができ、実際にそうしている。ではなぜ銀行は自ら企業情報を生産するのか？この問いに対し、いくつかの理論研究で銀行が情報生産機関から企業情報を買った上で融資を行うことには問題が生じることが指摘され、その解決策として「銀行が情報生産と融資とを同時に行う」という考え方が示された[17]。

　既存研究において考察された問題としては、（ⅰ）情報が「経験財」であるという理由（逆選択問題を含む）や、（ⅱ）「横領問題」(appropriation problem) もしくは（ⅲ）「フリーライド問題」(free-ride problem) などがある。それら既存研究の内容を以下で簡潔に紹介する。なお章末の「補論Ⅱ」において、既存研究の内容をより深めて論究し、銀行の情報生産に関する著者の考えを明らかにする。

　（ⅰ）「**経験財**」：情報を買う場合、情報の内容を購入前に知ることはできない。もし情報の内容を購入前に知ったならば、もはやその情報を購入する必要がないからである。情報は購入後に質がわかるという性質があるが、購入して初めて質がわかる財は「経験財」と呼ばれる。映画のプロモーション映像がそうである通り、売り手が情報の重要でない箇所（例えばミステリー映画であれば犯人が特定できない箇所で主役が引き立つ場面の一部）を見せ、顧客に情報全体の質を類推させる方法がある。しかし購入後に全容がわかった時点で、その情報の質や内容の低さに顧客が失望させられることを排除できない。

　「銀行B」が「企業F」の情報を「情報生産機関I」（以後Iと表記する）に注文する場合、銀行BはIと「情報の内訳と価格」について契約を結ぶ。しかし銀行BがIから情報を購入した時点で、その情報の精度や質が銀行Bの想定水準より低いことが判明することがある。立証可能でない範囲内で購入した情報の質・精度が低い場合、銀行Bは企業Fの融資に当たり問題を抱える。今、銀行は自分で企業情報を生産する部署（審査部など）を持たないことを仮定しているため、不足している情報を自ら補足的に調査することができない（それには禁止的に高い費用を要する）。情報が経験財である以上、銀行は情報生産機関から企業情報を購入するのではなく、銀行自身で企業情報を生産して融資を行うことは有益である。

銀行は情報の質を購入前にわからないため**逆選択問題**が生じ得る。すなわち情報生産機関が複数存在する場合、高費用をかけて良質の情報を生産する情報生産機関が市場から退出していく可能性がある。したがって融資に当たり銀行が自ら質の高い企業情報を生産する必要がある。

（ⅱ）「**横領問題**」：銀行Bは融資前にIから企業Fの情報を購入する。銀行Bは融資後にその情報を「他の銀行B′」に売ることができるが、この転売を「横領問題」という。「他の銀行B′」は、銀行Bから買った情報に基づき企業Fを知り、企業Fが必要とする追加資金を融資できる。一つの企業に対して複数の金融機関が融資を行うことが通常であるが、「他の銀行B′」も情報を入手できれば企業Fの融資に加われる。銀行BはIから購入した情報を他の金融機関に転売できるため、Iは生産した企業Fの情報を他の金融機関に売ることができない（または銀行Bとの競争で低価格でしか売ることができない）。そして「他の銀行B′」も銀行Bから購入した企業Fの情報を再び転売可能である。したがってIは情報生産費用を回収できない問題が生じる。情報生産機関の経営が成り立たないのであれば、銀行自身が情報を生産し、かつ融資を行う必要が生じる。

（ⅲ）「**フリーライド問題（タダ乗り問題）**」：Iが企業Fの情報を生産し、それを銀行Bに販売し、その結果銀行Bが企業Fに融資を行った。その場合、銀行BはIから購入した情報により企業Fが有望であると判断したからこそ融資を行ったに違いない。したがって「銀行Bの融資行動」は、他の金融機関に「企業Fが有望な投資プロジェクトを持っている」ことを知らしめる**シグナル**として機能する。つまり他の銀行は、Iから情報を買わずに（銀行Bにフリーライドし）、企業Fが追加的に必要とする資金を融資できる。このようなフリーライド問題が生じると、Iは銀行B以外の金融機関に企業Fの情報を売ることができず、情報生産費用を回収できない。

ここまで情報が「経験財」であること（逆選択問題）や、「横領問題」、「フリーライド問題」により情報生産機関の存立が難しいことを考察した。そのため銀行が情報生産を行い、かつ融資を行うことが合理的である。情報生産主体と融資主体が同一であれば、上述の問題はすべて解決する。以上が既存研究の骨子であるが、より詳細は本章の補論Ⅱで論究する。

第6節　逆選択防止策——シグナリング

　情報生産により非対称情報問題を克服する方法は、情報生産費用が高ければ実行できない（参加条件を満たせない）。そのような場合、取引形態を通じて逆選択を防げる可能性がある。その一つは「シグナリング」であり、もう一つは「継続取引」による方法であるが、継続取引は第7節の考察課題であり、本節ではシグナリングについて考える。

6.1　シグナリング

　質に関して情報を持つ主体である売り手の中で、「質が高い主体（＝ピーチ）」が、自分が高品質であることを表す**シグナル**を市場に伝達し、低品質の売り手（＝レモン）との相違を買い手に認識してもらい、取引を有利に進めることができる場合がある。そのようにピーチとレモンの分離に成功した場合、「分離均衡」（separating equilibrium）と呼ばれる。

　後に具体例を示すが、「シグナルとは、ピーチがピーチであることを市場に知らしめるために市場に伝達するメッセージの総称」である。その場合ピーチは〝レモンが真似できない〞シグナルを形成し、市場に伝達する必要がある。そのシグナル形成に成功すればピーチに見合った高値（＝完全情報下でのピーチ価格）で取引が行える。シグナルを用いてピーチをレモンから分離できる場合、「シグナリング均衡」（signaling equilibrium）とも呼ばれる。

　「レモンが真似できないシグナル」をピーチが形成するとは、レモンがピーチと同じシグナルを形成すれば、レモンはかえって損になることを意味する。ピーチはシグナル形成費用が安いならば、ピーチであることを明確に示せるシグナルを形成する方が有利である。しかしレモンが真似をしてピーチと同じシグナルを形成すれば、レモンにとってその費用が非常に嵩み損となるならば（レモンの留保利潤を下回るならば）、レモンは真似しない方が有利である。その場合、情報を持たない主体は、シグナルを見ればピーチかレモンかを区別できる。

　今、ピーチが自発的に自分の質の高さを示すシグナルを市場に示し、レモンと区別してもらうと述べた。しかし視点を変えれば、情報を持たない主体（買

い手)の方がピーチとレモンとを分離するため、シグナル形成を要求したと考えることもできる。買い手が市場に対し"レモンが真似できないシグナルを示せたら取引をし、ピーチに見合う価格で買う"という条件(シグナルの案)を提示すれば、ピーチはシグナル形成費用が安ければそのようにするであろう。その場合、レモンはピーチと同じシグナルを示せないため(レモンはシグナル形成費用が高すぎる)、ピーチとレモンとが区別されることになる。なおこの議論は、ピーチとレモンのシグナル形成費用が共有知識であることが前提である。

シグナル形成に関し、(1)ピーチが自主的にシグナル形成する場合と、(2)情報を持たない主体の方が市場に対してピーチ生産者はピーチであるシグナルを発信するように誘導する場合がある。例えば労働力の買い手である企業が労働市場に対し、管理職希望者は英検1級(ピーチ・シグナル)を取得して面接に臨むよう発信することなどがある。しかし(1)と(2)とを区別しなくとも、以下の説明で不都合が生じないため、本書では両者を分類しない。

「ピーチのシグナル(レモンが真似できないシグナル)の形成費用がレモンより安い」場合を論じてきたが、ピーチにとってもその費用が高くなる可能性がある。その場合、ピーチの参加条件を満たせない(6.3の保証書発行のケースを参照)。そのようにシグナルを用いて製品をピーチとして売れても留保利潤を得られないならば、分離均衡は成立しない(シグナル形成が行われない)。

6.2 無形資産によるシグナリング

継続取引の場合であれば「1回目の取引」で売り手の質を買い手はわかるため、「2回目以降」は逆選択問題が緩和する。しかし「一度限りの中古車取引」においても、"人間関係"などにより逆選択を防ぎ得る。それは"無形資産"を活用する方法である。

ある人がインターネットで調べ、知らない人から中古車を買う場合(一度限りの取引)、レモンであるにもかかわらずピーチと偽られ、ポンコツ車をピーチ価格で買わされる可能性がある。しかし"親友"から車を買う場合、それが一度限りの取引であっても(中古車を友人から継続的に買うことは通常なく一度限りの取引であると両者が認識していても)、レモンをピーチと偽り売りつけられることはないであろう。

親友との取引では、中古車の購入は**一度限り**の取引（仮定）であるにもかかわらず、"この車はピーチである"という親友の言葉を信じて買う。それは何を意味するのかといえば、第一に両者とも2人の**交友関係は以後も継続する**ことを前提にしているということである。もし今回の取引で交友関係を終わりにするのであれば、過去の交友関係は過ぎ去ったことであり、今回の取引以降2人が会うことがないため、その友人に騙されレモンをピーチとして高値で買わされる可能性がある。しかし交友関係を以後も続けることが共有知識であれば、親友はレモンをピーチと偽って売った場合、「信頼関係」「評判」という**無形資産**（intangible asset）を失う点が第二に注目すべきことである。

友人関係において、信頼や絆があるからこそ楽しく付き合えるのであり、その無形資産を失えば以後楽しく付き合えない。すなわち以後友人と「交友の楽しみ」という「収益」が得られない。したがって騙すことで失う無形資産の損失が大きいならば（＝無形資産価値が大きいならば）、レモンをピーチと偽り親友に売ったりはしない。また買い手も、親友は自分を騙すこと（無形資産を失うこと）がその親友自身にとって合理的でないことを理解できるため、親友の言葉を信じて（＝ピーチと信じて）取引に応じる。交友関係の"楽しみ"（＝収益）を継続的に将来得ていく利益（効用）の方が、騙して得る一時的な利益よりも大きいならば、騙すことは合理的ではない。

「**無形資産価値**」とは、「無形資産」を保有することで現在および将来的に毎期獲得できる「収益」の流列（割引現在価値）のことであり、過去に無形資産の蓄積に要した費用とは異なる。より多くの費用（＝この場合、交遊費・交友時間）をかけて無形資産（＝信頼関係）を蓄積した方が、より大きな収益の流列（＝交友の楽しみ）を得られるため、無形資産価値は高まる。絆がより深まれば、交友を通じてさらに大きな喜びを味わい続けられる。

買い手は「売り手が蓄積した無形資産価値の大きさ」を認識できる点が重要である。この場合、買い手は親友が過去に無形資産蓄積に費やした費用（＝自分との交遊費・交友時間など）から親友がどの程度無形資産を蓄積しているかがわかり、そこから無形資産価値（交友関係継続で友人が得られる喜び）を類推できる。この無形資産価値の大きさが「シグナル」として機能する。

ところで高価値の無形資産を蓄積しない人（＝遊び仲間でも疎遠な関係の人）は、

多くの費用をかけ（投資をして）高価値の無形資産（＝親睦）を形成していない。その人から中古車を買う場合は、レモンをピーチと偽り高値で買わされる可能性がある。

　非対称情報下で市場にピーチとレモンとが混在しており、かつ一度限りの取引であっても、知らない人からではなく"親友"から買うことで、ピーチを買うことができる。親友のみがその車がピーチであることを知っている（非対称情報）が、それを売る場合には交友相手に売る。知らない人にはレモンと疑われ安値でしか売れないからである。

　この場合、中古車取引自体は一度限りのことであっても、人間関係は継続し「評判」という**無形資産**が**シグナル**として機能するため、親友の言葉（＝ピーチ保有者であるという言葉）を信じることができる[18]。

　騙してレモンを売ればその分だけ利益を得られるが、しかし評判（無形資産）を失う。その「失う無形資産の価値」が「騙して得られる利益」よりも大きければ、騙さない。「無形資産」は、土地などの「有形資産」と異なり、別の友人に転売できず、騙した瞬間に消失する。無形資産に投資した費用（交遊費など）を取り戻すことはできない（＝埋没費用）。この種の無形資産を売買する市場は存在しないため、他者から買うことはできず、自ら投資するしかない。相手は友人の無形資産価値が大きいことを、過去における投資（自分との交友費・交友時間など）から類推できるため、騙されないことを理解して、友人の"車はピーチである"という言葉を信じて車を買う。

　経済学では、評判などの無形資産は理論上重要な役割を果たす。その場合に**継続取引**であることが重要となる。「無形資産」も資産（＝ストック量）であるため、毎期何らかの「収益」（＝フロー量）を継続的に生み出す。多くの無形資産を蓄積し、継続的に取引するのであれば、多くの収益を毎期獲得できるため、それを失う機会損失は多大となる[19]。

　市場に名声・評判を確立した業者は、もし仮にレモンを保有していても、ピーチ購入希望者にレモンを売りつけない。多額の費用をかけ、名声・評判という無形資産（＝シグナル）を大きく蓄積することが、ピーチであることを市場に知らしめるシグナルとなり、逆選択を阻止し得る。顧客を騙し、蓄積した無形資産を消失する損失が大きいため、たとえ一見客であれ、そのようなことをし

ない(一見客とはリピーターでない客であるが、彼らを騙すと、例えばインターネットなどで即時に醜聞が伝播し、無形資産が毀損される)。

　A君とB君の交友関係という「特定化された無形資産」であれば、交友関係にないC君には適応できない。しかしA君が慈善活動などに従事し、A君は信頼できるいい人であるという「評判」「名声」という無形資産が形成した場合、交友関係にないC君にも車(ピーチ車)をピーチ価格で売ることができる。「評判」「名声」とは、市場に広く伝わるものを意味するが、その無形資産の蓄積が非対称情報下の取引において重要な役割を果たす。それは逆選択のみならず、後述のモラルハザード問題の解決にも有効である。

　交友関係の議論には違和感を覚えるかもしれないが、A社とB社の「ビジネス関係」であれば現実的である。その場合、投資は「接待費」などであり、無形資産はやはり「評判」である。また評判から得られる「収益」は、信頼を勝ち得て商品を正確にピーチと認めてもらい取引を継続できることから毎期獲得できる「営業利益」であり、その取引による動学的利益(割引現在価値)が無形資産価値である。非対称情報下で企業が無形資産価値の大きさを市場に知らしめれば、一度しか購入を希望しない買い手(一見客)も、騙されないと信じてピーチ価格で購入を希望する。ピーチ価格(=完全情報下でのピーチの市場価格)で商品(ピーチ商品)を販売できる利益は大きいが、そのための対策の一つが無形資産の蓄積である[20]。

6.3　保証書およびSNS

　非対称情報下において、ピーチはレモンが真似のできないシグナルを市場に示すことで、レモン問題を解決し得る。次に「保証書」がシグナルとして機能する例を考えよう。保証書発行モデルでは、現時点(製品購買時点)で保証書が発行され、製品が壊れた「将来時点」で新品と交換してもらえる2期間モデルである。

　家電製品市場に「半年で壊れる低品質財(レモン)」と「数年間は壊れない良品(ピーチ)」とが混在し、消費者は識別できない(仮定)。ピーチの方がレモンよりも高価な部品を使うためコストを要する。低費用でレモンを生産する生産者が自社製品をピーチだと宣伝し、ピーチ価格で売って儲けようとするが、消

費者はそれを見抜けず逆選択問題が生じる。

この場合、**ピーチ生産者が保証書を発行**し、高品質に見合った高値（完全情報下のピーチ価格）で売る方法は逆選択を防ぐ。保証書には「販売から1年以内に製品が壊れたら新品と交換する」と記載されており、販売日が記入される。それと同様の保証書をレモン生産者は発行できない。もし同様の保証書を発行すれば、製品を半年で新品に交換しなければならず（レモンは半年で壊れると仮定）、採算が合わないからである。また保証内容を遵守しなければ、法的罰則による損失が大きい（法整備を前提）。

ピーチ生産者は、もし1年以内に偶然製品が壊れれば新品と交換する費用を負担しなければならないが、良品のためそのようなことはめったに起きない。レモン生産者は保証書を発行できないため、ピーチ生産者は保証書を発行すれば消費者からピーチであると識別してもらえる。すなわち保証書発行で高品質に見合った高値で製品を売ることができ、利潤を稼げる。これはピーチ生産者が保証書発行の費用（1年以内に製品が壊れた場合に新品に交換する費用や、保証書印刷費用など）を負担して、市場に自社製品がピーチであると示す方法である。保証書発行は、その費用がピーチ生産者にとって安ければ、レモン生産者が真似できないため有益である[21]。

しかし消費者の製品使用方法が乱暴である場合や、誤った使い方をした場合、製品が1年以内に壊れる可能性が高く、かつ消費者の使用方法に問題があることを生産者が立証できない場合、保証書発行費用が高くなりすぎピーチ生産者は保証書を発行できない。そのようにシグナル形成がピーチ生産者の参加条件を満たさない場合、分離均衡は成立しない。その場合、逆選択問題によりピーチは市場に供給されず、もしレモンに需要があれば「壊れやすいレモン製品」のみが安価なレモン価格で市場に供給されることになる[22]。

ところで、すべての商品に「保証書」を発行できるわけではない。例えば食品であれば、"もし味がまずかったら代金を返す"という保証書をつけても、味がおいしいか否か客観的に立証できない。すなわち保証書を発行できない（味がまずいと客が返金を求めても、店は言いがかりであるとして対応せず、客は裁判を起こしても味のまずさを客観的に立証できない）。この問題は**立証不可能性問題**と呼ばれる。

家電製品は製品が壊れたか否かを客観的に立証可能であるが、第三者（裁判所）

に立証できない質を有する財（サービスを含む）に関しては適応できない。食品の場合は消費者に「試食」させる方法があるが、費用が嵩むため頻繁には行われていない[23]。

家電製品は**耐久消費財**であり、一度買えば通常6～8年は買い換えない。その間に製品はモデルチェンジし、日進月歩の技術革新の波はその間に企業の経営自体をも変化させ得る。家電製品の場合、買い換え時点において、数年前に購入したときの経験（知識）・評判は効力を失い、場合によっては企業経営も変化しているため、「継続取引による逆選択防止策が機能しない」可能性がある。消費者は同一家電メーカー製品を継続的に購入するとは限らない。購入時点で製品の特性や価格を比較してメーカーや製品を選ぶ。したがって「保証書」によるシグナリングが効力を発揮する。

それに対して「食品」は毎日買う**非耐久消費財**であり、かつ家電製品ほど技術革新の激流に直面していない。消費者はお気に入り食品などに関して**継続取引モデル**を念頭に「評判」を意識して購入し、生産者もまた「評判」を意識して生産することで逆選択問題が緩和される。食品の場合、「保証書」の発行は難しいが、それに代わり継続取引を前提に「評判」という無形資産の蓄積がシグナリング機能を発揮すると考えられる[24]。

ところで近年SNS（フェイスブックなど）やインターネットが普及し、容易に商品の口コミ情報が得られるようになった。購入して消費するまで品質がわからない財は**経験財**と呼ばれるが、経験財は逆選択を招く可能性がある。しかしSNSなどを利用すれば、その財を購入する前に、すでに当該財を購入してその品質を経験した人の意見を知ることができ、肯定的な意見が多ければピーチ・シグナルとなる。保証書は生産者が品質を保証するものであるが、口コミ情報は消費者が品質を他の消費者に伝えるものである。しかし購入者の間で見解が大きく相違する場合や、口コミ情報の信頼性が低い場合には問題が残る。

6.4 負債によるシグナリング

企業が契約通り負債を返済できず経営破綻した場合、経営者は法律に抵触することをしていない限り「有限責任制」の下で負債返済の義務を負わない。経営者としての地位を失うだけである。スティーヴン・ロス（S. Ross）は、「企業

が経営破綻した場合に経営者は地位を失うのみならず、多大な費用（不効用）を被る」と仮定した上で、**負債**が企業の保有する**投資プロジェクトの有望性**を市場に示す**シグナル**として機能すると考えた[25]。

　企業の投資プロジェクトの有望性を経営者は理解しているが、外部の投資家にはわからない（非対称情報）。企業が倒産を是が非でも回避したいならば、実行する投資プロジェクトが多額の負債（＝多額の借金）を負う場合、将来それを返済できるだけの高収益が得られる見込みが高いはずである（そうでなければ実行しない）。S. ロスの議論によれば、「多額の負債を負う」こと自体が、経営破綻時に経営者が多大な不効用を被る条件（共有知識）の下で、企業の投資プロジェクトの有望性を市場に知らしめるシグナルとして機能する。

　多額の負債を負う以上、返済不能となる可能性の増大（＝倒産確率増大）の効果を打ち消して余りあるだけの有望性が、その投資プロジェクトにはあるはずである。将来の市場情勢変化など様々なリスクがあるが、もし売上が伸びなければ、多額負債を企業資産の一部売却などでは穴埋めできずに倒産に至る。投資プロジェクトを実行する以上、経営者は顧客の購買意欲を捉える革新的なアイデアを持ち、成功の確信が強いはずである。なぜならば失敗した場合に経営者自身が被る費用（不効用）が大きいからである（前提）。

　経営破綻時に経営者が被る費用とは、経営者が当該企業の大株主である場合は株価暴落の不利益を被ることはいうまでもない。それ以外では、経営者としての評判（無形資産）を失うことで経営に携わることが以後できなくなることなどである。有能ではあるが経営に失敗した経営者は、以後経営者として活躍の舞台に立てず機会損失を被る可能性が高い。アメリカでは経営者の市場が発達しており、有能者の奪い合いとなっている。経営者は企業経営に成功すれば日本とは桁違いの巨額の所得を獲得し得るが、一度失敗すれば以後その能力を活かせない可能性が生じる[26]。

6.5　負債シグナルの応用

　次に負債のシグナリング効果を別の観点から考えてみよう。あるベンチャー企業が新しい食品の開発を考えているとする。その企業は市場で知名度が低く、ブランド力不足で新商品を創っても売れる見込みが少ない。そこで銀行から資

金を借り入れ（負債を負い）、その資金を用いて商品開発と同時に「大規模な宣伝活動」を行うとしよう。宣伝は新商品の宣伝である必要はなく、企業の認知度やイメージを高めるためのものであれば何でもよい。例えば有名芸能人を多数起用した企業名を冠するイベント（コンサート）開催でもよい。消費者に「企業名」とその宣伝活動に「多額の資金が投入」されたことがわかりさえすればよい。

　宣伝を見た消費者が試しにその食品を買ってみて、おいしくなかったら（すなわちレモンであれば）二度と買わない。消費者は買う前に、多額の宣伝費を**将来的に回収できる見込みがある**（ピーチであるため継続的に商品が売れる見込みがある）からこそ経営者はそのような大掛かりな宣伝活動を行っているのであろうと推論し、買ってみる。"試しに一度買ってみよう"と消費者に思わせることが無名ピーチ企業にとって何よりも重要である（一度買えばピーチとわかり、顧客は以後リピーターになり得る）。

　この場合、「大規模イベントの実施」がシグナルとなり、消費者の購買意欲を刺激する。宣伝効果は一過性のことであり、レモンであれば元が取れない。商品を**継続的**に買ってもらいイベント費用を回収するためには**ピーチ**である（＝おいしい）必要がある。何らかの形でピーチであるシグナルを市場に送り、集客する必要が無名企業にとって不可欠である。そのような企業にとって上述の方法は有益であるが、融資に応じる銀行の理解が必要である。

　プロ野球では、それまで優勝経験のない「楽天」が2013年日本シリーズを制覇し話題となった。楽天が球団を買収した当時、楽天の社名は今ほど知られていない無名に近いベンチャー企業であった。楽天は当時「赤字に悩む球団」を買収して一躍有名となったが、球団の集客力を高める秘策があって買収に臨んだのかもしれない。しかし球団の赤字をすぐに解消できる計画を持たなくとも、買収が有意味な場合がある。

　第一に、そのような行動に出て衆目を集めれば、企業を有名にすることができる。第二に、すぐには黒字転換できそうにないと思われている球団を買収することで（多額の債務を抱えることで）、その財務負担を埋め合わせる以上の高収益を本業（ITビジネス）で持続的に獲得できる潜在能力を有する企業であるというシグナルを市場に伝達できる。企業名が知られることによる新規顧客獲得

の利益と、有望企業であるというシグナルを発信することで有利な条件で資金調達ができるようになる利益の総和が、球団買収・球団維持の財務負担を上回れば、ビジネスとして成功である。

　赤字球団買収でなくとも、"大きな負担"を背負い込むことがシグナルとなり得る（ただし失敗時の高費用負担が前提）。知名度が低い企業は、潜在成長力を持つだけでは成長できない。有望企業であるシグナルを送り、市場から有利な条件で資金を調達できなければ成長できない。シグナル効果で企業が成長できれば、今度は高い年俸で有力選手を集め球団経営を黒字化できる。そして球団人気がさらに企業の本業の集客力を増大させ、さらに球団のファンが増え……という好循環を生み出し得る。そしてそのメカニズムを理解し、企業の潜在能力を情報生産により知ることができる立場にある銀行は、赤字球団買収などのシグナル形成に資金供給をすることで、銀行自身も利益を得ると同時に、社会的な総余剰（消費者余剰＋生産者余剰）の増大に貢献できる。

　上述の方法は、銀行借入（**負債**）によらずに、ベンチャー・キャピタル（第3章）による資金供給（**株式発行**）でも可能であるが、日本においてベンチャー・キャピタルは未発達である。また一般投資家の保有情報（および情報生産）は限られているため、資本市場からの資金調達（社債・株式の発行）は無名企業には難しい。

6.6　金利と担保によるシグナリング

　市場にハイリスク・ハイリターンの投資プロジェクトを有するHH企業と、ローリスク・ローリターンのLL企業とが混在し、銀行は区別がつかない。この場合、銀行が「金利」と「担保」の水準をうまく組み合わせれば、両者を分離できることをベスター（Bester, H.）は考えた[27]。

　銀行は**プランA**［**低金利、高担保**］と、**プランB**［**高金利、低担保**］の2つを市場に提示する。銀行がうまく「金利」と「担保」の水準の組み合わせを選ぶと、LL企業は「プランA」に申し込み、HH企業は「プランB」に申し込み、分離均衡が達成できる。

　HH企業は自身がハイリスクであることを知っているため、多額の担保を好まない。なぜならば債務不履行に陥れば多額の担保を取り上げられるが、債務不履行に陥るリスクが高いことを自覚しているからである。したがって金利は

高くとも担保が小さい「プランB」の方がHH企業にとって有利となり得る。

逆に債務不履行に陥る確率が低いLL企業は、高額の担保からはあまりダメージを受けない（担保を取り上げられる可能性が少ない）。したがって「低金利」で「高額担保」の「プランA」の方がLL企業の期待利潤が大きくなり得る。

この分離均衡が存在するためには、「LL企業はプランAの方がプランBよりも期待利潤が大きくなり」、逆に「HH企業はプランBの方がプランAよりも期待利潤が大きくなる」ような「金利」と「担保」水準の組み合わせが存在し、かつその下でLL企業とHH企業と銀行の三者が同時にそれぞれの参加条件を満たさなければならない（留保利潤の獲得）。その場合、企業の融資プランの選択がシグナルとして機能する。

6.7 社債によるシグナリング

では次に資金調達方法として、企業に「**普通社債**」か「**転換社債**」を選ばせることでLL企業とHH企業とを区別でき得ることを考えよう。ここでは単純化して「オーナー・マネージャー型」の企業経営者を考える[28]。

転換社債の購入者は、一定期間後の転換請求期間にそれを**株式に転換する権利**を有するが、転換しなくてもよい。もし企業の投資プロジェクトが成功し「リターンが高まる」見込みが強まれば（プロジェクト着手後にその徴候が見られれば）、転換社債を株式に転換すれば有利である。利潤は持ち株比率（＝持ち分）に応じて株主に配当されるため、転換して株主になれば、実現する大きな利潤のうち「自分の持ち分」に該当する利益を獲得できる。また転換した株式を売却すれば、リターン増加で株価が上昇する（保有することの利益が増した当該株式の需要の増大で株価が上昇する）ためキャピタル・ゲインを稼げる。転換せずに社債のまま満期まで保有すれば、あらかじめ定められた元利合計を得られるが、リターンの大幅拡大の見込みが高まれば株式に転換した方が有利である。

ところで既存株主（＝経営者）は、大きなリターンが実現する場合、債権者に転換社債を株式に転換されると不利である。なぜならば株式転換により既存**株主の持ち株比率が低下**するからである（利潤の配当比率の低下）。それは「**希薄化**」と呼ばれる。

HHプロジェクトの場合、経営者（既存株主）は「高いリスク」負担にもかか

わらず、プロジェクト成功直前に希薄化（dilution）が起こり、自分に帰属する利益の割合が縮小すれば不都合である。なぜならば、「高いリスク負担」に対応した「高いリターン」が成功時に帰属しなければ留保利得を得られないからである。すなわちHHプロジェクトを保有する経営者は転換社債での資金調達を好まない。既存株主（＝経営者）は当該企業株式を保有し続けるケースが多く見受けられるが、もし株式売却でキャピタル・ゲインを狙おうとする場合も同様である。HHプロジェクトが成功すれば高リターンを反映して株価は高騰するが、社債から転換された株式も売りに出されれば（供給が増え）、その分株価が下がり経営者にとって不都合である。

　それに対してLLプロジェクトの場合、経営者は転換社債発行による資金調達に前向きである。なぜならば低リスクしか負担していないため希薄化が生じても留保利得を獲得でき得るからであり、またプロジェクト成功時のリターンが大きくないため希薄化が生じてもそのダメージが小さいからである[29]。すなわち金利が安ければ、LL経営者は転換社債での資金調達の方がむしろ有利となり得る。しかしHH経営者は「転換社債」の発行を好まず、金利が高くとも「普通社債」での資金調達を好む傾向にある。

　したがって「**低金利の転換社債**」と「**高金利の普通社債**」という2つの選択肢がある場合、**LL企業経営者は前者**を選び、**HH企業経営者は後者**を選ぶ可能性がある（分離均衡）。

　投資家としては、転換社債は債権者と株主の立場の有利な方を状況により使い分けられる特典があるため、他の条件を一定にして低金利でも（＝高価格でも）魅力的な金融商品である（金利の高低と証券価格の高低とは逆の関係になる）。そして転換社債がLL経営のシグナルであれば（リスクが少ないのであれば）、金利が安くとも転換社債の購入を希望する投資家もいる。

　普通社債は転換社債に比べ上述の特典はなく、相対的にHH経営を示唆するのであれば、相対的に高金利（＝低価格）が求められる。したがって他の条件を一定にして、転換社債の方が普通社債よりも相対的に金利が安くなる（価格が高くなる）と考えられるが、実際にもその傾向にある。転換社債による資金調達がLL経営のシグナル効果を持てば、転換社債を発行した企業が追加資金を要する場合、他の条件を一定にして、有利な条件で資金を調達可能である。

6.8 格付けによるシグナリング

　非対称情報下で、ピーチが「格付け機関」を利用して低リスク企業であるシグナルを市場に示せば、それを反映した有利な条件で資本市場から資金調達ができる[30]。前述のS.ロスの「負債のシグナル効果」とは異なる観点からの議論であるが、財務内容の健全性、例えば**自己資本比率**の高さ（＝負債比率の低さ）は倒産確率の低さを表し、当該企業が発行した証券が低リスクであることを市場に示す。

　S.ロスの議論では、「倒産時に企業経営者が多大な不効用を被る」ことが共有知識になっていることが前提であった。その前提が満たされず、非対称情報に直面する場合、「優良格付け」や「自己資本比率の高さ」などがシグナル効果を発揮する。

　ベンチャー企業など無名企業で優良格付けを得られず、しかし現在「有望な投資プロジェクト案（アイデア）」を持っており（私的情報）、それを実行に移すための資金を必要としている場合がある。有望性を示す何らかのシグナルを市場にうまく伝達することができなければ、資本市場から資金を集めることは難しい[31]。そこで情報生産能力がある資金供給主体が審査をし、そのプロジェクトの有望性を評価して資金供給する必要がある。日本ではベンチャー・キャピタルが未発達であるため、銀行が企業のプロジェクトの質を判断し、融資を行う方法が有益である。その場合、**銀行融資がシグナル**となり当該企業は追加資金を資本市場から調達できる可能性がある。なぜならば、その企業は銀行の審査にパスし、銀行融資を受けられたからである。

第7節　逆選択防止策——継続取引

　逆選択モデルの場合、継続取引（動学モデル）において、「1回目の取引」で質がわかるため、「2回目以降の取引」では問題が緩和する。

　「中古車ディーラー」（存在数はN）と、1社の貿易実務の技術を持つ「商社」との継続取引の例を考えよう。商社は中古車ディーラーから車を買い取り、海外に輸出する。中古車ディーラーは「ピーチのみを保有する業者」（＝Pディーラー）と「レモンのみを保有する業者」（＝Lディーラー）の2種類が存在し、商

社は購入時に両者を見分けられないが、購入後に両者を識別可能である。完全情報下でのピーチ価格（例えば100）とレモン価格（例えば50）は共有知識であると仮定する。また商社は、中古車ディーラーの中のLディーラーの割合をも知っていると仮定する。

　Lディーラーがレモン車をピーチと偽り商社に売れば、後に商社は輸出国からの苦情でそれに気付き、次回以降Lディーラーとの取引を中止する。それに対し、Pディーラーとの取引は継続させる。第1期初に商社はN社の中古車ディーラーから1台ずつ車を買う(仮定)。第1期末に商社は購入した車がピーチかレモンか認識でき（仮定）、各中古車ディーラーの質を理解できる。商社は輸出先国の要望でピーチのみから利益を得られる（レモンは輸出先国から返品される）。商社は第2期以降はPディーラーのみからピーチを仕入れて輸出し、動学的利益（割引現在価値）を獲得できる。

　商社は、第1期初にN社の中古車ディーラーに対し「Pディーラーの参加条件を満たす同一の価格」を提示しなければピーチを仕入れることができない。商社が「レモンの参加条件を満たし（例えば50以上）」かつ「ピーチの参加条件を満たさない（例えば100未満）」の価格を提示し（例えば60を提示し）、販売の意思表示をした業者をレモン業者と認識し除外した上で、それ以外の中古車ディーラーから車をピーチの価格で仕入れることはできない。なぜならば、Lディーラーはその価格（60）で販売意思を示せば、レモン業者と見抜かれ購入されないことを予期し、Pディーラーの参加条件を満たす価格（100以上）でなければ販売意思を示さないからである（レモンとピーチの留保価格は共有知識）。商社は第1期初にPディーラーの参加条件を満たす価格（例えば100）をN社ある中古車ディーラーそれぞれに提示する。しかしLディーラーもピーチと偽りレモンを同一価格（100）で販売するため、商社はレモン車の分の損失を被る（レモン車は商社の損失となると仮定）。

　第1期末にPディーラーであると識別できた相手との取引を第2期以降継続させることで商社が得られる「動学的利益」（割引現在価値）が大きく、それが「第1期のレモン購入の損失」を打ち消して余りあれば、このビジネスは商社にとって動学的に採算が合う。この方法は、市場に混在するLディーラーの割合（既知）が少ない場合に有効である。第2期以降、商社は各Pディーラー

のみからピーチを仕入れ、それを輸出して利益を獲得し、輸出先の国で評判も形成できるであろう[32]。

商社は「第1期の損失」を第2期以降の継続取引で取り戻すまでの間、その赤字を埋め合わせるだけの資金が必要である。銀行がそのビジネスの動学的収益を見通した上で長期資金を第1期初に融資するか（銀行の役割）、あるいは輸出業者が**自己資金**を充分に保有していなければ営業できないという難点がある[33]。

本章 **2.3** の「逆選択の定義」に従い、中古車ディーラーは自分が取り扱う車をレモンかピーチか選ぶことができない。動学モデルにおいて、そのどちらか一方を運命的に取り扱い続けることになり、途中でレモンとピーチを変更できない点に注意を要する[34]。

補論 I　異時点間取引と非対称情報問題

金融の特徴である「異時点間取引」（動学）と、「逆選択」や「モラルハザード」との間に直接的な関連性はないが、両者の関係について考えてみよう。

「逆選択」は「スポット取引（＝静学）」で生じる問題であり、「契約時点」で商品などを「**その場で見ても質がわからない**」ことで生じる問題である。したがって静学モデルにおける「**知識非対称性**」といってよい（通常は「情報の非対称性」と呼ばれる）。しかし逆選択は継続取引（動学）により緩和され得る。購入時に品質がわからなくとも、次期以降は品質が判明するためである。「保証書」発行も逆選択を防止し得るが、製品が壊れた「将来時点」で新品と交換してもらえることが重要である。「現時点」（購買時点）しかない静学モデルでは「将来時点」で新品との交換がないため、保証書発行の意味がない（その場合はレモンも保証書を発行できる）。「逆選択」自体はスポット取引（＝静学）で生じる問題であるが、その解決策（シグナリングを含む）は動学モデルが用いられることが多い。

「モラルハザード」は、取引の"契約後"にエージェントにより引き起こされることが多く、動学モデルがほとんどである。もしエージェントの行動が「契約時点で行われる」（静学モデル）ならば、監視は比較的容易である。契約時点

でその場で取引相手（エージェント）の行動を観察すればよい。しかし「契約締結"後"の任意の一時点」、あるいは「契約期間中に連続的・断続的」に行動がエージェントにより行われるならば、プリンシパルはその行動を終始観察しなければならない。すなわちモニタリングに要する**（機会）費用は禁止的に高く**なるため事実上は「**観察不可能**」、すなわち「**非対称情報**」となる。

　モラルハザード・モデルは基本的に動学モデルであり、静学モデルのように契約時点でエージェントが行動を起こさないことが主要因で、観察困難（非対称情報）となると理解できる。また銀行など「情報生産に特化した主体」でない限り、エージェントの効率的なモニタリングは難しい。

　ただし例外的ではあるが、スポット取引におけるモラルハザード・モデルの例もある。例えば患者（プリンシパル）と医者（エージェント）の医療契約がそうである。患者は医者に手術を「**最短時間**」で「**成功**」させてもらいたい。しかし医者は手術が「成功」しさえすればよく、多少手を抜きゆっくりと手術を行う方が楽である（目的関数の相違）。患者は「全身麻酔」のため、医者の行動を観察できない。手術に余分に時間をかけた分（医者のモラルハザード）、患者の術後回復が遅れるが、手術は「成功」しさえすれば医療過誤問題に発展しない。この場合「スポット取引」であるにもかかわらず、プリンシパルが「全身麻酔」されているためエージェントの行動をその場で見ることができない例である（理論上は医療契約と手術が同時点の静学モデルと考えてよい）。

　「局部麻酔」による手術は観察可能であるが、手術時間は状況により変化し、専門知識がない患者に手術が最短時間で行われたか否かわからない。あるいはわかったとしても「立証不可能」であり得る。エージェント（例えば患者）がプリンシパル（例えば医者）のモラルハザードを観察できても専門知識不足でそれがモラルハザードであるか否かを判断できない場合（**知識非対称性**）や、観察可能でありモラルハザードであると認識できても立証できない場合（**立証不可能性**）は、観察ができない場合（**非対称情報**）と同様に、モラルハザード問題が浮上する。換言すれば、「知識非対称性」や「立証不可能性」問題があれば、モラルハザード問題を静学モデルで考察可能である。

　ここでは麻酔で意識がない患者と医者とが契約関係を結ぶと形式上考えたが、第3章（注3）の文献［1］岩井（2000）では、両者の関係は信任関係と考えら

れている（特に患者が無意識のまま病院に搬送された場合）。また同書では、エージェントが行う業務に関してプリンシパルが充分な知識を持たない場合、両者の間には契約関係に加えて信頼関係が加わると考えられている。なお本書では信頼関係を考慮せず、理論的に抽象化してプリンシパル＝エージェント理論のフレームワークで両者の契約関係を考察する。

補論II　銀行による情報生産の理由

　現実において銀行は「情報生産機関I」（以下Iと略記）から情報を購入するのではなく、銀行自身で企業情報を生産した上で融資を行う。銀行が「情報生産」と「融資」とをワンセットで行う理由は、情報が「経験財」であること（逆選択問題）や、「横領問題」「フリーライド問題」などが生じるためであると既存研究で分析された（第2章（注17）の文献参照）。また企業情報の一部が他者に客観的に伝えにくい「ソフト情報」である場合や、「情報漏洩問題」の可能性がある場合も同様である。本補論ではそれらの既存研究を踏まえた上で、銀行が情報生産と融資の双方を行う理由に関し、著者の見解を明らかにする。

　以下において、まずII.1で「経験財」「横領問題」「フリーライド問題」そして「ソフト情報」や「情報漏洩」の問題があっても、I（情報生産機関）は情報生産費用を回収でき存立可能であることを示す。したがって銀行はIから情報を購入し、融資に専念できる。なおIは理論上の架空の機関である。

　考察に当たり、Iが銀行に情報を売る際の情報の価格（Iの参加条件を満たす価格）が「銀行の参加条件を満たす場合」と「銀行の参加条件を満たさない場合」とに分けて分析する。

　そしてII.2で、Iが存立可能であるにもかかわらず、銀行自身が情報生産を行い融資する理由を考察する。なおIは情報を投資家に売ることもできるが、以下では銀行のみを考察対象とする（後述の他の銀行の中に投資家を含めてもよい）。

II.1　情報生産機関の存立可能性

　銀行Bは情報生産部署を持たないと仮定する。したがって銀行Bは融資に当たりIから企業情報を購入する必要がある。融資に当たり銀行Bが購入す

る情報は、第一に「事前（融資前）の情報」（＝審査情報）であり、企業の質を見分けるために購入する（逆選択防止）。「事後（融資後）の情報」は後述する。

　企業Ｆから融資依頼を受けた銀行Ｂは、Ｉに企業Ｆの審査情報を依頼し、審査情報に関し「何をどれだけ調査するのかという情報の内容と情報の価格」についてＩと契約を結ぶ。そしてＩから企業Ｆ情報を購入し、銀行Ｂはその情報に基づき企業Ｆに融資を行うか否かを判断する。企業Ｆは銀行審査にパスすれば融資を受けられる。銀行Ｂは企業Ｆから融資の申し込みを受けた時点で、企業Ｆに対して、Ｉによる情報生産に協力するよう通知する。

　既存研究では「横領問題」が考察され、銀行ＢはＩから購入した企業Ｆ情報を融資後に他の銀行に転売することが考察された。他の銀行は企業Ｆ情報を銀行Ｂから購入し（Ｉよりも安値で購入し）、企業Ｆの融資に加わることができるため、Ｉは他の銀行に情報を売れない（あるいは銀行Ｂとの競争で安値でしか売れない）。企業Ｆの資金需要のすべてを銀行Ｂが満たせない場合（企業Ｆの事業拡大のケースを含む）、銀行Ｂは他の銀行に企業Ｆ情報を転売できる。

　また既存研究では「フリーライド問題」も考察され、銀行Ｂが企業Ｆに融資したことを知った他の銀行は企業Ｆの有望性を推測し（有望だから銀行Ｂは融資したと推測し）、Ｉから情報を購入せずに企業Ｆの融資に加わるため、Ｉは銀行Ｂ以外に企業Ｆ情報を売れず、情報生産費用を回収できなくなることが考察された。したがってＩの存立が困難なため、銀行自ら企業情報を生産して融資を行うと考えられた。

　しかしＩは銀行Ｂに企業Ｆ情報を、情報生産費用を回収できる高水準価格 P で売ることができれば話は異なる。価格 P は、銀行ＢとＩの両者の参加条件を同時に満たす水準であり、「横領問題」や「フリーライド問題」が生じてもＩは存続可能である。

　問題は情報価格 P が「銀行Ｂの参加条件を満たさない」高値になる場合である。そのような高値でなければＩは情報生産費用を回収できない場合については後述する。最初に、「**情報価格 P が銀行Ｂの参加条件を満たす場合**」を考えよう。

　もし現実と同様に銀行Ｂが審査部など情報生産部署を持ち、銀行Ｂ自身で企業情報を生産した場合、Ｉの情報生産費用と同等の費用を銀行Ｂは負担する。

Ｉは情報生産のエキスパートであるが、銀行Ｂが現実と同様に情報生産部署を持ち、情報生産のエキスパートとして企業情報を生産すれば、Ｉとほぼ同等の費用で同質の企業情報を生産できる。そして銀行Ｂは生産した情報から企業Ｆが有望であれば融資を行い採算が合う。したがってＩは銀行Ｂに情報生産費用を回収できるだけの高水準価格Pで情報を売ることができる。銀行Ｂはそれが融資に当たり必要な情報であるため、その価格Pを支払い当該情報を購入する。

Ｉは"銀行Ｂのみ"に企業Ｆ情報を価格Pで売る契約で情報生産費用を回収でき、ビジネスとして成立する。その場合、「横領問題」や「フリーライド問題」が生じても、Ｉは情報生産費用を回収できるため、存立可能である。

もしＩが企業Ｆ情報を以前にも生産していれば（情報蓄積）、より低費用で情報生産ができる。その場合Ｉは当該情報を低価格で売っても利潤を獲得できる。複数の情報生産機関（Ｉ以外に有限数のＩ'、Ｉ''、…）が存在する場合、Ｉが過去に相対的に食品業界の企業を多く調査していれば、その情報蓄積でＩは食品業界の企業に関しＩ'やＩ''などよりも割安で企業情報を生産できる。そのように各情報生産機関は得意分野を持つ。ただし重複する業界・企業はあると考えられる（すべての情報生産機関の得意分野にまったく差が出ないことは無視し得る）。

銀行は「**リスク分散**」の観点（第１章参照）から、幅広く多くの業界の企業に融資を行う必要がある。銀行は、それぞれの業界・企業の情報生産に比較優位を持つ情報生産機関（共有知識）から企業情報を買う方が効率的である。それに関して銀行は融資経験から知り得る（情報生産機関に関する銀行の情報蓄積）。当該企業情報を一番多く蓄積しているＩが提示する価格Pは、２番目に多く当該情報を蓄積しているＩ'がその情報生産の注文を受けた場合に提示できる価格よりも低い価格になり（競争）、かつＩは留保利潤を確保できる。

銀行Ｂは、第二に「事後（融資後）の情報生産」（＝モニタリング）の契約もＩと結ぶ。なぜならば、「事前（融資前）の情報生産」（＝審査）でＩには企業Ｆ情報が蓄積され、効率的にモニタリングも行え、かつＩは当該業界が得意（情報蓄積）なためである。

ところで「事前の情報生産」（＝審査）に関し、銀行Ｂは情報購入後に融資のプロとして当該情報の質がわかる。生産された情報の質がもし悪ければ、銀行

BはIとの取引を以後行わない（他の情報生産機関を利用するようになる）。したがってIは動学的利益の最大化を考え、質の高い情報を生産することが合理的である。企業Fの情報生産はIにしかできないわけではないため、質の悪い情報を生産すればIは顧客の銀行を失う。

銀行の行動はIから購入した企業F情報に基づき、企業Fに融資を「行う場合」と「行わない場合」と2通りある。「銀行が企業Fに融資を行う場合」、Iにより生産された情報の信頼性・精度は、企業Fの投資プロジェクトの遂行に伴い、銀行にとって明確化していく。また「Iの情報から銀行Bが企業Fへの融資を断った場合」、すなわち企業Fが有望でない内容の情報をIが生産した場合、もし「他の銀行B′」が「他の情報生産機関I′」から購入した情報に基づき企業Fに融資を行い、その投資プロジェクトが良いパフォーマンスを示せば、銀行BはIから購入した情報の質の低さを知る。すなわち銀行BはIから審査情報を購入した後に「情報の質」を知る（購入後に質がわかる点は経験財や逆選択問題の特徴である）。そして購入した「情報の質」が悪ければ、以後Iとの取引を行わない。

銀行数は事業会社数と比べて相対的に少ないため（寡占）、情報生産機関は顧客である銀行を逃さぬよう、質の高い情報を生産した方が動学的利益が大きい。またそのことを銀行も認識できるため、情報生産機関を信頼して審査情報を購入する。すなわち購入前に銀行が情報の質がわからないため、質の低い情報を買わされる「経験財」の問題（または逆選択問題）は、銀行と情報生産機関との継続取引による評判形成で回避される。

Iにとって"優れた情報生産機関である"という「評判」を確立することが重要であり（そうでなければ銀行は他の情報生産機関を利用する）、Iは評判という無形資産を多く蓄積すれば、それを毀損するような質の低い情報を生産して販売しない方が得策である。またそのことをすべての銀行は理解している。

ところでソフト情報の問題がBerger and Udell（2002）で論究された[35]。ソフト情報とは、通常の銀行融資の場合についていえば、企業情報の生産に従事した銀行の担当者のみ理解できる企業情報であり、特に継続取引にある場合に担当者が過去の経験などから的確に判断できる情報である。しかしその情報は当該担当者が「他者に客観的に示せない」ためソフト情報と呼ばれる。ソフト

情報は同じ銀行の他の部署の行員にさえ理解させることが困難なような情報である。ソフト情報が存在すれば、Ｉの情報生産・販売に問題が生じる。Ｉは情報生産で企業Ｆの有望性をよく理解できたとしても（特に過去から継続的に企業Ｆの情報を生産し蓄積しており、企業Ｆの有望性をよく理解できたとしても）、それが「ソフト情報」であれば客観的に銀行Ｂに伝えられない。その場合、銀行Ｂは融資を実行できない。したがって融資に当たり生産する情報にソフト情報が多く含まれるのであれば、銀行自身が企業情報を生産した上で融資を行うことが有益となる。

　しかしソフト情報であっても、銀行ＢはＩから企業Ｆのソフト情報を購入し、企業Ｆに融資を行い得る。なぜならば、Ｉは銀行Ｂに企業Ｆのソフト情報を売る際に、情報生産の専門機関として、そのソフト情報が「企業Ｆの有望性を示唆しており融資に値する」という見解、あるいは「融資に適さない」という見解を付けて売ることができるからである。銀行ＢはＩの見解を信じる。というのも、Ｉが嘘をつけば融資後にそれが露見し、銀行Ｂは二度とＩに情報生産を依頼しなくなるからである。

　もし融資を行い投資プロジェクトが遂行されていけば、当該プロジェクトの有望性は明確化していく。客観的に示せない情報であっても、「有望性がある」という助言を付けてＩがソフト情報を売れば、「その助言の真偽」は融資後に銀行Ｂに明らかとなり、Ｉの情報生産能力の高さが銀行Ｂに示される。ソフト情報の精度の高さが判明することで、より銀行ＢはＩへの信頼を深める。また「有望性がない」という助言を受ければ、銀行Ｂは企業Ｆに融資を行わない。その助言の真偽は、企業Ｆの成長具合を見ていればわかる。したがって企業情報を客観的に示せないソフト情報であっても、情報生産機関と銀行との継続取引を前提に情報の売買は成立し、情報生産機関の存立は可能である。

　Battacharya and Chiesa（1995）などで、銀行融資の際に企業情報が他の企業に伝わる問題の論究が行われた[36]。企業情報の漏洩問題がある場合、銀行自身が企業情報を生産することが合理的となり得る。では次にその点を考えよう。銀行ＢがＩに企業Ｆ情報の生産を依頼した場合、生産された情報を銀行Ｂは必ず購入する契約となるが、銀行ＢはＩから買った企業情報を他の企業に売却（漏洩）しないことはいうまでもない。ライバル企業へ情報が漏洩すれば企

業Fの経営に打撃となり、当該融資が不良債権化するためである。また情報漏洩を起こせば銀行Bは顧客企業を失うに留まらず、市場の評判失墜で新たな融資先企業をも見つけられなくなるであろう。企業F情報を銀行Bが他の銀行B'に売る場合があっても、B'も不良債権化は困るため他企業に情報を漏らさない。またB'が企業Fのライバル企業へ融資している銀行であれば、銀行Bは銀行B'に企業F情報（特に研究開発情報）を転売しない。

　問題はIの情報漏洩問題である。I も自身の評判を守るため当該情報をライバル企業などに売らない。しかしIが企業Fの企業秘密（技術開発など）をライバル企業に売り、それが立証不可能な場合に問題が生じる（ライバル企業が偶然に研究開発で同じ技術を自ら獲得したのと区別できない）。企業Fは特許取得前に研究開発費用が必要で、融資を受けるためIが情報生産した場合、Iは当該研究開発がどの程度まで成功しているかという情報を知り得る。Iがその情報をライバル企業に販売すれば、ライバル企業はその情報に基づき製品開発に着手し、先に製品化に成功するかもしれない。しかし研究開発には時間を要するため、捜査当局がライバル企業を捜索すれば、書類や会議記録などの分析で、一から自社で開発したか事柄であるか否かが、ある確率qで判明する。すなわち企業Fが訴訟を起こせば、確率qでライバル企業は罰せられるが、情報を売ったIも確率qで罰せられる（法整備を前提）。さらにIは確率qで情報生産機関としての信頼（無形資産価値）を大きく毀損する。その失う無形資産価値Aが莫大であれば、qAの値は大きく、Iは情報漏洩を行わない。すなわち銀行Bの依頼でIが情報を生産してそれを銀行Bに売る場合、情報漏洩問題は生じない（ただし銀行Bの融資のシグナルで、他の銀行が企業Fの融資にフリーライドする可能性はあるが、それは情報漏洩ではない）。

　銀行BはIから価格Pで情報を買い取る場合、Iが他の金融機関や他の企業に当該情報を売らない契約となる。もし契約に違反しIが当該情報を他者に売った場合、企業Fのライバル企業の経営は変化し得る。その動きに不信な点があれば訴訟となり、Iが敗訴すれば（確率qで敗訴）、Iが失う無形資産価値Aが莫大であり（qAが大きく）、契約違反は合理的ではない。

　ところでIは情報生産専門機関として、潜在的有望性を秘めた企業を見出し、その企業に関し独自に情報を生産して有望性を確認できた場合、その情報を銀

行に売る際に情報漏洩が生じ得る。しかしIは銀行に生産した情報を売る際に、その情報の概要を詳しく説明する必要がない点はソフト情報と同様である。Iが複数の銀行にその情報を買うか否かを打診する際に、情報の概要を説明すれば情報が漏洩し得る。研究開発・技術開発の情報であれば、その情報の一部が漏洩しただけで企業Fの経営に大きな支障が生じ得る。ソフト情報の場合と同様、Iは"有望な融資案件である"とさえ銀行に伝えれば、情報生産部署を持たない銀行はその専門的見解を信じて情報を買う。その場合、流動性不足などで情報を買わない銀行があっても、情報の詳細を伝えないため問題が生じない。

日本のメインバンク関係（第4章）では、メインバンクが独占的にメイン融資先企業の情報生産を行った上で融資し、かつ当該企業情報を秘匿した。その際、他の銀行は情報生産を行わずに当該融資にフリーライドした。そのような場合、情報漏洩問題は回避できる。同様に企業F情報をIから購入した銀行Bはその情報を秘匿し、他の銀行が当該融資にフリーライドすれば情報漏洩問題は回避できるが、その場合は銀行Bがメインバンク・レント（第4章）に該当する利益を得る必要がある。Iから情報を購入した銀行Bがメインバンクと同様の機能を果たせば、継続的融資関係によりメインバンク・レントを確保でき得る。

では次に、大型投資プロジェクトなどのケースでIの情報生産費用が巨額となり、情報価格Pが高くなり「**銀行Bの参加条件を満たさない場合**」を考えよう。その場合、銀行Bは他の複数の銀行と共同でIから企業F情報を価格Pで買う。すなわちIがN行の銀行団を組成して当該情報を売る。各銀行が支払う価格は$P' = P/N$である。銀行数Nの決定は、P'が各銀行の参加条件を満たすように、そして必要な融資総額を確保できるように、Iが決定する（ただしIは銀行の留保利潤を銀行の財務データなどから情報生産できると仮定）。

これは銀行が「協調融資（シンジケート・ローン）」を行うケースに類似した融資形態であり、情報生産部門が独立した形式での協調融資である。Iは情報生産専門機関として、当該融資案件が有望であり、企業F情報を買い融資を行うことが有益であることを協調融資団の各銀行に説明する。通常の協調融資であれば、幹事銀行（「アレンジャー」と呼ばれる）が企業と協議して融資条件など

を考案する。そしてアレンジャーは当該企業から協調融資組成を授権するマンデート・レター（mandate letter）を付与される。そしてアレンジャーは、融資条件や当該企業の財務データなどを記載したインフォメーション・メモランダムを参加予定の金融機関に配布する。参加金融機関はそのインフォメーション・メモランダムの内容や、アレンジャーの情報生産者としての評判などから当該融資に参加するか否かを判断する。

　それに類似し、Iは企業Fの情報生産を行い、その有望性を確認できた場合、銀行Bを含む複数の銀行（参加に適した銀行）に、企業F情報を買って協調融資を行うことを斡旋する。Iは当該協調融資が有望であると説明し、詳細情報を購入して当該融資に参加することをN行の銀行に呼びかける。Iは虚偽情報を売れば、以後存立が困難であることが共有知識であるため、参加を呼びかけられた銀行は融資に加わるであろう。銀行は独自に融資先企業を見つける情報生産能力を持たないため（前提）、参加を希望するであろう。

　問題は、当該協調融資に参加を呼びかけられた銀行が、Iから情報を買わずに企業Fに融資を行うフリーライド問題である。しかしそのような行為を行えば、その銀行は二度とIから協調融資を呼びかけられず、それは当該銀行の動学利益を最大化しない。またプロジェクト・ファイナンスを行えば、当該プロジェクトから得られた収益で銀行団（Iが組成した銀行団）に資金返済がなされるため、他の銀行のフリーライドが回避できる。

　Iが協調融資の銀行団を組成できれば、すなわち情報生産費用を回収可能な銀行数を確保した上で情報を売れば、Iの経営は安泰である。Iは、融資案件に依存して組成する銀行団のメンバーを決定するが、その際に各銀行の参加条件を考慮する。情報生産部署を持たない銀行は、当該協調融資への参加が自分の銀行に適しているとIが判断する以上、その専門的判断に従うであろう。Iの参加条件を満たす価格Pを、Iは銀行団から「総額」として受け取るため、Iは横領問題やフリーライド問題などを気にする必要がない。

　以上より既存研究が指摘する問題を踏まえても、理論的には銀行は情報生産機関から企業情報を購入し、自らは資金供給のみに専念できる可能性がある。ではなぜ銀行は情報生産機関から情報を購入せず、自ら情報を生産して融資を行うのかという問題に関し、次のⅡ.2で考察する。その際、（ⅰ）事前の情報

生産（審査）と、(ⅱ) 事後の情報生産（モニタリング）、さらに (ⅲ) 情報生産の「範囲の経済」とに分けて考察する。

Ⅱ.2　銀行による情報生産の必要性
（ⅰ）事前の情報生産を銀行が行う理由

　銀行Ｂは情報生産部署を持たず、融資に当たり情報生産機関Ｉに「事前の情報生産」（＝審査情報）を依頼すると仮定する。銀行がＩから事前（＝融資前）の情報を買う理由は、融資に当たり当該企業の有望性（潜在能力）を見分ける（＝審査を行う）ためである。

　銀行ＢはＩ企業Ｆに融資するに当たり、Ｉから企業情報を購入する前に、Ｉと「企業Ｆの審査情報の内容と価格」について契約を結ぶ。例えば企業Ｆの審査情報について、「価格Pで情報αについて調べる」という契約を締結したとしよう。Ｉは契約に基づき「情報α」を調べていくうちに、企業Ｆについて新たな発見をする場合がある。例えば今考えている「プロジェクトＡ」以外にも、企業Ｆが「プロジェクトＡ′」を行える可能性を潜在的に秘めていることが調査過程でわかるかもしれない。その可能性を確かめるためには、新たな「情報β」の生産が必要である。

　「Ａ′の可能性」について知るのはＩのみであり、Ｉは銀行Ｂに「情報β」の追加生産を行うか否か意向を聞く。その時、企業Ｆ情報を持たない銀行Ｂが「Ａ′の有用性」に疑いを抱くかもしれない。対価を支払い「情報β」の生産を依頼した結果、プロジェクトＡ′は有望ではない（余分な情報）とわかるかもしれない。銀行Ｂが「情報β」をＩから押し売りされていると疑えば、「情報β」の依頼は行わず、したがってプロジェクトＡ′は実行されない。

　しかし銀行ＢとＩとが継続的取引関係にあれば、信頼しているＩが提案する「情報β」は生産する価値があると銀行Ｂは判断するであろう。Ｉにとって銀行の信頼を損ね評判を落とすことは損失である。この場合Ｉは「情報α」の生産過程で「Ａ′の可能性がある」ことを副産物として同時に生産し、追加的な「情報β」の情報生産が有意味であることを知り得たわけである。それに関して銀行Ｂに嘘をいうことはＩにとって動学的に得策ではない。また「情報β」の購入後に融資のプロである銀行Ｂは、それが有意味な情報生産であったか

否かを認識できる。

　しかし問題は、Iが銀行B以外の複数の金融機関に「情報β」の生産の話をもちかけ、一番高値を支払う用意のある銀行に「情報β」を生産して売ることができることである。他の金融機関もIの話を信じるため（Iにとって嘘が得策ではないことを承知しているため）、「情報β」を競って買おうとする金融機関が複数存在し得る。すなわち「プロジェクトA'」に融資をしようと考え、その融資に必要な「情報β」を購入しようと考える金融機関が複数存在するであろう。すでにプロジェクトAに銀行Bが融資している実績を踏まえ、そして潜在的な「プロジェクトA'」の有望性が高く「情報β」の生産が有意味であると情報生産専門機関Iが考える以上（その言葉に嘘がないと判断できる以上）、複数の金融機関がその融資に興味を持ち、当該融資に必要な「情報β」の生産・購入を希望するであろう。

　他の銀行は、「情報β」の購入でプロジェクトA'の有望性を確認でき次第、企業Fに必要な追加資金（＝A'の遂行資金）を供給して利子収入を稼ぎたいと考える。例えばプロジェクト・ファイナンスを行えば、「プロジェクトA'」の収益から資金返済がなされる。「情報β」は他の銀行にとって魅力的であり、その情報生産費用を埋め合わせるに充分な価格で購入する動機を持つ。銀行は自身で有望な融資案件を新たに発見できないため（仮定から情報生産を行わない）、Iが有望性を洞察した新プロジェクトに関心を抱き、その情報を買いたいと思うであろう。さらにIは「情報β」の生産過程で、新たに「情報γ」を生産することが有意味であることを見出すかもしれない。「情報γ」についても、Iは一番高値で購入を希望する金融機関に売却するであろう。

　ところで銀行Bが自分自身で企業Fに関する「情報α」を生産しているならば、「情報α」の生産過程で関連する「情報β」や「情報γ」の生産の必要性を見出した場合、その情報生産費用を負担するだけでよい。「情報α, β, γ」は同一企業Fの情報であり、相互関連性から、「情報α」を生産した以上は「情報β, γ」の生産費は安く済むであろう（情報蓄積効果）。しかし「情報β, γ」をIから買う場合は、他の金融機関との競争に勝つだけの高値を支払わなければならない。情報を生産している過程で、**「新たに調べる価値がある別の情報」**の存在が次々と明らかになっていくことが多い。そしてそれらの情報も追加的

に生産することが有意味である場合が多い。その状況を踏まえると、銀行は情報生産機関から情報を買うよりも、自分自身で情報生産部署を持ち企業情報を生産し、当該企業に融資を行った方が自身の利潤最大化に資すると考えられる。

実は、銀行Ｂが「情報β, γ」をＩから高値で買わなければならない問題は、「完備契約」の下では防ぐことができる。Ｉが「情報α」を生産する過程で、新たに生産することが有益となる「情報β, γ」の発生を事前に予測でき、さらにそれらがいくらの費用で生産できるかが事前にわかれば、銀行ＢとＩは完備契約を結ぶことができる。銀行ＢはＩと契約を行う際に、「情報α」に加え、「情報β, γ」の情報生産の必要が生じた場合の価格と質についても事前に契約を結んでおけばよいわけである。

銀行ＢとＩとが「情報α, β, γ」について完備契約を締結すれば、他の銀行はそれらの情報を買うことはできない。Ｉは銀行Ｂに依頼され生産した情報を他の銀行に売らない契約になる。契約を違反すれば以後Ｉは銀行Ｂとの以後の取引機会を喪失するのみならず、市場の信頼をも喪失するであろう。また立証可能な場合は法的処罰となる。

企業Ｆは銀行Ｂに融資依頼をしたため、他の銀行は「プロジェクトＡ」を知らない。また企業Ｆの融資依頼を断った銀行があっても、その詳細情報である「情報α」は知らない。

他の銀行は、銀行Ｂの融資後に企業Ｆの「プロジェクトＡ」着手のニュースと、その進捗状況のニュースを報道などで知り得る。プロジェクトの進み具合で、他の銀行は「プロジェクトＡ」の有望性に気付き、さらにその後に「プロジェクトＡ′」の潜在的有望性のニュースを知っても、すでにその遂行に必要な「情報α, β」の購入は銀行Ｂにより契約で先手が打たれている。単純化して今は企業Ｆに必要な資金を銀行Ｂが全額融資できると仮定する（そうでない場合は、他の銀行は企業Ｆの融資にフリーライドでき得るが、メインバンク関係における非メインバンクの利得となる）。

現実には「完備契約」は不可能である。「プロジェクトＡ′」の潜在性の発見は、「プロジェクトＡ」に関する「情報α」の生産過程で初めて発見されたのであり、それを事前に予測し、それに関する諸条項をもれなく厳密・仔細に事前に契約書に記述しておくことは不可能である（「予測不可能性」、「記述不可能性」）。それは

「**不完備契約問題**」と呼ばれる問題である。「不完備契約」である以上、事前に契約で縛ることができず、銀行Bは他の金融機関と「情報βやγ」をめぐる競争に巻き込まれる。すなわちIは「情報β, γ」のセールスを他の銀行にも同時に持ちかけることができる。他の銀行との競争に巻き込まれると不利であるため、銀行B自身で企業情報を生産し融資を行った方が有利である。

　企業Fの方から銀行BにプロジェクトAの融資依頼があったが、それに関して銀行Bは他の銀行との競争に巻き込まれない(相対型取引)。しかしプロジェクトA′の発見はIが行ったわけであり、企業Fが自らA′を発見して銀行Bに追加的な融資依頼をしたのではない。Iは情報生産専門機関の知識(蓄積情報)でプロジェクトA′の可能性を企業Fに見出したが、その融資案件に必要な情報生産(β)を銀行Bに加え他の銀行にも打診できる(当該融資案件に興味を示しそうな銀行に話をもちかける)。それがプロジェクトA′をめぐる銀行間競争を招くため、不完備契約下では銀行Bは自ら企業の情報生産を行う方が有利である。

　またIが企業Fの投資プロジェクトを審査している過程で、プロジェクトAの有望性(成功確率)を調べるためには、「情報α」に加えて「情報δ(デルタ)」を追加的に調べることが「情報精度を高める」上で不可欠であると気付く場合がある。例えば輸出・輸入産業が投資プロジェクトを展開している際に「国際情勢に微妙な変化」が生じた場合、その「国際情勢に関する情報」の生産が不可欠となるケースなどがそうである。その場合、新たに「情報δ＝国際情勢」を生産することが有意味であることを情報生産の専門機関であるIには容易に認識できるが、情報生産部署を持たない(仮定)銀行に「情報δ」の生産の重要性を理解させるには、多くの(機会)費用を要する場合がある。それは銀行BとIとが経済主体が異なることによる「取引費用」の一種である。

　むろん、継続的取引関係により、銀行BはIが主張する「情報δ」の生産が必要なのであろうと信頼し、「情報δ」の生産に関する契約を新たに結ぶであろう。しかし契約に臨む前に、Iは複雑な国際事情を孕む「情報δ」の生産必要性を銀行Bに説明しなければならず、そのための資料作成もしなければならない。今の仮定では銀行は情報生産の素人であり、直接的に融資に関係のない国際情勢(貿易相手国以外の国で、その国に影響を及ぼし得る他国の政治経済・宗教情勢など)に対しては知識が乏しい。そしてすぐに生産する必要がある情報の

場合であれば、この種の説明に要する機会費用は高くなる。Ｉは様々な企業（海外支店を持つ企業・貿易関係企業）の情報生産に関与するため様々な国々の政治経済・宗教情勢を蓄積し、「情報δ」生産の必要性を認識でき、また情報蓄積により比較的安い費用で俊敏に情報生産でき得る。

　Ｉとの継続取引関係で「情報δ」の生産に銀行Ｂが同意する点は「ソフト情報」と同様であるが、銀行Ｂが認識していない事柄（例えば国際情勢・宗教問題など）では「情報δ」生産の必要性の説明の機会費用（取引費用）は大きい。その取引費用を削減するためには組織を統合し、銀行が情報生産部署を保有し情報生産に自ら当たることが効率的である。

(ⅱ) 事後の情報生産（モニタリング）を銀行が行う理由

　「事前の情報生産」（＝審査）について、Ｉは「情報α」に加え「情報β」の生産が有用であると考えた場合、Ｉは銀行に「情報β」の生産を持ちかけることを述べた。その場合、「情報β」の生産の有用性に関してＩは嘘をつかないと述べた。その理由は「情報β」を購入した銀行が事後的にその有用性を認識できるからである。すなわち「プロジェクトＡ′」はビジネスチャンスを有するものであるか否かを、「情報β」を購入すれば銀行はわかるからである。銀行は実行するに値する投資プロジェクトに資金供給するプロであるため、専門知識により「情報β」の有用性・生産必要性を事後的に理解することができる。

　それに対し、「事後の情報生産」（＝モニタリング）は企業Ｆのモラルハザードを阻止するために行われるが、モニタリングに関してＩは嘘をつく可能性がある。銀行Ｂは審査の結果企業Ｆに融資を行うと決めた場合、企業Ｆのモラルハザードを防ぐべく「事後情報Ω」（オメガ）（モニタリング）に関してもＩと契約を結ぶ。同一企業の情報生産を同じ情報生産機関に依頼した方が情報蓄積効果により効率的であり、そうしない場合よりも低価格で良質の「事後情報Ω」を銀行は購入できるからである。

　Ｉが事後の「情報Ω」を生産している過程でモラルハザードを防ぐためには、さらに「情報Ω'」の生産が追加的に必要であることに気付き、銀行Ｂに提案したとする。しかし銀行Ｂはこれを信じてよいか否かを判断できない。もしかしたらそれは本当であり、企業のモラルハザードを防ぐには「情報Ω」に加え「情報Ω'」の生産も追加的に必要であることにＩが気付いたのかもしれない。

実際、情報生産の過程で、モラルハザードを防ぐには追加情報を生産する必要があるとわかる場合がある。しかし、「情報Ω'」の生産は不要なものかもしれない。不要な「情報Ω'」を生産したとしても、例えば不必要に念入りに監視を加えても、確かにモラルハザードは防げる。しかし企業Fのモラルハザードを防げ、融資資金が返済された結果から、銀行Bは購入した「情報Ω'」の有用性を事後的に判別できない。

　「事後の情報生産」（＝モニタリング）に関しては、Iは必ずしも有用ではない「情報Ω'」の追加的な生産を銀行に提示する（情報の押し売り）可能性がある。しかし事後の情報生産に関して銀行がIから余分な「情報Ω'」を売りつけられても、情報生産部門を持たない（仮定）銀行には、「情報Ω'」の購入後にその有用性を認識できない。「情報Ω'」を押し売りすることはIのモラルハザードである。Iがモラルハザードを起こしても、事後的にそれが判別しない点がモラルハザードの特徴である（第3章参照）。銀行が情報生産部門を持たない仮定の下で、融資後に銀行が融資先企業についてわかることは限られている。それは、「融資資金返済が契約通りなされたか否か」「当該企業の公表財務データ」、そして購入した「事前情報αなど」「事後情報Ωなど」である。企業内部でどのような行動が行われているかを銀行は認識できず（仮定より銀行はモニタリング技術を持たない）、企業行動に関してさらに詳しく調べる必要があるか否か、すなわち「情報Ω'」の生産が必要か否かは、情報専門機関IほどにはBにはわからない。Iが不必要に丹念に企業Fのモニタリングを行い、その「モニタリング報告書」を銀行Bは受け取っても、その慎重なモニタリングが必要であったか否かを銀行Bは事後的に認識できない。すなわち銀行に認識できない範囲で"モニタリングの押し売り"（＝Iのモラルハザード）がIにより行われる可能性がある。

　モニタリングに関してIにモラルハザード誘因が存在する以上、銀行は情報生産機関から情報を購入するのではなく、銀行自身で「事後の情報生産」（＝モニタリング）を行うことで、この種の問題を回避できる。以上（ⅰ）（ⅱ）が、銀行が情報生産機関から情報を購入せず、銀行自らが情報を生産し融資を行うことが合理的であると考えられる主要な理由である。付け加えて、次の「範囲の経済」もその理由に含めることができる。

(ⅲ)「範囲の経済」を活用した情報生産

銀行は企業のモニタリングを行うに当たり「範囲の経済」を活用できるため、銀行自身が企業情報を生産し融資を行う方が情報生産機関から情報を購入するよりも効率的であり得ることが既存研究で知られている[37]。

(ⅰ)(ⅱ)に加え、次に銀行の「範囲の経済」を補足する。以下でⅠの存在を考えず、情報生産を行い融資する銀行を考える。銀行は企業から預金を獲得している。銀行は「企業預金の動き」から企業行動を安い機会費用でモニターできる。銀行にとって同業他社の企業預金の動きも参考となる。融資先企業の預金の動きが同業他社と顕著に異なれば、銀行はモニタリングをその企業行動に集中させる。複数の業務を同時に行うことで得られる相乗効果は**範囲の経済**と呼ばれるが、銀行は「預金業務」と「貸出業務」を同時に行うことで、企業情報の生産に関して範囲の経済の利益を享受できる。

企業Fが銀行BからX円の融資を受ける場合、まず企業Fは銀行Bに当座預金口座を開設する。そして銀行Bはその口座にX円を振り込む。例えば企業Fが製造業であり設備投資を行う場合、工作機械などを購入すべく機械メーカーにその代金を支払う。また部品なども購入するが、その代金を部品メーカーに支払う。企業Fの当座預金口座から銀行振込で機会メーカーや部品メーカーの預金口座に代金が支払われていく。銀行Bは企業Fの「預金の動き」(=支払金額、支払時期、支払先)を見れば予定通りに投資プロジェクトが実行されているのか、あるいはモラルハザード(資金流用や、別のプロジェクトへの変更など)の疑いがあるのか、過去の経験(蓄積した情報)で判断できる。

「預金の動き」を観察することは有益な事後の情報生産(モニタリング)の一部であり、かつ銀行にとって機会費用が安い。預金の動きを用いた情報生産は「預金業務」を行う銀行にしかできず、情報生産のみに特化した機関にはできないため、銀行が「事後の情報生産」を自ら行うことは効率的である。「事前の情報生産(審査)」をも合わせて銀行が同時に行うことで企業情報の蓄積が増進し、企業情報の生産効率が増すと考えられる。

ただし、(ⅲ)「預金業務に伴う範囲の経済による銀行の情報生産の効率化」の理由は必ずしも本質的ではないと考えられる。預金業務を行わない保険会社なども企業情報を生産し、企業に資金供給を行っているからである。預金業務

を行わなければ企業情報を効率的に生産できないとは限らない。預金業務を行わずとも、保険会社のように企業情報を生産し、資金供給が行える。損保会社であれば、例えば海運会社の船便の貨物に対して保険契約を行う。その業務過程で海運会社の業務内容の情報を蓄積し得るが、それが海運会社に資金を供給する際に範囲の経済として効果を発揮し得る。以上（ⅰ）（ⅱ）（ⅲ）により、銀行が情報生産と融資をワンセットで行うことが効率的であると考えられる。

補論Ⅲ　労働市場のシグナリング

Ⅲ.1　スペンス・モデル

　静学モデルにおけるシグナリングの例として労働市場を考えよう。労働者は**"自分のことは自分が一番よく知っている"**という前提に立脚し[38]、労働者の能力を知らない企業がシグナリングによりそれを知り業務に活かす仕組みを考えよう。

　労働市場においても「ピーチ」（例えば知的業務の生産効率が高い者）は、「レモン」（生産効率が低い者）が真似できないことをして、それをシグナルとして市場に示すことで逆選択を防ぐことができる。

　シグナルの例としてスペンス（Spence, A. M.）は「学歴」を考えた[39]。ここで学歴は「大卒」と「高卒」の2種類とする。労働市場に能力が高い人（ピーチ）と低い人（レモン）が混在し、企業は見分けられない。スペンスの議論では、レモンは高学歴を取得するのにピーチよりも**高い費用**がかかると仮定される。レモンが「大卒」の学歴を取得するためには大学受験の際に家庭教師を雇ったりする費用も必要であろう。また受験勉強の不効用もレモンの方がピーチよりも大きいであろう（不効用も費用）。「大卒」と「高卒」とでは賃金が異なるが、企業がうまくその賃金水準を選べば、**レモンは高卒**を選び**ピーチは大卒**を選ぶ分離均衡が達成可能である。以下で大卒に1、高卒に0の添字を付ける。なお企業は「大卒」か「高卒」かを卒業証明書で見分けられる。

　企業に就職すれば、大卒者は「賃金 W_1」を得られ（ピーチもレモンも大卒であれば同じ W_1 が稼げると仮定）、高卒者は「賃金 W_0」を得る（ピーチもレモンも高卒であれば同じ W_0 を得る）。ピーチが大卒を選んだ場合に負担する費用を PD_1 で表す。

ピーチの大学受験の費用や受験勉強の不効用（disutility）、大学学費の合計などを $PD_1>0$ で表すが、高卒を選べばそれは0である。レモンが大卒を選べば、ピーチより大きな学歴取得費用 LD_1 を要するが（仮定）、高卒を選べばそれは0である。$PD_1<LD_1$ であり、PD_1 と LD_1 の値は**所与**（**共有知識**）と仮定する。

そして、「労働者の利得」＝「賃金」－「学歴取得費用」と定義する。

ピーチに関し、$W_1-PD_1>W_0-0$（大卒ピーチの利得＞高卒ピーチの利得）が成立し、かつレモンに関し、$W_1-LD_1<W_0-0$（大卒レモンの利得＜高卒レモンの利得）が成立するように企業が W_1 と W_0 を決めれば、「ピーチは大卒の方が有利なため大卒学歴を選び」、「レモンは高卒の方が有利なため高卒学歴を選ぶ」（分離均衡）。

上の2つの不等式を総合すれば $PD_1<W_1-W_0<LD_1$ という条件が得られる。ここで $PD_1>0$ を考慮すると $W_0<W_1$ が成立し、**企業は「大卒」には「高卒」よりも高い賃金を払う**。また $PD_1<LD_1$ の仮定より、上の不等式の条件が成立するように企業は W_1 と W_0 を選ぶことができる（すなわち W_1 と W_0 を選ぶことができる集合が非空集合である）。上の条件を満たす W_1 と W_0 を企業が提示すれば、学生は正しく自己能力を反映した学歴選択を自発的に行うため、企業は学歴を見ればピーチかレモンかを区別できる。

企業は分離均衡の条件を満たすように、大卒者（ピーチ）を高賃金 W_1 で雇い知識集約的部署に配置し、高卒者（レモン）を低賃金 W_0 で雇い労働集約的部署に配置すればよい。また賃金 W_1 を提示して大卒者のみを募集する企業と、賃金 W_0 を提示して高卒者のみを募集する企業とに分かれる場合もある。

大卒と高卒の**賃金格差**（W_1-W_0）は、ピーチが大卒の学歴を得るための学歴費用（PD_1）を上回る必要がある。企業がピーチに大学進学の誘因を与えるためには、ピーチの受験勉強などの費用（PD_1）を埋め合わせて余りあるご褒美、すなわち高卒者よりも大きな"**賃金格差**のご褒美"をピーチに与えなければならない（$PD_1<W_1-W_0$）。そして企業がレモンに高卒を選ばせるためには、レモンが大学に進学して得られる"ご褒美である賃金格差"はレモンの大学進学費用（LD_1）を下回らなければならない（$W_1-W_0<LD_1$）。その2つの条件を上の不等式は同時に満たし、分離均衡が成立する。

Ⅲ.2　職種選択モデル

　スペンス・モデルは、「就職前」にレモンがピーチの真似をすると（レモンが高学歴シグナルを形成すると）、多大な費用がかかる例であった。それに対し、レモンがピーチを真似て同じシグナルを形成すると、「就職後」に多大な費用を要し、分離均衡が成立するモデルを次に考えてみよう。それを「職種選択モデル」と名付けることにする。

　企業に2つの部署があり、高能力を要する「部署H」と、低能力でも仕事ができる「部署L」とがある。労働者は高能力者（ピーチ）と低能力者（レモン）の2種類が混在し、労働者は自分の能力を知っているが企業は面接で見抜けない。労働者は雇用契約時に希望部署を申告する。

　部署Hに所属した労働者は一定期間の国内勤務を経て数年間の海外勤務を要求される。その際に高い能力がないと苦痛を味わうことになるが、企業はそれを就職説明会で説明する。部署Hに配属されると、派遣される海外支店が決まる。その派遣される外国（就職後に決定）の言語をマスターするため数ヶ月間は国内業務を行いながら語学学校へ通うが、その授業料は企業が負担する。高能力者は外国語をマスターでき、海外支店で仕事ができ、海外生活も楽しめる。そのことを企業は就職説明会で実例を挙げ説明する。しかし低能力者は外国語を充分にはマスターできず（仮定）、海外で仕事や日常生活で多大な苦労を強いられる（仮定）。その場合の**不効用が非常に大きい**ことを企業は就職説明会で具体的に説明する。部署Lは国内勤務のみのため、海外勤務の不効用はゼロである。国内業務でも不効用はあるが、海外勤務と比較すれば小さく、スペンス・モデルに合わせるべく、ここでは国内業務の不効用を無視しよう。

　この場合、企業が部署Hの賃金W_Hと部署Lの賃金W_Lをうまく選べば、「ピーチは面接で部署H」を希望し、「レモンは部署L」を希望する（分離均衡）。

　部署Hを選ぶことがピーチであることを示すシグナルとなる。シグナル形成費用は、本モデルの場合「海外勤務での不効用」であるが、ピーチよりもレモンの方が大きい。理論構造はスペンス・モデルと同様であるが、スペンス・モデルではシグナル形成費用（大卒費用）が**就職前**にかかるのに対し、本モデルでは**就職後**に海外勤務の不効用としてかかる。企業が部署Hと部署Lの賃金をうまく選べば分離均衡が成立し、部署Hの方が部署Lよりも高い賃金と

なる。

　レモンはピーチの真似をして部署Hを希望し採用されると「高賃金」を稼げるが、「海外勤務で多大な不効用」（＝ピーチの真似をしたペナルティー）を被る。この費用（不効用）が高賃金の利益を上回るならば、レモンはピーチと同じシグナルを示さず、部署Lを希望する。ピーチは部署Hを希望すれば高賃金を稼ぐことができ、海外勤務の不効用は小さい（苦労もあるが海外生活の楽しみも大きい）。したがってピーチは部署Hを希望する。

　現実にも新卒の就職試験時に、企業が学生に対して業務内容の説明をした上で、「**一般職**」か「**総合職**」かを学生自身に選ばせるケースがあり、**分離均衡**の可能性がある。「一般職」は特定業務に専念し、その業務をマスターすれば当該部署内で能力に応じて一定限度まで昇進できる。「総合職」はローテーションで様々な部署を経験しながら会社のヒエラルキーを能力に応じて昇進していく職種であり、上はCEO（chief executive officer）まで昇進できるが、適応能力・判断能力が不足すれば職場で摩擦が生じ出世もできず、多大な不効用を被る。

　「一般職」は総合職の補佐的な業務を行い、定型化された仕事が多く、独自判断を求められることが相対的に少ない。努力さえすれば、与えられた業務を適切に遂行でき、ある程度まで出世できる。また転居を要するような転勤が通常はない。

　「総合職」は転勤があり（海外勤務を含む）、業務遂行のため自己啓発（日本経済新聞などの定期購読など）の必要がある。適応能力・独自判断能力が高くなければ配属先部署で不都合が多発し出世もできないが、その場合の不効用は大きい。適応力・独自判断力が高い者をピーチと呼び、そうではないが特定業務の遂行可能な者をレモンと呼ぶと、「総合職」遂行の不効用はレモンの方がピーチよりも大きい。

　ピーチとレモンの両者とも、「一般職」遂行の不効用は「総合職」と比べ相対的に小さい（総合職は責任の重さによるストレスが大きい）。したがって「一般職」遂行の不効用を0と基準化すれば、前述の「職種選択モデル」と同様となる。その場合、「総合職」遂行のケースのみ労働者はコストを負担するが、そのコストはレモンの方がピーチよりも大きいため（仮定）、そのコストの相違を利用して両者を分離できる。

「スペンス・モデル」は"就職試験の前"に学生が自ら費用負担をしてシグナル（学歴）を形成し、企業は雇用時にそのシグナルを見てピーチとレモンを分離する。それに対し「職種選択モデル」は就職試験前に学生はシグナル形成を行わず、就職試験の時点で自主的にレモンとピーチに分かれ（異なる職種を選び）、選んだ職種が能力を表すシグナルとなる。

Ⅲ.3　出世モデル

「スペンス・モデル」や、本書の「職種選択モデル」では、レモンがピーチと同じシグナルを形成すれば、ピーチよりも"大きな費用"を負担することを利用して分離均衡を成立させた。では次に、レモンがピーチと「同じシグナル」を形成しても「同じ費用」しか要さないが、分離均衡を成立できるモデルを新たに考えよう。それを「出世モデル」と名付ける。

ピーチ（有能者）もレモン（あまり有能でない者）も就職に当たり「同じ費用」を負担する。就職試験会場までの交通費などもあるが、それらは無視できよう。より重要なのが、労働者が就職後数年間に負担する費用であり、労働経済学で「**暗黙の負債**」（ラジアー）または「**見えざる出資**」（加護野・小林）と呼ばれるものである[40]。では、労働経済学の研究に基づき、「暗黙の負債（見えざる出資）」を説明しよう。

日本企業では、終身雇用（正規社員）を前提に「**年功賃金制**」が採用されることが多く、勤続年数の増加に伴い賃金が増加する。加護野・小林（1989）では、入社から定年退職までの期間を「若年期」と「高年期」とに二分する。「若年期」とは労働者の労働生産性よりも低い賃金が支給される期間であり、「高年期」とは労働生産性よりも高い賃金が支給される期間であると定義される[41]。本モデルでは「若年期」を「前期」と呼び、「高年期」を「後期」と呼ぶ。

「前期」に労働生産性よりも少なく支給された賃金の不足分だけ労働者は費用を負担するが、それを加護野・小林（1989）は「見えざる出資」と呼び、ラジアー（1998）は「暗黙の負債」と呼ぶ。賃金の不足分だけ前期に労働者は企業に暗黙裡に「出資」している、あるいはその不足の賃金分だけ企業は労働者に「負債」を負うと考えられるからである。

「後期」に労働生産性よりも高い賃金が支給され、前期の埋め合わせが行わ

れるが、その補償の程度は出世に依存する。本モデルでは、前期の賃金支払の不足分を「**暗黙の負債**」と呼び D で表す。そして後期における賃金補償を「**暗黙の返済**」と呼ぶ。労働生産性は勤続年数の増加関数であるが、限界生産性は逓減する。限界生産性の逓減が現実的であり、加護野・小林やラジアーの研究でもそのように想定されている。しかし本モデルでは単純化し、労働生産性は直線的に増加すると仮定するが、議論の本質に影響を与えない。

図2-1の「実線」が企業で「単純労働」を行う場合の労働生産性を表し、「切

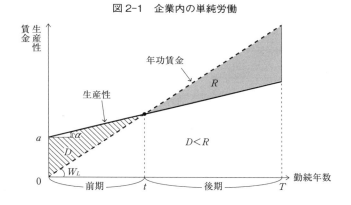

図2-1　企業内の単純労働

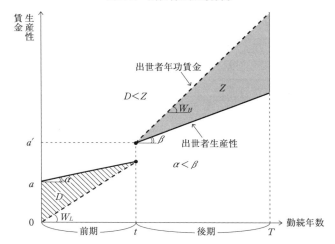

図2-2　出世者の知的労働

第2章　情報の経済学Ⅰ──逆選択（レモン問題）　77

片 a」は入社時点での労働者の単純労働の生産性を表す。単純労働の生産性は継続年数の増加に伴い**学習効果**により増加していくが、「傾き α」で直線的に増加する（仮定）。図2-1の破線は**年功賃金**を表し、原点を通り「傾き W_L」で直線的に増加する（仮定）。a と α は所与（外生変数）であるが、W_L（＝単純労働の実質賃金率）は企業が決定する内生変数である。

図2-1には「単純労働」の「生産性」（実線）と「年功賃金」（破線）とが描かれ、「斜線部分」が**暗黙の負債** D を表し、「灰色部分」が**暗黙の返済** R を表す。横軸上の t を境に、「入社時点 $0 \sim t$」が「前期」であり、「$t \sim$ 定年 T」が「後期」である。なお t は実線と破線の交点に対応している。定年 T は所与であり、a, α も所与のため、企業が W_L を決めれば t が定まり、「暗黙の負債 D」と「暗黙の返済 R」が確定する。企業は t が 0 と T の間に定まるように W_L を決めると仮定する。

もし企業が「暗黙の負債 D」＜「暗黙の返済 R」となるように W_L を決めれば、単純労働の従事者は"R の獲得"を目指し、早期退職・転職を思い留まるであろう[42]。

「**年功序列**」型の日本企業であれば、前期は誰しも"平社員（課長代理などを含む）"であり、高度な知識労働（経営判断）を行わない。したがって前期はピーチであれレモンであれ労働生産性に大差が出ず、両者の生産性は同一であると抽象化し得る。前期において平社員として上司から命令された労働（従属労働）を行う場合、すべての社員の生産性直線は等しく、切片 a（所与）と傾き α（所与）である（仮定）。また前期の平社員の賃金率は等しく W_L である（仮定）。したがって前期に負担する「暗黙の負債」は、全社員共通の値 D となり、図2-1の斜線部分の面積に該当する。

企業は入社試験時にピーチとレモンとを識別できない。ピーチとレモンは前期の単純労働では差が出ない（単純労働での個人差は無視し得る）。しかし高度な知的労働（経営判断）では差が大きく開き、ピーチの方がレモンよりも知的労働生産性が大きいと仮定する。

企業は前期において、通常業務（単純労働）を通じてピーチとレモンを見分けられない。しかし前期中の研修での評価・昇級試験や非常事態（突発的に発生した問題）への対応の仕方を通じ、企業はレモン社員全員をレモンと認識できる。

すなわちレモン社員を誤ってピーチと判断することはない。

ピーチ社員に関して、企業は前期中に完全には正しく認識できない（非対称情報）。しかし企業は前期中にピーチ社員の集合の中から一定割合のピーチを正しく見出すことができる（残りは誤ってレモンと認識する）。前期中に企業は研修で優れた議論をするなど積極的に自己能力の高さ（レモンに真似できない高度な議論など）をアピールできた社員はピーチであると正しく認識できる。また非常事態に的確に対処した社員などもピーチであると正しく認識できる（レモンにはできない）。しかし研修などでうまく自己アピールできなかったピーチ社員や、昇級試験に体調不良などで失敗したピーチ社員、非常事態に遭遇しなかったピーチ社員などを企業はピーチであると見抜けない。企業がピーチと見抜いた社員の中から、ポスト数に合わせて出世者が決まる（どのように出世者を絞り込むかは不問）。すなわちピーチ社員にとって出世は確実ではなく、確率的となる。

ピーチはt時点において確率Prで出世し（$0<Pr<1$、Prは所与の定数）、後期において「管理職ポスト」（部長さらには取締役など）に就任し「高い限界生産性β」を発揮し、（実質）賃金率W_Hを稼げる。ピーチが出世した場合の限界生産性βは所与である。

しかしピーチは確率$1-Pr$で出世に失敗し、後期も低いポスト（係長・課長代理レベル）に留まり「低い限界生産性α」となり、「賃金率W_L」を稼ぐ。それに対してレモンはt時点で「確率1」で出世に失敗し、後期においても低いポストで「低い限界生産力α」の下で「賃金率W_L」を稼ぐ。

図2-2は、t時点で出世したピーチのケースを表す。t時点で高いポストに着任し高度な知的労働を行うため（すなわちピーチの高い能力を充分に発揮できるため）、後期の生産性直線（実線）は前期から不連続に上方シフトし、切片や傾きが大きくなり、「切片a'」、「傾きβ」に変化する（a'、βは所与で、$a<a'$、$\alpha<\beta$）。

また出世（役職）に対応して賃金プロファイルも変化し、年功賃金直線（破線）は「切片$=a'$」、「傾き$=W_H$」となり（W_Hは内生変数）、前期より上方シフトしている。この場合、前期の「暗黙の負債」は図2-2においても図2-1と同一のD（斜線部分）であるが、後期における「暗黙の返済」は図2-2の灰色部分の「面積Z」である。なお「レモン」や「出世に失敗しピーチ」は後期に「暗黙の返済R」を獲得する（Rは図2-1の灰色部分の面積）。

企業は「就職説明会」で学生に業務内容や賃金率を説明する。すなわち「前期」の年功賃金直線（賃金率 W_L）、自社での単純労働の生産性直線（切片 a, 傾き α）、定年 T を説明する。したがって学生は出世時期 t や「暗黙の負債 D」、そして出世しなかった場合の「暗黙の返済 R」を知る。さらに企業は出世時期 t に出世できる社員の割合（$=Pr$）や、出世した場合の企業への貢献（＝出世者生産性直線：t 期の生産性 a', 傾き β）、その場合の賃金直線（t 期の賃金率 a', 傾き W_H）を説明し、学生は出世時の「暗黙の返済 Z」を知る。

　出世しなかった場合についても、後期の賃金直線（賃金率 W_L）や、その場合どのように企業に貢献できるか、すなわち単純労働生産性直線（切片 a, 傾き α）をも企業は説明する。

　学生は就職説明で「D, R, Z, Pr, t, T」を把握する。ピーチの留保利得（所与）を H（≥ 0）とすると、ピーチ（リスク中立的）の「後期利得」は $Pr \cdot Z + (1-Pr)R$ であり、それが「暗黙の負債 D」＋「留保利得 H」よりも大きければ、ピーチはこの会社に就職を希望する（割引率＝0を仮定）。すなわち「後期利得」－「暗黙の負債 D」$\geq$「留保利得」であれば、後期利得は、前期の D の穴埋めをした上で、さらに残余があり、その残余が留保利得以上であるため、就職を希望する。

　それに対し、レモンの留保利得を H'（所与）とした場合、レモンの「後期利得 R」が $D+H'$ を下回るならば、レモンはこの会社へ就職を希望しない。

　企業は $D+H \leq Pr \cdot Z + (1-Pr)R$ かつ $D+H' > R$ を満たすべく賃金体系 W_L, W_H（内生変数）を決定できれば**分離均衡**に成功する。ただし「企業の参加条件」を満たす必要がある。

　上記の分離均衡に成功すれば、就職希望者は全員ピーチであるが、役職ポスト数が限られているため、ピーチの内一定割合（$=Pr$）の人が、何らかの人事基準で出世する（ピーチでも、例えば交渉能力などが他者と比べて相対的に乏しければ出世できない）。

　図2-1からわかる通り、企業は W_L を小さくすれば D を大きくでき、出世時期は遅れ（t が大きくなり）、R は小さくなる。そのように R を小さくし、$D+H' > R$ となるように W_L を決定すればレモンを排除できる。しかし企業は W_L の低下による D の増大に対応し、ピーチ獲得のため Z を大きくする必要が生じ、

W_H を大きくしなければならない（図2-2）。その下で企業の参加条件を満たす場合、分離均衡は成立する[43]。

ピーチは t 期に出世できるか否かは、就職時に確率的にしかわからない。しかし期待値（リスク中立を仮定）で当該企業に就職して得られる利得を考え、自身の留保利得 H（≧0）と比較する。そして $Pr \cdot Z + (1-Pr)R - D \geq H$ であれば、当該企業の就職試験に臨む。

「出世モデル」では、**ピーチもレモンも前期に同一の費用**（=暗黙の負債 D）**を負担するが、後期に獲得できる利得が異なる**。後期においてピーチは費用 D を回収でき（就職時に期待値で考え回収でき）、レモンは回収できないように企業が賃金スキーム（W_L, W_H）を決定することで分離均衡が可能となる[44]。

労働市場におけるシグナリングを考察した。ピーチのみが就職を希望する労働条件（レモンが就職すれば不利になる条件）を企業が公表すれば、労働市場からピーチのみを雇用できる。その労働条件は当該企業が"ピーチ集団"であるシグナルを金融市場にも伝える。したがって他の条件を一定にして、相対的に有利な条件で資金調達を行える可能性がある。

なお近年において、日本的雇用慣行（終身雇用・年功序列・年功賃金）が崩れつつあることが指摘されている。

【注】

(1) 確率変数の例として「サイコロの目」を考えよう。サイコロの目の数 X は確率変数であり現時点でその値は確定していないが、将来サイコロを振った時点で確定する。ただし現時点で X は 1, 2, 3, …6 のいずれかの値であり（離散変数）、各目は 1/6 の確率で出る（確率分布）ことがわかっている。したがって現時点で期待値などを計算できる。なお、将来に生起し得る事象に対して、各人が異なる確率（あるいは確率測度）を有していれば（=各人の主観確率が異なれば）、その意味で各人は同一の不確実性に直面しているわけではない。しかし個人間で情報格差がない以上、対称的（=平等）に将来の不確実性に直面している。不確実性の経済分析の詳しい解説は、下掲文献を参照のこと。Mas-Colell, A., M. Whinston, and J. Green (1996) *Microeconmic Theory*, Oxford Univ. Press.

(2) 年末の寒さの中で庭木の枝刈り作業を家族でしなければならず、風邪をひくリスクがある。免疫力も風邪をひいたときの症状も全員同程度であるが、枝刈り時間が長いほど風邪に罹るリスクが増える（仮定）。学生の息子は冬休み

のため風邪で寝込んでも支障は少ない（風邪の機会費用が小さい）。しかし正社員の父親（高賃金）は年末の繁忙期に会社を休めば出世が遅れる（出世すればさらに高い賃金を得られる）。母親は非正規社員（低賃金）で出世機会はなく病欠しても馘首されないが、病欠分の給与が減る。この場合、風邪のリスクを最も嫌悪する人は父親であり、次が母親、そして相対的に最もリスク嫌悪が少ないのが息子である（仮定）。家族の「リスク嫌悪の程度」に対応させ「枝刈り時間」を分担し、例えば父親10分、母親20分、息子50分という具合に分担すれば、その家庭にとって望ましい。経済学的には、不確実性（情報は対称的）の下で各主体間の「リスク回避度」に応じて「リスク分担」を行えば、その社会でパレート最適となる。ただし非対称情報下ではモラルハザード問題を伴うため、それを考慮する必要がある点は（注4）を参照。

(3) 次のA, B, Cを考えよう。A：所得が「確実に10」（＝確率1で10）。B：所得が「確率1/2で5」で「確率1/2で15」。C：所得が「確率1/2で0」で「確率1/2で20」。A, B, Cの期待値はすべて10である。Aはリスクがなく、BとCはリスクがあるが、BよりもCの方が変動幅が大きく（分散や標準偏差が大きく）、リスクが大きい。期待値が同じであればA, B, Cは同じであると考えるのが「リスク中立的」主体である。それに対して「リスク回避的」主体は確実なAを最も好み、よりリスクが小さいBをCよりも好む。「リスク愛好的」主体（ギャンブラー）は逆にC, B, Aの順で好む。

(4) 本文では不確実性はあるが情報の非対称性はない（＝地主は小作農の農作業を費用ゼロで観察可能）と仮定している。地主が小作農を観察不可能（非対称情報）な場合、小作農に一定額を支払う契約はモラルハザードを誘発し、地主がすべてのリスクを負担する契約は効率的ではない。なぜならば小作農は収穫量に依存せず一定額の所得を得られるならば、手抜き作業をする（＝モラルハザード）誘因を持つからである。その対策として、収穫量が多いほど小作農の所得を高くする契約（出来高払い）を結べば生産効率が上がる。すなわち収穫量に依存せず一定の収穫量を地主が取り、残りを小作農に与える契約を結べば、小作農は自分の取り分を最大にすべく懸命に働く。しかし懸命に働いても天候など偶発的要因で収穫量は変動する。その契約ではリスク回避的な小作農がリスクをすべて負担し、リスク中立的な地主がリスクを負担せずパレート最適ではない。「不確実性」と「非対称情報」とが共存する場合、「リスク分担による効率性の追求」と、「モラルハザードを防ぐ効率性の追求」との間に矛盾が生じる。その場合「リスクの一部」のみを小作農に負担させることがパレート最適であることが理論的に知られている。

(5) 逆選択が「隠された情報の問題」であり、モラルハザードが「隠された行動の問題」であるという議論は、下掲文献[1]に依拠する。[2]は情報の経済学や不完備契約理論に関する詳細な解説が行われているテキストである。また（注1）の参考文献をも参照のこと。

[1] Arrow, K. J. (1985) "The Economic of Agency in 'Principals and Agents'" in Pratt, J. W. and R. J. Zeckhauser (eds.), *Principal and Agents: The Structure of Business*, Harvard Univ. Press.
[2] 伊藤秀治（2003）『契約の経済理論』有斐閣

(6) 低品質財を英語でレモン（lemon）と果物名で呼ぶ理由について経済学的観点から解釈できる。レモンは果汁を多く含むが、稀に果汁が少ないもの（低品質）もある。しかし外見からは識別できない。レモンは皮が厚く果汁量にかかわらず表面はどれも一様にレモンイエローの瑞々しい紡錘形をしている。レモンを切って初めて質（果汁量）がわかるが、切った後では返品できない。レモンに対してピーチ（peach：桃）は皮が薄く、果実が痛めば表面が黒ずみ一目でそれとわかる。経済学のテキスト（アメリカ人著者）で、「良品」を「ピーチ」や「プラム」と呼ぶものがある。果物店で色が黒ずんだピーチなどは陳列されないため（＝良品しか売られないため）、そう呼ばれるのであろう。著者は研究でアメリカに滞在したときにレモンが粗悪品（特に中古車）の意味で使われるのを耳にしたことがあるが、ピーチが良品の意味で使われているのを聞いたことはない。しかし本書では良品をピーチと呼ぶ。

(7) 硬貨の金含有量の感知センサーを内蔵した自販機で価値50の必需品（パンなど）が買えるとしよう。センサーの精度には限界があり、硬貨に金が「50％以上」含まれていれば感知できるが、金含有量が50％なのか60％なのか100％（良貨）なのか感知できない。自販機に金含有量が50％以上のどのコインを投入しても「価値50の硬貨」と認識され価値50の商品が購入でき、50％未満のコインならば自販機は作動しない（共有知識）。自販機で金含有量「50％以外」の硬貨を使う人はいないであろう。商店では良貨は価値100として認識され100相当分の商品を購入できる。商店では本文同様に一瞥で悪貨と良貨が識別でき、良貨も悪貨も金含有量に該当する正当な価値で使える（仮定）。商店の数が非常に少なく、町の至る所に自販機が設置されれば、良貨の使い勝手が相対的に悪化し、人々は良貨を持ち歩かなくなるであろう。この場合、良貨と悪貨を識別でき（完全情報）、商店で良貨を正当に使うことができるが、「良貨の使い勝手」が相対的に悪化したため、良貨があまり流通しなくなる。しかしこの現象は逆選択ではない。

(8) レモン問題の経済分析は下掲論文を嚆矢として急速に進展した。
Akerlof, G. A. (1970) "The Market for Lemons: Quality Uncertainty and the Market Mechanism," *Quarterly Journal of Economics*, 84, pp. 488-500.

(9) 「完全情報」の下で、買い手はピーチに1000の価値を見出し、レモンに100の価値を見出す（仮定）。この場合、価値とは留保価格を意味する。留保価格とは、買い手がその財に対して最大限支払ってもよいと考える価格であり（その値を超える価格では買わない）、買い手がその財に見出す価値を表すと考えられる。また売り手の留保価格とは、それを下回る価格で売ることを欲しな

い最低限の価格である。すなわち売り手はピーチを1000以上の価格で売り、レモンを100以上の価格で売りたいと考える。今、買い手の留保価格も売り手の留保価格もピーチに対して1000であるため（仮定）、取引が成立する場合、ピーチは1000で取引される。レモンについても同様に100で取引される。

(10) 非対称情報の下で「ピーチ購入希望者」は困難に直面する。騙されてレモンを買わされるかもしれず、レモンをレモン価格（今の例では100）よりも高い価格で買わされる可能性がある。売り手はレモンをピーチと偽り高値を吹きかける。運良くピーチを買えるかもしれないが、1000の価値がある車であることは所有者しか知らず、その所有者は550程度まで値を下げてまで売ろうとはしないであろう。自分の車はピーチだから1000でなければ売らないと宣言する人の中にはレモンの所有者（詐欺師的な人）も含まれると予測でき、その言葉は信頼できない。それに対し「レモン購入希望者」に困難は少ない。100の価格で車を買うと宣言すれば（インターネットで意思表示すれば）、レモン所有者で現金がすぐに必要な人はその取引に応じ、レモンを100で売ってくれるであろう。もしそのようにレモンの取引が進めば、市場にレモンが混在する確率が低くなり逆選択問題は緩和され得る。ただしレモンを買いたいと希望する人が少数の場合は、その限りではない。

(11) 理論分析では抽象化して、投資プロジェクトを「ハイリスク・ハイリターン（HH）」と「ローリスク・ローリターン（LL）」の2つに分類することが多い。もしローリスク・ハイリターン（LH）の投資プロジェクトがあれば、多くの企業がそのビジネスに参入し競争が激化するため、リターンは減少していく。またハイリスク・ローリターン（HL）の投資プロジェクトは問題視されず、なきに等しい。大きなリターンを期待するならば、他企業が試みていないプロジェクトを独占的に実行するとよい。前例がないためリスクは大きいが成功時に得られる独占的リターンは大きい（HH）。リスクを嫌うならば、すでに成功例がある堅実なプロジェクトを模倣するとよい。しかし既存企業との競争に巻き込まれ多大な収益は期待できないであろう（LL）。

(12) 「完全情報」下であれば、銀行はHH（レモン）に高金利で融資を行い、LL（ピーチ）に低金利で融資を行い、両者それぞれから銀行の留保利潤以上の利得を獲得し得る。銀行は参加条件を満たす限り、レモンを嫌う理由はなく、レモンにもリスクに見合う高金利で融資を行う場合がある（ベンチャー企業融資など）。ただし企業のリスクが非常に高く、非常に高金利となれば企業の参加条件を満たさない可能性がある。それに対し、「非対称情報」下の同一金利では、銀行はレモンからは留保利潤を下回る利潤を獲得し、ピーチからは留保利潤を超える利潤を獲得することが、本文の数値例で示される。

(13) A君が銀行から300万円借り、自分の貯蓄5000万円と合わせ、5300万円を投じて店をオープンした例を考えよう（A君1人の経営）。思考実験として、もしA君が閉店すれば、店の土地や建物や在庫品などの資産を売却し、その

資金で銀行に300万円と利子を返済し、「残余金」を手にできる（残余金が存在しないケースを今は考えない）。その「残余金」を預金すれば、預金金利を毎期獲得できる。店は最低限その預金金利以上の利潤を毎期生まなければならない。そうでなければ閉店し、獲得した資金を預金した方が得策である。すなわち店の経営を続ける以上、最低限獲得しなければならない利潤が存在する。その最低限の利潤（＝残余金の金利）は店の経営を継続させる「機会費用」でもある。なぜならば店の経営継続で、閉店すれば得られる利潤（＝残余金の金利）を犠牲にするからである。あることを行えば他のことを犠牲にするため（＝他が行えなくなるため）、もし他のことを行えば得られたはずの利益が機会費用である（なお会計制度の費用概念に機会費用は含まれない）。企業や銀行の場合は上の例よりも複雑になるが、最低限獲得しなければならない利潤が存在する点は同じであり、それを「留保利潤」と定義する。なお企業の「留保利潤」を最低限必要な利潤と定義すると、それは「正常利潤」の概念と一致し、企業経営を続ける機会費用となる。企業の売上から原材料費や人件費など諸費用を引き、さらに正常利潤（機会費用）を引いた残りが「超過利潤」である。完全競争均衡において、超過利潤は0となるが、「正常利潤」（＝最低限必要な利潤）を確保でき、企業は存続可能である。その場合、正常利潤率は利子率となる。

(14) 今は「部分均衡分析」を考え、「貸出金利 i」のみを内生変数としており、預金金利など他の変数をすべて外生変数（所与）としている。そして返済確率 Pr（外生変数）の値がどのように「貸出金利 i」の決定水準に影響を与えるのかを、情報の非対称性が「ない場合」と「ある場合」とに分けて分析することを主眼としている。なお預金金利は数値例よりも現実には低い。

(15) シグナリング均衡の場合、レモンはピーチの真似をして同じシグナルを形成すること自体は物理的に可能であるが、真似をする費用が高すぎるため行わない（ピーチはレモンが費用負担できないシグナルを形成する）。しかし「格付け」の場合、レモンはピーチと同一の「格付け」というシグナルを形成すること自体が物理的に不可能である。レモンは格付け機関に賄賂を贈り、高格付けを得る誘因を持つが、それが不可能である点は（注30）を参照のこと。

(16) この観点から、民間の中小企業専門金融機関や、中小企業融資に特化した公的金融機関が制度として存在する。ただし継続的取引による情報蓄積で、銀行は効率的に企業情報を生産できるため、中小企業に対しても融資を行う利点がある（都銀も中小企業金融を行う）。

(17) 下掲文献［1］［2］で銀行が情報生産機関から企業情報を買い、融資に専念することが困難である理由が説明されている。またその論点について［3］で整理して解説されている。本章補論Ⅱで同論点の論究を進めるが、「ソフト情報」や「情報漏洩」の問題にも言及し、それらの問題も情報生産機関から銀行が情報を買い融資に専念することを困難にし得ることを説明する。それら

に関する既存研究は（注35）（注36）の文献を参照のこと。

[1] Leland, H. E. and D. H. Pyle（1977）"Information Asymmetries, Financial Structure and Financial Intermediation," *Journal of Finance*, 32, pp. 371-387.

[2] Campbell, T. S.（1979）"Optimal Investment Decisions and the Value of Confidentiality," *Journal of Financial and Quantitative Analysis*, 14, pp. 913-924.

[3] 池尾和人（1985）『日本の金融市場と組織—金融のミクロ経済学』東洋経済新報社

(18) 本文ではピーチである車の保有を仮定している。もしレモンを保有していて、それを親友に売る場合には、親友にレモンであることを打ち明け、それでも親友がレモン車を必要ならばレモン価格で売る。そうしなければ、親友関係を継続できない。

(19) この議論は将来の収益を重視している。すなわち割引現在価値を計算する際の割引率が小さいことを前提としている。もし現在獲得できる利益を重視し、将来の利益を軽視する（＝割引率が大きい）ならば、騙すことで一時的に得られる利益の方が大きくなり得る（すなわち相手を騙す）。なお単純化したモデルでは、割引率として安全資産利子率が用いられることが多い。

(20) 無形資産蓄積の観点からCSR（企業の社会的責任）活動を考察することは興味深い。株式会社ガリバーインターナショナル（通称ガリバー：中古車販売・買い取り業務）は東日本大震災復興支援の一環で被災地支援団体に1000台の車を提供した。中古車業者はピーチであることのシグナルを何らかの方法で市場に示す必要がある。大手企業（自動車会社など）の経営傘下に入ることも信頼を得る方法である。しかしそうでない企業（ガリバー）のCSR活動は「評判」という無形資産蓄積と解釈できる。なお同社はプロ野球オールスターゲームの冠スポンサーになったこともある。

(21) 無名のレモン生産者が製品をピーチと偽り保証書を発行して販売し、販売直後に企業を清算して逃げる（製品が壊れる前に逃亡する）可能性を排除できない。しかし有力銀行（地銀を含む）が当該企業に融資する場合であれば、当該製品がレモンか否かを調査した上で（調査費用を銀行が負担し）融資を行うため、融資銀行名がピーチ・シグナルとなり保証書の信頼性を高め得る（銀行はメインバンク関係にある別の家電メーカーに当該製品の調査を依頼する）。自己資金で零細企業を起こす場合、評判が保証書に加えて必要であるが、評判形成には時間を要する。無名のピーチ生産者の場合、家電製品（最終消費財）を当初から製造するのではなく、部品など中間財を製造し、自動車会社などに販売し（販売相手はプロのため騙せない）、ピーチ部品会社として評判を形成するとよい。すなわちプロの目でピーチとわかる部品を生産し、実績を作る方法である。そして評判を形成してから、その技術を活かし家電製品など

最終消費財を生産し、保証書を発行すれば消費者の信頼を獲得し得る。本文ではレモンの販売直後に逃亡するケースを排除し、保証書でレモン問題が解決可能なケース（例えば銀行融資が必要なケース）を考えている。銀行融資が必要なケースとは、ある程度巨額の設備投資資金を要する高性能家電製品のケース（ある程度の高額製品）である。単純機能の低価格製品の場合、無名企業の保証書は消費者に信頼されないため、「OEM生産」などの必要が生じる。すなわち自社製品を他の有名企業に納品し、その有名企業のブランド名を冠して製品を販売する（＝OEM生産）必要などが生じる。

(22) 中古車に関するレモン問題解決策として、日本ではNPO法人「自動車鑑定協会（JAAA）」の査定士が中古車販売店に赴き、車ごとに「鑑定書」を発行している。中古車販売店の多くがこのサービスをJAAAから購入し、中古車に「鑑定書」を付けて販売している。第三者の鑑定を付けることでレモン問題に対処している。また中古車販売店の中には「アフター保証」をつけ、保証でカバーした範囲内（エンジンや電気系統など）に一定期間以内に不具合が生じた場合、無料で修理する会社もある。

(23) 試食の費用には、小売店などに場所を借りて試食コーナーを設置する費用（「試食コーナー」分の小売店の「売り場面積」減少分の売上の減少を一部補償する費用）や、販売促進員の人件費などが、試食品無料配布費用に加わる。売り場面積が狭い日本のスーパーでは試食は頻繁には行われていない。それに対して、著者が知るアメリカのスーパーは広い売り場面積を有し、頻繁に試食を行っており、そして返品カウンターを設け、商品の返品に安易に応じるビジネス・モデルを展開している（著者が滞在したソルトレイク市のスーパー、COSTCO）。それは消費者の衝動買いを促進する効果もあるが、注目すべき点は「レモン問題を軽減する効果」を有する点である。

(24) 無名企業の評判形成には時間を要する。時間短縮策として、プライベート・ブランド（PB）商品を生産する方法がある。コンビニ（スーパー）は他社と差別化を図るため、独自のPB商品の開発に力を入れている。コンビニが商品を企画し（例えば菓子など）、企画商品を生産できる食品会社を調査し、一定水準以上の技術を有したピーチ生産者であるとわかれば生産を依頼する。交渉力が弱い無名食品会社であれば安値でしかコンビニに卸せないが、「コンビニPBブランドの評判」で多く売ることができ利潤を稼げる。コンビニは大手企業に発注するよりも無名企業の方が安値で仕入れることができ、品質は一定水準以上で低価格の独自開発のPB商品を販売でき集客できる。PBは低価格良品の評判（シグナル）をすでに確立している。有名食品会社もPB商品を生産するケースがある。自社ブランド商品は高品質・高価格であるため、低価格商品を生産してブランドイメージを壊したくない。しかし低価格商品にも需要があり、それらにも応えることで利益を稼ぎたい。コンビニPBブランドとして「PBロゴ付き商品」を生産すれば、低価格商品でありコンビニ店舗

数も多いため大量に売れ利益を稼げ、かつ自社の高級ブランドイメージを壊さない（自社製品とロゴが異なる）。また両者は価格差から客層が異なり競合しない。有名食品会社は分社化して低価格商品を生産する別企業を創る費用を計算した上で、PB商品の受注の方が有利であれば、その方を選択する。

(25) S. ロスの議論は下掲論文［1］を参照。またジェンセンは下掲論文［2］で、企業が負債を負えばモラルハザード(第3章)の抑止効果があると考えた。ジェンセンは経営者がフリー・キャッシュ・フロー（経営で獲得できた資金のうち経営者が自由に使える資金）の一部を、自分自身の効用を高めるために流用する可能性に着目する（第3章で経営者のモラルハザードに言及する）。「株式」で資金調達し、フリー・キャッシュ・フローを得た経営者は、「その資金の一部を流用する」誘因を持ち得る。なぜならば株式で調達した資金は返済しなくてよく、獲得した利潤のうち自分が流用しなかった分を株主に配当すればよいためである（非対称情報下で株主は経営者の巧妙な資金流用に気付かないと仮定）。しかし「負債」（銀行借入や社債）で資金を調達すれば、将来資金を返済しなければならない。もし返済できなければ企業は倒産し、経営者は大きな不効用を得る（仮定）ため、資金返済を考慮して無駄に資金流用ができない。したがって「負債」による資金調達は、資金流用などのモラルハザードを行わない健全企業のシグナルとして市場に伝わり得る。

[1] Ross, S. (1977) "The Determination of Financial Structure: The Incentive-Signaling Approach," *Bell Journal of Economics*, 8, pp. 23-40.

[2] Jensen, M. C. (1986) "Agency Cost of Free Cash Flow," *American Economic Review*, 76, pp. 323-339.

(26) 日本ではバブル崩壊時（1990年初頭）に、企業経営者が融資資金を私的流用して返済不可能になるケースが報道され物議を醸した。その際、銀行が充分な情報生産を行わなかったことなどに問題があるが（第4章）、日本においてS. ロスの想定ほど経営破綻時に経営者が被る不効用は大きくないかもしれない。次章で述べる通り、企業経営者にはモラルハザード誘因があり、融資資金流用から効用（パーク）を得られる。経営者の経営破綻時の不効用が小さければ、大きな負債を負った上でリスクが高い投資プロジェクトを実行する（または私的流用する）可能性があるため、銀行の情報生産が重要となる。なお、企業経営に失敗した経営者は、それ以降に企業経営に携わることは難しいが、株式を保有し（大株主となり）企業経営をコントロールすることは可能である。

(27) 下掲のベスター・モデルなどは、「情報を持つ主体」が自身の質を露見させるシグナルを表す契約を自身で選ぶモデルであるため、「自己選抜（セルフ・セレクション）」または「スクリーニング」と呼ばれることがあるが、シグナリングの集合に含めて本書では考察する。

Bester, H. (1985) "Screening vs. Rationing in Credit Market with Imperpect Information," *American Economic Review*, 75, pp. 850-855.

(28)「資本と経営が分離」しているケースで、経営者が既存株主の意向に従う場合（そうしなければ株主総会で更迭される場合）についても、以下の議論は当てはまる。なお経営者支配に関し、ここでは考えないが、第3章でモラルハザードを考える際に言及する。

(29) 希薄化を単純に例示すれば、「持ち分」が1/2から1/5に下がるとき、利潤が10万円の場合は利得が希薄化により5万円から2万円に下がる（3万円のロス）のに対し、利潤が100万円の場合は50万円から20万円に下がる（30万円のロス）。つまりリターンが大きい（小さい）ほど既存株主が被る希薄化のダメージは大きく（小さく）なる。転換社債を保有する債権者は、リターンが大きくなる徴候があれば株式に転換すると有利であり、リターンが小さくなりそうであれば社債のまま保有して元利合計を確保できる（ただし債務不履行に陥らない場合）。もし当該企業が債務不履行に陥るような悪い徴候があれば、株式に転換しない方がよい。法律により債権者への返済が優先され、株主の利益確保は劣後する（株主は残余請求権者である）からである。

(30) 企業が格付け機関に賄賂を贈り、優良格付けを得ようとしても、格付け機関はそれを拒否する。格付け機関は複数存在し、格付けの正確さで競争している。もし優良格付けを与えた企業の経営悪化が多発すれば、その格付けを行った格付け機関は情報生産機関としての信頼を失う。そのような格付け機関から企業が優良格付けを得ても、市場は信用せず当該企業は有利な条件で資金調達ができない。ピーチ企業はその格付機関を利用しなくなる。レモンのみが贈賄をして利用するのであれば、その格付機関を利用したこと自体がレモンのシグナルとなる。すなわち「不正確な格付け」は格付け機関の生命を奪う。

(31) 起業する当初は、まだ経営者としての評判が形成されておらず、事業の失敗時に失う無形資産が少ない。ところで格付けが悪くとも（すなわちリスクが高くとも）、ハイイールド債（別名、ジャンク・ボンド）を発行し高金利で資本市場から資金調達できる場合がある。ハイイールド債とは、格付けが「投資適格のBBB格」に満たない社債のことである。ハイイールド債は1980年代にアメリカで企業買収の資金調達手段として多く発行された。最大の取り扱い業者のドレクセル社が破綻し一時低迷したが、その後復調した。日本では適債基準が1996年に撤廃されたが、公募社債発行に当たっては事実上BBB格付け以上が日本では必要であるため、それを満たさない中小企業は銀行融資に主に頼らざるを得ない状況にある。アメリカでハイイールド債市場が発達しているのとは対蹠的である。なお日本の投資家はアメリカ市場でハイイールド債に投資できるが、一般の投資家向けに多数のハイイールド債を集めてパッケージ化した「ハイイールド債ファンド」も存在する。

(32) 本文では、商社（1社）が中古車ディーラー（寡占）の留保価格を知っていると仮定した。しかしそれは、複数のPディーラー（同質的と仮定）に価格競争（ベルトラン競争）を行わせた結果であるとも考えられる。もし複数のP

ディーラーの間で価格競争が行われれば、「有限期繰り返しゲーム」において製品差別化がない場合、ベルトラン・ナッシュ均衡において「均衡価格 P^*」はPディーラーの限界費用と一致する。また同一業界に存在するLディーラーもPディーラーの限界費用を知り得るため、価格をPディーラーの限界費用と一致させる。なぜならば、それよりも安い価格をつければLディーラーと見破られ損なためである。Lディーラーの限界費用（一定）＜Pディーラーの限界費用（一定）を仮定する。Lディーラーが「P^*」よりも高い価格をつけて、自分こそがピーチであり、ピーチであるがゆえに限界費用が高く、その結果価格が「P^*」よりも高いと主張する場合、商社は中古車業者の限界費用を知らないため（別業界のため知り得ないと仮定）、その真偽がわからない。しかしLディーラーも複数ありLディーラー同士で価格競争をすれば、やはり P^* が実現する。複数のLディーラーが価格競争をすれば、価格はLディーラーの限界費用まで低下していくはずであるが、「P^*」よりも安い価格をつけるとLディーラーであることが露見するため、「P^*」でストップする。Pディーラーも価格競争しているのに「P^*」よりも価格を下げられないのは、それが限界費用と一致しているためである。したがって商社は第1期にすべてのディーラーから価格「P^*」で中古車を購入する。第1期はLディーラーは得をするが、第2期以降は当該商社と取引してもらえない。なお「無限期繰り返しゲーム」に拡張すれば、「フォーク定理（folk theorem）」により、商社の参加条件を満たす範囲内で、Pディーラーの限界費用よりも高い「あらゆる価格」が均衡となり得る（割引率が小さい場合）が、それがトリガー戦略の下で達成される。

(33) 中古車ビジネスが資金難で開業できない場合、自動車会社が出資し、中古車販売・輸出会社を設立することは有益である。自動車会社は「新車」販売台数を伸ばしたい。したがって新車購入者に3〜5年程度で車を中古車として売却してもらい、次の新車に買い替えてもらう必要がある。日本車の新車は10年以上走れる性能を有するが、頻繁にモデルチェンジを行い、買い替え時期の早期化を促している。短期間で新車に買い替えてもらうためには中古車市場が整備され、ある程度高値で車が売却できなければならない。自動車会社は輸出産業であり、海外の中古車需要も把握でき（新車と競合関係）、中古車輸出の動学的利益を計算できる。また車の専門知識により中古車を仕入れる際にレモン問題も回避可能である。そして中古車販売時には自動車会社の子会社である「評判」でレモン車と疑われず販売できる。国内の中古車需要だけでは不足なため海外展開、とりわけ「新興国」への中古車輸出は有益である。新興国で中古車販売が促進されれば、新興国の道路やガソリンスタンドなどインフラ整備が加速し、所得の成長は新車購入層の拡大を招き輸出を伸ばせる。海外の中古車需要の増大は国内の中古車価格を引き上げ、新車買い替え時期の早期化に貢献する（高値で中古車が売れ、新車に買い替えやすくなる）。銀行は情報蓄積でそのメカニズムを理解できる立場にあり、自動車

会社に中古車ビジネスへの進出を勧め、それに必要な資金を融資して利益を確保でき、経済成長に寄与できる。
(34) 中古車業者がピーチを売るかレモンを売るか選ぶことができれば、本文の定義により逆選択モデルではない。それは"広い意味でモラルハザード"であり、この場合ピーチを売らずにレモンを売ることがモラルハザードである。逆選択モデルの前提であるピーチかレモンの一方のみを運命的に保有することは、モラルハザード・モデルと区別する上で必要な前提である。"広い意味でモラルハザード"と述べた理由は、第3章で述べる通り、モラルハザード・モデルでは製品を販売した後においても、それがピーチかレモンかを区別できないと仮定するからである。もし取引後にピーチかレモンかを判別できれば、第3章で解説する通り、契約を工夫してモラルハザードを未然に防ぐことが可能となる。
(35) Berger, A. N. and G. F. Udell (2002) "Small Business Credit Availability and Relationship Lending: The Importance of Bank Organization Structure," *Economic Journal*, 112 (477), pp. F32-F53.
(36) Battacharya, S. and G. Chiesa (1995) "Proprietary Information, Financial Intermediation, and Research Incentives," *Journal of Financial Intermediation*, 4 (4), pp. 328-357.
(37) 銀行が、融資先企業の預金口座の資金の動きから当該企業情報を得られることに関して、下掲論文を参照のこと。
Vale, B. (1993) "The Dual Role of Demand Deposits under Asymmetric Information," *Scandinavian Journal of Economics*, 95, pp. 77-95.
(38) "Self-discipline is grounded on self-knowledge."（自己修養の基礎は自己を知ることにある）という言葉がある。その言葉通り、自己修養の基礎を完了した義務教育修了者を念頭に、「自分の能力を自分で把握している」ことが以下の議論の前提となる。しかし他人はその人の能力を知らないため、逆選択問題が生じ得る。
(39) 下掲のスペンスの文献は、大学教育により労働生産性が高まる点が考慮されていないと批判されたことがある。しかし分離均衡に成功する点が大きく評価されている。
Spence, A. M. (1974) *Market Signaling: Information Transfer in Hiring and Related Screening Processes*, Harvard Univ. Press.
(40) 下掲文献［1］では、「若年期」に労働生産性よりも賃金が少なく支払われた不足分を労働者による「見えざる出資」と呼び、「高年期」で労働者はその不足分を取り戻し得ることが述べられている。労働者は「見えざる出資」を「高年期」に回収すべく一つの企業に長く継続勤務する誘因を持つため、「見えざる出資」が「退出障壁」として機能すると分析されている。そして継続勤務により労働者は「企業特殊的熟練」を習得し、生産性が高まる点が分析され

ている。さらに早期退職を防げれば、研修などの訓練費用を企業が回収できる利点も生じる。ラジアーは、下掲文献［2］（第11章図11-2）で「見えざる出資」と同様の概念を、「暗黙の負債」と呼んでいる。
［1］加護野忠男・小林孝雄「資源出資と退出障壁」、今井賢一・小宮龍太郎（1989）『日本の企業』東京大学出版会、第4章所収
［2］Lazear, E. P. (1995) *Personnel Economics for Managers*, John Wiley & Sons, Inc.（ラジアー, E. P.〔1998〕『人事と組織の経済学』〔樋口美雄・清家篤訳〕日本経済新聞社）

(41) 労働経済学では就業期間を3期間にわける場合がある。第1期は入社時の研修期間中など当初の短期間で生産性が低く「労働生産性＜実質賃金」となる期間である。第2期は仕事を覚え生産性が上がり「労働生産性＞実質賃金」となる期間である。第3期は継続勤務により年功賃金で賃金が上がり「労働生産性＜実質賃金」となる期間である。本モデルでは第1期を省略し、第2期を「前期」、第3期を「後期」と定義する。日本では勤続年数に依存して賃金が上昇する「年功賃金カーブ」がホワイトカラーのみならずブルーカラーにも見出されるが、その詳細は下掲文献参照のこと。
小池和男（1999）『仕事の経済学』東洋経済新報社

(42) 企業は社員研修など訓練費用を要する（企業特殊的技能習得の費用を含む）。その費用が大きいほど企業にとって労働者の早期退職は不利である（訓練費用を回収できない）。したがって「暗黙の負債」＜「暗黙の返済」が成立する賃金プロファイルで、労働者に早期退職を思い留まらせることは有意味である。下掲文献では、企業が負担する訓練費用は労働者の企業特殊的技能形成に要する費用であり、一般技能形成に要する費用は労働者が負担すると述べられている。習得に時間を要する企業特殊的技能が重要な企業では、後期における「暗黙の返済」をより大きくする必要がある。本書モデルでは技能形成費用を捨象し、また労働者の努力が出世確率に影響する点を無視しているが、（注40）のラジアー（1998）では、労働者は出世して前期の負債を後期に多く取り戻すべく日々の業務に励み、技能・知識を高める誘因を持つことが述べられている。非対称情報下では「完全情報下の企業の利潤最大化条件」である「労働の限界生産力 MPL ＝実質賃金率 W」が成立せず、前期の間は任意の労働量の下で $MPL>W$ となり、後期の間は任意の労働量の下で $MPL<W$ となる賃金プロファイルが企業により選ばれる可能性がある。なお、$D<R$ の賃金プロファイルは早期退職を減らすのみならず、モラルハザード（第3章）をも軽減し得ることが知られている。上司の不意のモニタリングで職務怠慢が「前期」に発覚して解雇されれば、後期の R の恩恵を享受できない。もしそれが「後期」に発覚して解雇されても、前期の D のすべてを穴埋めできない可能性があるからである。
Becker, G. S. (1975) *Human Capital: A Theoretical and Empirical Analysis*

with Special Reference to Education, 2nd ed., Columbia Univ. Press. (ベッカー, G. S. 〔1976〕『人的資本：教育を中心とした理論的・経験的分析』〔佐野陽子訳〕東洋経済新報社）

(43) 企業は後期に，出世者賃金をt期にa'よりも大きなb（役職手当）にし，賃金率W_Hも大きくして，Zをより大きくできる（企業はb，W_L，W_Hを決定）。しかし本章では単純化のため，t期の出世者賃金率をa'（＝t期の出世者生産性〔所与〕）と外生変数にする。大企業は知的労働者を一定数必要なため$D+H ≦ Pr・Z+(1-Pr)R$……①を満たす賃金スキームを示す。好景気時に人手不足となれば単純労働の従事者が不足する場合がある。その場合，レモンにも就職誘因を与えるべく企業は$D+H ≦ R$……②を満たすように賃金スキームを決定しなければならない。企業は人事採用スタート時点で「①を満たし，かつ②を満たさない」賃金スキームを示し，幹部候補者を集める。それで不足した人員を，時期を少し遅らせ「非正規社員」の身分で別の賃金スキーム（②を満たす賃金スキーム）で募集し，彼らを単純労働に充当する。人手不足の程度による（＝H'による）が，非正規社員（アルバイト）の賃金率（時給）の方が出世できなかったピーチの賃金率よりも高い場合が生じ得る（現実にもその場合がある）。採用スタート時と第2期とでW_Lを変化させるため，そのようなことが起こり得る。ただし正社員は景気後退期にも馘首されず会社の福利厚生の恩恵を多く受けるなどの利点があるが，非正規社員はその限りではなく，就業任期が短期間に定められているケースがある。

(44) 本章のモデルではインセンティブ問題（次章）を捨象している。"前期"に労働者が「暗黙の負債D」を背負ってもモラルハザードを起こさずに働く（＝$α$を維持する）理由は，t期での出世を目指してであり，出世できればDを埋め合わせて余りある大きなZを後期に獲得できる。本文の分離均衡（2つの不等式の成立）の下では，ピーチのみこの企業に就職するが，ピーチは出世を目指し限界生産性を$α$より下げる怠慢労働を前期に行わない（上司に観察可能）。ところでインセンティブの観点からは，出世者に"後期"に懸命に働く（＝$β$を維持させる）誘因を与える必要がある。本章では無視しているが，定年退職時（T期）に退職金が支払われ，出世者は後期に限界生産性を$β$に維持すれば退職金が人事考課を反映して高くなり，$β$を下回れば退職金が安くなるため（共有知識），$β$を維持する誘因を持つ。その場合，Zに代わり$Z'=(Z+$退職金$)$を考えることになる。また同様に出世に失敗した労働者にも，後期に$α$を維持した方が退職金が高くなることを説明する必要があるが，その場合はRに代わり$R'=(R+$退職金$)$を考えることになる。

第3章

情報の経済学Ⅱ——モラルハザード問題

第1節　モラルハザード問題

1.1　巨大な釘の話——隠された行動の問題

　非対称情報下において、逆選択とならびモラルハザード（moral hazard）が問題となる。経済主体が異なれば目的が異なり、利益相反による効率性の損失が非対称情報下で生じ得る。そのため適切なインセンティブの設計、または情報生産が重要となる。

　旧ソ連の笑い話に"釘（くぎ）を1日以内に10トン生産せよ"と司令を受けた工場長が「重量が10トンもある巨大な1本の釘」を生産し、ノルマ（＝目標生産量）達成で表彰されたというものがある。計画当局の目的は通常の大きさの釘を10トン分生産させることである。しかし大量の釘の生産は大変である。そこで工場長は「巨大な釘を1本」創るという楽な方を選んだわけである。工場長の行動を計画当局は監視していないため、行動は隠されている（非対称情報）。そして両者の間に目的の離齬（そご）があり、適切なインセンティブ設計を欠く指令は非効率な結果を招く。工場長が表彰されたというのは計画経済に対する批判的なブラックユーモアである。

　計画当局の目的である「通常の大きさの釘を10トン分生産する」誘因が工場長に与えられていない。工場長の目的は「数字上のノルマ達成」である。旧ソ連では数字上のノルマ（例えば10トン生産）が達成できると表彰された。したがって笑い話では、工場長は当局の意図を理解しながらも利己心から楽な方を選び、「巨大な釘を1本」生産したのである。この笑い話は極端な例であるが、実は類似したことが旧ソ連で多発した[1]。

　資本主義経済ではそのような極端な事態は生じないが、「隠された行動」の問題が経済効率を大きく損ね得る。では次に「プリンシパル＝エージェント理

論」の枠組みに則し、資本主義経済におけるモラルハザード問題を考察しよう。

1.2　プリンシパル＝エージェント理論

　経済主体を「**プリンシパル**（依頼人）」と「**エージェント**（代理人）」に分類することが、モラルハザード問題の分析では有益である。**「エージェント」とは実際に行動を起こす主体**であり、**「プリンシパル」とはエージェントに行動を依頼し、その行動結果から利益を受ける主体**である。どの主体がプリンシパルでありエージェントであるのかは、想定する理論モデルに依拠して変わるため、先験的には決まらない。

　プリンシパル（依頼人）として「銀行」を考え、エージェント（代理人）として「企業」を考えてみよう。銀行は資金を持っている（預金者から預金を集める技術を持つ）が、自動車など製品の生産技術を持っていない。そこで銀行は自ら製品を生産するのではなく、「依頼人」となり生産技術を持っている企業に依頼して製品を作ってもらい、必要な資金を供給する。そして「代理人である企業」が作った製品の販売で得た利益の一部を、利子という形で銀行は分けてもらう契約を結ぶ——これは分析上の想定である。

　実際には企業が銀行に依頼して資金を借りて生産を行うのであるが、理論分析上は資金を持ち生産を依頼する銀行が依頼人（プリンシパル）で、実際に生産を行う企業が代理人（エージェント）であると形式化できる。このとき、企業がどのように行動（生産）を行うかにより融資資金の返済確率が変化する。したがって依頼人である銀行は、代理人である企業の行動から影響を受けるが、非対称情報下で企業の行動は銀行に隠されている。

　以下で詳述するが、簡単にいえば、「モラルハザード」とは非対称情報下でプリンシパル（依頼人）がエージェント（代理人）に行ってほしいと望む行動（行動の量または質）をエージェントが実行せず、エージェントが身勝手に行動することを意味する。

1.3　モラルハザード問題の前提

　モラルハザード問題を考察する際には、前提が３つある。それは（ⅰ）「非対称情報」（および「立証不可能性」）、（ⅱ）「目的関数の相違」、（ⅲ）「行動の事

後的不確証」である。

（ⅰ）「非対称情報」（および「立証不可能性」）

実際に行動を起こす主体はエージェントである。エージェントは自分の行動を知っているが、プリンシパルはそれを知らない（あるいは知るには禁止的に高い費用を要する）。その意味で**情報の非対称性**が両者の間に存在する。

もしプリンシパルが費用をかけずにエージェントの行動を完全に把握できるのであれば（完全情報）、プリンシパルは契約内容を工夫することで自分にとって最適な行動をエージェントに実行させ得る（＝モラルハザード問題は生じない）。契約通りにエージェントが行動するか否かが見ていてプリンシパルにわかるならば（完全情報）、契約違反があれば多額の制裁金（違約金）を課す契約を事前に結んでおけばよい。エージェントはそのようなガラス張り（完全情報）の下で制裁金が非常に高い限り、必ず契約を遵守する。そうでない場合のペナルティーが多大であるからである。ここで注意すべきことがあり、完全情報であっても**立証不可能性問題**があれば非対称情報と同じ結果となる点である。

プリンシパルがエージェントの契約違反（＝モラルハザード）を**観察し**（完全情報）、契約通り違約金を支払わせようとした場合、モラルハザードを客観的に**第三者**（裁判所）**に立証できない**ならば、違約金を支払わせることができない。エージェントが"自分は契約を遵守しており、契約違反であるというのはプリンシパルの勘違いである"と主張し違約金を支払わなければ、プリンシパルは裁判に訴えても勝訴できない。なぜならば、プリンシパルは自分の訴えを立証できないからである。エージェントは、契約を違反しても立証が不可能なため違約金を支払わされないことを理解できるので、モラルハザードを起こす。すなわち立証不可能性問題があると、完全情報下においても、非対称情報下と同様にモラルハザード問題が浮上する。

（ⅱ）「目的関数の相違」

プリンシパルとエージェントでは**経済主体が異なる**ため、それぞれの**目的関数が異なる**。目的関数が異なれば利害の不一致が生じ得る。経営者（プリンシパル）と労働者（エージェント）の場合であれば、経営者の目的関数は「利潤関数」と定義されることが多いが、労働者の目的関数はそれとは異なる。労働者の目的関数は、「賃金所得」から「労働の不効用」を引いたものであると定義され

ることが多い（両者の目的関数とも労働者の「労働量」の関数となる）。両者の目的関数が異なるため、経営者の目的関数を最大にする労働量 x^* と労働者の目的関数を最大にする労働量 x' とが異なり得る（$x^* \neq x'$）。すなわち労働者は自分の目的関数を最大にする労働量 x' を実行するが、それは経営者にとって最適ではないという問題（＝モラルハザード問題）が生じ得る。

(ⅲ)「行動の事後的不確証」

　エージェントが行動を起こすことで何らかの「成果」（売上など）が実現し、プリンシパルもエージェントもその成果から利得を得る。エージェントの行動の成果からエージェントがどのような行動を行ったのかを「事後的」にプリンシパルは知ることができない場合、それを「行動の事後的不確証」と呼ぼう。

　例えば小作農（エージェント）の行動（＝農作業）の結果、収穫という成果が実現し、その成果は誰の目にもわかる。しかし収穫は天候などの要因を受けるため、収穫量をもって小作農（エージェント）がどれだけ懸命に働いたかを地主（プリンシパル）は知ることができない。もし実現する行動の成果からエージェントが行った行動を事後的にプリンシパルが正確に知ることができるならば、契約を通じ（完全情報と同じくペナルティーを契約に盛り込み）、プリンシパルにとって最適な行動をエージェントに実行させることができる。すなわちモラルハザード問題は生じない。

　以上（ⅰ）～（ⅲ）を満たすことが、モラルハザード問題を考察する際の前提となる。

第2節　モラルハザードの定義

2.1　モラルハザードの定義

　モラルハザードの定義：プリンシパル＝エージェント理論の枠組みにおいて、エージェントが行動を起こし、行動（＝行動の量または質）を選ぶ。一人のエージェントが複数（または無数）の行動の選択可能集合の中から一つの行動を選び実行する（複数エージェント・モデルを本書では考察しない）。

　プリンシパル（＝一人）はエージェントの行動を知らない（＝行動を知るには非常に高い費用を要する）が、エージェントは自分自身の行動を知っている（非対称

情報)。

　エージェントが起こす行動の結果実現する成果から、プリンシパルもエージェントも利得を得る。しかしその実現した成果からはエージェントの行動をプリンシパルは事後的にも知ることができない。またプリンシパルとエージェントの目的関数は異なる。以上の前提の下で、「エージェントがプリンシパルの目的関数を最大にする行動を行わないことを、エージェントがモラルハザードを起こしたと定義する」。なおエージェントの行動原理は自分自身の目的関数の最大化である（補論Ⅰ参照）。

2.2　モラルハザードと"サボる"こと

　プリンシパルが地主で小作農がエージェントのモデルを考えよう。地主が望む労働量よりも小作農が過小にしか農作業をしなければ、モラルハザードである。畑から離れて住む地主は、小作農が手を抜いているかどうかわからない（非対称情報）。始終監視すれば自分の用事ができない（監視の機会費用が禁止的に高い）。そして小作農が手を抜いても、結果として結実する収穫量は気温・降水量・害虫など様々な影響を受けるため、地主は収穫量から小作農の行動を知ることができない。

　モラルハザードとは、地主（プリンシパル）が望む労働（行動）水準と異なる労働（行動）水準を小作農（エージェント）が行うことである。誘因制御が完全でない限り、小作農は地主が望む水準よりも通常「過小労働」を行うが、それは"サボる"といわれる。もし労働依存症の小作農がおり「地主が望む水準」を超える「過大労働」をしても、モラルハザードである（作物に１日１回の散水を地主が望むのに対し、小作農が２回も散水すれば作物の根を腐らせ地主にとって最適でない）。

　厳密にはモラルハザードとは**"サボる"ことではない**。「非対称情報下でプリンシパルの目的関数を最大にする行動をエージェントが行わないこと」である。

　勉強を"サボる"学生A君は、モラルハザードを起こしているのであろうか？　しかし学業を怠れば能力を高められず、社会人になってから不利益を被るのはA君自身である（自業自得）。「勉強」という**行動を行う主体**（エージェント）

はA君であるが、**その結果の影響を受ける主体**（プリンシパル）もA君であり、A君以外の人がA君の勉強量の影響を"直接的"に受けることはない。したがって、モラルハザード問題は生じない[(2)]。

勉強を怠り低い学習成果（＝低い能力・低い生涯所得）に甘んじることの方がA君にとってよい（サボって遊ぶ効用の方が大きい）と判断し、A君自身がそれを選んだわけであり、この場合**プリンシパルとエージェントは一致**している。プリンシパルとエージェントは同一主体であり同一の目的関数を持ち、A君がその目的関数を最大にする勉強量を選んだ結果、それが平均よりも少ない勉強量であった（A君の人生観の問題）。勉強という行動を起こすエージェントA君は、プリンシパル（＝A君自身）の目的関数を最大にしており、定義上モラルハザードを起こしていない。

ところが文脈が変わり、"親"が"A君"に「1日5時間」勉強して能力を高めることを条件に大学の学費や生活費を拠出し、A君に大手企業に入社して出世してもらい、将来は稼いだ労働所得の一部（貯蓄）で親の老後の世話をしてもらう約束をしているならば話は異なる。プリンシパルである親の目的関数を最大にする勉強量は1日5時間であるが、勉強嫌いのA君は「1日1時間」しか勉強しない（＝エージェントであるA君の目的関数を最大化する勉強量は1日1時間）。

A君は親元を離れて下宿しているため、親はA君の様子を観察できない（非対称情報）。またA君は日頃勉強の手を抜いていても（その分だけ能力は高まらないが）、試験直前に試験勉強すればある程度の良い成績をとれるため、親は「成績という成果からA君の行動（＝勉強時間）を知ることができない」。試験直前のみの学習では学んだことを試験後すぐに忘れてしまい、能力を高められず親が望むような社会人としての活躍（高所得）を将来期待できない。このような親子関係（プリンシパル＝エージェント関係）では、A君が1日1時間（≠5時間）しか勉強しなければ、定義上A君はモラルハザードを起こしたことになる。

第3節　モラルハザード・モデル

3.1　資本と経営の一致モデル

「経営者」がプリンシパルで「労働者」がエージェントのモデルを考えよう。

ここで「企業の所有者が経営者である（資本と経営の一致）」と仮定し、労働者の行動を考えよう。実際に労働するのは労働者であり、例えば労働者は販売員であり、カバンに製品カタログを詰め家々を訪問して注文を取る。経営者はオフィスにいて労働者から受注連絡を受けると、その商品を製造会社に電話で発注する。エージェントである労働者が靴の底をすり減らし懸命に働き企業利潤を最大にする注文を取ってきたならば、プリンシパルである経営者（＝所有者）の利益は最大となる。

　この場合、「依頼人」である**経営者**が労働者にセールスの仕事を依頼し、**労働者**が「代理人」として経営者に変わりセールスを行う。労働により生じる不効用（疲労など）は、エージェントである労働者のみ負担する（経営者の電話注文の労力は無視する）。エージェントである労働者の労働成果からプリンシパルである経営者は利得を得る。労働者も働いた結果、賃金所得を得る。賃金所得、特に賞与(ボーナス)は利潤と相関するように設定されるのが普通であるが、労働者は利潤最大化のみを考えて行動しない。なぜならば労働は"不効用"を伴うからである（労働に喜びがあっても労働時間が増加すれば疲労などの不効用が上回るため、単純に労働の喜びを捨象して労働の不効用のみを考えても議論の本質は変わらない）。

　労働者は賃金所得から労働の不効用（金銭で測った不効用）を引いた利得（＝労働量の関数）を最大にすべく労働水準を決定する。労働の不効用は労働量が増えるに従い逓増するのが通常である。労働の不効用は、疲労やストレスが大半を占めるが、それらは蓄積していくため、限界不効用は逓増する（例えば最初の1時間の労働の疲労よりも、労働時間が5時間から6時間に経過した場合の1時間の疲労の増分の方が大きい）。労働の不効用の逓増を考えると、労働者は利潤を最大にするよりも少ない水準の労働しか行わないことが最適である。セールスの手を休め喫茶店で休んだりするかもしれないが、経営者にはわからない（非対称情報）。労働者は自分の目的関数（＝「賃金所得」−「労働の不効用」）を最大にする労働量しか投入しないが、経営者は利潤を最大にする労働量を労働者に期待する。経営者は、実現した売上からは労働者の働き具合を推量できない。懸命に働いてもまったく売れない場合もあり、逆に怠惰に働いても偶然によく売れる場合もある。両者の目的関数の不一致から労働者のモラルハザード問題が浮上する（補論Ⅰを参照）。

3.2 資本と経営の分離モデル

次に「資本と経営が分離」しているケースについて考えよう。プリンシパルは**株主**であり、エージェントが**経営者**である。すなわち、オーナーではない経営者のケースである（経営者は当該企業の株式を保有しないと仮定）。このモデルでは労働者の行動を捨象し、「経営者の行動」が分析目的となる。

株式会社の場合、会社法上「株主」が企業の所有者であり、企業利潤を配当してもらえる権利を持つ（その他、議決権なども持つ）。経営者は雇われているだけであり、株主の意向を反映させるべく会社を運営することが期待される。もし経営者が株主の期待に充分に応えられなければ、株主総会で更迭される（＝馘首される）運命にある[3]。

株主は経営者に企業の経営を依頼し、その成果である売上から経営者報酬や従業員給与など諸経費を支払い、残りの利潤を配当してもらう権利を有する。「**経営者**が株主の**代理人**」として企業経営を行うが、「**依頼人である株主**」は株券を持っているだけの存在であり（今日では株券は電子化されている）、実際にどのような経営が行われているのかを知らない。株主は企業価値の最大化を望む（単純化したモデルでは利潤最大化）。すなわち株主の目的関数は利潤関数であり、利潤最大化を経営者に期待する[4]。

それに対して経営者の目的関数は利潤関数と異なり得る。経営者には利潤にリンクした賞与（ボーナス）が与えられることが多いため利潤を考慮するが、「経営努力の不効用」を経営者のみが負担する（株主は負担しない）。したがって経営者の目的関数は給与から経営努力の不効用を引いたものとなる。

ところで制度学派の経済学者の研究によれば、経営者の目的関数は複雑である。例えば経営者は利潤最大の規模を超えて企業規模を拡大させる誘因を持ち得る。企業組織はピラミッド型をした権限の階級構造（hierarchy）である。経営者は小さなピラミッドの頂点に立つよりも大きなピラミッドの頂点に立つ方が効用（＝満足）が大きく、企業組織を利潤最大の規模を超えて拡大させる誘因を持つ。また組織が拡大すれば部署の数が増えるため、部長や課長などのポストの数も増え、社員の出世機会が増える。"新しい社長になってから組織が拡大し、その結果出世できた"となれば、社員は社長を崇拝する。多くの社員から崇拝されながら巨大化した組織の頂点に立つことが経営者に大きな効用を

与えるため、経営者は利潤を最大化する最適規模を超えて企業規模を拡大させる誘因を持つ。経営者は株主総会で更迭されるほど極端に企業の利潤最大化から逸脱した行動は取らないが、非対称情報下で株主に気付かれない範囲内で利潤最大化と異なる行動（＝**経営者のモラルハザード**）を行う可能性がある[5]。

3.3 銀行と企業のモデル

「銀行」がプリンシパルで「企業」がエージェントのモデルを考える。企業はハイリスク・ハイリターンの投資プロジェクト（＝HH）とローリスク・ローリターンの投資プロジェクト（＝LL）を持っている（HHとLLを同時に持つ点が逆選択モデルと異なる）。企業は銀行融資を受け、その資金でHHかLLか、どちらか一方を自由に選び、実行する。

銀行の目的関数（期待利潤関数）はLLのとき最大となり、留保利潤を超える利得を獲得できるが、HHのときは留保利潤を下回る（仮定）。それに対して企業の目的関数（期待利潤関数）はHHのとき最大となり、留保利潤を超える利得を獲得できる（仮定）。LLのとき銀行利潤は最大となるため、企業がHHを選べばモラルハザードを起こしたことになる。ここでは銀行が情報生産を行わないケース（情報生産費用が高いケース）を考える[6]。

銀行の望み通りにLLを行えば企業は留保利潤を獲得できず、HHならば留保利潤以上の利得を獲得できるならば、銀行は融資できない。なぜならば融資すれば企業がHH（モラルハザード）を実行するからである。では企業がLLを選んだ場合、企業利潤が留保利潤を上回ればどうであろうか？　しかしその場合でも企業はモラルハザード誘因を持つことに変わりはない（HHの方が企業利潤が大きい）。

企業が銀行にLLを実行すると説明した上で融資を受けても、融資後にHHを実行する誘因を企業は持つ。非対称情報下では銀行がモニタリングを行わない場合、企業行動を銀行は認識できない。では誠実な企業経営者がモラルハザードを行わない決意の上で、銀行に融資を依頼したらどうであろうか？　しかしどんなにLLを行うと力説し、LLの下で企業が留保利潤を獲得できることを銀行に理解してもらえても、やはりモラルハザード誘因があるため銀行は融資ができない。LLが実行されれば銀行と企業の双方が留保利潤以上の利得を獲

得でき、社会的に望ましい。そして企業が実際 LL を実行しようと考えているにもかかわらず、モラルハザード誘因が企業にある以上、融資は断られプロジェクトは遂行できない。

第 4 節　モラルハザード防止策の分類

　モラルハザードの防止策を大別すると 4 つに分類できる。1 番目は（ⅰ）情報を持たないプリンシパルがエージェントの行動について**情報生産**を行いモラルハザードを防ぐ方法である。「銀行と企業のモデル」では、銀行が融資後に企業のモラルハザードを防ぐべく事後の情報生産（モニタリング）を行うケースである（情報生産費用が安い場合に有効）。

　2 番目は（ⅱ）エージェントが費用を負担し自らモラルハザードを起こさない経済主体であることをプリンシパルに知らせる方法である。すなわちエージェントはモラルハザードを起こした方が自分にとって不利になる状態を自ら創り出し、自分にモラルハザード誘因がないことをプリンシパルに示す方法である。3 番目は（ⅲ）プリンシパルが誘因両立性条件を満たす契約を示しエージェントと取引をする方法である。誘因両立性条件とは、エージェントにとってモラルハザードを起こさない方が有利となる条件のことである。

　（ⅱ）はエージェントが主体的に自らのモラルハザードを封印すべく行動するモデルであり、（ⅲ）はプリンシパルがその封印の契約をエージェントに提示する方法である。（ⅱ）と（ⅲ）は異なる文脈でモデル化されるが、（ⅱ）について、プリンシパルの方がエージェントに対し「もし君が自分のモラルハザードを封印する状況を創れれば取引してもいい」と話を持ちかけ、エージェントがそれに従ったとも解釈できる。また（ⅲ）についても、エージェントの方からプリンシパルに対し、誘因両立性条件を満たす契約で自分と取引してほしいと申し出たとも解釈できる。したがって本書では、（ⅱ）と（ⅲ）を区別せず、両者を合わせて**誘因両立性条件**と呼ぶ。

　4 番目は（ⅳ）**動学モデル**（継続取引）においてモラルハザードが防げる場合である。逆選択の場合、例えば中古車取引の場合、買い手が購入した車がピーチかレモンかを事後的（購入後）に知り得る（定義）。したがって動学的取引では、

レモンを売る中古車業者とは以後取引をしなければよい。それに対してモラルハザード問題では、エージェントがモラルハザードを起こしたか否かをプリンシパルは**事後的にも知り得ない**（定義）。しかし動学モデルでは事情が異なる。

モラルハザードを継続して行えば、現実的には「**内部告発**」でそれが発覚する危険性が出現する。すなわちモラルハザード発覚確率がゼロではなくなる[7]。モラルハザード発覚時に失うものが大きければ、エージェントはモラルハザードを行わない方が合理的となる。エージェントがモラルハザード発覚時に失うものを多く持ち、そしてモラルハザードを繰り返すと発覚確率がゼロでなくなる現実を認識すれば、モラルハザード誘因を失う。

モラルハザード防止策の説明順序であるが、次の第5節で誘因両立性条件（（ⅱ）と（ⅲ））について説明する。そして第6節で動学的取引（ⅳ）を述べる。そして第7節で情報生産（ⅰ）、特に「銀行の事後の情報生産」について述べる。

第5節　誘因両立性条件

非対称情報下では、エージェントはプリンシパルからモラルハザードを疑われれば取引ができない。取引できずに所得が得られないよりは、モラルハザードを起こさずに取引を行った方が有利である。しかしモラルハザードを起こさないとエージェントがいくら主張しても（エージェントが本当にそう考えても）、非対称情報下で契約が一旦結ばれてしまえば目的関数の相違からエージェントにはモラルハザード誘因があるため、プリンシパルはその言葉を信じることができない（事後的にも確かめられない）。結局、取引は行われないことになる。

その問題の解決方法として、エージェント自身が費用を負担し、自身のモラルハザード誘因を喪失するような状況を創り出す方法がある。また別の方法として、プリンシパルが契約を工夫し、エージェントがモラルハザードを起こさない方が得になるような契約を創る方法もある。本書ではそれらを合わせて**誘因両立性条件**と呼ぶが、理論モデルにより多様なものが存在する。以下においていくつかの例で考察していこう。

5.1 担保の役割

「銀行と企業のモデル」において、企業がローリスク・ローリターンのプロジェクト（LL）を実行すれば銀行の期待利潤が最大となる（仮定）。銀行はLLへの融資を望むが、企業の期待利得はハイリスク・ハイリターンのプロジェクト（HH）の方が大きい（仮定）。したがって企業はモラルハザード誘因を持つ。HHが遂行された場合、銀行の参加条件が満たされないならば、モラルハザード誘因がある以上融資は行われない。なおLLが遂行されれば企業も銀行も留保利潤以上の利得を稼げる場合を考えよう。

この問題解決の方法として、企業が不動産などの高額資産を担保に資金を借りる方法がある。もし企業が融資後にモラルハザードを起こし、リスクが高いHHを行えば、プロジェクトが失敗して担保を取られる可能性が高まる。担保価値をAとし、HHの成功確率をP_H（失敗確率は$1-P_H$）とし、LLの成功確率をP_L（失敗確率は$1-P_L$）とする。ただし$P_H<P_L$である。企業がLL遂行で得られる成功時の利潤をΠ_Lとし、HH（モラルハザード）で得られる成功時の利潤をΠ_Hとし、$P_H\Pi_H>P_L\Pi_L$を仮定する（すなわち担保がなければ企業にモラルハザード誘因がある）。またHH、LLとも失敗時の企業利潤を0と仮定する。

このとき、次の不等式、$P_H\Pi_H-(1-P_H)A<P_L\Pi_L-(1-P_L)A$を満たす水準に担保価値$A$があれば、モラルハザードは生じない。なぜならばHHを行うときの企業の期待利得（左辺）よりも、LLを行うときの企業の期待利得（右辺）の方が大きいからである。

上の不等式を変形すると、$P_H\Pi_H-P_L\Pi_L<(P_L-P_H)A$となるが、$P_H\Pi_H-P_L\Pi_L>0$, $P_L-P_H>0$に注意すると、P_H, P_L, Π_H, Π_L（共有知識）を所与とした場合、Aを充分に大きくすれば、不等式は成立する。すなわち上記の不等式（**誘因両立性条件**）が成立するように銀行が担保Aに抵当権を設定すれば、**企業のモラルハザード誘因は失われる**。したがって充分な抵当権の設定で、銀行は融資に応じ、企業はLLを実行し、両者とも参加条件を満たす利得を稼げる。

つまり企業は誘因両立性条件を成立させる水準の担保を差し出せば、モラルハザード誘因を自ら封印したことを銀行に示せる。また銀行の方から融資に当たり、誘因両立性条件を満たす水準の担保の要求があった場合も同様である。

企業は多くの資産を担保に融資を受ければ、新たに資金を追加的に調達しよ

うとした際に担保不足で借入できない。すなわち多額の担保の設定は、プロジェクトが成功してその担保を取られなくとも、企業にとって大きな機会費用負担となる。この方法は、エージェント（企業）が機会費用を負担しモラルハザードを封印する状況を創り出す方法である。しかし充分に大きな資産価値がある担保を保有しない中小企業には適用できない。

5.2　均衡信用割当

　非対称情報下で銀行Bが企業Fに融資を行うモデルを考える。企業FはLLプロジェクト（＝LL）とHHプロジェクト（＝HH）を持つ。銀行BはLLの遂行を望むが、企業FはHHを行うモラルハザード誘因がある（仮定）。この場合企業FにLLを実行させるには、銀行Bは提示する貸出金利 i に**上限**（＝i_0）を課せばよいケースが存在する（補論Ⅳを参照）。

　「完全情報」下で貸出金利 i を上昇させていけば、資金需要の落ち込みが少ない限りにおいて、銀行Bの期待利潤は増えていく（逆に企業Fの期待利潤は減少していく）。しかし「非対称情報」下で企業Fにモラルハザード誘因がある場合は話が異なる。「上限 i_0 まで」は（$0 < i \leq i_0$ の範囲では）、企業FはLLを実行するため、その範囲内で i を増加させるほど銀行Bの期待利得が増大していく点は完全情報下と同様である。しかし「i_0 を超えた水準」に銀行Bが貸出金利 i を設定すると企業Fのモラルハザードが誘発され、LLではなくHHが行われる。その結果、貸出金利を「i_0 よりも高く設定」する方が「i_0 よりも低く設定」するよりも銀行Bの期待利潤は減少し得るのである。

　銀行Bは i_0 以下の貸出金利 i を提示すれば、企業Fのモラルハザードを防ぎLLを実行させられ、銀行自身にとって都合がよい。この場合、銀行Bが **i_0 以下の金利** を提示するという条件が**誘因両立性条件**である。銀行Bは i_0 以下の範囲で貸出金利 i を選ぶため、銀行Bは利潤最大化により $i = i_0$ を選ぶ。

　モデル分析は補論Ⅳに譲り、直感的に「均衡信用割当」を説明しよう。銀行が企業に要求する**金利が低い場合**（$0 < i \leq i_0$）、企業はLLを選んだ方が有利となり得る。なぜならば、LLはリターンが小さいが、返済金利も安いため、企業は比較的大きな利益を確保でき、またリスクが小さいため企業の期待利潤はHHを選ぶよりも大きくなり得る。

それに対し**金利が高い場合**（$i > i_0$）、LL を実行すればリターンは小さく、その小さなリターンの中から高金利の返済となるため、企業の利潤は微少となる。確かにリスクは小さいが（＝成功確率は大きいが）、「成功確率×利潤＝企業 F の期待利潤」は微少となり得る。

しかし**高い金利の下**で HH を実行すれば、リターンが非常に大きいため金利が高くとも事業が成功すれば大きな利潤を企業は稼げる。この場合リスクは高いが（成功確率が小さいが）、成功確率と利潤との積である企業期待利潤は LL を選ぶよりも大きくなり得る。したがって高金利では企業は HH を選ぶモラルハザード誘因を持ち得る。企業は、多額の資金返済が課せられると一攫千金（いっかく）を狙って HH を行い、逆に安い返済の下では堅実事業 LL を行う可能性がある。

つまり企業のモラルハザードを招かない金利には**上限**（＝i_0）がある。銀行取引は相対型（あいたい）取引であり、銀行が貸出金利を決定し企業に提示する。貸出金利の決定は銀行と企業との交渉力に依存するが、大企業を除き概ね（おおむ）銀行に交渉力がある。企業にモラルハザードを起こさせない範囲（誘因両立性条件）の中で最大の金利は i_0 であるため、銀行は i_0 を企業に要求する（i_0 は銀行と企業の参加条件を満たすと仮定）。

では、銀行と企業が複数存在（同質的）する資金貸借市場を考えよう。その需給を一致させる金利を i^* とする。もし $i_0 < i^*$ であれば i_0 の下で「超過需要」が生じる。すなわち i_0 下で銀行はすべての企業の資金需要を満たさせず、信用割当が生じる。それは「均衡信用割当」と呼ばれるが、その場合「i_0 がナッシュ均衡」となり、資金の超過需要の状態が維持される[8]。

5.3　ホールドアップ問題

ホールドアップ問題は「動学的非整合性」として議論されることが多いが、本書ではモラルハザードの観点から解釈し、その対策を述べる。最初に（1）動学的非整合性としてのホールドアップ問題を紹介し、（2）でモラルハザードの観点から考察する。

（1）ホールドアップ問題と起訴不可能性

ある自動車会社が新しい車の開発を考えている。「新車」開発には「新部品」が必要である。その新部品はその新車にのみ使うことができ、他の自動車会社

の車には適合しない**特殊部品**である（仮定）。自動車会社は部品メーカーに対し、"部品メーカーが留保利潤を充分に獲得できる価格 P で部品を買い取るので、その新部品を生産してほしい"と依頼する。部品会社はその新部品生産のため、生産前の $t=0$ の時点で設備投資を必要とする。しかしその新部品が生産された時点 $t=1$ で、自動車会社はその新部品を安く買い叩く誘因を持ち、安い価格 P' で買う（$P'<P$）。部品会社は新部品を**他社に売ることはできない**（仮定）ため、当該自動車会社に安い価格 P' で売るしか他に手がない。もし売らなければ設備投資費や生産費を負担し、売上が０で大赤字となり部品会社は倒産することになる。

ところで部品会社は $t=0$ の時点で、その新部品生産のための設備投資をすれば、新部品は他社には売れない（仮定）ため、$t=1$ の時点で P' の安値で当該自動車会社に**買い叩かれることを事前に予測**できる。したがって $t=0$ 時点では設備投資を行わず、**新部品を生産しない**。したがって自動車会社は**新しい車を生産できない**というのが「ホールドアップ問題」である[9]。

これは $t=0$ の時点で自動車会社は「価格 P」を提示することが最適であるが（そうでなければ部品を生産してもらえない）、$t=1$ の時点では（一旦、部品が生産されてしまえば）「価格 P'」を提示して買い叩くのが最適（自動車会社の利潤最大）となる。このように時間が経過すると最適解が変化することを、経済学では**動学的非整合性問題**と呼ぶ。

ここで読者に疑問が生じるかもしれない。$t=0$ の時点で部品会社は自動車会社と、部品の価格 P、数量、部品の厳密な特定（精密な設計図による特定）、部品の原材料（金属の種類や、合金の場合の金属元素と非金属元素の成分の特定など）について厳密に「契約書」を作成して契約を結べば問題がないはずである。もし $t=1$ の時点で「価格に契約違反」があれば裁判に訴えればよく、それは客観的に**立証可能**であり部品会社は勝訴することが自明なため、契約通りの価格 P で新部品を買ってもらえるのではないか、したがってホールドアップ問題は生じないのではないかという疑問である。

結論からいえば、特殊部品が**立証可能であってもホールドアップ問題は存在する**。「自動車会社が大企業」であるのに対し、「部品会社は小企業」であることが多いが、それを仮定する。小企業であれば、訴訟を起こす余裕がない。裁

判費用を捻出するのも苦しいが、問題は裁判で**判決が出るまでに時間がかかる**ことである。すぐに判決が出なければ、部品会社は判決が出るまでの間部品の代価を支払ってもらえない（少なくともすぐには支払ってもらえない）。部品会社は設備投資費用や生産費用を負担しているため、すぐに部品代金が回収できなければ小企業のため倒産してしまう。生産に要した費用をすぐに支払わなければ手形が不渡りとなるが、小企業は内部留保を蓄えておらず、また銀行から追加的に融資をすぐに受けられる保証はない（市場で評判を形成できておらず銀行審査に時間がかかる）。訴訟を起こせば判決が出る前に小さな部品会社は倒産してしまう。

　部品会社は裁判に訴えて倒産するよりも、すぐに低価格 P' で部品を売って現金収入を得た方が得策である。すなわち部品会社は契約違反があっても**起訴しない**ことが合理的である（起訴不可能性）。自動車会社は、契約違反を起こしても部品メーカーから**起訴されず**、安値 P' で部品を購入できることを当初（$t=0$ 時点）から理解できる。したがって自動車会社は **$t=1$ の時点で契約違反を起こし**、価格 P' で新部品を買い取る提案をする。**部品会社はそのことを当初（$t=0$ 時点）から予期できる**ため、結局 $t=0$ 時点で部品会社は設備投資を行わず**新部品を生産しない**という「ホールドアップ問題」が生じることになる[10]。

　この問題の第一の解決策として**垂直統合**が知られている。すなわち汎用性のない特殊部品の生産技術を持つ部品メーカーを自動車会社が買い取り（企業買収）、一つの企業に統合すれば（あるいは子会社化すれば）、ホールドアップ問題は解決する。車体は車のデザインに対応し特殊となるが、米国大手自動車会社「GM」による「フィッシャー・ボディー社」の買収が、この解決策に該当する例として知られている。

　第二の解決策としては、垂直統合を行わず、新部品生産のために部品会社の**設備投資（工作機械の購入）を自動車会社が行う**というものである。すなわち新部品生産に必要な工作機械を自動車会社が購入し、部品会社の工場に据え付け、それを用いて新部品を生産してもらうように依頼する。そして「もし $t=1$ の時点で自動車会社が契約違反を起こし価格を P より安く変更したら、部品会社はその工作機械（工作機械は高価であり汎用性があると仮定）を売却し、かつ新部品も納品しない」と契約書に記載することで合意すればよい。

　もし $t=1$ の時点で自動車会社が部品を安く買い叩こうとすれば（P' を提示す

れば)、部品会社は自社工場内にある工作機械をただちに売却し（工作機械は仮定から汎用性があり高い価格で即時に売却可能）、その売却代金で新部品生産の費用を賄って余りある。またその場合、自動車会社は新部品を納品してもらえず、工作機会も失うことになり損でしかない。上述のことを部品会社はただちに行って、売却代金を獲得できる。たとえそのことに関して裁判となり判決までに時間がかかっても、部品会社は確実に勝訴できるため問題が生じない（すぐに工作機械売却代金を獲得できている）。この場合、「工作機械」が人質となり、自動車会社の機会主義的行動（安値 P' の選択）が防がれる。

　自動車会社は、$t=1$ の時点に至れば安値 P' で買い叩く誘因がある。それを $t=0$ の時点で疑われれば新部品を生産してもらえず、新車の生産ができない。自動車会社は、自ら設備投資をする（＝工作機械を設置する）ことを部品会社に申し出て（人質を差し出し）自身の機会主義的行動を封印することで、部品会社に特殊部品を生産してもらえるようになる。

(2) **ホールドアップ問題とモラルハザード**

　では次に、**モラルハザード・モデル**として**ホールドアップ問題**を考えよう。**プリンシパル**が**部品会社**であり、**エージェント**が**自動車会社**であると分析上考える。部品会社は金属加工の特殊技術を持つ。その技術を活かし車の特殊部品を作り、それを従来の車の部品と交換すればより高性能の新しい車を生産できるため、その高性能車を作って販売してほしいと自動車会社に依頼する（$t=0$ 時点）。そしてその特殊部品を価格 P で買い取ってほしいと依頼する。P は「自動車会社の参加条件」を満たす範囲で部品会社の利潤を最大にする価格である。自動車会社（エージェント）の**行動**（戦略）は、$t=1$ の時点で（特殊部品生産後の時点で）特殊部品の買い取り価格として「P を支払う」か、それよりも安い「P' を支払う」かである（P' を支払えばモラルハザード）。自動車会社は安値 P' を支払う方が利潤が大きくなるためモラルハザード誘因を持つ。

　ところで注意深い読者は、これはモラルハザードの定義と異なると考えるかもしれない。なぜならばエージェントである自動車会社が P を支払ったか P' を支払ったかを、$t=1$ の時点でプリンシパルである部品会社は**正確にわかる**からである（モラルハザードの定義では、プリンシパルはモラルハザードを認識できない）。

　しかしさらに注意深い読者は、第1節のモラルハザード問題の前提に「立証

不可能性問題があれば非対称情報でなくとも、それと同等である」と記述されていたことを思い出すであろう。この場合は、$t=1$時点で契約違反（P'を提示）を立証不可能なのではなく、**立証可能であるにもかかわらず起訴できない**（**起訴不可能性問題**）のであるが、経済理論上は同等である。プリンシパルがエージェントのモラルハザードを観察できない（**非対称情報**）こと、観察できるがそれを裁判で立証できないため契約により違約金などを支払わせることができない（**立証不可能性**）こと、そして客観的に立証可能であるが裁判期間などの問題で起訴できない（**起訴不可能性**）こととは、経済理論上はすべて同等にエージェントのモラルハザードを惹起する要件を満たす。

　部品会社が自動車会社の契約違反（買取価格 P' の提示）を**起訴できない**以上、ホールドアップ・モデルはモラルハザード・モデルであると解釈可能である。そしてこのモラルハザード問題の解決策として「垂直統合」または「自動車会社が資金を出して部品会社の設備投資をする」方法は有効である。前者はプリンシパルとエージェントを同一化することでモラルハザード問題自体を消失させる方法であるのに対して、後者はエージェントである自動車会社のモラルハザード誘因を喪失させる方法である。後者の場合、自動車会社が特殊部品の設備投資を行うという条件が**誘因両立性条件**である（補論Ⅲをも参照のこと）[11]。

5.4　ストック・オプション

　株式会社において、「株主」がプリンシパルで「企業経営者」がエージェントである「所有（資本）と経営の分離」モデルを考えよう。その場合、**ストック・オプション制度**は誘因両立性条件として機能し、経営者のモラルハザードを抑止する効果を持つ。ストック・オプション制度とは、企業経営者に一定期間内にあらかじめ定めた価格（行使価格）で**当該企業の株式を買う権利を与える制度**である。行使価格は現在の当該企業の株価よりも少し高めに設定するのが通常であり、株主は行使価格と同時に経営者が買うことができる株式割合をも事前に決定する。

　ストック・オプション制度の下で、企業経営者が経営努力を「現時点」で行えば、「将来」においてその努力が実を結び得る。すなわち将来的に企業業績が改善し、株価上昇が見込まれる。むろん、経営に尽力しても経済情勢により

企業業績が改善せず株価が低迷する可能性もあるが、努力しないよりも株価上昇が期待できる。

「将来時点での当該企業株価をP」で表そう。経営者はPが「行使価格P'」を下回れば権利を行使しなければよい（＝その企業の株式を買わなければよい）。もしPが「行使価格P'」を上回れば、経営者は権利を行使し、当該企業株式をP'で購入して利益を得られる（一株につき$P-P'$の利益獲得）。株式市場でPが大幅に上昇すれば、経営者は権利行使で莫大な利益を稼げる。したがって経営者は当該企業の将来株価Pをなるべく高く上昇させるべく、経営努力を現在行う誘因を持つ。ストック・オプション制度により、経営者にはモラルハザードを慎み経営に尽力し、企業利潤を高める誘因が与えられる。

むろん、ストック・オプション制度が導入されていない場合でも、企業経営者は上場企業であれば当該企業の株式を株式市場で購入することができる。経営者は就任当初に当該企業の株式を購入し、そして経営努力をして将来株価を上昇させ、株価値上がり益（**キャピタル・ゲイン**）を獲得することができる[12]。

経営努力にはコストを要するが、株価が上がればキャピタル・ゲインを獲得できる。経営努力のコストとは、経営努力の不効用（疲労など）や、モラルハザードを起こせば得られたはずの効用（＝パーク）が得られないことを意味する。しかし経営者は努力しても確実に企業利潤が増加するとは限らず、キャピタル・ゲインを得られるかどうかわからない。リーマン・ショックや大震災のような不測事態ともなれば、経営努力にもかかわらず株価が下落し損失（**キャピタル・ロス**）を被るかもしれない。

経営努力した結果、もし株価下落の事態となればその損失（キャピタル・ロス）から免れ、逆に株価上昇の場合のみキャピタル・ゲインを享受できる仕組みがあれば、経営者の経営努力誘因は高められる（モラルハザード誘因は軽減される）。ストック・オプションは、経営者に株価上昇の場合のみ権利行使に導き、大きな利益を手にさせる制度である。

ストック・オプション制度を導入すれば、経営者のポストをめぐり「有能な人材の間で競争」が起こり、そのポストを勝ち取った者は大きなキャピタル・ゲインを求め経営努力を行う。むろん、「将来の潜在成長力が高い企業」の経営ポストに経営能力がある人材が就任すれば、ストック・オプションで彼／彼

女が手にする利益は莫大となる。したがって有望企業に有能な経営資源が集中することになり（経営資源市場における効率的人材配分）、潜在成長力の高い企業・業界の発展が促され、さらにそれが関連業界にも波及するという外部経済効果をも派生し得る（経営能力が高い人は企業の潜在成長力を洞察できる）。

ストック・オプション制度の下で経営者は将来株価 P が行使価格 P' を上回れば株式取得の権利を行使するが、それは経営者を株主の立場に近寄らせることである。それはエージェントである経営者をプリンシパルである株主の立場に近寄らせ、しかも株主と同等には株価下落のリスクを取らせないことで、経営努力の誘因を高める（＝モラルハザードを抑止する）仕組みである。自社株を行使価格で買う権利が誘因両立性条件であり、この制度は多くの先進資本主義国諸国で導入され経営効率の改善に寄与している。

5.5 資本市場を通じた企業統治

企業統治（コーポレート・ガバナンス）とは、「エージェントである企業経営者」のモラルハザードを抑止することである。ここでは「株主がプリンシパルである場合」を考えよう[13]。以下で述べる通り、**敵対的企業買収**（＝企業乗っ取り）は企業統治に寄与し、「資本市場を通じた企業統治」と呼ばれる[14]。それは「メインバンクを通じた企業統治（第 4 章）」と対蹠的な概念である。

「敵対的企業買収」とは、例えば「株式公開買い付け（TOB）」などであり、目標とする企業の株式の過半数を買い取り当該企業のコントロール権を奪取することを意味する[15]。株式には議決権があるため（議決権のない株式もあるが今は除外する）、照準を合わせた企業の過半数の株式を買い占めれば、その企業の経営をコントロールできる。したがって過半数の株式を買い取り、当該企業の経営者を更迭し、自分が経営を行うか、もしくは自分が信頼できる人物に経営を任せることで、買収先企業の経営をコントロールできる。

どのような場合に企業乗っ取りが行われるかといえば、多種多様なケースがある。では次に、企業経営者のモラルハザード抑止と直接関連があるものを示そう。ある企業 F に関して、企業経営者がモラルハザードを起こさずに経営すれば、「毎期 X の利潤」を獲得できると仮定する（ここでは技術革新などを捨象する）。その場合、株式市場ではそれを反映した当該企業の株価 P が決まる。

株価 P はその企業の現在から将来に渡るすべての利潤（= X の流列）の割引現在価値であり、**ファンダメンタルズ**と呼ばれる（抽象化して企業が無限期間存在すると想定しよう）。今はバブルの発生を考えないため、ファンダメンタルズが当該企業の株価 P として効率的な株式市場において実現すると仮定する（第4章: 注48を参照）。

　企業経営者がモラルハザードを起こし、利潤最大化から逸脱して経営者自身の効用を最大化すれば、企業利潤は毎期 X から X' に下がり、株価はそれを反映して P よりも低い値 P' となる（$X>X'$, $P>P'$）。この場合、企業乗っ取りが行われ得る。すなわち現在株式市場で実現している企業Fの株価 P' を観察し、企業Fの経営者のモラルハザードを察知できる人物（または企業）が当該企業の株式の過半数を購入する動機を持つ。その人物（企業）は、当該企業の生産能力（製造業であれば工場設備や保有技術など）をよく知り、かつその設備・技術を効率的に活かせばどれだけ利潤を稼げるかを計算できる専門知識を持つ業界通である。そして現在の株価 P' が、当該企業の潜在能力を下回ると判断できる人物（企業）である。

　企業買収者は、企業Fの株式の過半数を取得する。そして当該企業経営者を更迭し、利潤最大化行動を行う人物を経営者のポストにつける（または自分が利潤最大化行動を行う）。モラルハザードを起こした経営者は失職し、彼／彼女にとっては不都合なことであるが、経営効率は改善される。買収の結果、仮定より企業Fはそれ以降「利潤 X」を毎期獲得でき、その時点以降において株式市場では株価 P が実現する。したがって買収者は一株につき $P-P'$ 円の利益を獲得できるが、株式の過半数の買い占めにより莫大な利益を手にできる。企業買収には多額の買収資金が必要であるが、買収の成功が見込まれる場合に金融機関が資金供給することは珍しくない（（注14）のLBOをも参照のこと）。企業買収が成功すればこの場合は効率的な経営が実現し、効率的資源配分が達成され、資金供給主体も利益を稼げる。なお企業資産の奪取などを目的に行われる「非効率的な企業買収」（例えばクラウン・ジュエルなど）もあるが、ここではそれらを捨象する。

　経営者は企業買収の脅威に晒される以上、企業を乗っ取られないようにモラルハザードを慎み、毎期最大の利潤 X を生み出すべく努力する。それが資本

市場を通じた企業統治のメカニズムである。その場合、「企業利潤を最大の X に毎期保つ」あるいは同じであるが「株価を最大の P に保つ」という条件が経営者に課せられた**誘因両立性条件**である。

ところで、敵対的企業買収は別の経路を通じて企業統治に貢献するという研究もある。企業に設置された**取締役会**は代表取締役社長の業務執行をモニターし、モラルハザードを抑止する機能を持つが（**監査役会**も同様に業務監査を行う）、しかし日本の場合は社内の人脈との馴れ合いによりあまり有効に機能していないという指摘がある。しかし敵対的企業買収により経営者が解雇されるのみならず、取締役会や監査役会のメンバーも解雇される可能性があるため、取締役会や監査役会は経営者のモラルハザードを厳しくモニターし、敵対的企業買収が起こらないように尽力する誘因を持つ。そのように内部コントロールを強化させる経路を通じても、敵対的企業買収は経営者の規律付けに作用し得る[16]。

ところが戦後日本では「株式持ち合い」が、特に高度成長期において、広範に行われていた。それは上述のメカニズムを機能不全に陥らせるものであった。日本では資本市場を通じた企業統治に代わり、戦後から特に金融自由化が進展するまでの期間において、メインバンクによる企業統治が主流であったが、その詳細は第4章で述べる。

第6節　動学的取引によるモラルハザード防止

モラルハザード抑止策として「動学的取引」について考えよう。動学的取引（継続取引）において、エージェントが費用を負担して「評判」という無形資産を充分に蓄積すれば、モラルハザード誘因を失う。すなわち多大な無形資産蓄積を市場に示せば、モラルハザード誘因喪失をエージェントは市場に示せる。

「逆選択モデル」における動学的取引では、第1期の取引の結果、情報を持たない経済主体は取引相手がピーチかレモンか見分けがつく。したがって第2期以降は当該取引相手に関しては非対称情報の問題は大きく軽減する。それに対して「モラルハザード・モデル」では、プリンシパルはエージェントがモラルハザードを起こしたか否かを事後的にも認識できない（定義）。したがって第2期以降も第1期と同じ非対称情報の問題に直面する。

例として、食品会社と消費者の動学的取引関係を考えよう。この場合、**消費者**が**プリンシパル**であり、**食品会社**が**エージェント**である。消費者は食品会社に依頼して安心・安全な食品を生産してもらい、食品会社が生産した食品を消費者が購入すると分析上考えることができる。消費者は安心・安全な食品の生産を食品会社に期待する。しかし食品会社はモラルハザード誘因があり、生産費用を削減して健康には悪いが安価な原材料を用いた食品を生産し利潤を増大させる誘因を持つ。消費者は食品の"味"や"見た目"から健康に悪い原材料が用いられているか否かわからない（非対称情報）。また、健康によくない原材料が用いられていても、その食品を長年に渡り大量に食べ続けなければ健康被害が現れない場合が多く、また症状が現れても他の食品も食べているため当該食品会社のモラルハザードを事後的に認識することが難しい（消費者は食品の成分分析技術を通常持たない）。

食品会社が長年に渡り安心・安全な食品を生産し、評判を形成したとしよう。企業は毎期、広告や試食やCSR活動などの投資（フロー量）を行い評判という無形資産（ストック量）を蓄積できる。この評判という無形資産により、消費者は当該食品会社の食品を購入するわけであり、この無形資産は毎期「収益」（フロー量）の流列を生み出すが、その合計（割引現在価値）が無形資産価値である。

企業がモラルハザードを起こし、例えば消費期限がわずかに切れ返品された食品の消費期限ラベルを新ラベルに張り替え、消費期限を少し延長して再出荷しても味に変化はなく、集団食中毒を起こすことも通常はなく消費者にはその裏切り行為がわからない（そのようなケースを考える）。たとえ腹痛を起こす人が数人いたとしても、その食品が原因であることは本人もわからない[17]。

しかし「**内部告発**」などにより、そのことが発覚する可能性がある。内部告発が行われる確率を Pr とする（$0 < Pr < 1$）。過去の事例では、経営者が数期間に渡り繰り返しモラルハザード行った場合に内部告発が行われる（（注17）参照）。すなわち数期間に渡り経営者がモラルハザードを繰り返すと、従業員による内部告発が生じる確率が0からプラスの値 Pr に変化する。ある限度回数以内では、従業員は我慢して経営者のモラルハザードを告発しない。しかしそれが頻繁に繰り返された場合に従業員の中から内部告発を行う人が現れ得る。人々はそのことを過去における不祥事の事例から学習しており、Pr の値も理

解していると仮定する。不祥事は「内部告発」で発覚することもあれば、「何らかのトラブル」で発覚することもあるため、両者の比率（過去の事例）から人々は内部告発の確率 Pr を類推可能と仮定する。すなわち現実に即して考え、モラルハザードを企業経営者が繰り返した場合、所与のプラスの確率 Pr で内部告発が行われる例を以下で考えよう。

　経営者が数期間に渡りモラルハザードを繰り返して得られる動学的利得を Π とする。例えば、Π は消費期限切れ食品を破棄せずにラベルを張り替えて売った場合の動学的利得である（Π は共有知識と仮定）。このようなケースでは、内部告発確率 Pr は所与のプラスの値となる。

　このとき、$\Pi < Pr \cdot A$ が成立するように「無形資産価値 A」を企業が蓄積すれば、企業はモラルハザード誘因を持たない（$Pr \cdot A$ はモラルハザード時に企業が失う利得の期待値）。すなわち企業はモラルハザード誘因を持たないことを市場に伝えるべく（$\Pi < Pr \cdot A$ の成立を伝えるべく）積極的に広告や CSR 活動を行い、「A の値が大きい」ことを市場に示すことで消費者の信頼を獲得でき、商品を買ってもらえる。

　一期間モデル（静学モデル）では、企業はモラルハザードを起こせば一期間の利得を得るが、失うものがない。「来期以降は**評判**の**失墜**」で売上が上がらないが、静学モデルでは来期以降がなく、企業は今期モラルハザードを起こす方が得策となり得る。すなわち動学的取引であることがこの議論で重要である。

第 7 節　銀行の情報生産と経済発展

　本節ではモラルハザード抑止の直接的方法であるプリンシパルによる情報生産について述べるが、特に銀行の**事後の情報生産**（=**モニタリング**）を考察する[18]。
　銀行（プリンシパル）は融資に当たり、企業（エージェント）がローリスク・ローリターンのプロジェクト（= LL）を遂行することを好む。しかし企業はハイリスク・ハイリターンのプロジェクト（= HH）遂行で期待利潤が最大となるケースを考えよう。すなわち企業にモラルハザード誘因があるため、銀行は融資後に企業が契約通り LL を実行しているか否かモニターする必要がある。銀行のモニタリングにより企業が LL を遂行すれば、モラルハザード問題は防がれる。

ところで、ベンチャー企業などが高リスクのHHに果敢に挑戦していくことも一国の経済発展にとって必要である。例えば創業当時、無名の零細企業であったソニーのトランジスタ・ラジオ開発への挑戦などがそうである。それはハイリスク・ハイリターンの投資プロジェクトであったが、その果敢な挑戦でソニーは躍進した。そして関連企業群の発展など、日本の製造業界に外部経済効果を生み出した。

そこで本節ではベンチャー・キャピタルについても銀行融資と対比させて考察する。両者を考察することで、銀行の情報生産の意義を明瞭化できる。また同時に、特に日本の高度成長期において銀行が高リスクのプロジェクトにも融資を行い、銀行が当時のベンチャー企業を育成した側面があるが、そのことについても考察を加える。

7.1 ランダム・モニタリング

モラルハザード問題は逆選択(レモン)問題よりも厄介な側面がある。逆選択は契約時点で生じる問題であり、購入(契約)時点でレモン(粗悪品)を買わされる可能性がある問題である。そしてレモンを買えば後にそのことがわかる。

それに対してモラルハザード問題は、多くの場合契約の後の任意時点でエージェントにより引き起こされる問題である。そしてプリンシパルにはモラルハザードが起こされたか否か事後的にもわからないため(定義)、モラルハザードを認識して阻止するにはモニタリングが必要となる。プリンシパルは契約時点で注意深くエージェントを監視するだけでは不十分であり、契約時点以降においても契約期間中は終始モニタリングを継続させる必要がある。終始モニタリングを継続させる機会費用は禁止的に高くなり得る。

モニタリング費用が非常に高い場合、プリンシパルは費用負担ができない(プリンシパルの参加条件を満たさない)。またその費用をエージェントに転嫁すれば、今度はエージェントの参加条件が不成立となり得る。この問題に対して、**ランダム・モニタリング**が有効であるが、それは「**短時間**のモニタリングを**ランダム**に行う方法」のことである。

例えば経営者(プリンシパル)が"定刻"にモニタリングをすれば、労働者(エージェント)はその時刻にはモラルハザードを行わない(しかしそれ以外のときは随

時モラルハザードを行うであろう)。モニタリングが"ランダム"に行われるのであれば、労働者がモラルハザードを実行すれば、それが発覚する可能性が生じる (=発覚確率 Pr が0でなくなる)。

モラルハザードが発覚したときに労働者が解雇され、すぐ次の仕事が見つからず困窮するのであれば、ランダム・モニタリングにより労働者のモラルハザード誘因は失われる。この場合、労働者が解雇されるときに被る**不効用**(=**ペナルティー**)**の大きさが重要**となる。モラルハザード発覚時にエージェントが被る**不効用 D** が非常に大きい場合、ランダム・モニタリングは有効である。

ランダムに短時間しかモニターしないため「発覚確率 Pr」の値は大きくないが、「不効用 D」が非常に大きい場合、モラルハザードを起こせばエージェントが背負うペナルティーの期待値 $Pr \cdot D$ は大きくなる。したがってモラルハザードを抑止できる。またプリンシパルは短時間のみモニターするため、モニタリング費用を安く抑えられる。

エージェントがモラルハザードを起こせば「効用 U (パーク)」を得られるが、「確率 Pr」で発見され「不効用 D」を被る。もし $Pr \cdot D > U$ が成立するのであれば、ランダム・モニタリングによりモラルハザードを防ぎ得る。解雇されたときの不効用など D の値は社会情勢に依存するが、D の値は共有知識であると仮定する[19]。また「効用 U」の値も共有知識であると仮定する (モラルハザードで得られる効用を誰でも共通して類推できると仮定する)。「発見確率 Pr」は「モニタリング水準 m」(モニタリングの頻度や時間) に依存して決まるため、Pr はモニタリング水準 m の増加関数である ($Pr = P(m), dPr/dm > 0$)。

プリンシパルは D と U を所与に、$P(m) \cdot D > U$ が成立するモニタリング水準 m を決めればよい (Pr と m との関数関係も共有知識と仮定)。D の値が十分に大きければ、プリンシパルはモニタリング費用を低く抑えながらエージェントのモラルハザードを抑止できる (ただしモニタリングはランダムに行う)。

7.2 銀行のモニタリングと企業統治

株式会社に関して、所有者である「株主」をプリンシパルと捉え、実際に企業経営に携わる「経営者」をエージェントと捉えた場合、経営者のモラルハザードを抑止する仕組みが"狭義の企業統治"である。

しかし「企業の利害関係者」(＝ステークホルダー)は「株主」のみならず、その企業の「債権者」(銀行を含む)や「従業員」、さらには「取引先企業」など多数存在する。"広義の企業統治"とは、多数存在するステークホルダー全体をプリンシパルと捉え、彼らの利害を調整して適切な企業経営を「経営者」(エージェント)に実行させるべく経営者を規律づけることである。その場合、プリンシパルは複数の主体から構成されるが、第4章で述べる通り、メインバンクはそれらのステークホルダーを代表して企業経営者の行動をモニターして規律付けることができる。

日本において特に戦後から金融自由化が進展するまでの間、メインバンクによる企業統治が有効に機能したと考えられる(第4章)。メインバンクは債権者であると同時に当該企業の株主でもある。またメインバンクは当該企業に役員を派遣する場合があり、メインバンクから出向して当該企業に就職している人材もいる場合があるため、メインバンクはそれらOBの利害も考慮する(なぜならば現在のメインバンク行員は将来自分がその立場に立つ可能性があるからである)。さらにメインバンクは当該企業の関連企業のメインバンクですらあり得る。したがってメインバンクはステークホルダー全体の利益を代表して情報生産を行い、"広義の企業統治"を行い得る存在である。

「メインバンクを持たない企業」の場合、銀行のモニタリングでモラルハザードを発見されれば、それ以後融資を断られる可能性が高い。したがって企業経営を継続させるには別の金融機関から資金を調達するか、社債や株式を発行して資金調達をしなければならない。しかし他の金融機関から資金を借り入れる場合、なぜこれまで融資を受けてきた銀行から引き続き融資を受けないのか他の金融機関は不信を抱くであろう。その疑念は融資条件を企業にとって不利にする。銀行がその企業に不信を抱けば審査を断る(＝融資しない)か、あるいは融資する場合でも審査を綿密に行い、その高い審査費用を金利に上乗せする可能性が高い。ある程度市場で名声を確立した企業でなければ社債や株式による資金調達は難しいが、それは日本において金融自由化が進展するまでの期間は特に難しいことであった。企業が複数の銀行から融資を受けている場合も、一つの銀行が突然融資を中断すれば、同様に他の銀行はモニタリングを強化し、その費用が金利に反映し得る。すなわち企業にとって**モラルハザード発覚時不**

効用 D の値が大きいと考えられる。

「メインバンク関係を有している企業」の場合においても、企業のモラルハザードがメインバンクにより発見されれば、**メインバンクの経営介入**を受け、企業経営者は不効用を被るが、その不効用 D は大きいと考えられる。メインバンクはモラルハザードを発見すれば、役員派遣などの方法で企業経営の修正を図る。そのような形での経営介入は経営者に不効用を与える[20]。すなわち企業がメインバンクを持つ場合もそうでない場合も、企業経営者が被る「モラルハザード発覚時不効用 D」は大きいと考えられる。

モラルハザードの「発見確率 Pr」は銀行の「モニタリング水準 m」の増加関数であるため、銀行は「モニタリング水準 m」を調整することで Pr の値をある程度の大きさに制御できる。企業は銀行の「モニタリング水準 m」を類推でき得るため（＝どの程度銀行から自社が調べられているのか m を知り得るため）、Pr の値を知り得る（Pr と m との関数関係を既知と仮定）。すなわち企業は「$Pr \cdot D$」の値がわかるため、それをモラルハザード時の「効用 U（パーク）」と比較できる。

D の値（共有知識）が大きいため、銀行はランダム・モニタリングで $Pr \cdot D > U$ を成立させることが可能となる。すなわち銀行は適度な情報生産でモラルハザードを抑止できる。ただし例外的ではあるが、銀行の認識を越えて企業経営者の U の値が非常に大きな場合には、銀行が適切にランダム・モニタリングを行っていても経営者のモラルハザードを阻止できない可能性がある（銀行は U の値を通常の社会認識に基づいて判断しており、D についても同様である）。

上述の議論は「モラルハザード発覚時不効用 D」の値が大きいことを前提とした議論であったが、D の値は時代の変遷とともに変化する。そのため銀行（メインバンク）の企業統治能力も変化する。特に金融自由化進展後の「銀行離れ」の進展に伴う D の値の逓減は顕著であり、その変化は日本の金融システムを考える上で重要な論点となる（第 4 章参照）。

7.3 銀行融資が効率的な局面

「銀行と企業のモデル」で、企業の投資プロジェクトに関して銀行は LL を好むのに対し、企業は HH を好む場合（企業にモラルハザード誘因がある場合）を考えよう。銀行は企業に LL を実行させるべく資金供給と同時にモニタリング

を行うが、それを効率性の観点から考え、さらに **7.4** でベンチャー・キャピタルの役割について考える。

企業が LL を行う場合、銀行と企業の利得（＝期待利潤）をそれぞれ $B(LL)$、$F(LL)$ で表す。また企業が HH を行う場合、銀行と企業の利得を $B(HH)$、$F(HH)$ でそれぞれ表し、銀行のモニタリング費用を C（定数）で表す。銀行がモニタリングを行えば企業のモラルハザードは阻止でき LL が実行されると仮定するが、単純化してモニタリング水準を一定と仮定する。

$B(LL)-C>B(HH)$ を仮定する。すなわち銀行はモニタリングを行い企業のモラルハザードを阻止した方（左辺）が、そうせずにモラルハザードが引き起こされる（右辺）よりも銀行利得が大きいと仮定する。また $F(LL)<F(HH)$ を仮定するため、企業はモラルハザード誘因を持つ（モニタリングが行われなければ企業は HH を行う）。

銀行がモニタリングを行えば LL が実行され（仮定）、銀行と企業はそれぞれ $B(LL)-C$, $F(LL)$ の利得を獲得する。銀行がモニタリングを行わなければ HH プロジェクトが実行され、銀行と企業の利得はそれぞれ $B(HH)$, $F(HH)$ となる。

銀行によりモニタリングが行われた場合、両者の参加条件は満たされると仮定する。両者の「留保利得を 0」とすると、参加条件（留保利得以上の利得が獲得できる条件）は、銀行は $B(LL)-C≥0$ であり、企業は $F(LL)≥0$ である。この仮定の下で銀行は企業に資金供給すると同時にモニタリングを行い、企業は LL を遂行し、両者の参加条件は満たされる。

では「**銀行**と**企業**の両者から成る**社会全体**の利益」について考えてみよう。銀行のモニタリングにより企業が LL を行う場合の社会的利得（両者の利得の合計）は $B(LL)+F(LL)-C$ である。銀行がモニタリングを行わなければ企業は HH プロジェクトを実行し、社会的利得は $B(HH)+F(HH)$ となる。

$B(LL)+F(LL)-C>B(HH)+F(HH)$ **が成立すれば**（**条件Ⅰ**）、銀行の情報生産により企業が LL を行うことは効率性の観点から**社会的**に望ましく、**銀行**にとっても望ましい。

しかし $B(LL)+F(LL)-C<B(HH)+F(HH)$ **が成立すれば**（**条件Ⅱ**）、「銀行は情報生産を行わずに融資を行い企業が HH を遂行する」方が**社会的**には望

ましいが、**銀行**にとっては望ましくない（∵ $B(LL) - C > B(HH)$）。

条件Ⅱが成立する状況下においても、銀行は企業にLLを遂行する条件で融資し、モニタリングを行い、その結果LLが実行される。しかしそれは効率性の観点からは社会的に最適ではない。

条件Ⅱが成立している場合、「銀行は**情報生産を行わずに融資**を行い（＝HHの実行）、かつ銀行が企業からδ（デルタ）を支払ってもらう契約」を結べばどうであろうか。ただし$\delta = B(LL) - B(HH) - C$であり、$\delta$のことをサイド・ペイメントと呼ぶ。企業はHHを行うことで、LLを行うよりも$G = F(HH) - F(LL) > 0$だけ増益を得る。その「増益G」の中から企業は「サイド・ペイメントδ」を銀行に支払えばよい。なお企業が銀行にδを支払う契約は「暗黙の契約」でもかまわない（継続取引の慣行では暗黙の契約はしばし行われる）。

条件Ⅱより$G > \delta$が成立するため、企業はHHを実行して増益Gを得た上で、サイド・ペイメントδを銀行に支払った方が有利である（LL実行よりも企業利得が高い）。この場合銀行はδの支払いを企業から受けるためトータルで$B(LL) - C$だけの利得を得られるが、これはモニタリングを行いLLが実行される場合の銀行利得と一致する。

条件Ⅱが成立する場合、δの支払契約の下でHHの実行（銀行がモニタリングを行わない融資）が経済効率性の観点から社会的に望ましい。ところで銀行の利子収入は$B(LL)$に含まれるため、「サイド・ペイメントδは利子以外のもの」である。例えば融資先企業は当該銀行に預金を置くが、企業預金は全額引き出されないため銀行にとって預金獲得の利益となることや、融資先企業が当該銀行の行員の天下り先になる（第4章参照）ことなどが、融資の副次的利益として考えられる。しかしδの値が非常に大きければ、上述の銀行の副次的利益のみでは不足する。その場合、銀行は情報生産を行いLLを企業に実行させることになり、効率性の観点から社会的に最適ではない。したがってベンチャー・キャピタルの役割がクローズ・アップされることになる。

7.4　ベンチャー・キャピタル

新しい起業アイデアを持ち、ハイリスクではあるがハイリターンのプロジェクトを遂行しようと考える起業家がいる。しかしそのアイデアは、資金が供給

されなければ実現されず埋もれる。有望なベンチャー企業の芽を摘まず、資金供給を行い育成していくことも、一国の経済発展にとって重要なことである。アメリカでは**ベンチャー・キャピタル**が発達しており、その役割を担っている。ベンチャー・キャピタルとは、ベンチャー企業に対して資金供給を行う専門金融機関のことである。

ベンチャー・ビジネスは、リスクが大きいが成功時の企業利得 $F(HH)$ も非常に大きく、**条件Ⅱが成立し得る**。条件Ⅱが成立する場合、そして δ の値が非常に大きい場合、銀行はリスクがより少ないプロジェクト LL を企業に実行させ、資金供給とともにモニタリングを行う。すなわち新しいプロジェクト HH の優れたアイデアは世に出ない。

銀行と異なりベンチャー・キャピタルは HH に資金供給を行うが、企業に発行させた株式（非公開株式）を買い取り、資金供給を行う。当該ベンチャー・ビジネスが成功し、当該企業が**株式公開**できるようになれば（アメリカでは会社設立から3～7年と比較的短期間で株式公開されるケースが多い）、当該株式の価格は高騰するためベンチャー・キャピタルは大きなキャピタル・ゲインを獲得できる。すなわち大きな値の δ に対応した大きな利得をベンチャー・キャピタルは資金供給で得られる。その場合、将来値上がりが期待できる株式を当該企業から妥当な値段で買い取り（＝資金供給し）、後にその値上がりでキャピタル・ゲインを得ることが、企業から「サイド・ペイメント δ」を得ることに該当する。

ベンチャー・キャピタルは HH に資金供給するため、プロジェクトの有望性を見抜く専門知識・能力が必要である。銀行のように LL を実行させるべくモニタリングを行うわけではなく、ベンチャー・キャピタルは企業に HH プロジェクトを成功させるべく、専門知識・能力を活かして有益な情報を生産して企業に経営コンサルティングを行う（**ベンチャー・キャピタルの情報生産機能**）。

条件Ⅰが成立する経済局面では、銀行による資金供給が主流である金融システムは効率的であり、銀行のモニタリングによりモラルハザードが抑止され、リスクが少ない堅実なプロジェクトが実行される。そして相対的に安定的な経済が実現する。それと異なる経済局面、すなわち有望な HH プロジェクトを有するベンチャー企業などが多く勃興するような**条件Ⅱが成立**する経済局面（経済成長路線）では、ベンチャー・キャピタルの役割や資本市場を通じた（各種金

融商品を通じた）資金供給の役割が重要となる。その場合、リターンが大きい分リスクも大きくなる。

　ベンチャー・キャピタルは様々なベンチャー企業に分散投資する（**リスク分散**）。また投資家も様々な金融商品を分散的に購入し、さらに複数の金融商品を組み合わせて創り出された金融商品を購入することで高リスクに対処する。整備された資本市場は、「リスク分散」や「リスク分担」を促し最適資金配分を実現する場であり、高リスク・ビジネスを育成する場でもある。ベンチャー・キャピタルは企業から買い取った株式を資本市場で売却してキャピタル・ゲインを獲得するが、資本市場の整備がその役割遂行の前提となる。

　ベンチャー企業が HH に成功し将来株式を上場すれば、ベンチャー・キャピタルはそれを反映した大きな利得を獲得し、大きな値の δ に対応できるが、その点が銀行と異なる。銀行は融資時に契約した一定の約定金利を獲得するのみであり（株価上昇など事後的な情勢を反映させて金利を事後的に変動できないため）、大きな δ の値に対応できない。

　銀行は相対的にリスクの少ないプロジェクトへの資金供給に特化し、ベンチャー・キャピタルはベンチャー・ビジネスなどへの資金供給に特化するという役割分担が、効率性の観点から望ましいと考えられる。

7.5　銀行の経営コンサルティングと外部効果

　これまで（注18）で言及するのみで捨象してきた、銀行の事後の情報生産の一部である**経営コンサルティング**について述べ、ベンチャー・キャピタルと対比させて考察しよう。

　現在、日本のベンチャー・キャピタルはアメリカと比べ未発達である。とりわけ高度成長期においては、企業は銀行融資以外に頼れる資金調達の方法が限られていた。起債調整があり、大手企業でなければ資本市場からの資金調達は困難であった。しかし日本において戦後リスクが高いベンチャー企業が育成され、その後大企業に躍進した例が多数ある。その際、銀行が資金を供給して企業を育成した。当時の日本において、銀行がベンチャー企業を有望視すれば資金を供給し、その後当該企業と融資関係を継続させ**メインバンク関係**を構築していった。それができた理由は、大きな値のサイド・ペイメント δ に対応する

何らかの大きな利益を銀行が金利以外で得られる条件が整っていたからである。

銀行は有望視したベンチャー企業とメインバンク関係を形成し、企業が成長していけば**メインバンク・レント**を稼げる（詳細は第 4 章参照）。しかし高リスクに挑戦するベンチャー企業に融資する場合、「サイド・ペイメント δ」の値は非常に大きく、メインバンク・レントだけでは不足する。銀行がベンチャー企業に融資する場合、メインバンク・レントに加え、何らかの利益を別に獲得できる必要がある。それは銀行によるベンチャー企業育成の**外部経済効果の内部化**（＝外部に及ぶ利益の多くが本人に還元されること）で得られると考えられる。

戦後日本で、銀行は $B(LL) - C > B(HH)$ であるにもかかわらず、企業に HH を遂行させるべく資金供給をした例がある。そのように HH を成功させるべく銀行が融資を行い、経営コンサルティングを行ったわけである。その場合、**銀行の事後の情報生産は経営コンサルティング**を意味する。すなわち銀行は企業に HH の遂行を認め、かつその成功確率を高めるべく経営コンサルティングを行ったわけである。

銀行は多くの企業のメインバンクとして情報を生産し蓄積している。それには経営ノウハウも含まれる[21]。銀行が蓄積した情報（＝銀行の無形資産）に基づき企業経営に関する助言を行うことは当該企業にとって有益であるが、それに要する銀行のコンサルティング費用は相対的に低いと考えられる（すでに蓄積した情報の活用に要する費用は相対的に低い）。ここでは単純化して銀行の経営コンサルティング費用をゼロと仮定する。

銀行が $B(LL) - C > B(HH)$ であるにもかかわらず、企業に HH を遂行させ融資を行うことができた理由は、何らかの大きな「サイド・ペイメント δ」を受け取れたからである。銀行（メインバンク）が獲得できる δ に該当する利得は、当該企業から受け取る利得（メインバンク・レント）以外に、融資により生じる**外部経済効果の内部化**として理解できる。日本において銀行業は寡占産業であり銀行数は限られているため、外部経済効果は広く拡散することなく自身にプラスの影響の多くが跳ね返ってきた（内部化）と考えられる。

メインバンクがベンチャー企業の HH に融資した際に発生する外部経済効果には、**マーシャルの外部効果**がある。マーシャルの外部効果とは、ある産業が発展すればそれと関連ある産業も発展する外部経済効果を意味する。あるベン

チャー企業が銀行の資金供給により技術革新に成功したとする。技術革新により新しい工業製品を開発すれば部品産業や資源産業などの関連産業も発展する。シュムペーターによれば、ある企業の技術革新（シュムペーターの言葉では**新結合**）は他の分野にも模倣・応用され波及していき、経済全体に大きなプラスの効果が生じ（シュムペーターは**群生化**と呼んだ）、経済は好況の局面に突入する。戦後日本では欧米からの技術導入が進み、国内でもソニーやホンダ……といった当時の中小企業が次々に技術革新に成功して成長を果たしていく過程で、群生化やマーシャルの外部効果は大きかったと考えられる[22]。

　技術革新により群生化・マーシャルの外部効果が起これば、銀行は新たな融資先企業を見出す頻度が増える。そしてそれらの企業とメインバンク関係を新たに結ぶことで、メインバンクとしての利益獲得機会が増える。例えば終戦後の日本において三井銀行（当時）は操業間もない無名のベンチャー企業「東京通信工業株式会社」（現在の**ソニー**）の「トランジスタ・ラジオ」の開発に巨額の資金を融資した。東京通信工業（株）は従業員数30名足らずの無名の町工場であった。トランジスタは、当時その名を知る人がほとんどなく、歩留まり5％（不良率95％）で補聴器に使える程度の低い周波数であり、ラジオに使えるとは考えられていなかった。まさにハイリスク・ハイリターンの投資プロジェクトであった（当時は「真空管ラジオ」しか世になかった）。

　先見の明があったのはソニーの創業者（井深大・盛田昭夫）のみならず、銀行も同様である。トランジスタのライセンス契約費用（トランジスタ開発を行ってよい権利を発明者から買う費用）のみならず、高性能トランジスタの開発に不可欠な工作機械をも作る必要があり、巨額の資金が必要であった。成功する保証などなく、試行錯誤の研究開発が日夜続けられた。そのHHプロジェクトに銀行が融資をしなければ、今日におけるソニーの躍進はなかったわけである。

　三井銀行の融資の結果、そして創業者の艱苦奮闘（かんくふんとう）の結果、東京通信工業（株）は高性能トランジスタの開発に成功し、それを用いたトランジスタ・ラジオが生産され、世界市場で売れた。その後は省略するが、社名をソニーに変更し、トランジスタ・テレビの開発などを経て世界に冠たる大企業へと躍進した。その過程で多くの下請け企業や関連企業が勃興し、発展していった。三井銀行はそれらの企業の多くとメインバンク関係を形成し、資金面で支え育成しながら、

自身も大きな利益（メインバンク・レント）を獲得していった。

　銀行の優れた情報生産に基づく資金供給は企業の成長にとって不可欠であり、ベンチャー企業を育成して群生化・マーシャルの外部効果を惹起させることは一国の経済成長にとって不可欠である。戦後の日本において銀行業は寡占産業であり、外部効果の多くを当該銀行自身が享受でき得た（＝内部化でき得た）。すなわち、銀行は「大きなδ」に対応する利益を「産業発展の外部効果の内部化」として動学的に享受したと考えられる（ソニーは世界に冠たる大企業にまで登りつめたが、昨今では新興国企業の追い上げで苦戦を強いられている。創業者精神を継承し、革新的な技術開発によるさらなる発展を期待したい）。

補論 I　モラルハザードの定義とメインバンク

　本書で用いるモラルハザードの定義を形式的に行い、かつモラルハザード抑止に関するメインバンク機能を説明する。エージェントの行動水準をaで表し、aが属する行動集合をAで表す。Aは非負の実数の集合であり、aの値はエージェントにはわかるがプリンシパルにはわからない（非対称情報）。契約後にエージェントにより行動が一回行われる単純化したモデルを考える。なお以下でプリンシパルもエージェントも一人の場合を考えるが、複数エージェント・モデルに関しては（注8）の文献［2］を参照のこと。

　プリンシパルの目的関数を$U=f(a, \theta)$で表し、エージェントの目的関数を$V=g(a, \theta)$で表す（関数fとgはaに関する最大化の2階の条件を満たすと仮定）。θはエージェントが行動を起こす際の状況を表すパラメータであり、θの値はエージェントにしかわからない私的情報である。エージェントが販売員の場合であれば、θは例えばその日の客の財布の紐の固さ具合などを表すが、オフィスにいる経営者（プリンシパル）はθを知らない。

　「所与のθ」の下で$U=f(a, \theta)$を最大にするaの値をa^*で表し、$V=g(a, \theta)$を最大にするaの値をa'で表す（a^*とa'は一意に存在する）。このとき「$a^* \neq a'$となれば、エージェントによりモラルハザードが行われた」と定義する。

　エージェントは自分がaの値を決定する際に直面するθの値を知っており、$V=g(a, \theta)$を知っているため、それを最大にするa'を求めることができる。

ところで$f(a, \theta) \neq g(a, \theta)$であっても所与の$\theta$の下で$a^* = a'$となる場合があり得る。例えば$g(a, \theta) = J \cdot f(a, \theta) + K$で、$J$は正の定数であり$K$は任意定数の場合、$a^* = a'$となる場合がある。しかしモラルハザード・モデルでは、$f(a, \theta) \neq g(a, \theta)$かつ$a^* \neq a'$の場合が考察対象となる。

エージェントは行動を起こす際にθの値を知った上で、aの値をa'に決定するが、プリンシパルはaもθも知らず、獲得した利得Uの値からaやθの値を知ることはできない。プリンシパルはエージェントの行動を認識できないが、$a^* \neq a'$となる行動a'がエージェントにより行われれば、モラルハザードが生じたと定義する。エージェントはプリンシパルの目的関数を最大にするa^*を知っている（エージェントはfを知っておりa^*を計算できる）。すなわち、エージェントはモラルハザードを認識した上で利己的にa'を選ぶ。

もしプリンシパルがaの値を観察できても、それを立証不可能な場合、やはりモラルハザード問題が生じる。またプリンシパルがaの値を観察できない場合でも$U = f(a, \theta)$をaで解き、θの値が観察できれば実現した利得Uの値からaの値を求めることができる（$U = f(a, \theta)$に関して陰関数定理の成立条件を満たすと仮定）。しかしθの値が立証不可能であれば、やはりモラルハザード問題が生じる。経営者が労働現場の視察でθを観察できても、現実的にはθは立証不可能な複数の事柄で構成されるベクトルであり、モラルハザードを抑止できない。以下では単純にaもθもプリンシパルは観察できないと想定し、θはスカラーであるとする。

では「オーナー経営者と労働者のモデル」を考えよう。このモデルでは労働者のみが労働を行い、労働の不効用を労働者のみが負担する。プリンシパルであるオーナー経営者は、エージェントである労働者の行動の結果「利潤」を獲得し、労働者は「賃金所得」を獲得する。労働者の目的関数は賃金所得から労働の不効用を引いたものである。

「売上」から「賃金以外の諸経費」を引いた値をRと定義する。Rは労働量aとθの関数であり$R = R(a, \theta)$と表すことができ、任意のθに対して$a = 0$ならば$R = 0$である。θは労働者が労働を投下する際に売上に影響を与える要因で、労働者のみが知り得る。経営者はaもθも観察できない。

エージェントが行動を起こす際にθの値が一つ特定されると仮定する。所与

の θ の下で $R = R(a, \theta)$ のグラフは二次元に描くことができ、縦軸に R を測り横軸に a を測ると第一次象限において原点を通る山型となる。山型のグラフとなる理由は、売上が a に関して収穫逓減となるか、もしくは売上が a に比例的に伸びるとしても「賃金以外の諸経費」が a に関して逓増するからである。R を最大にする a の値を a^* で表す。なお関数 $R = R(a, \theta)$ は共有知識である。

「売上」から「賃金以外の諸経費」を引いた R を「経営者」と「労働者」とで分け合う。「実現した R の値」は経営者と労働者ともに観察可能である。経営者の取り分割合を α（労働契約時に所与）とする（$0 < \alpha < 1$）と、「経営者の目的関数 f」は $\alpha R(a, \theta)$ となる。また労働者の賃金所得は $(1-\alpha)R(a, \theta)$ となる。経営者は実現した R の値を知ることができるが、その R の値をもたらす a と θ の組み合わせは一意には定まらず、R から a や θ の値を特定することができない（a と θ が定まると R が一意に定まるが、逆は不成立）。

所与の θ の下で $\alpha R(a, \theta)$ と、$(1-\alpha)R(a, \theta)$ とを最大にする a の値は一致し、a^* となる（作図により確認できる）。労働者の取り分 $(1-\alpha)R(a)$ から労働の不効用 D を引いたものが「労働者の目的関数 g」となる。労働の不効用 D は a の増加関数 $D = D(a)$, $D'(a) > 0$, $D''(a) > 0$, $D(0) = 0$ であり、例えば $D(a) = a^2$。労働者の目的関数 g は $(1-\alpha)R(a, \theta) - D(a)$ となる。この場合 $f(a, \theta) \neq g(a, \theta)$ であり、$a^* \neq a'$ である（この場合 $a^* > a'$ となることが作図により確認できる）。$a^* \neq a'$ であり、労働者にモラルハザード誘因がある。

エージェントがモラルハザードを起こしたか否かをプリンシパルは知らないまま、実現した利得 $\alpha R(a', \theta)$ を獲得する。しかしプリンシパルはエージェントにモラルハザード誘因があることを原理的に理解できるため（目的関数の相違を労働不効用の存在などから類推可能なため）、本文で考察したようなモラルハザード抑止メカニズムの導入の動機を持つ。

「プリンシパルがメインバンク」で「エージェントが企業」の場合（第4章）、メインバンクは融資前の審査で企業の目的関数 $g(a, \theta)$ を知り、そして θ の値をある程度把握する（例えば $\theta = \theta^\#$ と把握する）。この場合 θ は当該企業の業界が直面する経営環境（国内市場の需要動向や輸出先国の景気、原材料費の変化など）を意味するが、θ の値は融資後にも変化し得る。メインバンクは審査で知り得た $\theta = \theta^\#$ の下で、メインバンクの目的関数 $f(a, \theta^\#)$ を最大にする $a^\#$（企業経

営努力）の遂行を企業に依頼し融資を行う。そしてメインバンクは融資後の情報生産で正確なθを知り、そして実際のaを知る。メインバンクは融資後の情報生産で正確に知ったθの下でメインバンクの目的関数を最大にする経営努力（=a^*）を企業に行わせ（企業統治）、その実行をモニターする（θの変化に対応した効率的な経営助言や介入を行う）。

　ところでメインバンクは情報生産によりθやaを知り得ても、それが立証不可能なケースが通常である。しかし立証不可能であれ、メインバンクは企業のモラルハザードがわかれば経営介入を行い、経営の軌道修正を行う（a^*を実行させる）。メインバンクは当該企業の株主でもあるため、経営介入ができる。企業経営者はモニタリングによるモラルハザード発覚時の経営介入を嫌うため、モラルハザードを慎み、メインバンクが望むa^*を実行する動機を持つ。しかしメインバンク関係以外の融資ではa, θの立証不可能性が問題となる。

補論Ⅱ　賃金スキーム（誘因両立性条件）

　労働者のモラルハザードを、企業経営者が賃金スキーム（インセンティブ報酬）により防げることはよく知られている[23]。それを以下で簡単なモデルで考察しよう。オーナー経営者（プリンシパル）と労働者（エージェント）を考える。経営者は労働者の働きぶりを観察できない（非対称情報）。労働者は「勤勉労働」と「怠慢労働」のうち一つを選択する。労働者は「勤勉労働」で労働の不効用D（>0）を被るが、「怠慢労働」では労働の不効用を被らないと仮定する（$D=0$）。

　労働者が「怠慢労働」をすれば確実に（=確率1で）収益100が実現する。労働者が「勤勉労働」をすれば確率Prで収益200が実現し、確率$1-Pr$で収益100が実現する（$0<Pr<1$）。経営者も労働者も実現した収益の値を知ることができる。収益200が実現した状態を「グッド・ステート」と呼び、収益100が実現した状態を「バッド・ステート」と呼ぶ。

　経営者はグッド・ステートが実現すれば「勤勉労働」が行われたことを理解できる。しかしバッド・ステートが実現した場合、経営者はそれが「怠慢労働」のせいか、「勤勉労働」にもかかわらず運が悪かったのか（例えば労働者が懸命にセールスしたにもかかわらず売れなかったのか）区別がつかない。

労働者への賃金支払以外の費用が経営者にかからず、また両者とも危険中立的であると仮定する。「経営者の利得」は期待収益から労働者への賃金支払（労働契約時点で決定）を引いたものである。「労働者の利得」は賃金から労働の不効用 D を引いたものである（ただし「怠慢労働」の場合は $D=0$）。

もしどのようなステートが実現しようとも一定額の賃金を支払う契約を結べば、労働者にとって最適な戦略は「怠慢労働」を選び D を 0 にした上で、その一定額の賃金を受け取ることである。しかし経営者はステート（実現した収益）を知ることができるため、それを利用して労働者に自主的に「勤勉労働」を実行させる賃金スキームを設計することができる。それは、労働者の利得が「怠慢労働」よりも「勤勉労働」の方が大きくなり（誘因両立性条件）、同時に経営者の利得も「勤勉労働」の方が大きくなるものでなければならない。

その賃金スキームとは、経営者はグッド・ステートが実現した場合に「W の賃金」を支払い、バッド・ステートが実現した場合に「ω の賃金」を支払う契約を労働者と結ぶというものである（W と ω は以下で求める内生変数）。$W \geq 0$, $\omega \geq 0$ を仮定しよう。もし賃金がマイナスであれば、労働者から経営者への支払（成果が悪い時の懲罰）を意味するが、法律的にその想定は現実的でない。

「勤勉労働」の場合の方が「怠惰労働」よりも**経営者の利得**が高くなる条件は、次の不等式①により表される。①式左辺は勤勉労働のときの経営者の期待利得を表し、右辺は怠惰労働のときの経営者の期待利得を表す（なお「等号」成立時において経営者は「勤勉労働」を好むと仮定する）。①の必要十分条件は①′である。

$$Pr(200-W)+(1-Pr)(100-\omega) \geq 100-\omega \quad \cdots\cdots ①$$

$$W-\omega \leq 100 \quad \cdots\cdots ①'$$

上の①′は、グッド・ステートの賃金 W とバッド・ステートの賃金 ω の差がバッド・ステートの収益 100 以下でなければならないことを意味している。経営者は"飴と鞭の戦術"を使い、グッド・ステートが生じれば労働者に"飴"として高い賃金支払 W を支払い、バッド・ステートが生じれば"鞭"として安い賃金 ω を支払う契約を結べば、労働者の「勤勉労働」誘因を高められる（労働者はなるべくグッド・ステートが生起するようにベストを尽くす）。すなわち $W-\omega$ の値を非常に大きくすれば「勤勉労働」誘因を高められる。しかし W も ω も非負のため、そのことを極端に推し進めれば ω は 0（下限）に近づき W は高額

となり、それではグッド・ステート時の経営者の利得を非常に減少させ、グッド・ステートの恩恵が経営者に帰属しなくなる。今、労働者が勤勉労働を選びグッド・ステートが実現する可能性を高めることが経営者にとって有利となる条件を求めているが、そうなるためには $W-\omega$ に上限が課される。もしグッド・ステートが実現した場合に法外に高い賃金を労働者に支払う契約にでもなれば、経営者はむしろバッド・ステートの実現の方が有利となり、労働者に怠慢労働を期待することになり得る。①′ は $W-\omega$ に上限が存在することを示す。

図 3-1 の「灰色の領域」は経営者が労働者に「勤勉労働」を望む領域（W と

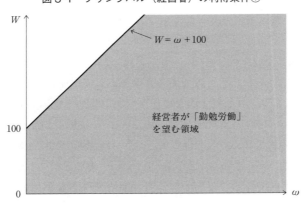

図 3-1　プリンシパル（経営者）の利得条件①′

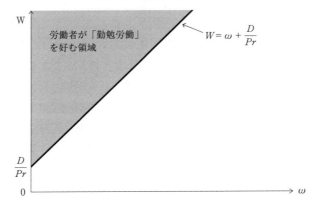

図 3-2　誘因両立性条件②′

ωの組の集合）であり、その上方の「白い領域」は経営者がそれを望まない領域である。以下において①′成立の下で考察を進めるが、そうである以上は経営者（プリンシパル）は「勤勉労働」を好むため、労働者（エージェント）が「怠慢労働」を選べばモラルハザードとなる。

次に労働者が勤勉労働を自主的に選ぶ条件（誘因両立性条件）を求めると、次の②の不等式となる（なお「等号」成立時において労働者は「勤勉労働」を行うと仮定する）。②式の左辺は「勤勉労働」を行った場合の労働者の期待利得を表し、右辺は「怠惰労働」を行った場合の労働者の利得を表している。

$$Pr(W-D)+(1-Pr)(\omega-D) \geq \omega \quad \cdots\cdots ②$$

経営者が②を満たす賃金スキーム（W, ω）を決定すれば、労働者は「勤勉労働」を自発的に行うため、②が「誘因両立性条件」である。②の必要十分条件は次の②′であり、それは図3-2に灰色で示されている領域である。

$$W-\omega \geq D/Pr \quad \cdots\cdots ②'$$

①′と②′とが同時に成立する領域（W, ωの組の集合）を考えると、$D/Pr \leq 100$ でなければ、その集合は空集合となる。したがってそれが非空集合となるように次の条件③を仮定する。③より、労働者が「勤勉労働」を行う不効用 D はある程度小さく、またグッド・ステートの生起確率 Pr はある程度大きくなければ両者とも同時に「勤勉労働」を好む領域がなくなってしまうことがわかる。

$$D/Pr \leq 100 \quad \cdots\cdots ③$$

次に「参加条件」を考える。経営者も労働者も留保利得は0と仮定する。以下において、誘因両立性条件②の成立を考えるため、「勤勉労働」が行われる下で0以上の利得を獲得できることが経営者と労働者の参加条件となる。経営者の参加条件は次の④となる。

$$Pr(200-W)+(1-Pr)(100-\omega) \geq 0 \quad \cdots\cdots ④$$

$\omega \leq 100$ であれば、①式成立の下で④は成立する（$\omega \leq 100$ は④成立のための十分条件）。バッド・ステートの場合、経営者は収益100の中から労働者に賃金ωを支払うが、貯蓄の取り崩しや借金をして支払うのでなければ$\omega \leq 100$の条件が満たされ、経営者の参加条件④が満たされる。経営者は$\omega \leq 100$となるようにωを決めると仮定する。労働者の参加条件は次の⑤である。

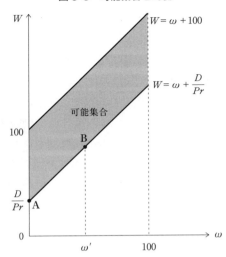

図 3-3 可能集合と均衡

$$Pr(W-D) + (1-Pr)(\omega - D) \geq 0 \quad \cdots\cdots ⑤$$

ところで⑤は、②の成立の下で$\omega \geq 0$のため必ず成立する。すなわち労働者の参加条件は誘因両立性条件の下で満たされる。バッド・ステートが生起しても経営者は賃金ωをマイナスにする懲罰的契約を法律的に結べない。労働者はバッド・ステートが生じても懲罰はなく、少なくとも留保利得0を獲得でき、「勤勉労働」を選べばそれよりも大きな利得を得られる可能性がある。誘因両立性条件②の下では、労働者は「勤勉労働」の方が「怠慢労働」よりも有利であり、かつ参加条件⑤が満たされる。

経営者が「勤勉労働」を好み（①または①′）、かつ労働者も勤勉労働を好む（②または②′）領域が図 3-3 に灰色の領域で示されているが、**可能集合**と呼ぶことにしよう。③が仮定され、$D/Pr<100$の場合が図示されている。$D/Pr=100$の場合は、灰色の領域はつぶれて直線$W=\omega+100$となるが、その場合でも以下の議論の本質に変更はない。

経営者は**可能集合の中から自分にとって最適な賃金スキーム**（Wとωの組）を選び、労働者に提示する。その賃金スキームが参加条件を満たす以上、労働契約は締結され「勤勉労働」が行われる。そして収益は確率Prで200が実現

し賃金 W が支払われ、確率 $1-Pr$ で 100 が実現し賃金 ω が支払われる。

「可能集合」内では勤勉労働が行われるため、そのときの経営者の利得 Π は、$\Pi = Pr(200-W) + (1-Pr)(100-\omega)$ となるが、これを W で解くと次の等利得線となる。等利得線とは、ある一定の利得 Π（定数）をもたらす W と ω の組を表す（⑥の直線の方程式）。

$$W = (1 - 1/Pr)\omega + [100(1 + 1/Pr) - \Pi/Pr] \quad \cdots\cdots ⑥$$

直線⑥は、傾き（ω の係数）がマイナスのため右下がりである。切片は $100(1+1/Pr) - \Pi/Pr$ であるため、$\Pi(>0)$ が微少であれば 100 よりも大きい。しかし Π に $-1/Pr$ が掛けられているため、Π が大きくなるほど切片の値は小さくなり、⑥は下方へ平行移動する。では可能集合（図3-3の灰色部分）の中で⑥をどこまで下方シフトできるか、すなわち Π をどこまで大きくできるかといえば、⑥の切片が図3-3の A 点のときである（図に右下がりの直線を記入して下方シフトさせるとわかる）。つまり A 点（$W=D/Pr$, $\omega=0$）が均衡（可能集合の中で経営者利得最大）である。

グッド・ステートが生じたときの"**飴** W"は、勤勉労働の不効用 D を償って余りあるものでなければならない。$0<Pr<1$ のため「飴 $W=D/Pr$」は D よりも大きな値となる。どの程度 D よりも大きくさせる必要があるかといえば D の $(1/Pr)$ 倍である。Pr が小さいほど労働者の「勤勉労働」が報われない可能性が高まるため、グッド・ステート時のご褒美（飴）を大きくして労働者に報いる必要が生じる（Pr が小さいほど $1/Pr$ は大きくなる）。逆に Pr が大きければ（1 に近い値であれば）、ほぼ「勤勉労働」は報われるため D の乗数（$1/Pr$）はそれほど大きくならないことがわかる。

また"**鞭** ω"を下限の 0 にまで引き下げることが経営者にとっては最適である。しかし**最低賃金法**により最低賃金が図中の ω' であれば、（$W=\omega'+D/Pr$, $\omega=\omega'$）の賃金スキーム（図の **B 点**）が提示されることになる。「鞭は最低賃金 ω'」となり、「飴はその鞭に D/Pr を加算した値」となる。

ところで「勤勉労働の不効用」D が十分に大きい産業の場合（筋肉労働など）、あるいはグッド・ステートの生起確率 Pr がきわめて小さい場合（例えば痩せた農地での農作業など）、③の条件が満たされず、$D/Pr>100$ となる。このとき、**誘因両立性条件を満たす賃金スキームを経営者は提示しない**。なぜならば誘因

両立性条件（＝労働者に「勤勉労働」を行わせる領域）は経営者が「怠慢労働」を好む領域に属するからである。経営者が「怠慢労働」を好む領域では、労働者に怠慢労働を行わせたいため、誘因両立性条件を満たす賃金スキームを経営者は選ばない。したがって「誘因両立性条件が満たされない範囲内で賃金スキームが設計」されることになるが、そのことは必ず労働者が「怠慢労働」を行うことを意味し、**確実に収益100が実現する**ことを意味する。法律で定められた**最低賃金**ω'が100を下回る前提の下で、経営者はいずれのステートが生起しようともω'の賃金を労働者に支払うことが最適となる（$W=\omega'$, $\omega=\omega'$）。

このとき、経営者は$100-\omega'$の利得を獲得し、労働者はω'の利得を獲得するが、両者とも参加条件を満たす。常にω'（<100）を支払う契約はこの場合「誘因両立性条件を満たさない」ため労働者は「怠慢労働」を選択し（またそれで充分であると経営者も考えており）、したがって労働者は「勤勉労働による多大な不効用D」を被らない。また経営者も労働者に「勤勉労働」を促すには、それに報いるだけの多額の報酬を支払う必要が生じるため、それを望まない。このケース（$D/Pr>100$）では経営者（プリンシパル）と労働者（エージェント）との間にインセンティブの齟齬が生じず、モラルハザード問題は生じない。

次に「③が成立する社会（$D/Pr\leq100$）」において、図3-3のA点とB点における社会的利得（経営者と労働者の利得の合計）を求めてみよう。A点の「賃金スキームA（$W=D/Pr$, $\omega=0$）」が成立時の経営者利得は$100Pr+100-D$であり、プラスの値である（∵③より$D\leq100Pr$）。また、労働者利得は0であり留保利得（＝0）を満たす。両者の和である社会的利得は$100Pr+100-D>0$である。B点における「賃金スキームB（$W=\omega'+D/Pr$, $\omega=\omega'$）」が成立するときの経営者利得は$100Pr+100-D-\omega'$であり、$\omega=\omega'<100$の仮定の下でプラスの値である。また、労働者の利得は$\omega'>0$である。そして社会的利得は、賃金スキームAと変わらない。賃金スキームBの下では、賃金スキームAの下における経営者と労働者の所得分配において前者から後者へω'の移転がなされた。最低賃金の値は、「効率性の観点」からは社会的利得に影響を与えない（「公平性の観点」は不問に付す）。

次に、「③が"不成立"の社会（$D/Pr>100$）」において「賃金スキームC（$W=\omega'$, $\omega=\omega'$）」の下で社会的利得を求めてみよう。この場合、誘因両立性条

件が満たされないため「怠慢労働」が行われ、経営者の利得は $100-\omega'$ であり、労働者の利得は ω' であり、社会的利得は100である。③が成立する社会における賃金スキームAやBでの社会的利得は100以上（∵③）であるため、それと比べ③が不成立社会での賃金スキームCの状態は好ましくない。

③が不成立の社会では、経営者は賃金スキームC（$W=\omega'$, $\omega=\omega'$）を提示する以外の誘因を持たない（$D/Pr>100$ で賃金スキームAやBを選べば社会的利得は100を下回る）。この社会では怠慢労働が蔓延し、社会的利得が100を超えられない。これを打破するには、すなわち「③が成立する社会に転換」させるには、「D を低下させる」か「Pr を増加させる」か、「その双方を同時に行う」必要がある。

高等教育により労働不効用 D を減らすことができ、また会社の福利厚生の充実で D を減らすことができ得る（教育により働く意味を理解し、また知的労働を行えば労働不効用が減少する）。そして技術革新によりグッド・ステートの生起確率 Pr を増大できれば、③が成立し、賃金スキームAやBに移行できる。金融機関が上述のような社会に対し、教育インフラや技術導入に長期資金を供給し、かつ当該国がその外部経済効果を当該金融機関に内部化させる（当該国における金融機関数を限定する）仕組みを構築する政策は有益であろう。貧困などの問題解決事業への投資はソーシャルインパクト投資と呼ばれ、その資金は金融機関が発行する債券（ソーシャルインパクト・ボンド）で集められる。金融機関の評判でその債券が売れて資金が集まることは社会的に重要であるが、同時に国などの関与も重要である（投資家への配当には公的資金も含まれる仕組みになっている）。

補論Ⅲ　ホールドアップ問題と無形資産の有無

第2章（注24）で、「無名食品会社」がコンビニが企画した商品（PB商品）を生産することを考察した（コンビニにより確立されたPBブランドの利用）。PBロゴ付き商品の生産には設備投資がいるが、一旦PB商品を生産すれば他には売れない。包装袋にPBロゴを付けるだけで食品自体にPBロゴを付けなくとも、その企画食品を無名企業が他に販売先を見つけようとしても難しい。食品会社が「当該コンビニにしか商品を売れない」状況では、**ホールドアップ問題**が浮

上する。すなわちコンビニは、食品会社がほんのわずかな利益しか得られない安値（生かさず殺さずの価格）で商品を買い叩く可能性があり、それを食品会社も事前に予期してPB商品を生産しないという問題である。ではこの場合は、どのようにホールドアップ問題が回避されるのであろうか。

　この場合、コンビニは食品会社に留保利潤を超える一定水準の利潤を与える卸価格で商品を買い取ることが有益なため、ホールドアップは回避されると考えられる。

　当該食品会社が一定水準の品質の商品（例えば菓子）をある程度安い費用で生産できる企業であることを、コンビニは調査して知っており、PB商品の生産を依頼する。しかし、もし交渉力に勝るコンビニが食品会社の超過利潤がゼロに近い値となる安い卸価格で商品を買い叩けば、次に何が誘発されるであろうか。その場合に懸念されることは、**食品会社のモラルハザードを招く**ことである。食品会社はそのままPB商品の生産を続けても得られるものは毎期非常にわずかな利益でしかなく、また他の商品を生産しても無名なため売れる見込みがない。そのとき、食品会社がPB商品を生産し、モラルハザードを起こせばどうであろうか。例えばPBの菓子生産に"砂糖"を使わず、安価な甘味料の"チクロ"を使っても味は変わらず、原価が下がった分の利益が得られる（チクロの甘味は砂糖の30倍であり、駄菓子に多用されていたが、発癌性の疑いで日本では1969年に使用禁止となった）。PB商品は多数の店舗を持つコンビニで大量に売れるため、食品会社は**モラルハザードを起こし原価を下げれば大きな利潤を稼げる**。すなわち食品会社はモラルハザード誘因を持つ。

　PB商品の種類は多いため、コンビニが納品ごとに全商品の成分分析を行う費用は禁止的に高く、検査を行うとしても定期的となる。定期検査でモラルハザードが発覚するまでの間に、食品会社は会社規模に比較して多大な利潤を稼げる。またモラルハザードが検査などで発覚しても無名食品会社は失う「評判」がない（おそらく発覚前に資産を売却して逃亡するであろう）。それに対して問題が発覚し表面化すればコンビニが失うPBブランドの「評判」という**無形資産**は莫大であり、当該コンビニは消費者の信頼を失う。

　コンビニが食品会社を「超過利潤がほぼゼロという状況」に追いやれば、食品会社のモラルハザードを誘発する危険性がある。モラルハザードを起こさず

に生産を継続させた場合の食品会社の動学的利潤（割引現在価値）は微小であるのに対し、モラルハザードを起こして生産原価を引き下げれば多大な利潤を一時的にであれ手にでき、かつ無名会社には失う評判がない。

ではコンビニが、食品会社から「ある程度の超過利潤を与える卸価格」で商品を購入し続ければどうであろうか。その場合、食品会社はモラルハザードを起こさず継続的に獲得できる動学的利益の総和（割引現在価値）が大きくなるが、それがモラルハザードによる一時的な利益を上回る以上、モラルハザードを起こさない。換言すれば、モラルハザードを起こさせない水準の卸価格でコンビニは商品を買うことになる。そして食品会社は獲得した利潤をすべて配当せず（所有者が獲得せず）それを用いて広告を行い商品開発も行えば、市場で自社ブランド商品が売れるようになる。そうなれば今度は失うもの（評判）を持つことになるが、それがモラルハザード抑止効果として機能するようになる。

すなわちコンビニは食品会社の商品を**買い叩かない方が有利**であり、**そのことを食品会社も理解できる**ため、ホールドアップ問題は回避される。この場合、プリンシパル（コンビニ）とエージェント（食品会社）との間の「**評判**」という**無形資産の有無という非対称性**が、ホールドアップ問題の抑止作用を生む。そしてそのメカニズムを理解できる立場にあるコンビニのメインバンクは、食品会社にも資金を供給し、食品会社の情報生産を行い、企業統治も行うであろう。それは上述のメカニズムを補強する。銀行がコンビニPB生産の食品会社に融資を行う理由は、堅実経営が見込まれ、メインバンクになればメインバンク・レントを獲得できるからである。

補論Ⅳ　「均衡信用割当」理論

「銀行B（プリンシパル）」が「企業F（エージェント）」に1単位の資金を、不動産を担保に融資するモデルを考える[24]。

元利合計（1＋利子）をrで表す。「1単位」の資金とは、「1000万円」や「1億円」などを意味するが、単位を省略するため理論上1円と考えてよい。今の場合、資金が1であるため利子＝利子率（利子率＝資金1単位当たりの利子）であり、利子率＝$r-1$である。また利子（利子率）はプラスの実数であり、$r>1$である。

企業は資金1で実行可能な2つの投資プロジェクト、LL（ローリスク・ローリターン）とHH（ハイリスク・ハイリターン）とを持ち、銀行から資金1の融資を受け、投資プロジェクトの中から一つを選び実行する（企業は自己資金を持たない）。企業がLLを実行した場合の銀行の利得を$B_L(r)$で表し、企業の利得を$F_L(r)$で表す（rの関数であることを明示した表記）。同様に企業がHHを実行した場合の銀行と企業の利得を、それぞれ$B_H(r)$, $F_H(r)$で表す。

　企業がLLを実行すれば、確率P_Lで収益X_Lを得られるが、確率$1-P_L$で収益は0となる。また企業がHHを実行すれば、確率P_Hで収益X_Hを得られるが、確率$1-P_H$で収益は0となる。銀行はモニタリングを行わない（仮定）ため、銀行は企業がLLを実行したかHHを実行したかわからないが、企業は知っている（非対称情報）。

　企業収益が0となり企業が債務不履行に陥った場合、銀行は担保を獲得するが、「担保価値をG」とし、Gの値は共有知識とする。また$0<G<1$を仮定する。債務不履行の場合、銀行は企業がLLを選んだかHHを選んだかを判別できない。また0以外の企業収益が実現した場合においても、銀行は実現した企業収益の値を知ることができない（仮定）ため、やはり企業がLLを選んだのかHHを選んだのかわからない。銀行は、返済期日にr（元利合計）が返済されたか、あるいは返済されず担保Gを獲得したかを認識できるのみである。

　銀行も企業もリスク中立的である（仮定）。ここで、企業収益、成功確率、期待値について以下の仮定（＊）を置く。すなわちHHの方がLLよりも収益（リターン）が大きいが、成功確率が小さい。そして期待収益はLLの方がHHよりも大きいが、HHの期待収益$P_H X_H$は投入資金1以上である。銀行は「事前の情報生産」（審査）により、（＊）を知っており、企業も知っている（共有知識）が、銀行は「事後の情報生産」（モニタリング）を行わない（仮定）。

$$1>P_L>P_H>0, \quad X_H>X_L, \quad P_L X_L > P_H X_H \geq 1 \cdots\cdots (*)$$

　プロジェクトj($j=L, H$)を企業が選んだ場合の企業の利得$F_j(r)$を次のように定義する。添字jについて、$j=L$の場合が$F_L(r)$を表し、$j=H$の場合が$F_H(r)$を表す。

$$F_j(r) = P_j(X_j - r) - (1-P_j)G \quad \cdots\cdots ①$$

　この場合、企業にLLプロジェクトを選ばせる条件は、$F_L(r) \geq F_H(r)$であるが、

それに①を代入して整理すると次の②を得る。②が「誘因両立性条件」である。後述するが、G $(0<G<1)$ は1に近い値を考え、また（＊）より $(P_L X_L - P_H X_H)/(P_L - P_H) > 0$ のため、②の右辺が1より大きい場合を以下で考える。

$$r \leq [(P_L X_L - P_H X_H)/(P_L - P_H)] + G \quad \cdots\cdots ②$$

「誘因両立性条件②」より、企業に LL を実行させるためには貸出金利に「上限」が課せられることがわかる（②の右辺−1がその上限の貸出金利）。

ここで②の「右辺の値」を r_0 と定義すると、誘因両立性条件は次の②′で表現することができる（Φ_L と Φ_H はすぐ後に定義する）。

$$r \leq r_0 \quad \cdots\cdots ②′$$

ただし、$r_0 = [(P_L X_L - P_H X_H)/(P_L - P_H)] + G = (\Phi_L - \Phi_H)/(P_L - P_H)$

$F_L(r) = P_L(X_L - r) - (1-P_L)G$ と $F_H(r) = P_H(X_H - r) - (1-P_H)G$ が図 3-4 に描かれている。$F_L(r)$ の傾き（r の係数 $-P_L$）の方が $F_H(r)$ の傾き（r の係数 $-P_H$）よりも絶対値で大きいため、急勾配で描かれている。

縦軸上の $F_L(r)$ の切片の値を Φ_L とおき（$\Phi_L = P_L X_L - G + P_L G$）、$F_H(r)$ の切片の値を Φ_H とおく（$\Phi_H = P_H X_H - G + P_H G$）。このとき $\Phi_L - \Phi_H = (P_L X_L - P_H X_H) + (P_L - P_H)G > 0$ となるため、$F_L(r)$ の切片の方が $F_H(r)$ の切片よりも上に位置することがわかる。

ここで $G \to 1$ ならば $\Phi_H \to (P_H X_H - 1) + P_H > 0$ となる（∵ $P_H X_H \geq 1$）。また、$(d\Phi_H/dG) = P_H - 1 < 0$ のため G $(0<G<1)$ が1よりも小さくなるほど Φ_H は大きくなり、$G \to 0$ のとき最大となり $\Phi_H \to P_H X_H > 0$ となる。すなわち任意の G $(0<G<1)$ に関して $\Phi_H > 0$ であるため、$F_L(r)$ の切片も $F_H(r)$ の切片もプラスであり、かつ前者が後者よりも大きく図に描かれている。

$F_L(r_0) = \Phi_L - P_L r_0 > 0$ を仮定する。図 3-4 において $F_L(r)$ と $F_H(r)$ の交点 A が第一次象限に描かれている。銀行が②′の誘因両立性条件を満たすように r を決定する場合、LL プロジェクトが実行されるが、その場合の「企業の参加条件」は図 3-4 の r_F 以下の領域となる。「企業の参加条件」を次の③に示すが、③は企業の留保利潤を0と仮定し、$F_L(r) \geq 0$ を計算したものである。

$$r \leq r_F \quad \cdots\cdots ③$$

ただし $r_F = X_L - (G/P_L) + G$

ところで、$r_F = X_L - (G/P_L) + G = \Phi_L/P_L$ であるが、仮定 $\Phi_L > P_L r_0$ より r_F

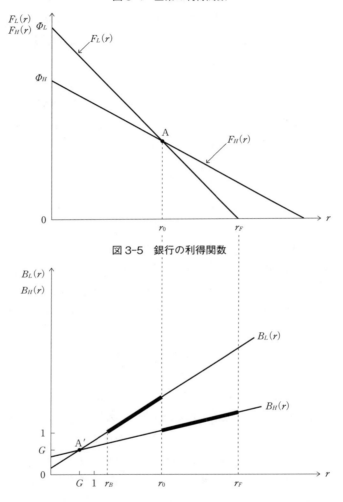

図 3-4 企業の利得関数

図 3-5 銀行の利得関数

$>r_0$ となるため、図 3-4 において r_0 は r_F の左側に位置する。次に銀行の利得関数を④と定義する（添字 j については $j=L, H$ である）。

$$B_j(r) = P_j r + (1-P_j) G \quad \cdots\cdots ④$$

銀行が 1 単位の資金供給に要する費用や、資金運用の機会費用を簡単化のため無視し、銀行の参加条件を $B_L(r) \geq 1$ と定義する。なお銀行の参加条件は、

誘因両立性条件の成立（すなわちLLの実行）を前提とし、次の⑤に示される。

　　　$r \geqq r_B$　……⑤

　　ただし $r_B = [(1-G)/P_L] + G$

$r_0 > 1$ の場合を考え、⑤より担保 G ($0 < G < 1$) が充分に1に近い値であれば $r_B < r_0$ が成立するが、それを仮定する。$r_B - 1 = (1-G)[(1/P_L) - 1] > 0$ のため $1 < r_B$ となる。以上を合わせると、$1 < r_B < r_0 < r_F$ が成立する。

「$r_B < r < r_F$」を満たす r は銀行Bと企業Fの参加条件を同時に満たす「参加集合」である。その「参加集合」に r_0 は属する。また r（元利合計）は1以上で意味を持つため、図3-4と図3-5では「$r \geqq 1$ の領域」のみを考える。銀行は企業収益の「実現値」は知らないが、（＊）や①などを知る（仮定）ため図3-4を知っており、また図3-5も知っている（銀行は②～⑤も知っている）。

図3-5において、$B_L(r)$ と $B_H(r)$ は右上がりであり、図中の A′ で $B_L(r)$ が下から $B_H(r)$ を横切るように描かれているが、それは仮定（＊）と③による。交点 A′ に該当する r を求めれば G であることがわかり、$G < 1$ の仮定により、それは r_0 よりも小さい。

図3-5からわかる通り、銀行（プリンシパル）の利得は LL の方が HH よりも大きいため、企業（エージェント）が HH を行えばモラルハザードである。

図3-4より、「r_0 以下の r」の下で企業は LL を選ぶ（図3-4で $F_L(r)$ が $F_H(r)$ の上方に位置している）。しかし「r_0 を超える r」の下では $F_H(r)$ が $F_L(r)$ の上方に位置するため、企業はモラルハザードを起こし HH を選ぶ。そして企業がモラルハザードを起こせば、図3-5より銀行の利得が減少することがわかる。なお、$B_L(r_0) > B_H(r_F)$ を仮定する。

銀行が提示する r の値により、企業のプロジェクトの選択が変わるが、そのプロジェクト変化に対応させた銀行の利得が、図3-5に「太線」で示されている。なお、「太線」は r が銀行の参加条件である r_B 以上であり、かつ企業の参加条件である r_F 以下である領域に関して示されている。

銀行が r を増加させていくことには限界がある（企業の参加条件を満たさなくなる）ことを考慮すれば、図3-5より「r_0 で銀行の利得が最大」となることがわかる（$B_L(r_0) > B_H(r_F)$ が仮定されている）。また図3-5より「r_0 以下の領域」では、r を増加させれば $B_L(r)$ の太線に沿って銀行の利得が増加していくことがわか

る。しかし、「r_0を超える領域」では企業のモラルハザードが誘発され、$B_H(r)$の太線部分に銀行の利得が下がることも図からわかる。したがって銀行は、r_0を企業に提示するとき銀行の期待利潤が最大となる。

ゲーム理論的には「銀行の戦略」は、担保Gを所与として、両者の参加条件（$r_B \leq r \leq r_F$）の範囲内で、「rの値を選び企業に提示する」ことである。「企業の戦略」は、担保Gを所与として、銀行融資を「受ける」か「受けない」かの二者択一である。その場合、両者の参加条件（$r_B \leq r \leq r_F$）の範囲内で、銀行が「$r = r_0$」を選び、かつ企業が銀行融資を「受ける」ことが、「ナッシュ均衡」である（同時手番の静学ゲームを考える）。

銀行が「r_0を提示」することを所与にすれば、企業は融資を「受ける」ことで「0（留保利得）を超える利得」が得られるが、融資を「受けない」と留保利得0しか得られないため、融資を「受ける」戦略が企業にとって最適である。そして企業が融資を「受ける」戦略を所与にすれば、銀行は参加条件（$r_B \leq r \leq r_F$）の範囲内で「r_0を提示」する戦略を選ぶことで銀行の利得を最大にできる。したがって銀行が「**r_0を提示**」し、企業がその提示を「**受ける**」という戦略の組はナッシュ均衡の定義（＝両者同時に最適反応）を満たす。

銀行Bと企業F以外にも同質的な銀行や企業が多く存在する資金貸借市場において、r_0の下で「超過需要」が発生するとしよう。情報が完全な市場では、超過需要が発生すれば金利は上昇するはずであるが、今考えている非対称情報下ではr_0から動かない（ナッシュ均衡）。すなわちr_0の下で資金に対する超過需要が発生するため、銀行は「信用割当」を行う必要がある。r_0は「ナッシュ均衡」の定義を満たすため、「均衡信用割当」と呼ばれる[25]。

【注】

(1) 下掲文献に、旧ソ連時代のモスクワでテレビが火を吹く事件が多発したと述べられている。共産主義の計画経済体制の下で、工場長に所定の時間内における生産台数のノルマが与えられた。工場長は労働者の組み立て作業が粗雑であることは意に介さず、各部品をテレビ本体に短時間で装着させ生産効率を上げること（＝ノルマ達成）を重視した。その結果、粗雑な組み立て作業によるテレビ生産が行われ、テレビ発火による火事が多発したそうである。
伊藤元重（2004）『ビジネス・エコノミクス』日本経済新聞社

(2) 教育は「外部経済効果」が大きく、個人が教育を受ければ社会全体にプラスの効果を及ぼす。例えば教育で知的能力が高まり高付加価値生産が実現すれば、その恩恵は高度医療や高品質製品などの生産の形で国民全体に及ぶ。外部経済効果に対応して、例えば私立大学などの教育機関には補助金が支給される（ピグー政策）。補助金は税金で賄われるため、「プリンシパルが国民」であり「エージェントが学生」であると考えると、国民が期待する学習量を下回る学習時間の学生はモラルハザードを起こしていると考えられる。モラルハザード問題は、どのようなプリンシパル＝エージェント理論の枠組みで考えるかに依存する。

(3) 下掲文献[1]で、株式会社は会社法により株主の意向とは無関係に経営者を必ず持たなければならないため、経営者は株主の代理人ではないと考えられている（株主は既存の経営者を解任でき得るが、経営者という代表機関そのものを廃止することはできない）。[1]では、株式会社と経営者との関係をプリンシパル＝エージェント理論の枠組みで把握することは正しくなく、両者の関係は「信任関係（Fiduciary Relationship）」として把握すべきであると述べられている。また信任とは「他人のために一定の仕事を行うことを信頼によって任されていること」と定義されている。しかし下掲文献[2]などのように、株式会社の株主と経営者との関係をプリンシパル＝エージェント理論の枠組みで抽象化して把握することで、経営者のモラルハザード問題を明瞭に分析できる場合が多くある。本書も[2]の方法を踏襲して分析を行う。なお、株式会社のプリンシパルは複数のステークホルダーの集合として捉えることができるが（第4章）、本書では分析目的に応じてステークホルダーの中身を特定する。また下掲文献[3]において、株式会社形態の特徴として次の5点が述べられている。①出資者による所有。②法人格の具備。③出資者の有限責任。④出資者と業務執行者との分離。⑤出資持ち分の譲渡性。そして[3]で、出資者とは「資金を提供し事業活動によって生じる利益の帰属者となる」者のことであると説明され、「株式会社では出資者を『株主』と呼ぶ」と述べられている。さらに「『出資者が所有者になる』とは、この出資者が事業の運営を支配することを意味する」と述べられ、「出資者が一人の事業を個人事業、出資者が複数の事業を共同事業と呼ぶが、会社は共同事業形態の典型的なものである」と述べられている。

[1] 岩井克人（2000）『二十一世紀の資本主義論』筑摩書房
[2] Jensen, M. C. and W. H. Meckling (1976) "Theory of the Firm: Managerial Behavior, Agency Costs, and Ownership Structure," *Journal of Financial Economics*, 3, pp. 305-360.
[3] 神田秀樹（2006）『会社法入門』岩波書店

(4) 株主は株主総会で経営者から説明を受けた経営内容や公表財務データ、および当該企業株価などを知ることができるが、日々の経営内容までは把握でき

ない（非対称情報）。なお、企業価値として DCF（Discounted Cash Flow）法により算出される値が用いられることが多い。それは企業が将来にわたり生み出すフリー・キャッシュ・フローの割引現在価値である（資本コストで割り引く）。モデルを単純化すると、企業価値最大化を利潤最大化として考えることができるが、ここでは静学モデルで利潤最大化を考える。

(5) 経営者の利己的行動の例として、社長が不必要に大きな社長室を作ったり（その半分のスペースを営業活動に利用した方が効率的である）、美人女性秘書を余分に雇ったりすることが指摘されている。それらの経営者によるモラルハザードは企業金融ではパーク（perk）、またはパークイジット（perquisite）と呼ばれる。"役得"の意味であり、株主の利益に反する。社員のための保養施設を作る場合は、その建設で経営者は社員から崇拝されることになり経営者の効用は高まる。しかし経営者のモラルハザードであるかといえば、微妙である。それにより社員の士気が高まり生産性が大幅に向上するならば、プリンシパルである株主の利益と整合的でありモラルハザードではない。しかし一定限度を越えて保養施設を増設すれば、士気向上による企業収益増加の限界値（＝限界収益）よりも施設増設の限界費用が上回るため株主の利益に反し、経営者のモラルハザードである。本文で経営者は株主に更迭されない範囲内（＝モラルハザードを気付かれない範囲内）で利己的な行動を行うと述べた。それは株主に気付かれない範囲という「制約条件」の下で「経営者の効用」を最大化したと解釈可能である。しかし経営者の目的関数は、更迭の危険が高まる不効用をも含めた形のものであると考えられる。経営者はモラルハザードを増大させれば効用が増えるが、あまり増大させると更迭される危険（確率）が高まり効用（期待効用）が減る。したがってその間の最適な行動をとることで効用最大となり、「制約なしの効用最大化」と考えることができる。

(6) 銀行が情報生産を行わない場合、企業はモラルハザードを起こし HH を実行しても、プロジェクトに成功すれば資金返済できるため、「資金返済の結果」から銀行はモラルハザードが行われたことを認識できない。また企業が HH を実行してプロジェクトに失敗した場合、資金を返済できないが、LL を実行した場合でも失敗確率は０ではなく資金返済ができない場合があるため、銀行は「債務不履行の結果」からもモラルハザードを認識できない。

(7) 企業経営者がモラルハザードを一度行い、その直後に従業員が内部告発するケースは稀である。内部告発を行えば企業収益が落ち込み給与が減る、あるいは倒産して失職する可能性を従業員は考え、一度のモラルハザードで内部告発に踏み切る例は少ない。次回から改善すればそれでよいと考えるのが通常である。しかし経営者によりモラルハザードが繰り返し行われ恒常化した場合、従業員は目をつぶれなくなり内部告発に踏み切るケースが見受けられる（具体例は（注17）を参照）。経営者は過去における他社の内部告発の事例

により、モラルハザードを繰り返せば内部告発の確率が0ではなくなることを理解できる。
(8) 本書では「均衡信用割当理論」をモラルハザード・モデルで考えたが、同理論を逆選択モデルで分析した研究として下掲文献［1］が有名である。企業のリスクを銀行が審査で見破れない場合、そして高い貸出金利を受け入れる企業ほど高いリスクのプロジェクトを有する（＝銀行にとってレモン）場合、逆選択問題が生じ得る。ここでは銀行（複数）と企業（複数）が存在するが、それぞれ同質的であると考えた。一つのプリンシパルと複数の異質的なエージェントの間のモラルハザード問題を考えることは有意味であるが、本書では捨象する。複数エージェント・モデルについては下掲文献［2］を参照のこと。
［1］Stiglitz, J. E. and A. Weiss (1981) "Credit Rationing in Markets with Imperfect Information," *American Economic Review*, 71, pp. 393-409.
［2］Mookherjee, D. (1984) "Optimal Incentive Schemes with Many Agents," *Review of Economic Studies*, 51, pp. 433-446.
(9) 自動車会社が提示する「安値 P'」は、部品会社が動学的に存続可能な利潤を獲得できる最低限の価格である。部品会社は「設備投資を実行した以上は」価格 P' の下で当該部品生産を継続させる（そうでなければ設備投資資金を返済できない）。部品会社が銀行借入をロール・オーヴァー（短期借入・返済の繰返し）して、長期的に設備投資費用を回収できる水準に価格 P' は設定されており（生かさず殺さずの水準）、銀行も「自動車会社の計画（殺さず）」を理解し、資金返済が見込めることから部品会社の設備投資に融資する。P' の値はこのような動学的取引を念頭に理論上計算でき、「もし設備投資をすれば」特殊部品は価格 P' の下で継続的に生産され（中断すれば設備投資費用を回収できず倒産する）、自動車会社は自動車の生産を継続でき利潤を稼げる。しかし部品会社はホールドアップ問題を理解し設備投資を実行しないため、銀行融資も行われない。なお「適正価格 P」の設定は、部品会社が他の部品生産（複数）をした場合に得られる利潤の中で最大の利潤に匹敵する利潤を確保可能な価格である（そうでなければ当該部品の生産が行われない）。自動車会社は多数の部品会社と長年の取引関係を持ち情報を蓄積しているため、P や P' の計算が可能であり、部品会社も同様である。
(10) 「立証不可能性」の例として、特殊部品を創る際に労働者に新しい工作機械の操作訓練を行うケースを挙げることができる。その訓練をどの程度（機会）費用をかけて行えばよいか、労働者の能力を知る企業にはわかるが、他者に対して客観的に立証することは不可能である。部品の品質など物質的な事柄については立証可能なケースが多いが、労働者の能力については立証不可能なケースが多い。多大な訓練費用をかけ工作機械の操作に習熟させ、部品を正確に生産できるようになっても、訓練費用は立証不可能である。したがって訓練費用を反映させない安値で部品を買い叩かれる可能性がある。その場

合、訓練（＝投資）が過小となり得る（その操作技術は他の部品生産に応用できない）。訓練が過小となれば微細であれ不具合な部品ができる確率が増加し、それは完成品である自動車の性能に影響を与える。自動車会社は車の性能向上のため、すなわち部品精度改善のため過小訓練問題（ホールドアップ問題）を解決する必要がある。産業用ロボットの導入は人件費対策のみならず、この種のホールドアップ問題の解決に有益であると考えられる。なお立証不可能性（不完備契約）問題やホールドアップ問題に関して下掲文献［1］、［2］を参照のこと。

［1］Hart, O. and J. Moore（1988）"Imcomplete Contract and Renegotiation," *Econometrica*, 56, pp. 755-785.

［2］Hart, O.（1995）*Firms, Contracts, and Financial Structure*, Oxford Univ. Press.（ハート, O.〔2010〕『企業 契約 金融構造』〔鳥居昭夫訳〕慶應義塾大学出版会）

(11) 「モジュール化」により特殊部品の汎用性を高めることも、ホールドアップ問題の解決策となる。モジュールとは、ある特定機能を発揮するように複数部品で組み立てられた単位のことである。例えばパソコンはモジュール化が進んでおり、どの部品メーカーのモジュールであれ、必要なだけ買い揃えてそれらを組み合わせれば、同一性能のパソコンが生産できる。モジュール化は生産効率を上げるために考案された方法であるが、個々の特殊部品の汎用性がないというホールドアップ問題の本質を切り崩す方法としても機能する。

(12) 自社製品の技術開発に成功した場合、経営者がその公表前に自社株を購入すれば「インサイダー取引規制」に抵触する。株価上昇が確実であることをインサイダー（内部者）として知る立場を利用し、株式購入で利益を得ることはインサイダー取引規制（金融商品取引法）に抵触する。しかし経営者が就任時に当該企業株式を購入し、就任後から一定期間経営努力を続け株価を上げキャピタル・ゲインを獲得しても、「証券取引等監視委員会」から問題視されない（ただし就任時に当該企業情報をどの程度得ていたかが問題視される場合がある）。問題となるのは、内部者のみ知り得る重要な自社情報を経営者が把握した上で自社株の売買を行い利益を得た場合である。ストック・オプション制度は、インサイダー取引規制を気にせず、経営者が自社株購入（権利行使）で利益を獲得できる制度であるともいうことができる。なぜならば、株主は株価上昇が見込める局面、例えば技術開発の成功見込みが高まった局面などではストック・オプション制度を導入しない（株主は経営者に利潤の一部を奪取されたくない）。反対に、株主は現在株価が低迷している時点でストック・オプション制度導入の誘因を持つ（経営者に株価を増大させる経営努力誘因を与える）。したがってストック・オプションの権利行使で経営者がインサイダー取引疑惑を招くことは通常ない。

(13) 広義には「ステークホルダー」全体がプリンシパルであるが、それに関して

は本章の第7節7.2で述べる。なお企業統治については、第1章（注2）の村瀬（2006）に加え、下掲文献をも参照のこと。

小佐野広（2001）『コーポレートガバナンスの経済学――金融契約理論からみた企業論』日本経済新聞社

(14) 下掲文献において、敵対的企業買収は経営効率の改善に役立っていることが述べられている。しかし副作用として、経営者は短期的な視野で経営を行うことが指摘されている。すなわち経営者は長期的には多額の利潤を生む投資案件があってもすぐに収益が得られないならば、それまでの間に買収されることを恐れ、その有望な投資を実行できない可能性がある。また企業買収には多額の資金が必要であるため、その資金を買収者が保有していない場合にLBO（leveraged buyout）が行われることがある。LBOは買収相手企業の資産を担保に買収者が資金の借入を行い、その資金で企業買収を行うものである。LBOでは買収終了後に買収企業と被買収企業との合併が行われる場合が多い。

Jensen, M. C.（1984）"Takeovers: Folklore and Science,"*Harvard Business Review*, 62, November-December, pp. 109-121.

(15) 株式公開買い付け（TOB：takeover bid）は、企業買収者が買収をもくろむ企業の株式の「買い付け価格」「買い付け株式数量」「買い付け期間」を公表し、既存株主から株式を買う仕組みである。買収者は「現在の株価 p」よりも「高い株価 q」で買い取りを公表する。株価 q で既存株主から過半数の株式を買うことができれば企業買収は成功する。しかしフリーライド問題が生じればTOBは失敗する。TOBの公表で、将来の株価は q よりも上昇すると既存株主は考え得る（将来株価が q よりも高くなる見込みがあるから買収者は価格 q で買うと予想し得る）。多くの既存株主は買収者ほど先見の明がなく、なぜ将来その企業の株価が上昇するのかはわからないが、企業買収が行われる以上は株価が q よりも値上がりすると予測でき得る。したがって各株主は株式売却は他の株主に任せ、自分は当該株式を保有し続け、q よりも値上がりした将来時点で売ろうと考え得る（株主は企業買収者の行動にフリーライドし、より大きなキャピタル・ゲインを得ようとする）。多くの株主がそう考えれば、株式が売りに出されず、TOBは失敗する。またTOBの公表直後に、株式市場で企業買収による経営効率改善による企業利潤上昇を織り込んだ高い株価が形成されれば、買収者は買収により利益を獲得できない。それらの点に関して下掲論文［1］を参照のこと。しかし企業買収を「大株主」（例えば10％保有）が行う場合、フリーライド問題は緩和し得る。彼/彼女が当該企業の買収意思を示せば、その直後に株式市場はそれに反応し株価が高騰する。その高値で彼/彼女は当該株式を買っても、その購入で利益を獲得できないが、すでに10％（例）の当該企業株式を保有しているわけである。すなわち自分の買収意思表示後にその株価が高騰するため、すでに保有していた株式から

は大きな利益を獲得できる。したがって大株主は TOB 公示で当該株価が高騰しても企業買収を実行する。この点は下掲論文［2］を参照のこと。
［1］Grossman, S. and O. Hart（1980）"Takeover Bids, the Free-rider Problem, and the Theory of the Corporation," *Bell Journal Economics*, 11, pp. 42-64.
［2］Shleifer, A. and R. Vishny（1986）"Large Shareholders and Corporate Control," *Journal of Political Economy*, 94, pp. 461-488.

(16) 日本ではその企業の社員が取締役会や監査役会のメンバーになることが多く、馴れ合いからモニタリング機能不全となることが指摘されている。それに対して社外取締役を増やすことでその問題を解決しようとする動きがある（第4章（注51）を参照）。なお下掲文献で、敵対的企業買収が内部コントロールにプラスの影響を与えることが示されている。ところでもし企業の財務データを経営者が粉飾するなどした場合に監査人がそれを見逃せば、株主は損害を被る。そのようなケースでは監査人は株主に賠償金を支払うことになり得るため、監査の誘因は高まる。また株主代表訴訟制度も経営者に規律を与える。
Hirshleifer, D. and A. Thakor（1998）"Corporate Control through Board Dismissals and Takeovers," *Journal of Economics & Management Strategy*, 7, pp. 489-520.

(17) 日本における「食品会社のモラルハザードの実例」としては、返品された賞味期限過ぎ食品の賞味期限ラベルを新しい期限に張り替え、繰り返し再出荷した例（北海道の銘菓や、伊勢の名物和菓子など）、有名ホテルのレストランが輸入エビなどの食材を国産エビと偽り料理を繰り返し出した例、有名料亭の"使い回し"（＝客が箸をつけず食べ残した料理を別の客に出す）を続けた例、大手牛乳メーカーが温度管理を誤り菌が発生した牛乳を承知の上で出荷した例などがある。牛乳メーカーの例は一度限りの例であり、その牛乳を飲んだ多くの人に食中毒の症状が現れたため発覚した。牛乳の例以外は、一定期間繰り返し行われ、「内部告発」により発覚した。いずれも非常に大きく企業評判が毀損された。経営者は自分の統率力を過信して部下の内部告発の可能性に無配慮（内部告発の確率を0と判断）でモラルハザードを継続させたが（牛乳の場合は工場長の評判の無形資産価値の理解不足が原因と思われるが）、合理的な経営判断とは言えない。「内部告発」が行われたケースは、経営者の一度のモラルハザードの直後に従業員が告発したわけではない。継続的にモラルハザードが経営者により繰り返されたため、それを止めさせようと内部告発に踏み切る従業員が現れた例である。換言すれば、経営者が消費者の利益に大きく反するモラルハザードを継続させると、ある確率で内部告発が行われニュースで報道され得る。ところで、そのように軽率でなく賢明な企業経営者の方が圧倒的に多いことは、企業数から考えてもわかる（不祥事を起こさない、またはモラルハザードを継続させない企業——ニュースで不祥事が

報道されない企業――の方が圧倒的に多い)。
(18) 銀行の「事前の情報生産」とは「融資前」に行う企業の質などに関する「審査」であり、"逆選択"防止に寄与する。「事後の情報生産」とは「融資後」の企業行動のモニタリングであり、"モラルハザード"防止に寄与する。「事後の情報生産」を「中間の情報」と「最終の情報」の2つに分類可能である。「中間の情報」とは、融資当日から返済期日までの間に企業が銀行の意図に反して「プロジェクト変更」や「資金流用」を行ったりするモラルハザードに対する情報生産である。「最終の情報」とは、契約で定めた"資金返済期日"における経営者のモラルハザードである。すなわちプロジェクトが成功し融資資金の元利合計が返済可能であるにもかかわらず、"プロジェクトが失敗した"と経営者が嘘をつき資金返済を行わないことに対する情報生産である。詳しく説明すると、「最終の情報」は費用をかけて返済時点で立証可能な情報を生産することであり、CSV (costly state verification) と呼ばれ、その生産した情報に基づき返済額を決定でき得る (CSVでは負債契約を最適契約として導出可能)。本書ではCSVを捨象し、「中間の情報」を「事後の情報生産」と呼ぶ。CSVに関しては下掲論文を参照のこと。なお本章第7節で言及する通り、銀行の事後の情報生産には「経営コンサルティング」も含み、融資した投資プロジェクトが順調に軌道に乗るように銀行が助言を行うことも含まれるが、その点は関係箇所（本章第7節7.5など）で説明するまで視野外に置く。

Townsend, R. (1979) "Optimal Contracts and Competitive Markets with Costly State Verification," *Journal of Economic Theory*, 21, pp. 265-293.

(19) 労働者がモラルハザードを起こし、それが発覚して解雇された場合の不効用Dが非常に大きければ、労働者はモラルハザードを起こさない。したがって経済効率は高まる。しかしDの値は社会情勢で変化し、好況で人手不足であれば解雇されてもすぐに再就職できるためDは小さくなる。失業保険制度などが充実している場合も同様である。もし失業してもすぐに再就職できる経済状況であればDの値は小さく、労働者のモラルハザード誘因は強まり、経済厚生は低下する。「効率賃金仮説」によれば、「Dの値が低い経済情勢」の下、企業経営者は賃金を労働市場の「需給均衡水準のW^*」よりも「高いW'」に設定すればDの値を大きくでき、モラルハザードを防げる。なぜならばモラルハザードが発覚し解雇され、他の会社に再就職すれば、受け取る賃金はW^*となるため、「労働者は$W' - W^*$の損失」となる。そのため労働者はモラルハザードを慎み、当該企業で働き続け高賃金W'の獲得を継続しようとする。しかし多くの企業がモラルハザード抑止を企て、賃金を高水準W'に設定すれば、W'は需給均衡水準よりも高いため労働市場で「労働の超過供給（失業）」が発生する。すなわち企業経営者による高水準の賃金設定を通じて失業が生み出される。経営者により失業（職不足）が生み出され、労働者に解雇時のペナルティーD（＝失業すればすぐに再就職できず困窮する危険）が創出さ

れたわけある。失業の存在は経済厚生上マイナスであると考えられるが、「効率賃金仮説」では失業の存在はペナルティー効果を生み出し、労働者のモラルハザードを抑止し、経済厚生を改善する側面（＝必要悪となる側面）を持つことを含意する。効率賃金仮説については、以下の文献を参照のこと。

Akerlof, G. A. and J. L. Yellen (1986) *Efficiency Wage Models of the Labor Market*, Cambridge Univ. Press, 1986.

(20) 企業経営者が経営介入されることを嫌う点は、下掲文献［1］を参照のこと。また、経営者の株主支配からの独立の研究は、経営学の古典的文献［2］を嚆矢とするが、同書の第1編第4章「株式所有権の分散」で、アメリカの大規模な株式会社では支配権を持つ大株主の存在が少ないことが示され、第1編第5章「支配の発達」で次のように述べられている。「支配は、委任委員会を選出する人々の掌中に握られる傾向にある。いい換えれば、次期の取締役会選出は、委任委員会を選出する人々によってなされるであろう。委任委員会は現在の経営者によって指名されるが故に、経営者は、自分達の後継者達を、事実上、指名することが出来る。所有権が充分に細分されているところでは、経営者は、その所有権についての持分が取るに足らない程のものであっても、以上のようにして、自己永続体となることが出来る。この支配形態は、正しくは、『経営者支配』と呼ぶことの出来るものである。」

[1] Galbraith, J. K. (1978) *The New Industrial State*, Houghton Mifflin Co., Boston.（ガルブレイス, J. K.〔1980〕『新しい産業国家』〔都留重人監訳〕TBSブリタニカ）

[2] Berle, A. A. Jr. and G. C. Means (1932) *The Modern Corporation and Private Property*, The Macmillan Company.（バーリー, A. A., G. C. ミーンズ〔1959〕『近代株式会社と私有財産』〔北島忠男訳〕文雅堂銀行研究社）

(21) 融資先企業が製造業の場合、その商品をどの流通企業の流通経路に乗せればその商品の特性上よく売れるかなどの情報をも銀行は蓄積している。なぜならば大手銀行であれば流通企業のメインバンクでもあり、卸売・小売の情報をも蓄積しているからである。特に地域性がある商品の場合であれば、その地域に多く販売経路を有するメイン融資先流通企業との商談をメインバンクがまとめることは有益である。流通企業にとっても、長期的融資関係にあるメインバンクがレモン（低品質財）の流通を勧めるわけはないため合意し、他の同業者が扱っていない商品を流通させることで差別化を図れる。このように企業に対して銀行が経営コンサルティングを行える理由は、関連企業を始め他業界企業の情報をも銀行は蓄積しているからである。銀行は消費者ニーズの変化（小売業からの情報）や、技術革新・商品開発の動向（製造業からの情報）、さらには外国企業の動向（大手銀行は海外支店からの情報）を総合し、メイン融資先企業の経営に助言できる立場にある。

(22) J. A. シュムペーターは経済成長の要因として、企業家の新結合と銀行家の資

金供給の役割を、著書『経済発展の理論』の中で重視している。金融に関しては、特に銀行の信用創造の役割を重視している。シュムペーターによると、ビジネス上の革新は複数のアイデア・技術・情報などの諸要素を結合させて新たに生み出される（新結合）、彼のいう新結合は新製品の開発に留まらない。新しい販売方法の開発や、新しい原材料の調達先の開発など、ビジネス上の革新のすべてを包摂した概念である。彼によれば新結合と銀行の資金供給は、利潤動機に基づく資本主義経済発展の原動力であり、それにより関連企業・産業の勃興（＝群生化）が引き起こされる。

(23) インセンティブ報酬がモラルハザードを防ぎ得る点については、下掲文献[1]、[2]を参照のこと。本章モデルの構造は[2]と同様である（ただし[2]は本補論で後述する誘因両立性条件を満たさない場合の政策などを含まない）。[2]ではエージェントのインセンティブを引き出す賃金体系を導出した上で、それをストック・オプションの分析に応用している。

[1] Milgrom, P. and J. Roberts (1992) *Economics, Organization & Management*, Englewood Cliffs, NJ: Prentice Hall, Inc.（ミルグロム, P., J. ロバーツ〔1997〕『組織の経済学』〔奥野正寛・伊藤秀史・今井晴雄・西村理・八木甫訳〕NTT出版）

[2] 清水克俊・堀内昭義（2003）『インセンティブの経済学』有斐閣

(24) 補論Ⅳのモデル作成に当たり、下掲文献の一部を参考にした。
Bester, H. and M. Hellowing (1987) "Moral Hazard and Equilibrium Credit Rationing: An Overview of the Issues," in: *Agency Theory, Information, and Incentives*, eds. by G. Bamberg and K. Spremann, Springer Verlag Berlin, 1987.

(25) 経済学の均衡概念は"動かない"という概念であり、必ずしも需要量と供給量とが一致するとは限らない。高校の「政治経済」の教科書では「完全な市場」（＝完全競争で、外部効果がなく、完全情報）を仮定し、需要曲線と供給曲線の交点（＝E点）を「均衡」と説明している。その場合は「需給の一致」が「均衡概念」と一致する。すなわち、需給が一致するE点に該当する価格よりも「高い価格」が市場で与えられれば「超過供給」が発生し、価格は下落する。また「交点E」に該当する価格よりも「低い価格」が市場で与えられれば「超過需要」が発生し、価格は上昇する。経済理論では擬人化してオークショニアー（市場競り人）が超過供給や超過需要があれば価格を動かすと考える。しかしE点に該当する価格が与えられれば、超過供給や超過需要はなく価格は動かない（オークショニアーが価格を動かさない）。すなわち"動かない"ため、需給が一致するE点が「均衡」である。補論Ⅳで示した「均衡信用割当モデル」では、資金貸借市場の需給が不一致である超過需要水準に金利があっても（$r = r_0$であっても）、そこから金利は動かず均衡概念を満たす。

第4章

日本の金融システムと銀行の役割

　戦後日本の金融システムには多くの規制が存在した。同時代の先進資本主義諸国、特にアメリカと比べて日本の金融市場は規制色が強かった。資本主義国において、市場規制は「**市場の失敗**」に対処すべく設けられることが多い[1]。「市場の失敗」が緩和される状況への変化を背景に欧米で金融自由化が進み、日本でも金融規制が段階的に緩和されていった。

　「市場の失敗（market failure）」とは、(1)「**完全情報**」(2)「**完全競争：プライス・テーカー、取引費用ゼロ、参入・退出の自由**」、(3)「**外部効果が存在しない**」という条件のうち少なくとも一つが成立しない場合に発生する、市場効率を損ねる問題である。

　(1)～(3)が同時に満たされれば「厚生経済学の第一基本定理」が成立し、競争均衡において**パレート最適な資源配分**が達成される。その場合、**市場規律**が作用する。例えば完全情報下でもし銀行が高リスク案件に融資すれば、預金者は融資の不良債権化に不安を抱き、預金を引き出すであろう。そうした預金流失を恐れる銀行は規律付けられる。すなわち銀行は高リスク案件に融資せず、結果として金融システムの安定性が維持される。

　近年におけるIT（情報通信技術）革命や情報開示の推進は非対称情報問題を緩和し、同時に情報関連の取引費用を大幅に削減して市場の失敗を緩和させた。またIT技術はデリバティブなど高度な金融商品を生み出す土壌を形成し、次々に創出された多彩な金融商品は各経済主体の最適な「リスク分散」や「リスク分担」の実現に寄与した。そしてそれらを背景に生じた金融市場の規制緩和の波が日本にも打ち寄せた。

　日本の場合、金融自由化圧力が海外からかけられたことに加え、大量発行した国債の流通を促すべく発達した資本市場が金融自由化を促した。また1990年初頭のバブル崩壊は銀行の不良債権問題を生み、金融制度改革が切実な問題となった。

戦後日本の資本市場は未発達であり（起債調整など人為的に発達が抑えられ）、資金の貸借は「銀行を中心」に行われるシステムが確立された（＝**間接金融優位**）。また「**株式持ち合い**」も広範に行われ、企業経営者は「**企業乗っ取り**」の脅威にさらされることなく経営に従事できた[2]。戦後日本の企業統治はメインバンクがその中心的役割を担い、企業経営者のモラルハザードを制御した。アメリカで「資本市場を通じた企業統治」（第3章参照）が機能していたのとは対蹠的(たいしょてき)であった[3]。

戦後日本においては、公的金融機関の比重も先進資本主義国の中では比較的大きく、国の**財政投融資計画**も経済発展に寄与した[4]。公的金融機関の割合が大きいことは、当時日本において資金配分が市場原理から乖離し、政府の意図（**傾斜生産方式**の推進など）が反映される傾向にあったことを含意する。しかしそれら戦後日本の金融システムの特徴も、金融自由化の進展に伴い変容を遂げ、今日に至っている。今日において日本の金融システムは、市場原理が機能するアメリカ型に近づいたということができよう。

第1節では、金融自由化が進展するまでの日本の金融システムに焦点を合わせる。日本は敗戦で荒廃した状態から、高度成長期（1950年代中頃～1973年の石油危機）を経て経済大国になった。それを資金供給面から支えた日本独自の金融システムについて考察することは興味深い。しかしそれらすべてを解説することは紙幅の関係で難しいため、その中でも第1節では特に**メインバンク関係**に着目する。メインバンクは高度成長期を中心に金融自由化が進展するまでの間、日本において安定的資金供給と同時に企業統治の主役を務めた。

第2節ではメインバンク以外の戦後日本の金融システムの特徴について簡潔に解説し、第3節で日本の金融自由化の経緯の概要を述べる。また今後の銀行業の展望についても言及する。

第1節　メインバンク関係

1.1　メインバンク

日本においては、特定の銀行と特定の企業との間に**メインバンク関係**と呼ばれる特殊な融資関係が形成されるケースが多く見受けられる[5]。戦後日本は経

済復興期に続く高度経済成長期を経て先進国の仲間入りを果たしたが、その過程で産業勃興に必要な資金が効率よく供給されることが重要であった。国の財政投融資の役割も無視できないが、民間レベルにおけるメインバンク関係による資金供給はその重要な役割を担った。メインバンクとは以下で詳述するが、企業にとって最も重要な長期的取引銀行のことである[6]。

　メインバンク関係の有無は当事者（企業と銀行）にとって明白なことであり、業界関係者であれば同じ業界内のどの企業のメインバンクはどの銀行であるかを知っているのが通常である。ところがメインバンク関係は契約書に記されたフォーマルなものではなく、当事者間の暗黙の了解である。したがってメインバンク関係を「財務データ」などから客観的に定義しようとすれば困難を伴うが、「企業アンケート調査」の結果を見ればメインバンク関係の存在は明白である[7]。

　特に「系列企業」であれば、系列内の有力銀行がメインバンクである。なおメインバンク関係は系列の枠組みを越えて存在する概念であり、系列に属さない企業の多くもメインバンクを保有している。またメインバンクを持たない企業も存在する。

　企業は通常複数の金融機関から融資を受けるが、メインバンクの融資額は最大（トップ・レンダー）である場合がほとんどである。しかしトップ・レンダーであることは、メインバンクであることを必ずしも意味しない。メインバンクを持たない企業も存在し、それらの企業も複数の金融機関から融資を受ける。その場合、融資を受けた複数の銀行の融資額がすべて同額である特殊ケースを捨象すれば、必ず融資額最大の銀行が一つ存在する。しかしそれだけではその銀行がメインバンクであるとはいえない。またメインバンクではない長期信用銀行（長信銀）や信託銀行などがトップ・レンダーのケースもある。メインバンクは融資先企業の株式を保有するが、メインバンク以外の銀行も資金運用目的で事業会社の株式（有価証券）を保有する。またメインバンク関係になくとも融資関係が長期的に継続されているケースもある。

　そのようにメインバンクをデータに基づき客観的に定義することは難しいが、メインバンク関係を持つ銀行と企業との間には次に示す8つの「定型化された特徴」が見出される。ただし次に述べるメインバンクの特徴は、特に高度成長

期に顕著であったものである。

1.2　メインバンクの特徴
(1) メインバンクが融資先の**企業情報を独占的に生産**するケースがほとんどである。
(2) メインバンク関係を有する銀行の**融資比率が最大**であるケースがほとんどである（メインバンクがトップ・レンダーである）。
(3) メインバンク関係にある企業と銀行は**長期的な融資関係**を有する（および長期的融資関係に発展する）。
(4) メインバンクはメインバンク関係にある融資先企業の**株式を保有**する。
(5) メインバンクはメインバンク関係にある融資先企業に**役員派遣**を行うことがある。
(6) メインバンク関係を持つことで銀行は**メインバンク・レント**を獲得できる。
(7) メインバンクはメイン融資先企業に対して**保険提供機能**を持つことが多い。
(8) メインバンクは**企業救済**を行うことがある。

　金融自由化の進展まではメインバンク関係は強固なものであり、上述の8つの特徴は顕著であったが、今日ではメインバンク関係は希薄化しつつある。メインバンク関係の親密具合は個別に異なり、系列企業は今日においても同系列内の銀行とメインバンク関係を維持している場合が多い。メインバンク関係において、上記の特徴(1)のメインバンクによる独占的な企業情報の生産は本質的なものであると考えられるが、それも変化してきている[8]。なおメインバンク関係が形成されている銀行と企業に関し、その企業を当該メインバンクの「メイン融資先企業」と呼び、その企業に同時に融資を行っている他の銀行を「非メインバンク」と呼ぶ。

1.3　メインバンクの特徴と情報生産との関連
　メインバンクの最も重要な役割は、メイン融資先企業に**資金を安定的に供給**

することである。しかしメインバンクのみでは、企業経営に必要な資金の全額を供給できない（零細企業に対してならば可能）。中堅企業や大企業が必要とする資金額は多額であり、その全額を融資することはメインバンクにとってリスク分散ができず最適ではない。また大口融資規制に抵触する可能性もある。したがってメインバンクは他の銀行（非メインバンク）から当該企業への融資を引き出す必要がある。

そのためには、メインバンクは第一に当該企業の**情報生産**を充分に行う必要がある。しかし銀行の情報生産に関する統計量は存在しないため、生産した情報の情報量（どれだけ多く情報を生産したか）を非メインバンクに示すことができない。むろん、生産した情報には企業秘密が含まれるため、その具体的内容をインターネットなどでメインバンクは公表することはできない。また公表したとしても、それが真実の情報であることを立証できない。

したがってメインバンクは第二に、情報生産に関する有意味な**シグナル**を発し、当該企業が融資対象として有望であることを示す必要がある。すなわちメインバンクはメイン融資先企業が有望であるピーチ・シグナル（レモンが真似できないシグナル）を発信し、かつメインバンクがモニタリングなどの情報生産を充分に行う誘因を持つこと（誘因両立性条件を満たすシグナル）を示せば、当該企業の経営や成長に必要な資金が他の金融機関（あるいは資本市場）からも供給され得る。そして当該企業が成長できれば、メインバンクは当該企業との融資関係からメインバンク・レントを多く獲得できる。

メインバンクの役割の中でも、とりわけ**情報生産を独占的に行う**ことが重要であり（非対称情報問題の解決）、そのシグナルを市場に示すことが重要である。そのため、特徴(1)のメインバンクの情報生産は、他のすべての特徴(2)～(8)と強い関連性を持つ。以下において、その関連性の解説に重点を置き、メインバンクの特徴を論究する。

(1) メインバンクの情報生産

メインバンクがほぼ独占的にメイン融資先企業の情報生産を行うということ（**特徴(1)**）は、非メインバンクは情報生産をほとんど行わず、形式的な財務データのチェックのみで当該企業に融資することを意味する（特に高度成長期）。ただし都銀などがメインバンクとして融資する場合、長信銀（さらには開銀）も当

該融資に加わり、かつ長信銀（開銀）も情報生産を行った上で長期資金を供給したケースが多い。しかしそのケースを以下では捨象し、補論Ⅱで考察する。

銀行の情報生産に関するデータは公表されない（銀行が生産した情報の量・質を表す統計量は存在しない）ため、客観的にどの銀行がどれだけ情報生産を行っているかを知ることはできない。メインバンクの情報生産に関して、メイン融資先企業にはわかり（どの程度自社が調べられているのかわかり）、メインバンク自身も知るところであるが、他の金融機関を含め第三者にはわからない。

第2・3章で考察した通り、銀行が行う情報生産は「事前」と「事後」に分けられる。**事前**（融資前）の情報生産は**審査**を意味するが、それは「逆選択（レモン問題）」の解決に寄与する。審査により、銀行は当該企業の財務内容や投資プロジェクトの質（資金返済確率など）や経営方針などを調べる。企業がメインバンクを有しているならば、非メインバンクは審査を簡略化させ（場合によってはほとんど行わずに）、審査費用を節約することが多い。

事後（融資後）の情報生産は2つに分類できる（第3章（注18）に記したCSVを捨象する）。第一は**モニタリング**であり、企業の「モラルハザード」を防ぐべく行われる（**企業統治**）。後述するように、この場合メインバンクのモニタリングにより生産される情報は立証可能である必要がない。非メインバンクはモニタリングをもっぱらメインバンクに任せ、情報生産費用を節約する（モニタリングを非常に簡略化する）ことが多い。しかし近年では変化が見られ（（注8）参照）、非メインバンクも情報生産を一定水準は行っている。本章では高度成長期を念頭に、「メインバンクの独占的情報生産」を考察するが、それによりメインバンクと非メインバンクとの相違が明瞭となるであろう。

事後の情報生産はもう一つあり、それは銀行が企業に与える**経営コンサルティング**のことである。それはモニタリングとは異なり（企業のモラルハザード抑止とは異なり）、企業の経営パフォーマンスを改善するために行うものであるが、メインバンクが主に行う。

ある企業に複数の銀行が融資する場合、各銀行がそれぞれ当該企業の情報生産を行うと、同一情報を重複して調べるロスが生じる。メインバンクのみが情報生産を行うのであれば「**情報の重複生産のロス**」を省くことができ、社会的に効率的である。また当該企業にとっても、「**企業秘密の秘匿**」の観点から、

信頼しているメインバンクだけに情報が知れることは、ライバル企業への情報漏洩防止に役立つ。

D. ダイヤモンドは、銀行が**委託されたモニター**（delegated monitor）であるという考えを示した[9]。**預金者**（**プリンシパル**）は自分の資金（預金）を銀行に託し、**銀行**（**エージェント**）はその資金を代理人として有望な企業を選んで融資し、企業行動をモニターする。そして企業から返済された資金（元利金）の中から預金者に預金（預金金利を含む）を支払う。ところで、個々人が直接企業に資金を供給するのであれば、個々人は当該企業の経営が健全であるか否かを調べ、貸出後もモニターしなければならない。各預金者が各企業の投資案件について個別にモニターすることは効率的ではない。その理由の一つは情報の重複生産の問題であり、もう一つはフリーライド問題である（他の人がモニターしていれば自分はしなくてもよいと多くの小口預金者が考える問題）。したがって銀行が、個々の預金者から「委託されたモニター」として、代表して融資先企業の情報生産を専門的に行うことは効率的である。その場合、「専門化の利益」も発揮される。

しかしエージェントである銀行は、企業情報の生産に関してモラルハザード誘因がある。すなわち銀行は情報生産を預金者にとっての最適水準よりも過小にし、情報生産費用を節約する誘因を持つ（注9参照）。したがって預金者（プリンシパル）が安心して銀行に預金を預けられない問題が発生する。その問題の対策として、例えば銀行が一定水準以上の自己資本を持てば、不良債権は自己資本で処理されるため、適切な情報生産誘因を銀行は持つことになる（第6章）。

D. ダイヤモンドの考え方をメインバンク関係に当てはめてみよう。この場合、「非メインバンクがプリンシパル」であり「メインバンクがエージェント」である。メインバンクは、当該企業に同時に融資を行う複数の非メインバンクの"委託されたモニター"として、当該企業の情報を独占的に生産する。メインバンクが融資前の審査で企業の質（またはその企業が計画している投資プロジェクトの質）を見極め、かつ融資後のモニタリングや経営コンサルティングなどを行えば、非対称情報問題を防ぐことができ、企業の経営効率が改善される。非メインバンクは情報生産を行わなくとも、当該企業に融資を行い利子収入を獲得でき得る。

メインバンクの情報生産により投資プロジェクトの質が保証され（審査）、モ

ラルハザードも抑止され（モニタリング）、経営コンサルティングも与えられるため、資金の返済確率が高まるという恩恵を非メインバンクは享受できる。しかし、**情報生産費用**はメインバンクのみが負担する。すなわちメインバンクの情報生産は**外部経済効果**を生み、非メインバンクによる情報生産の**フリーライド問題**を生む。非メインバンクとして融資に加わり情報生産費用を節約した方が有利であれば、メインバンクの成り手がなくなる、あるいはメインバンクの情報生産量が非メインバンクが望む水準を下回る問題が生じる。それはメインバンクの**情報生産に関するモラルハザード問題**であり、メインバンク関係を考える上で無視できない問題である[10]。そのフリーライド問題の解決は後に論究するが、例えばメインバンクがトップ・レンダーとなることや、情報生産者としての信頼を築くことなどが重要となる[11]。

(2) トップ・レンダー

メインバンクが「トップ・レンダー」であること（**特徴(2)**）は、メイン融資先企業のピーチ・シグナルとして機能し（**シグナリング**）、かつメインバンクの情報生産のモラルハザード問題を抑止するメカニズム（**誘因両立性条件**）であると考えられる[12]。

企業情報に関して、メインバンクと非メインバンクとの間には情報の非対称性がある。メインバンクが当該企業に多く資金を融資すれば、当該企業がピーチ（有望）であるシグナルを発信する。もしレモン（有望性に乏しい企業）であれば、メインバンクは多くの資金を融資しないからである。したがってメインバンクの多額融資は「**事前の情報生産**」で、当該企業に有望性が見出されたシグナルとして機能する。

「**事後の情報生産**」に関し、非メインバンクはそれをほとんど行わず、メインバンクの事後の情報生産にフリーライドする。しかしメインバンクの「情報生産量」は公開されない。もし非メインバンクがメインバンクの情報生産に関するモラルハザード（＝情報の過小生産）を疑えば、当該企業融資に消極的となる。その場合、当該企業は必要な資金を充分には調達できない（メインバンクのみで必要な資金全額を融資することは、リスク分散の観点から望ましくない）。

メインバンクは、情報生産の量や質についてデータ化して市場に知らせることはできない。情報生産に関する数値化された統計量は存在しないが、もしデー

タ化できたとしても、その真偽を誰も知ることができない（＝メインバンクはそのデータ化した統計量を都合よく操作できる）。そこでメインバンクは、「誘因両立性条件」（＝モラルハザードを起こさない方がメインバンク自身にとって有利となる条件）を満たすことを客観的に示す必要がある。その方法の一つは、メインバンクがトップ・レンダー（融資比率最大）になることである。融資額などの財務データは公表義務（法律）があるため、シグナル効果を持つ。

　メインバンクが「事後の情報生産」を怠れば、当該企業の資金返済確率は低下する。メインバンクが情報生産に関してモラルハザードを行うと、メインバンク自身が一番大きな損失を被る状況をメインバンク自身が創り出せば、それが誘因両立性条件となる。「融資額」（公表データ）は市場に伝達される。メインバンクがトップ・レンダーであれば、メイン融資先企業が債務不履行に陥った場合、最も大きな損失を被るのはメインバンクである（最大の不良債権を抱える）。したがって、メインバンクは事後の情報生産を精力的に行うことが自身の利益と合致する[13]。メインバンクは、他の銀行からメイン融資先企業への融資を引き出すため、トップ・レンダーになる必要があるが、この点からも情報生産に関するフリーライド問題（情報の過小生産問題）は軽減される。上述のように、メインバンクの「トップ・レンダー」と「情報生産」とは密接な関係を持つ。

　銀行離れが進むまでは、大企業のトップ・レンダーとなれば多額融資となるため、その貸出債権が不良化することの痛手は大きく、メインバンクは情報生産誘因を充分に持った。中小企業の場合は、融資額自体は大きくはないが、将来的に優良メイン融資先企業に成長すればメインバンク・レント（後述）が大きくなるため、やはりメインバンクは情報生産誘因を強く持った。

　銀行は「預金者の委託されたモニター」（D. ダイヤモンド）であると先に述べたが、小口預金者は銀行が融資先企業の情報生産を行っているか否かわからず、また融資額などの公表データをチェックする機会費用を負担したがらない。しかしメインバンクがトップ・レンダーとなり企業情報の生産を充分に行う誘因を自ら持ち、同時にそのことで非メインバンクの貸出債権も健全化できるならば（非メインバンクは融資額などをチェックする）、預金者は一般常識としてメインバンク関係の広範な形成を知れば安心して預金できる。すなわちメインバンクが「預金者」のみならず「非メインバンク」の「委託されたモニター」となる

暗黙的なシステムが社会で広く形成されれば、銀行部門は預金獲得の効率を高めることができ得ると同時に、その資金を効率的に融資に回し得る。

(3) 長期的融資関係

長期的融資関係（**特徴**(3)）の構築は、企業にとって安定的な資金獲得を意味する。長期取引はレモン問題を緩和し（第2章）、かつ企業のモラルハザード問題を緩和する（第3章）。長期的融資関係により非対称情報問題を緩和できることは、メインバンクにとって有益であるのみならず、企業にとっても有益である。なぜならばレモンでない（＝優良企業）と各銀行から認識されれば、企業は貸出金利を安くしてもらえ、モラルハザード誘因が少ないと認識されればその分だけ資金返済確率に高い評価が与えられ、安い金利で融資が受けられる（＝「**エージェンシー費用**」を節約できる）からである[14]。

また後述の通り、長期融資関係でメインバンクは保険提供機能をも発揮し得るが、それは企業とメインバンクの双方にとって有益である。

メインバンクの情報生産費用が割高であれば、メインバンクの参加条件を満たすことができず、融資が行えない。またその情報生産費用を金利に上乗せすれば、企業の参加条件を満たせなくなり得る。したがって、「割安に企業情報を生産する」ことがメインバンクにとって重要である。新たに融資する企業は一から調べなければならないが、継続的融資関係にある企業は過去に調べた情報が蓄積されているため、銀行の情報生産費用は割安になる。各期に行われる情報生産は銀行にとって「投資」（フロー量）であり、その結果蓄積された「企業情報」（ストック量）は、銀行の有益な**無形資産**となる。蓄積された企業情報は当該企業融資の他にも役立つが、特に同業他社への融資に有益である。

銀行はメイン融資先企業をリスク分散の観点から多く持つが、それにより蓄積された多種多様な情報は組み合わされ、相乗効果を発揮して有益性を高め得る。企業情報蓄積の観点からも、「長期的融資関係」はメインバンクにとって有意味であり、「情報生産」と関連性を持つ。また長期的融資関係においては、「暗黙の契約」が行われることが多いため、明示化された短期契約を繰り返していくよりも契約コストが減少する利点が指摘されることもある。

(4) メインバンクの株式保有

メインバンクはメイン融資先企業の株式を保有する（**特徴**(4)）ことで、当該

企業の**株主**となる（日本では、独占禁止法で銀行による非金融部門企業の株式保有比率は5％以内と定められている）。メインバンクは当該企業の債権者として不良債権化を防ぐべく情報生産を行うが、株主としても株価下落を防ぐべく情報生産を行う誘因を持つ。

　銀行は株主の立場を活用して企業統治や経営コンサルティングを行い企業経営に関与して、企業の投資プロジェクトの成功確率の増大に貢献する。またメインバンクは債権者と同時に株主となることで、ステークホルダー間の利害調整を行いながら当該企業の経営を適切にコントロールできる立場に立てる。

　メインバンクがメイン融資先企業の株式を保有すれば（持株数は公開情報）、当該企業の情報生産誘因が高まるため、非メインバンクに対して安心して融資に参加できるシグナルを示せる。メインバンクの株式保有は情報生産に関する**誘因両立性条件**を補強するが、**株式持合い**の一環ともなり「資本市場を通じた企業統治」を阻害する。しかしメインバンクは**安定株主**である以上、当該企業の株式保有が不利だと思う時点（株価下落が予想できる時点）で、当該企業の同意を得ずに即座にその株式を売却しない。したがって当該株式の株価下落を招かないように（企業収益が悪化しないように）、当該企業の情報生産に尽力する誘因を持つ（企業統治に貢献）。また企業利潤の増大で株価が上昇しても、メインバンクは安定株主として当該企業株を売ることも同意を得ずには行わないが、その場合には増益分の配当を得られる。

　もしメインバンクが安定株主として責任ある行動をしなければ、すなわち「持合い株式」を自分勝手に売却すれば、メインバンクとしての信頼を失う。上述のようにメインバンクの「株式保有」も「情報生産」と関連性を持つ。

(5) 役員派遣

　メイン融資先企業の経営が順調な場合、通常メインバンクは役員派遣を行わない。しかし企業経営に問題が生じると役員を派遣し（**特徴 (5)**）、経営の立て直しを図る場合がある。メインバンクから取締役の選任が行われるとき、**社長交代**が行われる場合も多く見受けられる。

　企業は生産物（サービスを含む）を作る技術や知識を専門的に持っている。その専門家である企業に対してメインバンクが経営に介入（または経営コンサルティング提供）が行える理由は、**情報集積**による。「企業」は同業他社情報などをあ

る程度は持つが、基本的には自社のことしか知らない。それに対して「銀行」はリスク分散の観点から多種多様な業界・企業へ融資を行っており（第1章）、それらの企業の中にはメインバンクとして情報蓄積をしている企業も多数ある。銀行はそれら多種多様な情報を組み合わせて相乗効果(シナジー)を生み出し、当該企業に有益な情報を生産し得る。当該企業に部品を供給している企業の情報や、その下請け企業の情報、またそれらの関連企業に資源を供給している企業の情報、さらには国際業務を行っている企業の情報（輸出入関連の国際情勢情報）など、多種多様な情報を分析して組み合わせ、有益な情報を銀行は生産し得る。ただし、同業他社などの製品や技術などに関する重要な企業秘密を、銀行は厳格に秘匿する。そうしなければ銀行として評判を落とし、ビジネスが成立しなくなるからである[15]。

メインバンクは役員派遣により、当該企業情報を吸い上げる効率を上げ、効率的に経営の軌道修正を行い得る。また必要な場合には経営コンサルティングを企業に対して効率的に行い、そして企業統治に貢献する。すなわち「役員派遣」は「情報生産」と関連を持つ。

企業経営者のモラルハザードを制御する問題は重要であり、多くの理論研究がある。その中で負債の役割に注目し、「社債権者」と「銀行」の二者に焦点を絞り、両者が企業経営に及ぼす影響の相違を不完備契約理論に立脚して分析した研究がある[16]。その分析視点の延長で、メインバンクの役員派遣を次に考えてみよう。

企業経営者は経営に携わること自体で効用（パーク）を得ることがあり（第3章（注5）参照）、自分が発案した投資プロジェクトが順調に軌道に乗っていない場合でもそれを続行する誘因を持ち得る。例えば経営者がある商品を発案して創り、その変形バージョン商品なども次々に市場に出せば人気を博すと考え、資金調達をしてそのプロジェクトに着手したとしよう。今は思うように商品は売れないが、そのうち人気が出ることを経営者は信じ（自分の経営センスを信じ）、プロジェクトを続行させるケースを考えよう。

「社債権者」と「銀行」とを考えた場合、前者が企業に続行中のプロジェクトをストップさせることは難しい。社債権者は経営者に対し、供給した資金を当該プロジェクトに投入し続けるのを止め、ただちに企業を清算し企業資産を

売却して、その資金を返済に当ててほしいと考えるであろう。成功見通しに悪い兆しが出たプロジェクトに資金投入を続けても収益を生まず、その資金を失ってしまう。現時点であれば企業が保有している原材料（部品など）は売却でき、返済資金の一部に充当できるが、それを生産に投入して売れる見込みのない生産物にしてしまえば、捨て値で売るしかなくなる。

　ここで問題となるのが**立証不可能性問題**である。投資プロジェクトの成功見込みが乏しいことが債権者に判明した時点で、そのことを裁判所など第三者に立証できるのであれば問題はない。債権者は、企業経営者と事前に（社債を買う前に）「プロジェクトの成功見込みが乏しいと判明した時点でただちに企業を清算し、資金返済を行う」と契約しておけばよい。

　しかし立証不可能性問題があれば、それができない。「成功見込み」に関して記述する条項があまりにも複雑で多岐にわたるため、事前に作成できる契約が「**不完備契約**」となり、成功見込みが少ないことを立証することが難しい。したがって企業経営者は自分が発案した投資プロジェクトを続行するが、その結果、プロジェクトが失敗に終われば満期に社債権者に約束した資金を返済できない（債務不履行）。社債権者は、商品販売不振の現状で、当該企業の社債を売却しようとしても買い手が見つからないか、安値でしか売れない。

　それに対してメインバンクは企業経営に問題を察知すれば、それが立証不可能であろうがただちに**役員派遣を行い経営に介入する**（経営コンサルティングを含む）。メインバンクは同業他社などを分析し、情報生産により蓄積した無形資産を活用し、当該企業の軌道修正を図る（現在流行の要素を加味するだけで大幅増益となる場合もある）。メインバンクは当該企業情報を最も蓄積しておりコミットメント（融資額や保有株式など）が大きいため、他の株主や債権者など**ステークホルダーの多くがメインバンクの経営介入に賛同する**。ほとんどすべての株主は自分よりもメインバンクの方が当該企業情報を多く蓄積し、より適切な判断ができる立場にあることを知っている。また、メインバンクが自身の評判を毀損しないように、ステークホルダー全体の利益を考慮した上で最適な行動を行うことをも大多数の株主は知っている。過半数の株主がメインバンクの経営介入に賛同すれば、メインバンクは当該企業をコントロールできる[17]。メインバンクの経営介入に他のステークホルダーが賛同するため、不完備契約問題は回

避され、企業経営の軌道修正が即座に行われる。

(6) メインバンク・レント

　メインバンクは、メイン融資先企業に同時に融資を行う非メインバンクよりも多くの利益を獲得できる。その余剰利益は**メインバンク・レント**と呼ばれる。メインバンク・レント(**特徴**(6))もメインバンクの情報生産と関係を持つが、(ⅰ)でメインバンク・レントの内容を述べ、(ⅱ)でそれがメインバンクの情報生産と関連を持つことを述べる。

　(ⅰ) メインバンク・レントの内容

　池尾（1989）において、メインバンク・レントとして企業が為替取扱業務をメインバンクへ集中させる（手数料獲得）ことや、給与振込口座のメインバンクへの集中（預金獲得）が挙げられている[18]。またメインバンクは、メイン融資先企業の企業預金を多く獲得できるが、特に高度成長期では**拘束預金**により**実効金利**を高めることができた[19]。それ以外のメインバンク・レントについて以下で述べる。

　メイン融資先企業はメインバンクの「天下り」先となる（＝メインバンクを定年退職した銀行員の再就職先となる）ケースが多い。定年後の就職先が確保できれば銀行員の士気は高まる[20]。銀行は、多くの企業のメインバンクとなることで銀行員の天下り先を多数確保すれば、給与を大幅に引き上げなくても優秀な人材を雇用でき、また勤労意欲を高めることができる。それもメインバンクならではの利点である。そして企業側は、資金供給源であるメインバンクと安定的な取引関係の強化を望み——特に銀行離れが進展する以前に——、メインバンクから人材を受け入れ人的関係を強める誘因を持った。

　(ⅱ) 情報生産とメインバンク・レントの関係

　メインバンクは、メイン融資先企業に関して上述のようなメインバンク・レントを入手できるが、その理由は「すでに確立したメインバンクの地位」を他の銀行から奪われることがないからである。すなわち「すでに確立したメインバンクの地位」に関して**参入障壁**があるため、他の銀行とその地位をめぐり競争が生じないからである。もし競争になれば、メインバンク・レントは消滅する。

　ある銀行をメインバンクとする企業に対して、他の銀行（複数）がメインバ

ンクの地位を奪取しようと競争を繰り広げれば、各銀行は競って金利などの融資条件を企業側に有利に設定して提示し合うため、結果としてメインバンク・レントは消滅する（＝メインバンクは留保利潤しか獲得できない）。

　メインバンクの地位に関する参入障壁は、日本の銀行業界が戦後において寡占産業であることのみならず、**メインバンクの情報生産機能**とも関係している。

　企業がメインバンクに求める「企業救済」（後述）などの機能も、メインバンクの情報生産能力と関係するため、最も効率的に当該企業の情報生産ができる銀行がメインバンクに適する。同程度の情報生産を高費用でしか行えない銀行は、低費用で情報生産ができる銀行よりも貸出金利などを高くする必要が生じるため（そうでなければ留保利潤を獲得できないため）、企業にとって不利である。貸出金利に留まらず、経営コンサルティングなどメインバンクの諸機能は情報生産能力と関係するため、当該企業情報を充分に蓄積している銀行がメインバンクである方が企業にとって望ましい。

　メインバンクは、当該企業の情報を継続的に生産し蓄積しているため、他の銀行よりも低費用で当該企業の情報生産を行える。すなわち**蓄積した情報（無形資産）が参入障壁（メインバンクにより築かれた障壁）**として機能するため、非メインバンクは既存のメインバンクよりも有利な融資条件を当該企業に提示しにくい。メインバンクは非メインバンクよりも貸出（実効）金利が高いが、後述する通り、それが「メインバンクの保険提供」に対する「保険料込みの金利」であることを考慮すれば、非メインバンクはメインバンクよりも当該企業にとって有利な条件（保険提供をも含む）を提示できない。換言すれば、上述の参入障壁が低い銀行は、メインバンクの地位を他の銀行に奪取されやすい[21]。

　他の銀行がメインバンクの地位を奪取するためには、メインバンク関係の特徴を形成するためのセット・アップ費用を要する。他の銀行は、当該企業の情報をメインバンクほど蓄積できていないため、新たにメインバンクの座に就くには、情報生産に関する費用が当初割高となる。それらの費用を負担して、その企業に従来以上の利得を与えようと思えば（金利などを安くして当該企業を奪取しようとすれば）、その銀行は当面の間その融資関係で黒字を得ることが難しい[22]。

　ところでメインバンク・レントが充分に大きければ、当面の間は赤字覚悟でメインバンクの地位を奪取し、取引継続で企業情報の蓄積も進めば、やがて利

益を黒字に転換できる可能性がある。長期的に見れば、「将来的に獲得できる動学的利益（割引現在価値）」が「メインバンクを奪取するために被る当面の費用」を上回ることは起こり得る。しかし既存のメインバンクの「参入障壁（蓄積された情報）が充分大きければ」、他の銀行にとってはその黒字転換が"遠い将来"のことになる。

　銀行は預金払戻し要求に即時に対応できなければならないため、長期的利益を計算するには限度がある。メインバンクの地位を奪取して長期的には利益となるとしても、それに非常に長い期間を要するならば、メインバンクの地位の奪取は銀行にとって最適ではない。「メインバンク・レント」は銀行の「情報生産」と関係し、蓄積した企業情報が「参入障壁」となるためメインバンク・レントが確保される[23]。企業側もメインバンクの変更で、新たなメインバンクに一から経営内容の説明を行うなどのセット・アップ費用を要するため、融資条件が大きく改善されない限り、メインバンクを変更する誘因を持たない。

(7) メインバンクの保険提供機能
（ⅰ）メインバンクの保険提供と長期取引

　メインバンクはメイン融資先企業に対し、特に高度経済成長期において、非メインバンクよりも実効ベースで高い貸出金利で融資を行う傾向にあった（注19参照）。そしてその見返りに、メイン融資先企業への貸出金利の変動幅を、市場金利の変動幅よりも小さくすることができた[24]。またメインバンクを持つ企業の方が持たない企業よりも安定的に資金供給を受けられる（メインバンクは融資額の変動幅を小さくした）[25]。メインバンクがメイン融資先企業に対して金利変動幅を小さくする、または融資額の変動幅を小さくすることで、企業は変動リスクを軽減できる。それは**メインバンクの保険提供機能**と呼ばれる（**特徴(7)**）。メインバンクは拘束預金により貸出金利を実効ベースで高くできる（＝実効金利）が、その高まった分の金利が暗黙的な「保険料」に該当する。

　日本の高度成長期における低金利政策の下で貸出金利が高騰することはなかったが、市場動向を受けた金利変動はあり、経済主体は金利変動リスクにさらされた。日銀のマネーストック供給の変化などにより、金融市場に潤沢に資金が供給される時期とそうでない時期がある[26]。また当時は日銀による窓口指導（各銀行に対する融資額上限の指導）も行われた。

当時企業の資金調達手段が限られた中で、メイン融資先企業に対してメインバンクは貸出金利や融資額の変動幅を小さくする保険機能を果たした。メイン融資先の融資額変動を少なくする分、他企業への融資額を変動させる必要が生じた。企業は非メインバンクからも融資を受けるため、融資額変動リスクを被った。しかしメインバンクの融資額は最大なため、メインバンクを持つ企業の方が融資額の変動が緩和された。

　この保険提供機能で、メインバンクは「実効ベースで高くした貸出金利」の分を暗黙的な保険料として獲得できるが、それはメインバンク・レントの一部として理解できる。メインバンク・レントがメインバンクの情報生産と関連あることはすでに述べたが、その論理の延長で保険提供機能も情報生産と関連することが理解できるであろう[27]。

　メインバンクはメイン融資先企業の情報を無形資産として蓄積しているため、当該企業が構造不況業種などに陥らない限り、メイン融資先企業と長期的取引関係を望む。通時的に変動する金利などの動きを平準化し、メイン融資先企業に保険提供を行う機能は、**長期的取引関係の前提**の下で成り立つ。そのことからもメインバンクの保険提供機能は、メインバンクの情報生産（情報蓄積）と関連を持つ（取引を終了すれば、メインバンクは蓄積した当該企業情報という無形資産を喪失するため、長期的取引関係にコミットできる）。

　非メインバンクは継続的に融資を行うとは限らないため、すなわち継続融資にコミットしていないため、メインバンクほど保険提供機能を発揮できない（変動幅を小さくできない）。また非メインバンクはメインバンクほど企業に対する交渉力を持たないため、拘束預金による暗黙的保険料獲得もメインバンクよりも少なくなる可能性がある（拘束預金は暗黙的なものであり、交渉力を反映したものである）。

（ⅱ）保険提供と勤労意欲

　メインバンクの保険提供は、労働市場における「暗黙の契約理論」に対応し、企業が労働者の賃金変動を小さくする保険を提供することに該当する[28]。その議論の延長で、メインバンクの保険提供はメイン融資先企業のモラルハザード抑止に貢献すると考えられる。

　メインバンクを持つ企業は、メインバンクの保険機能で企業収益の変動を相

対的に安定化でき、労働者給与（賞与を含む）をその分安定化でき得る。したがって労働者のモラルハザードを抑止できる可能性がある。なぜならば、メインバンクを持つ企業の労働者がモラルハザードを起こし、上司の不意なモニターでそれが発覚して馘首され、次にメインバンクを持たない企業に再就職したならば（ある確率でメインバンクを持たない企業に再就職する）、相対的に大きな賃金変動（賞与変動）のリスクにさらされる可能性があるからである。企業の労働者が賃金変動リスクを嫌うならば、現在の職場（メインバンクの保険提供機能で給与の変動が相対的に少ない現職）を解雇されないように、モラルハザードを慎む誘因を持つ[29]。そのことはメインバンクの企業統治を補強し、メインバンク自身にとっても好都合である。

　銀行による保険提供が理論的に成立するためには、前提として企業は銀行と比べて相対的にリスク回避的である必要がある。銀行は、第1章で考察したリスク分散の観点から多種業界の様々な企業に融資するため、企業と比べれば相対的に"リスク回避的でない"と考えられる。多角化経営の大企業（＝リスク分散できる）や、多額の株式投資（財テク）を行っている大企業を除き（＝様々な業界にわたる多数企業の株式保有で配当を獲得し、リスク分散を行える場合を除き）、通常企業の方が変動リスクを相対的に嫌う傾向にある。したがって長期的な融資関係において貸出金利や融資額の変動幅を小さくすれば、リスク回避的な企業の利得は高まると考えられる[30]。

　ところで、メインバンクがメイン融資先企業に対して安定的に資金供給を行う理由は、保険提供を通じた暗黙的保険料の獲得が主目的ではなく、企業の成長過程で債務不履行リスクを減らし、優良な顧客企業に成長してほしいからである。企業の債務不履行リスクを減らすことは、他の条件を一定にして銀行の期待利潤を増加させるが、それによりトップ・レンダーであるメインバンクの利益が最も大きくなる。また企業規模が拡大すれば為替手数料収入なども増え、企業預金も増えるなどメインバンク・レントの増大が期待できる。企業規模拡大で当該企業への融資額が増えるが、それもメインバンクにとって有利である。なぜならば当該企業に対する情報生産の規模の利益が働き、また優良顧客へ成長した企業への融資拡大は銀行の期待利潤の増大を意味するからである。

　したがってメインバンクは、メイン融資先企業がモラルハザードを起こさず

に健全に成長することを望む。上述のように、保険提供でメイン融資先企業労働者のモラルハザード誘因を軽減できることも、メインバンク自身にとって有益である。

　企業にとって資本市場からの資金調達は限られており（高度成長期）、また資本市場は金利変動リスクが大きかったため（当時はリスクヘッジ手段も限られていたため）、メインバンクの保険提供機能で安定的に資金供給を受けられれば、企業は中長期計画通りの成長を見込むことができた。企業が大企業・中堅企業に成長すれば、当該企業の労働者のモラルハザード誘因はさらに軽減する。優良企業に成長した就職先を馘首されたくないため、労働者はモラルハザードを自粛する誘因を持ち得たのである。

　メインバンクは、金利や融資額の変動を抑え、**安定的な資金供給により企業成長を促し**、かつ**企業労働者の勤労意欲を高め**、その結果将来的に大企業・中堅企業に成長した企業のメインバンクとしてレントを多額に稼ぐ誘因を持った。メインバンクの保険提供（＝企業の安定成長）は当該企業にとってプラスであるのみならずメインバンク自身にも有益であり、かつ企業労働者の労働意欲増進効果で経済発展に寄与した側面も見逃せない。

(8) 企業救済

　銀行による**企業救済**とは、企業が返済期日に融資資金を契約通りに返済できない場合（＝債務不履行）に、銀行が「資金返済猶予」、または「金利減免」、あるいは「債権放棄」などをして企業の倒産を回避させることを意味する。

　メインバンクはメイン融資先企業の情報蓄積（無形資産）をし、資本関係などを持つため、非メインバンクよりも当該企業の倒産を回避させる誘因を強く持つ。したがって企業再建の見通しが立つようなケースでは、メインバンクは企業救済を実行する（**特徴**(8)）。

　メインバンクは他の非メインバンクに企業救済を働きかけ、必要な資金供給を継続させるべく行動する。メインバンクを持たない企業の場合、そのような働きかけを主導的に起こす銀行が現れない限り、清算される可能性が高い。ただしメインバンクを持たない企業も、銀行の判断で救済されることはある。以下では、最初にメインバンクを持たない企業の救済を考え、次にメインバンクを持つ企業の救済を考えよう。そして最後に企業救済の問題点を考える。なお、

メインバンクの企業救済を保険機能（保険金支給）と考える解釈もある。しかし以下で考察するように、それでは説明がつかないほど大きな費用負担で企業救済が行われるケースがあるため、本書では保険機能に含めずに考える。

（ⅰ）企業救済：メインバンクを持たない企業のケース

「メインバンクを持たない企業」が**一時的な流動性の危機**に陥り、融資資金を返済できない状況を考えよう。このケースでは、各銀行がそれぞれ当該企業の情報生産を行い融資をしている。各銀行は当該企業の金融資産や不動産、そして在庫などの動産に抵当権を設定している場合が多い（**有担保原則**）。もし企業が債務不履行に陥れば、各銀行は債権者としての権利を行使し、担保を取得できる（社債権者も同様であるが、株主は残余請求権者である）。その場合、企業は清算され、倒産する。

しかし銀行は企業を救済し、当該企業と取引関係を維持するオプションを持つ。救済すれば金利減免などを行うため、銀行は当面の間損失を被る。しかし救済で企業経営が立ち直れば、銀行は利子収入などの利得を通時的に獲得できる。企業再建後の取引継続による銀行の動学的利得（割引現在価値）から、救済による当面のマイナス（金利減免など）を控除した値を、「銀行のネット救済利得」と呼ぼう。「銀行のネット救済利得」と「銀行が担保を取り上げて企業を清算した場合の利得」とを比較し、前者の方が後者よりも大きければ、銀行は企業救済を行う誘因を持つ。

その場合、「救済を行った銀行が当該企業に**継続融資の見通し**が立つ」ことが前提となる。メインバンク関係を持つ企業の方がその前提が満たされやすいが、そうでない企業でもその前提が成立する場合があり、救済される可能性がある[31]。

融資先企業が倒産すれば、銀行は新規顧客企業を見つけなければならない。たとえ見つけることができても企業情報を一から生産するため、情報生産費用が割高となる。費用をかけて複数の企業を審査しても、融資基準に適合する新規企業を見つけられない可能性もある。企業救済をすれば、それまでの取引で蓄積した当該企業情報を以後の取引で活かせる。融資先企業が経営危機に陥った場合、それが「一時的な流動性の危機」であり以後経営を立て直すことができ、さらに**継続融資による利得**を長期的視野から得られる見込みがあれば、企

業救済が銀行にとって合理的な場合がある(32)。

　企業が債務不履行に陥った場合、銀行は土地などの担保を取り上げて売却し、資金を確保する方が有利な場合がある（＝救済しない場合もある）。銀行にとってその方が有利とは、必ずしも金額的に担保価値の方が大きいことを意味しない。実際には担保価値が融資額を下回ることが多く、銀行に損失が生じるケースがある。しかし企業再建に手間取り、動学的な融資継続により銀行が得られる利益がプラスに転じるまでに"長い期間"を要するならば、銀行は企業をただちに清算し資金を回収する場合がある（時間選好率に依存する）。資金回収に長い期間を要すれば、銀行は預金者の預金払戻しに対応できなくなるリスクが高まるからである（特に預金総額が少ない中小の銀行はそのリスクが高い）。

　当該企業に融資している銀行のうちいくつかの銀行が企業救済に合意しなければ（企業を清算して担保を取り上げる方を望むのであれば）、企業経営の存続に必要な資金が不足し、企業救済は困難となり得る。一つの企業への各銀行の融資額はリスク分散の観点から限られるため、少なくとも融資額順位が上位の複数銀行の救済合意が不可欠である。当該企業に融資する複数の銀行（大手銀行や中小銀行など）は、それぞれ融資額が異なり、また銀行として保有する情報量（産業情報・経済情報などを包括的に含む）や情報分析能力などが異なる。そしてどの程度長期的視野でビジネス判断するかやリスク回避度も異なる。したがって企業救済が有利か否かという判断も銀行間で相違し得るが、その銀行間の調整役を果たすメインバンクを持たない企業は不利である。

（ⅱ）メインバンクの企業救済：一時的な流動性不足のケース

　「メインバンクを持つ企業」が一時的な流動性不足に直面し、融資資金を返済できないケースを考えよう。メインバンクは企業救済を決意すれば、今後の企業再建の見通しなどを他の銀行（非メインバンク）に説明する。企業救済をして融資を継続させることの方が各銀行の利益になる計算を示し、各銀行を説得する。

　メインバンクは企業救済の動機を最も強く持つため、救済を決意すれば当該企業への融資額を増やす場合が多い（企業救済のケースでは大口融資規制を監督官庁は緩和する）。メインバンクはメイン融資先企業の情報を一番多く蓄積しており、企業が倒産すればその無形資産を消失し、かつ倒産企業の情報を市場で売却す

ることはできない。これまでに蓄積した当該企業情報の無形資産価値が大きければ、安易に倒産させずに企業救済した方がメインバンクの利益となり得る。また資本関係や人的関係の観点からも、メインバンクは救済の動機を最も強く持ち得る。企業側も救済後もメインバンクとの取引関係を望むため、メインバンクは長期的視野から継続融資の動学的利益を計算して救済を決定する。

　救済に当たりメインバンクは当該企業への融資を増大させる。そして非メインバンクは融資を減少させる（当該貸出債権をある程度回収する）。そして救済後に企業経営が軌道に乗れば、融資比率をメインバンクは下げていき、非メインバンクは増大させていく（ただしメインバンクの融資比率は常にトップに維持される）。メインバンクがこのような融資額の調整を行うことで企業は倒産を免れ、メインバンク関係は維持される(33)。企業救済により企業が存続すれば、メインバンクは企業再建後にメインバンク・レントを動学的に獲得できるが、それが救済費用よりも大きければ、メインバンクは救済を決断する。非メインバンクも同様に、救済の動学的利益がその費用を上回る見込みの場合、メインバンクの救済に協力する。

　他方でメインバンクが「企業救済を行わない」ケースもある。例えば融資先企業が「構造不況業種」の場合がそうである。構造不況企業が債務不履行に陥り、新興国（低賃金）のキャッチアップに勝てる見込みがないなど、経営再建の見通しが立たない場合、メインバンクは企業救済を行わない。また構造不況業種のような場合にメインバンクが企業救済を行わなくとも、次の（ⅲ）で考えるようなメインバンクとしての評判を失うことはない。

（ⅲ）メインバンクの企業救済：企業統治失敗のケース

　これまで、企業が「一時的な流動性の危機」に陥ったケースについて考察した。しかしメインバンク関係で興味深いのは、メイン融資先企業がモラルハザードを起こして経営困難に陥った場合の企業救済である。その場合、**メインバンクのモニタリング（企業統治）が不充分**であったことを意味する。

　同業他社が順調な経営状態にある中で融資先企業が不自然に経営難に陥った場合、当該企業のモラルハザードの可能性をすべての銀行は察知し得る。非メインバンクは当該企業の情報生産を行わないことが多いが、当該企業以外の企業に対してはメインバンクとして情報生産・蓄積を行っている（同業他社をも含

む)。したがって非メインバンクは、当該企業の経営難が経営者のモラルハザードによるものであるか、不景気や原材料高騰など外生的要因によるものかを認識でき得る。

第3章のモラルハザードの定義では、事後的にもエージェント（＝メインバンク）のモラルハザードをプリンシパル（非メインバンク）は認識できない。しかし非メインバンクは銀行として情報生産・蓄積（産業・経済情報など包括的な情報生産）をしているため、企業が業績不振に陥った時点でその原因がモラルハザードによるものか否かを低費用で調査できる。これは非メインバンクによる事後的情報生産のケースであるが、第3章（注18）で言及したCSV（costly state verification）のように立証可能である必要がない。「**立証不可能**であれ、非メインバンクが事後的にモラルハザードを低費用で認識できる」点が重要である。立証が不要のため、非メインバンクは融資のプロとして低費用で即座に調査可能であり、「モラルハザードが濃厚に疑われる」という精度の情報が生産できれば充分である。

また当該企業がモラルハザードを起こさなくとも、同業他社の経営が順調な中で当該企業業績が低迷すれば、メインバンクの事後的情報生産の一種である**経営コンサルティング**が不充分であることを意味する。そのケースでも企業がモラルハザードを起こした場合と同様に、メインバンクの情報生産者としての評判は失墜する。したがって後述のように、メインバンクは企業救済を行う必要が生じる。

メイン融資先企業がモラルハザードを起こし経営難となった場合、メインバンクは大きな損失を支払ってまでも企業救済に乗り出すが、その点が前述の「一時的な流動性の危機に陥った場合」と大きく異なる。企業のモラルハザードが原因で経営難に陥った場合、メインバンクは非メインバンクに損失を極力与えないように行動し、当該企業の非メインバンクへのスムーズな満期資金返済のための追加融資を行うなどの対応を速やかに行い、かつ経営再建計画を示した上で非メインバンクに継続融資の協力を呼びかける。

メインバンクは、資金返済猶予、追加融資などと同時に役員派遣（社長交代を含む）や経営コンサルティングなどを当該企業に対して精力的に行い、経営再建に全力で取り組む。それらの行動によりメインバンクが被る費用は、救済

後の当該企業との取引関係から将来的に得られる動学的利益よりも高くなるのが通常である。

　上述のように大きな費用を負担してまでメインバンクがモラルハザードを起こした企業の救済に懸命となる理由は、情報生産者としての**メインバンクの評判(無形資産)** の毀損を最小限に食い止めるためである。企業の不祥事などをきっかけに、"その銀行はメインバンクとしての情報生産能力（企業統治能力）を充分に持たない" と他の銀行が判断したとする（立証不可能要因による判断でかまわない）。その場合、その銀行のメイン融資先企業に融資している「複数の非メインバンク」は、その企業の貸出債権の評価を下方修正する。すなわちメインバンクの企業統治に不備があると思えば、当該企業融資の貸出債権の不良化確率を各銀行は高く計算し直す。各銀行は不良債権確率が増加した貸出債権の回収を望み、また融資継続に慎重となる。

　銀行は複数のメイン融資先企業を持つが、それらすべての企業に関し、融資に加わる「複数の非メインバンク」が次々と資金を回収していく事態となれば、当該企業そして当該メインバンクへの打撃は甚大である。「複数の非メインバンク」が貸出を継続させず、満期が来た資金を次々に回収していけば、当該企業は資金不足となる。またその事態はメインバンクにとっても不都合である。"メインバンクが情報生産者として不適合である" という非メインバンクの判断が「**立証不可能**」な要因によるものであれ、非メインバンクは当該企業への融資を以後自由に断ることができる。

　メインバンクの情報生産を信頼し（メインバンクの情報生産にフリーライドし）、非メインバンクが当該企業融資に次々に参加してくることは「**カウベル効果**」と呼ばれる。「カウベル効果」は、信頼ある銀行がメインバンクとして融資をしていることが当該企業の有望性のシグナルとして機能し、他の銀行のフリーライドを惹起することを意味する（首に鈴〔bell〕をつけた一頭の牛〔cow〕を餌場に連れて行けば、他の牛たちもその牛の後に付いていく習性に由来する効果）。

　メインバンクが非メインバンクから "委託されたモニター" としての信頼を失った場合、それとは逆の作用で非メインバンクが次々と当該企業から資金を回収していく「**逆カウベル効果**」が惹起され得る。銀行はすべてのメイン融資先企業に対して自身のみで必要な資金の全額を供給できないため、他の銀行の

融資が必要である。したがって「逆カウベル効果」に直面すれば、当該企業は経営に支障を来たし、メインバンクはトップ・レンダーとして経営悪化の影響を一番大きく受ける。メインバンク・レントも消滅し、当該企業株価下落の含み損をも被る。メインバンクは情報生産能力不足と他の銀行に思われる事態を招き、"委託されたモニター"としての評判を失うダメージは甚大である。

　メインバンクはその評判（無形資産）の毀損を最小化するため、多大な損失を被ってでも当該企業の再建に尽力する。企業が再建に成功すれば、他の銀行の貸出債権は保全される。したがってメインバンクが企業再建計画と再建努力を意欲的に示せば、非メインバンクは資金回収に躍起になることはない。そのような事後的処理にメインバンクは多額の費用を要するが、それは情報生産を怠ったこと（＝**メインバンクの情報生産者としてのモラルハザード**）に対する"ペナルティー"として機能する。ペナルティーが大きいからこそ、メインバンクは情報生産に関するモラルハザードを自制し、「委託されたモニター」の責務を果たす誘因を強く持つ。

　しかしそのペナルティーを自身に課さない銀行があれば、すなわち企業救済を懸命に行わない銀行があれば、"メインバンクとしての情報生産に関するモラルハザード誘因が高い"シグナルを発する。上述のペナルティーは契約された公式なものではないが、ある銀行がそのペナルティーの存在を無視する行動を起こせば、モラルハザード誘因が高い銀行であるシグナルとして伝播し、逆カウベル効果を招く。ペナルティー回避のシグナル形成は自殺行為であるため（寡占である銀行業界において、悪いシグナルは速やかに業界全体に届くため）、上述のようにメインバンクは企業救済に尽力する[34]。

　企業経営が不振に陥りメインバンクのモニタリングで当該企業のモラルハザードが発覚したとき、メインバンクはその事態について非メインバンクに嘘（需要減少などの嘘）を伝え、継続融資を願い出ることは得策ではない。他の銀行の信頼を失えば、以後メインバンクとしての活躍の舞台を失う。非メインバンクは不審に思えば、金融のプロとして低費用で嘘か否かを立証不可能レベルで即時に低費用で調査できる。メインバンクにとっての最善策は、ただちに非メインバンクにモラルハザードの調査結果を説明し、企業再建策や役員派遣による企業統治強化（社長交代を含む）などを説明し、自らの費用負担で経営の軌道

修正を即時に断行する意思を示して、他の銀行に協力を仰ぐことである。

　企業のモラルハザードで経営難に陥ったのであれば、原因は構造不況など回復不能なものではなく、メインバンクの企業統治問題である。したがってメインバンクが非メインバンクの協力を得て企業を救済して軌道修正を図れば、将来的に回復が見込まれ得る。しかし企業はモラルハザードで（特に不祥事などの場合）、市場で評判という無形資産を減価させた可能性があり、その回復に手間取るかもしれない。メインバンクは早急な企業業績の回復に全力で取り組み、他の債権者などステークホルダーの不利益を最小化し、情報生産者（非メインバンクなどステークホルダーから委託されたモニター）としての評判の毀損を最小限に食い止める必要がある[35]。

　ただし充分なメインバンクの「事後の情報生産」の下で企業経営が悪化したならば、その原因は不況や震災などすべての銀行に明確な場合が多い。そのような場合であれば、メインバンクは他の銀行に原因を説明すれば自身の評判が毀損されないため、企業救済を行わないケースもある。

　戦後日本の銀行業は寡占産業であり、競争制限規制（金融自由化まで）などにより銀行に「超過利潤」が生じた。メインバンクが多大な費用を費やして企業救済を行えた理由は、超過利潤のすべてを配当に回さず一部を「内部留保」として蓄えたからであり、その内部留保は企業救済に活用された[36]。

（ⅳ）企業救済の副作用

　企業はメインバンクを保有すれば"経営難に陥っても救済される"という安心感を持つ。それが企業のモラルハザード誘因を助長する問題が生じる。企業経営者は、融資資金の一部を自身の効用を高めることに流用するなどのモラルハザード誘因（**パーク**〔第3章〕）を持つ。そのモラルハザードにより企業業績が悪化し（あるいは債務不履行となり）、メインバンクが企業救済に乗り出せば、企業経営者は更迭されるケースも多く見受けられる。

　企業が倒産に至れば、従業員（従業員家族）・社債権者・銀行・株主・取引先企業や顧客など、多くの人々に多大な迷惑がかかり、また企業経営者自身も評判も落とすという**心理コスト**を負担する（法律違反がなくとも、批判的な目が経営者に向けられる）。しかし企業救済が前提となれば、経営者のその心理コストは軽減され、自己利益の実現に関心が向く。「**更迭の可能性**」を考慮しても、「**パー**

クの効用」が上回れば、企業経営者のモラルハザード誘因を高める副作用をメインバンクの企業救済は持ち得ることになる。

　その対処としてメインバンクがモニタリングを補強することは、その分モニタリング費用が嵩む欠点を持つ。したがって効率的にモラルハザードを抑止するメカニズムが別に必要であるが、その一つがメインバンク関係における「**人的関係**」であると考えられる。

　メイン融資先企業が、メインバンク定年退職者の天下り先（＝再就職先）となることがある。また定年前に銀行員がそれらの企業に出向するケースもある。銀行内での昇進ポストが限られるため、一定の年齢に達した銀行員の昇進ポストを見出せない場合、メイン融資先企業の役員ポストなどに就任させるケースがあるが、その慣行は銀行員の士気を高める。企業も安定的資金供給源であるメインバンクとの関係強化を望み（特に高度成長期）、メインバンクから人材を受け入れる傾向にあった。それは企業が経営難に陥った場合に行う役員派遣とは別の概念である点に注意を要する。

　メインバンク出身者はメインバンクと強い人的関係を持つため、天下り先（出向先）の企業内でメインバンクを裏切る行為をしない。モラルハザードを社内で見つければ是正しようと行動する。なぜならばメインバンクとの絆（人間関係）という無形資産を失う損失が、当人にとって大きいからである。彼らはメインバンクとの絆を用い、当該企業に必要な経営コンサルティングに関する情報をメインバンクから引き出せる（メインバンクは当該業界や関連業界などの情報を蓄積している）。また経営難のときにいち早く救済を要請できる。もし当人がモラルハザードを起こせば、あるいは社内のモラルハザードを看過すれば、長年メインバンク内で築いてきた絆が失われ得る。メインバンクのモニタリングでその企業のモラルハザードが発覚した場合、メインバンクとの絆という無形資産が失われる損失が当人にとって多大であるため、それが抑止力となる。

　メインバンクは、メイン融資先企業と「人的関係」を持つことで企業統治能力や情報生産能力を強めることができる。メインバンクの銀行員は将来の優良な再就職先企業を多く確保しておきたいと望む。したがってメイン融資先企業の健全経営・成長を望む（再就職先確保の観点からも企業倒産は困る事態であり企業成長を望む）。その全銀行員の共通意識は、メインバンク融資部員の情報生産を怠

らない意識（責任感）を醸成し、企業統治を強化し、企業救済の副作用である企業経営者のモラルハザードを抑制する効果があると考えられる。

以上でメインバンクの特徴の説明、特に特徴 (2)〜(8) のすべてが (1) の「メインバンクの独占的情報生産」と関連を持つことの論究を終了する。

1.4　メインバンク関係の外部効果

メインバンクによる企業救済は広く外部経済効果を及ぼす。企業救済により当該企業の「株主」や「更迭されない場合の経営者」の利益、「企業の労働者」の失業回避の利益、あるいは「下請け企業」の顧客喪失回避の利益などを生み出すことはいうまでもない。以下では、**企業救済による無形資産消失の回避**に注目しよう。メインバンクは企業を救済すれば自身が蓄積した当該企業情報（無形資産）を保全できるが、以下で注目する点はそれ以外の無形資産の保全による社会的利益である。

（ⅰ）取引先企業との関係

企業が倒産すれば、これまで下請け企業など取引先企業との間で構築してきた信頼関係（無形資産）を失う。当該企業が製造業であれば、倒産で部品メーカーや流通企業などとの取引における信頼関係を消失する。当該企業と取引先企業の双方が無形資産を失う社会的損失が生じる。その信頼関係があるからこそビジネスが円滑に行われてきたわけであり、継続取引を通じてその無形資産を蓄積してきたわけである。

取引関係における信頼は"取引特殊的"であり、当該取引相手に対してのみ有効であり他社には通用しない。もし取引先企業が倒産する可能性があるならば、（機会）費用をかけて信頼関係を構築する誘因が減退する。すなわち取引特殊性から**ホールドアップ問題**が生じ得る（第3章）。取引先企業の潜在的な倒産可能性が高いと思えば、信頼関係構築の努力（接待などを含む）を怠り、円滑な取引が行えない可能性が生じ得る。

ところが取引関係にあるすべての企業が銀行とメインバンク関係を持てば、それが安易には倒産しないシグナル（メインバンクの救済機能）として発信され、信頼関係という無形資産（ストック量）蓄積のための投資（フロー量）を毎期行う誘因が与えられる。

取引関係にある2つの企業が同一銀行をメインバンクとして持てば、第3章で考察した、特殊的設備投資を行う際などに生じるホールドアップ問題も回避可能である。なぜならばメインバンクは、一方の企業が他方の企業に不利な取引（部品を買い叩くなど）を行わせないからである。メインバンクは債権者・株主として発言力を持ち、両企業が揃って順調に成長してほしいと考え（両企業ともメインバンクの優良顧客企業に成長してほしいと考え）、両企業の取引関係についても助言を行う。両企業ともメインバンクの助言に従わずメイン融資先から除外されることを望まないため、この種のホールドアップ問題は解消する。

　メインバンク中心に複数の関連企業群が形成される場合がある。その際、一つの企業が倒産すれば別の企業もその信頼関係の無形資産を失う。メインバンクの企業救済によりその無形資産が保全されることが前提となれば、無形資産の蓄積が進み経済効率が改善される。IT企業などベンチャー企業が成長してグループ企業群を形成し、かつ「ネットバンク」をも設立するケース（例えば楽天）も見受けられるが、新たなメインバンク関係形成の萌芽となる可能性が示唆される。

　また当該企業の「企業ブランド」や「商品に関する評判」（ある食品メーカーの食品はおいしいなど）も重要な無形資産である。企業は財務上の問題（流動性不足など）で債務不履行に陥っただけであり、商品の品質に問題がなければ、救済後に商品の評判は失われない（消費者は評判や過去の消費経験で当該商品を購入する）。企業が倒産すれば評判の無形資産は失われ、消費者もその商品を消費できない（消費者余剰の喪失）が、メインバンクの企業救済はそれを防ぐ。

（ⅱ）企業特殊的技能とソフト情報

　企業が倒産すれば従業員は失業・転職することになるため、彼らが企業に勤続して蓄積してきた無形資産が失われる。労働者は長年勤めることで「**企業特殊的技能**（firm-specific skill）」を身に付ける。企業特殊的技能とはその企業特有の業務知識・技術の総称（社内の人間関係なども含む）であり、他の企業では応用できないが当該企業内では業務遂行に不可欠である。労働者が「**一般技能**」（汎用性がある技能）に加え、**内部労働市場**において「**企業特殊的技能**」を身に付けるからこそ、効率的に業務が遂行できるわけである[37]。

　企業特殊的技能はその企業でのみ有益であるため、失業・転職すれば消失す

る。メインバンクによる企業救済は上述の無形資産消失のロスを防ぎ、社会的観点から有益である。ところで企業特殊的技能は"企業特殊的"なため（＝汎用性がないため）、ホールドアップ問題に直面する（第3章）。すなわち労働者は、当該企業の生産性向上に不可欠な企業特殊的技能を努力して（＝機会費用をかけて）身に付けても、その有用性に見合う高い賃金を払ってもらえない可能性がある。労働者は転職すればその特殊性を有する技能を他社で活かすことができない。転職先企業の特殊的技能はすぐには身に付かないため、転職先では当面の間は一般技能のみを用いる労働しかできず生産性は低下し、賃金が下がる可能性がある。したがって当該企業で時間をかけて企業特殊的技能を身に付けた労働者にとって、他社への転職は不利である。経営者は企業特殊的技能を一旦身に付けた労働者は他社へ逃げにくいことを見越して、その技能に見合うだけの高い賃金を支払わない可能性がある。それを事前に予測する労働者は、企業特殊的技能を身に付ける努力を怠る誘因を持つため、その分、企業の生産性を高められないというホールドアップ問題が浮上する。

　日本企業の場合、この問題は「日本の雇用慣行」（**終身雇用・年功序列・年功賃金**）と、「メインバンク関係」で解決されてきたと考えられる。金融自由化進展の以前までは、特に上述の日本的雇用慣行が正規社員の場合前提とされた（今日のように転職市場が発達していなかった）。労働者は**終身雇用**を前提に、企業特殊的技能を日々身に付けるべく努力する。勤続年数が増えればその無形資産をより多く蓄積できるが、**年功賃金**により勤続年数に応じて賃金は上昇する。そして一般的には、勤続年数が長く企業特殊的技能を多く蓄積した労働者ほど高度な仕事が行え出世確率が高まり（**年功序列**）、そして昇進すれば役職ポストに見合った高い賃金を獲得できる。すなわち長年同一企業に勤め企業特殊的技能を蓄積していけば、それに見合う高い賃金が支払われる日本的慣行が、ホールドアップ問題の解決に貢献したと考えられる。そしてその前提として、当該企業がメインバンクを持ち、メインバンクの企業救済機能により安易に倒産しない企業であることが必要であった。

　企業特殊的技能という無形資産は、一つの企業に長く勤めることを前提とした正規社員により蓄積される（正社員に対する社内研修を含む）。メインバンクによる企業救済は企業の存続に貢献するが、企業はメインバンクを持つことで労

働者に対して「安易に倒産しない企業であるシグナル」を示すことができ、労働者の企業特殊的技能の習得意欲を高めることができる。企業救済がある（メインバンクを持つ）企業であれば、労働者は日々努力して企業特殊的技能を身に付ける誘因を持ち、その無形資産蓄積が高まれば業務遂行能力が高まり、それに報いる出世や賃金体系を日本企業は用意してきたと理解できる[38]。

日本的雇用慣行の下で企業がメインバンクを持てば、従業員が企業特殊的技能を積極的に蓄積する意欲を持つ企業であるというシグナルを市場に伝達できる。メインバンクの安定的融資で企業が成長でき社員数が増え大企業となれば、企業全体で蓄積できる企業特殊的技能（無形資産）は多大となる。一人の労働者の技能の高さは他の労働者にプラスの効果を与え（社内連携作業など）、蓄積された企業特殊的技能は相乗効果を発揮する。その相乗効果で、個々の労働者が当該無形資産から得られる収益（業務の効率性など）は飛躍的に拡大する。労働者は、モラルハザードを起こして企業が経営不振・倒産に至った場合に自分が失う損失（＝高付加価値生産に見合う高い生涯賃金の減少・消失）が多大なことを認識するため、労働者は規律付けられる。

企業特殊的技能は外部経済効果を生むため、過小生産（過小技能形成）の問題が浮上する。労働者が当該無形資産から大きな収益（人事考課で、高い生産性に対応した高いボーナスの獲得など）を得るためには、他の労働者とのコミュニケーションを含む連携プレーが不可欠である。内部労働市場における連携プレーは「相互モニタリング」作用を生む。労働者同士の相互のモニタリングが日々頻繁に行われることで、業務遂行に関するモラルハザードおよび企業特殊的技能の過小形成は抑止される。この場合、立証不可能性問題は回避される。なぜならば立証が不可能であっても、モラルハザード（および過小技能形成）が他の労働者に認識されれば業務連携プレー（人間関係）に支障が生じ、爪弾きされると当人は当該無形資産から高収益を獲得できなくなる。労働者は相互に企業特殊的技能形成を確認し合い連携作業を日々進めることになるが、それは無形資産の蓄積を加速させる。

企業がメインバンクを持てば「企業救済により倒産確率が小さくなるシグナル」を発するため、労働者は日本的雇用慣行の下で企業特殊的技能という無形資産を多く蓄積する誘因を持つ。その無形資産蓄積が"担保"の役割を果たし

（倒産時に失う点が担保と同様であり）、モラルハザード誘因を減退させるため（第3章参照）、モラルハザードが少ない企業であるシグナルを市場に伝達する。したがって資金調達時にエージェンシー費用を節約でき、また同時に新たな取引相手企業を見つける場合などにも有利に作用する。

　ところで銀行内部においても日本的雇用慣行が行われており、終身雇用を前提に銀行員は内部労働市場で銀行業務の特殊的知識・技能を身に付けた。メインバンクの融資担当者はメイン融資先企業の**ソフト情報**を生産することが多い。ソフト情報は客観的に立証できない（データ化や文書化が不可能）情報であり、融資先企業のソフト情報は融資担当者にしかわからない。しかしそのソフト情報を銀行の経営トップは信頼し、融資担当者に融資決定の権限を委譲した。

　それができた理由は、融資担当者は**終身雇用**でその銀行に長期間勤務する前提があったからであり、また当時の大蔵行政で銀行が潰れる可能性がなきに等しかったからである。

　融資担当者は融資に当たり、生産したソフト情報をも参考に融資案件の有望性を判断する。そして融資を行い、契約通り資金が返済されることで銀行内部での担当者のソフト情報生産に関する評判が形成される（内部労働市場での技能取得と評判形成）。その評判形成には時間がかかり、担当者には評判形成の機会費用がかかる。すなわち担当者のソフト情報の評判形成努力は、「終身雇用」と「銀行を潰さない当時の金融行政」の前提の下で実行可能となる。

　ソフト情報は特殊性を有し、他の銀行に転職して同じ企業に非メインバンクとして融資する場合、当該企業のソフト情報を上司に客観的に伝えにくい。またそれを上司に信じてもらえない可能性がある（銀行組織内での評判形成に時間を要する）。すなわち銀行員のソフト情報の生産・蓄積にはホールドアップ問題が生じるが、銀行の日本的雇用慣行と、政府の護送船団方式（銀行を潰さない行政）がその解消に役立ったと考えられる。

　評判が形成されれば、その評判に基づき担当者はさらに大きな融資案件に対しても融資の権限が委譲されていく（出世を伴う）。もしその評判を大きく毀損すれば（融資の不良債権化が多発すれば）、担当者は他の部署へ配置換えとなり、出世が難しくなる。

　アメリカのように銀行員がいつ転職するかわからない労働システムでは、ソ

フト情報に関して融資担当者を信頼することは難しく、立証可能なハード情報に基づく融資が主流となる。日本ではメインバンクが「ハード情報」に加え「ソフト情報」をも活用して企業の有望性の萌芽を見逃さずに融資を行い企業育成を行った点も看過できない。

1.5 メインバンク関係の将来展望

　資本市場が発達した今日、評判を獲得した企業は資本市場から容易に資金を調達できる。企業は優良企業であるピーチ・シグナル（例えば優良格付け）と、モラルハザードを起こさないシグナル（大きな無形資産価値が誘因両立性条件を満たすシグナル）を伝達すれば、資本市場から有利な条件で資金を調達できる。したがってそのような企業について、メインバンク関係は希薄化・解消され得る。しかしそのような場合においても、メインバンク関係が継続されるケースがある。同じ系列の企業と銀行がメインバンク関係を続けることが通常であるためそのケースを除外し、以下では評判形成ができた企業のメインバンク関係に焦点を合わせよう。その際に重要となるのが、**ソフト情報と企業のリスク回避度**である。また、メインバンク関係と同等の機能を果たすと考えられる金融取引形態についても言及する。

　財務データなどハード情報がよければ、企業はメインバンク関係を継続させる誘因に乏しい。それに対し、ソフト情報は立証不可能であり、取引関係を通じて経験的に知ることができる情報である。企業が自社の有望性をハード情報で示せず、かつ企業の有望性を示すソフト情報を知っているのがメインバンクのみである場合、メインバンク関係は継続され得る。しかし問題は、その企業が成長してハード情報で企業の有望性を市場に示せるようになり、資本市場などから有利な条件で資金調達できるようになった場合である。その場合においても、メインバンク関係を維持しようとする誘因を企業は持ち得る。

　企業が成長し、有望性シグナル（ハード情報）を現在市場に伝達していると仮定しよう。しかし将来において、財務データなどハード情報が悪化する経営難に陥る可能性がある。その場合、メインバンクは情報生産で「経営難」状態が長くは続かず、企業が対策を講じれば復調できるということがわかる場合がある。しかしそれは、「ソフト情報であり長年の取引関係にある融資担当者のみ

が理解できる情報」であるケースに注目しよう。その場合、当該企業は市場からはその対策に要する資金を有利な条件で調達できない可能性が高い。

　当該企業は経営難で評判を落としており（無形資産価値の減価）、一発逆転を狙ってリスクが高い打開策の実現のため資金調達を行うと疑われれば、エージェンシー費用が加わり不利な条件でしか資金調達ができない。それに対して、当該企業がメインバンク関係を維持していれば、メインバンクは長年の融資関係でソフト情報を蓄積しており、その経営再建策に対してエージェンシー費用（モラルハザードの疑念分だけ高くなる費用）を上乗せしない適切な融資条件で資金供給を行い、早期の業績回復を支援でき得る。

　企業が将来経営難に直面し、それから回復できる見通しを立証可能なハード情報で市場に伝達できない場合は困難を伴う。企業は経営悪化過程で評判（無形資産価値）を毀損して、モラルハザードを起こさないシグナル（誘因両立性条件）を失い、さらに不況期の地価下落などで担保価値も減価すれば、資本市場では不利な条件でしか資金を調達できない。しかしメインバンク関係を維持しており、メインバンクが経営再建策を理解できれば（ソフト情報の蓄積）、企業はメインバンクから比較的有利な条件で融資が受けられる。

　大企業といえども、将来の**不確実性**に直面する（リーマン・ショックや大震災など）。企業が経営難に遭遇したときに有望な処方箋を書けても、それが**ソフト情報**である場合を懸念するならば（そのことに対する企業の**リスク回避度**が大きいならば）、メインバンク関係を維持するであろう。

　リスク回避的でない企業（多角化経営などでリスク分散が充分な企業）は、メインバンク関係を希薄化・解消させ、資本市場の利用を増進させていくであろう。しかし逆の方向性も考えられる。企業は多角化経営（または持株会社経営）の一貫として、グループ内にネットバンクなどの金融関連企業を設立する可能性も考えられる（金融自由化でネットバンク設立が活発化している）。企業グループ内にネットバンクを設立すれば、それは顧客の決済利用目的で設立したものであっても、預金の一部はネットバンク内に留まり融資可能である。すなわちメインバンクの役割を果たし得るわけであり、新しい形のメインバンク関係の萌芽となる可能性が示唆される。また金融市場の整備が遅れている途上国の経済発展モデルとして、日本のメインバンク関係を参考にすることは有意味であると考えられ

る。

　ところで形式上メインバンク関係とは異なるが、実質的に類似した機能を果たす金融取引形態もある。**協調融資**（シンジケート・ローン）は、同一条件の契約に基づき銀行団が協調して融資を行う仕組みであり、銀行団の組成に当たり、幹事銀行（アレンジャー）がメインバンクの役割を果たす（第2章補論Ⅱ〔Ⅱ.1〕の協調融資の説明を参照のこと）。また**ローン・パティシペーション**も、メインバンク関係との類似性が認められる。ローン・パティシペーションは、銀行の貸出債権の一部（または全部）を他の金融機関や投資家に売却する取引形態である。しかし貸出債権譲渡（第5章）と異なり、当初の債権・債務関係を移転せず、売却した債権から生じる利益とリスクのみを他の金融機関や投資家に移転させる。

　例えば「銀行B」が「企業F」の貸出債権（1億円）のうち、3000万円分を「銀行B′」に売却し、2000万円分を「銀行B″」に売却する場合、「銀行B」はそれらの他の銀行とパティシペーション契約を結ぶ（他の銀行は元利金の一部を獲得できる権利を購入する）。「銀行B」と「企業F」との債権・債務関係は保存され、「企業F」は「銀行B」に元利金を返済する。そして「銀行B」から「銀行B′」や「銀行B″」に対し、その元利金の一部が権利の購入額に対応して支払われる。

　「銀行B′」や「銀行B″」は、「銀行B」の情報生産を信頼してパティシペーション契約を結ぶわけであり、すなわちカウベル効果により当該融資に加わる。つまり「銀行B」はメインバンクの機能の一部を実質的に果たし、構造上はメインバンクである「銀行B」の融資先「企業F」の融資に、他の銀行が参加（パティシペーション）するのと同じである。ローン・パティシペーションにおいて「企業F」に債権売却を通知しなければ（サイレント方式）、「企業F」と「銀行B」との融資関係・信頼関係に影響が出ない。「銀行B」が情報生産を怠り何らかの経営上の問題が「企業F」に発生すれば、「銀行B′」や「銀行B″」はすぐに企業統治の不備を低費用の情報生産で知ることができ（立証不可能情報をただちに低費用で生産でき）、以後「銀行B」は評判を落としてローン・パティシペーションをスムーズに行えなくなる点も、メインバンク関係と同様である。銀行にとって貸出債権の一部の流動化は有意味であるため、情報生産者としての評判を毀損しないように銀行Bが振る舞う点もメインバンク関係と類似してお

り、同様のことは協調融資におけるアレンジャーにも妥当する。

またメインバンク関係の希薄化以降（平成不況以降）、**クレジット・ライン方式**（Line of Credit）が広まったが、それもメインバンク関係との類似性が認められる。企業が銀行口座を用いて原材料費などを決済する場合、預金額が不足していれば決済不能に陥る。しかしクレジット・ラインを設定していれば、その枠内での不足金額は自動的に融資され決済される。それはメインバンクがメイン融資先企業の資金繰りを把握し、決済不能に陥らないように追加融資を俊敏に行うことと同等の機能である。銀行は当該企業が一時的に流動性不足に陥ったとしても、将来的に経営上問題がない企業であれば（銀行の情報蓄積）、クレジット・ラインを設定して決済を円滑化する。クレジット・ラインの設定に当たり、銀行は手数料を企業から受け取るが、メインバンクが当該企業から拘束預金やメインバンク・レントを得て必要な融資供給を瞬時に行うことに対応している。

以上考察したように、メインバンク関係が希薄化しても、市場に非対称情報問題がある限り、メインバンク関係の基本構造（情報生産・蓄積を用いた機能）を踏襲した金融取引が行われていくと考えられる。そして非対称情報問題を克服した有力企業、すなわち市場で名声を築いた企業は「銀行離れ」を加速させ、資本市場依存度を高めると考えられる。

第2節　戦後日本の金融システム

2.1　市場の失敗と金融規制

本節では日本の金融システムについて、最初に高度成長期から金融自由化までの期間を簡潔に概観し、続いて日本の金融自由化の進展に言及する。金融自由化までの期間、日本の金融機関は海外との競争から規制で守られ、国内競争も制限された。それらは金融システムの安定性を保つために行われたものであり、**護送船団方式**と呼ばれた。その時期、金融市場は市場原理が充分には機能しない状態にあり、メインバンク関係・系列関係など組織的ネットワークによる資金配分が行われる比重が大きかった。

戦後の日本経済は、1955年頃から高度経済成長路線に突入した。その時期における非金融部門の事業会社は、国家による**低金利政策**、**為替管理政策**、保

護貿易政策の支援を受け成長を遂げた。1973年の第一次石油危機までは石油を始めとする天然資源などの国際価格が比較的安く安定していたことも、天然資源に乏しい日本の製造業に有利に作用した。第一次石油危機を境に日本の高度成長は終焉を迎えるが、高度経済成長期（1955～1973年）の経済成長率は平均約10％であり、当時では未曾有の高さであった。

　一部の大企業を除き、多くの企業は資本市場（市場型取引）からの資金調達は難しく（起債調整など）、銀行借入（相対型取引）に依存する必要があった。企業にとって、公的金融機関を別にすれば民間銀行、とりわけメインバンクから融資を受けることが重要であった。

　メインバンク関係は資本関係や人的関係などを包摂したシステムであり、資本市場など市場型取引を代替する仕組みである。「市場の失敗」の難点が大きい場合、市場型取引は効率性が悪化する。それに代わる相対型取引である銀行取引（特にメインバンク関係）は当時日本の金融取引で主流であり、**間接金融優位**と呼ばれた。

　日本の高度成長は、当時として未曾有の急成長であり不確定要因も多く、急速な産業勃興による新規ビジネス展開は非対称情報問題を多分に孕んだ。高度成長期の前半と後半とでは産業構造も大きく変化し、躍進した企業もあれば衰退した企業・産業もあった。

　しかし高度成長期を経て多くの日本企業が中堅企業・大企業へと成長し、市場で評判という無形資産を多く蓄積していった。その評判で資本市場から資金調達が行える、すなわちシグナリングで非対称情報問題を克服できる状態へと発展を遂げた企業も出現した。不動産などの担保もシグナル効果を持つが、企業が保有する担保価値も増大し（商業地の地価上昇）、市場型金融取引への基盤が築かれた。またインサイダー取引規制や情報開示（ディスクロージャー）の義務など、市場型取引に関する法整備も進み、IT革命で市場の取引費用（特に情報伝達費用）が低下したことも、市場型取引移行への基盤となった[39]。

　事業会社は経済成長に伴い実施された関税率の引き下げや為替レートの変動相場制への移行など、国際市場で市場競争にさらされた。しかし生産技術の向上などで成長を遂げた企業が多く出現した。また大企業を中心に海外進出も進み、海外での資金調達をも視野に入れるようになった。

当時、日本の金融機関は金融当局による規制の庇護の下にあったが、時代の変遷に伴いそれが逆に桎梏(しっこく)と化し（資本市場の発達により規制が軛(くびき)となり）、金融自由化へと舵(かじ)を切ることになった。IT革命はデリバティブなど新しい金融商品の開発を可能とし、同時に瞬時に低コストでの情報伝達は非対称情報問題をも緩和した。先進諸国の金融自由化の波が日本にも押し寄せ、金融行政に影響を与えた。第2・3章で考察したように、非対称情報問題はシグナリングや誘因両立性条件などを通じて克服でき得るが、それらの条件が整えば規制による効率性損失の弊害の方がむしろ大きくなる可能性がある。

　しかし「市場の失敗」の問題を完全に払拭することは現実には難しく、金融自由化が推進された現在においても、BIS規制（第6章）などが存在する。では次に、金融自由化進展以前の戦後日本の金融規制を簡潔に概観しよう。

2.2 金融規制

　市場規制は市場メカニズムの効率性を損ねる面を持つ。しかし市場の整備が不十分で「市場の失敗」の影響が大きな場合、市場規制はプラスの効果を持ち得る。金融規制のプラス面に着目した見解が、スティグリッツ＝グリーンワルド（2003）などに示されている[40]。同書では金融市場における低金利規制や参入規制などを金融抑制（financial restraint）と呼び、それが東アジアの成長を促したと分析している（同書は低金利規制が金融システム安定化の一因であることを示唆している）。では以下において戦後日本の金融規制を考察しよう。

(1) 新商品開発規制

　「新商品開発規制」は競争制限規制の代表例の一つである。大手銀行や大手証券会社が費用をかけて新しい金融商品の開発に成功しても、当時の監督官庁（大蔵省）はすぐに販売を許可しなかった。許可すれば、人々は運用上有利な新しい金融商品に飛びつき、その金融商品を開発した金融機関は手数料を稼げる。その結果、金融商品開発競争が生じ、能力が低い銀行は収益を伸ばせず、またそれらの銀行から人々は預金を下ろして有利な新商品を購入するであろう（預金流出）。監督官庁は、他の金融機関が模倣して同様の金融商品が開発できる段階になって初めて、当該金融商品の販売を許可するといった具合であった。したがって金融機関は新しい金融商品の開発意欲を失った。

金融自由化が進展するまでの間、日本ではほとんど新しい金融商品が開発されない状態が維持された。監督官庁が競争を制限した理由は、競争により勝者が出る反面、敗者も出るからである。金融機関の破綻は資金供給を停滞させ、資金供給先の企業の経営を麻痺させる。またその企業の下請け企業など関連企業にも打撃を与える。家計の住宅ローンにも支障をきたす。すなわち競争の敗者となった金融機関の破綻は、経済にマイナスの影響（外部不経済効果）を及ぼしかねない。

　競争で負けが予想できる銀行には、預金者が預金を払い戻しに走る「**銀行取り付け**」が生じ得る。さらにそれが他の銀行にも波及する「**金融パニック**」の危険性もある。それらを防ぎ、金融システムの安定性を維持するためには、敗者を出さないことが重要であると考えられた。

(2) 新規参入規制

　「新規参入規制」とは、銀行業、保険業、証券業を営むに当たり、監督官庁の許可を受けなければならない規制（法律）を意味する。またそれらを廃業する場合にも、同様に許可を要する。新規参入規制は不適切な金融機関の乱立を防ぎ、金融市場の安定性に寄与する利点がある。また銀行数の増大による競争激化を防ぎ、競争の敗者となる銀行の出現を防ぎ、銀行取り付け防止に寄与し得る。

　Hauswald and Marqez（2006）において、銀行数が多く競争が激化した場合、企業と銀行の親密な取引関係の構築に支障が出ることが示されている[41]。同論文では、銀行数増加で競争が激化すると融資先企業を他の銀行に奪われる可能性が高まるため、企業との取引関係を密接にするためのリレーションシップ投資を銀行が行う誘因が低下することが示されている。すなわち新規参入規制がメインバンク関係の構築に貢献したことが示唆される。

　参入規制で銀行業が寡占となれば、銀行に**超過利潤**が発生する。完全競争市場と比べ、寡占市場は総余剰が減少する（＝**死重的損失**の発生）という効率性損失の代償を払うが、メインバンクはその超過利潤を用いて企業を救済できる利点を有することができた。しかし信用秩序維持政策（第6章）が拡充すれば、参入規制による金融システム安定化のメリットは相対的に薄れることになる[42]。

(3) 業務分野規制

「業務分野規制」とは、金融業をいくつかの業務分野に分け、各金融機関を各分野内の営業に特化させる規制である。業務分野の分類は銀行業・保険業・証券業などに留まらず、例えば銀行業において長期融資を行う銀行と短期融資を行う銀行とに分割されたが、それは「**長短分離**」規制と呼ばれる（補論Ⅱ参照）。

業務分野規制は金融機関の活動範囲を狭め競争抑制の効果を持つため、新規参入規制と同様に金融システムの安定化に寄与する。また業務分野を制限することで「**範囲の経済**」の利益を失うが、その代償として「**利益相反**」の不利益を軽減することができる。「範囲の経済」とは複数の異なる分野の業務を同時に行うことで得られる相乗効果のことであり、「利益相反」とは複数の業務の間に生じる利益の矛盾である。2.6で詳述するが、一つの金融機関が銀行業と証券業を兼営した場合、利益相反の問題が生じ得る。それが主要因で銀行業と証券業とを分離する規制が行われたが、その規制は「**銀証分離**」と呼ばれる。

(4) 価格競争規制と店舗規制

「価格競争規制」とは、「銀行業の預金金利規制」「保険業の保険料率規制・配当率規制」「証券業の委託売買手数料規制」などの総称である。完全市場で価格調整メカニズムが働けば、価格（金利・手数料）は需給を一致させる水準に決まる。それと異なる水準に監督官庁が価格を設定する、あるいは価格の上限や下限を設ける規制が価格競争規制である。

日銀は、1947年12月に成立した臨時金利調整法で決められた方針に従い、銀行の預金金利に対してガイドライン（金利の上限）を設定した。預金獲得競争が激化すれば預金金利は上昇する。大手銀行ほど高い預金金利を預金者に支払えるが（＝高い預金金利に耐え得る利潤を稼げるが）、その競争に巻き込まれた中小銀行の経営は圧迫される。それを防ぐため、預金金利を横並びにさせる規制が行われ、預金金利は一律に低水準に規制された。均衡より低水準の預金金利規制は、銀行に有利であるが預金者には不利であった。しかし規制により人々が購入できる金融商品の種類が限られたため、銀行預金という金融商品は広く人々に購入された（同様に当時、郵便貯金も広く人々に購入された）。

銀行の貸出金利は、リスクが少ない大手企業に対しては最優遇貸出金利（＝**プライム・レート**）が適応され、その他の企業に対してはリスクなどに応じて金

利が異なったが、金利の上限が定められた。預金金利が低水準に定められたため、銀行は利鞘を確保できた。価格競争規制は銀行に超過利潤を確保させ、金融システムの安定化に貢献し、さらに低水準に規制された貸出金利が企業の設備投資を促し高度成長に寄与すると考えられた（ただし、当時企業は拘束預金を銀行に置いたため、実効金利は規制水準よりも幾分高かった）。

金利規制で銀行間に預金金利の差がなく、また金融商品の種類も限られていたため、預金者にとって銀行は横並びであった（当時の金融行政により銀行が倒産することも預金者の念頭になかった）。したがって各銀行は競って支店の数を増やし、預金獲得競争を行う誘因を持った。監督官庁は各金融機関の店舗設置に関しても規制を行い、その競争を制限したが、それは「店舗規制」と呼ばれた。

(5) 内外金融市場分断規制

「内外金融市場分断規制」とは、外国為替を管理し、海外との資金移動を自由に行うことができないように行われた規制のことである。終戦後の日本は途上国の段階であり、工業化推進のため主力産業に必要な生産設備・機械などを先進国から輸入する必要があった。同時に海外から技術導入も不可欠であったが、そのためには外貨が必要であった。まだ輸出産業が育成できていない段階では、輸出による充分な外貨の獲得が難しく、貿易収支も赤字傾向であった。その状況下で輸入に必要な外貨（主にドル）に割当が行われた。

海外との**資本取引は原則禁止**であり、今日のように自由に海外の金融商品を買える状況ではなかった。内外金融市場が分断されたため、低金利規制の下においても国内貯蓄の海外流出は防げ、規制金利体系が維持可能であった。

2.3 日本の金融自由化

(1) 金融自由化の理念

日本における金融自由化は、1984年の「日米円・ドル委員会報告書」および、それと同時に公表された大蔵省の「金融自由化及び国際化についての現状と展望」を嚆矢とする。そして1996年11月11日に橋本内閣が打ち出した「我が国金融システムの改革——2001年東京市場の再生に向けて」と題する政策目標が後押しをした。それは**日本版金融ビッグバン**と呼ばれ、フリー（自由）、フェア（公平）、グローバル（国際化）を標榜した[43]。

「フリー」とは、市場原理を活用することであり、金融・資本市場の規制を緩和することを意味する。それにより魅力的な金融商品の開発が促され、投資家の資金運用機会を増やすと同時に、企業の資金調達手段も多様化し、経済効率の増大が期待できる。

「フェア」とは、透明性を確保した信頼できる金融・資本市場を創ることである。そのためには情報開示と自己責任原則の確立、ルールの明確化とルール違反への処罰の厳格化が必要である。金融取引（系列）関係にある企業などを優遇するのではなく、万人が対等な条件で活用できる金融・資本市場の構築を指向するものである。その結果海外からも潤沢に資金が流入し、それを有効活用することで経済成長を促せる。

「グローバル」とは、海外で開発された最先端の金融商品（デリバティブなど）を東京市場で取引するなど、国際化時代を先取りする金融システムの構築を意味する。新しい時代に適合する金融法や会計制度の整備を進め、金融制度の国際基準化の推進やグローバルな監督・協力体制の確立を目指すものである。

(2) 金融自由化への道程

日本経済は 1955 年頃に高度成長路線に入り、1968 年には西ドイツ（当時）を抜きアメリカに次ぐ GDP 世界第 2 位の経済大国となった。しかし順調に見えた日本経済も、第一次石油危機（1973 年）を機に失速し、高度経済成長は終焉を迎えた。

政府は景気刺激のため、財政支出を増大させる政策を行った。景気後退期は税収が減少するが、税収減少と政府支出増大は財政を赤字化させた。政府はそれをファイナンスするため**大量の国債**を発行し、その国債を引受シンジケート団（「引受シ団」：構成メンバーは金融機関）に強制的に割り当てた。国債の発行条件は市場実勢よりも低利であり、市場で売却が禁じられ、金融機関にとって負担となったが、日銀がそれを 1 年後に買い取ることで対応した。しかし国債発行量が多く、「引受シ団」の収益は圧迫された。そして日銀が大量の国債を買い取れば多額の貨幣が供給され、インフレを招く恐れがあった。そこで大量発行された**国債の市中消化**を促す必要が生じた。すなわち 1975 年 12 月に特例公債発行に関する法律が施行され国債が大量に発行されたことが、日本における金融自由化の推進力になったと考えられる。

国債の市場販売が認められ、流通市場での価格統制も緩和された。そのように日本の資本市場は発達していった（直接金融の発達）。金融当局は、新規発行国債の銀行窓口での販売を 1983 年に認めた。つまり銀行に証券会社の領域への侵食を認めたわけである（業務分野規制の緩和）。そして証券会社には、新しい金融商品の開発を認めた（新商品開発規制の緩和）。

　1980 年 1 月に野村証券は「中期国債ファンド」（中国ファンド）を開発したが、当時としては画期的な金融商品として人気を博した。また 1992 年に日本の各証券会社は、MMF という投資信託（実績分配型投信）を開発した。MMF は銀行預金金利よりも高金利であり、人々の間で銀行預金を解約してそれら魅力ある金融商品を買う動きが活発化した[44]。

　普通銀行も 1981 年に新たな金融商品である期日指定定期預金を用意したが、証券会社などとの競争による預金流出は普通銀行にとって深刻な事態である。銀行に有利なはずの預金金利を低く固定する価格競争規制が逆に桎梏と化し、銀行経営を圧迫し始めた。監督官庁（大蔵省）は預金金利の自由化を認めざるを得ない状況となり、預金金利自由化が段階的に実施された。

　証券会社などの新しい金融商品に対抗して、普通銀行は MMC などの市場金利連動型預金を開発したが、MMC の発売当初（1986 年 4 月）は最低購入額（ロット）が高額であり、一般庶民向けではなかった。普通銀行は順次 MMC のロットを引き下げていった。そのように預金金利の自由化は大口預金から段階的に始められ、そして 1994 年 10 月に流動性預金（＝要求払い預金）金利が自由化されるに至り、預金金利の自由化は完了した（なお MMC は普通銀行に先行して信用金庫などに導入されたが、金融自由化の進展により廃止された）。

　貸出金利に関しては、銀行は拘束預金により実効金利を調整可能であったが、1989 年に短期貸出プライム・レート（最優遇貸出金利）の決定方式が、従来の公定歩合連動方式から各銀行の資金調達費用連動方式に変更された。それは預金金利の自由化を考慮し、また銀行が預金市場以外からも自由に資金調達できるようにするための対応であった。

　貸出金利は、特にメインバンク関係が緊密であった高度成長期に、メインバンクの保険提供機能により市場実勢よりも変動が抑えられた可能性があるが、その変動抑制は規制ではなく経済合理性から自主的に行われたものである。金

融自由化進展後の貸出金利は、市場の需給を反映して俊敏に変動するようになったが、変動理由の一部はメインバンク関係の希薄化、特に保険提供機能（貸出金利変動抑制）の低下による部分も含まれる可能性がある。

新商品開発規制や価格競争規制の緩和に加え、新規参入規制、業務分野規制、内外市場分断規制などの諸規制が段階的に緩和されていった。今日において金融市場における規制がすべて撤廃されたわけではないが、基本的に市場原理が機能する状態となった。

(3) 銀行離れと資本市場の発達

1990年初頭からの株価下落（**バブル崩壊**）に起因する**平成不況**（1990年代全般および2000年代期初頭）で債務不履行に陥る企業が多発し、金融機関は多額の不良債権（non-performing loan）を背負った。不良債権の定義は複数存在し、例えば「銀行法に基づくリスク管理債権」などである（詳しくは第1章（注2）の文献、福田〔2013〕を参照のこと）。

銀行の不良債権処理の方法は2つある。一つは引当金を計上し帳簿上で不良債権に対応する方法で「間接処理（間接償還）」と呼ばれる。もう一つは貸出債権の売却などで資金を回収し、不足分を損失として計上して帳簿上の不良債権を消す方法であり「最終処理」と呼ばれる。2005年3月期決算で大手銀行の不良債権の「最終処理」が一段落し、不良債権は残るが大幅に縮小した。しかし不良債権問題はメインバンク機能を弱める情勢――例えば企業救済を円滑に行えないなどの情勢――をもたらした。

日本の銀行業界は特に1994年頃から2004年頃までの10年間、苦境に陥ったが、当時の大蔵行政（護送船団方式）で引き起こされた不良債権問題の反省から、そしてメインバンクの企業統治のみに依拠できない局面に日本経済が突入したことの認識から、大蔵省（現在の財務省）は金融行政部署を独立させ現在の金融庁を設立し、金融自由化の推進で市場原理に軸足を移した金融システムの構築を目指した。その経緯を簡潔に述べると、1998年6月に金融監督庁を新設し、当時の大蔵省の管轄であった金融行政の多くを移管した。そして2000年7月に金融監督庁と大蔵省金融企画局とを統合させ、金融庁を発足させた。

ところで、資本市場の発達は企業の資金調達の方法に大きな影響を与えた。メインバンクに依存した形での資金調達から、大企業を中心に資本市場を通じ

た資金調達へ比重が移り、社債発行に関する規制（起債調整）も撤廃された（ただし、中小企業の多くは銀行融資に依存する必要があった）。企業が資金調達における銀行借入の割合を低下させる現象は「**銀行離れ**（financial disintermediation）」と呼ばれるが、大企業を中心に銀行離れが加速した。

銀行離れは銀行と企業の交渉力（力関係）を大きく変化させた。銀行と企業の取引関係において企業の交渉力が相対的に高まり、銀行の交渉力が相対的に弱まった。その変化はメインバンク関係にも影を落とした。特にメインバンクが企業のモニタリングを行い、企業経営に介入することに支障が生じた。企業経営者がメインバンクのモニタリングや経営介入を嫌うためである。同時期、銀行は審査を簡略化させ、不動産を担保に安易に融資を行う傾向が生じた。1980年代に銀行は**審査部門を営業部門よりも格下げし**、安易な不動産担保融資を行い、銀行の本分である情報生産機能を充分に発揮しなかったことは日本経済に大きなダメージを与える結果を招くことになった。また80年代に日本の銀行の多くで事業部制が導入され、審査経験が浅く企業のソフト情報を蓄積できていない銀行員が審査に当たった点も、平成不況を深刻化させた一因であると考えられている。銀行の情報生産機能の低下は、1980年代後半のバブル期における企業の放漫経営の見逃しに繋がり、その後の不良債権問題を惹起し、平成不況を深刻化させたが、監督官庁（当時の大蔵省）の責任も看過できない。

不況期には「**過剰債務**（debt overhang）」問題や銀行の「**貸し渋り**（credit crunch）」が企業再建の足を引っ張ることがある。過剰債務問題は、企業が有望な投資案件を見出しても、すでに抱えている債務が障害となり資金調達ができない問題である。有望な投資案件に銀行Aが融資を行えば、当該企業収益の一部が以前にその企業に資金供給した銀行Bの返済に当てられ、銀行Aは既存の資金供給者のリスクの一部を背負わされる可能性がある。銀行Aはその懸念で融資を躊躇する[45]。また銀行の「**追い貸し**（Ponzi finance）」が事態を深刻化させた[46]。

多額の不良債権を抱えた銀行は資金確保のため、安定株主として保有していた株式の一部をも売却しなければならない状況となり、「株式持合い」が希薄化した。そのため日本でも**敵対的企業買収**が活発化し、今日では**資本市場を通じた企業統治**に軸足を移してきているが、加えて**社外取締役**を通じた企業統治

も比重を高めてきている。なお、銀行による株式持ち合い比率の低下は2005年まで続くが、2006年に入ると多少復活した（2005年の「三角合併」解禁に対する買収防衛策の可能性がある）。

ただしメインバンク関係は今日でも存続しており、メインバンクの情報生産機能（企業統治を含む）が失われたわけではない。メインバンクの企業統治をどのように評価するかは相対的なものである。高度成長期と比べれば全般的に衰微したと考えられるが、今日でも系列企業や中小企業を中心に機能している。ただし非メインバンクも情報生産するケースが今日では多くある。

企業は資本市場から資金調達が容易となり、メインバンク関係を終了させても以前ほど資金調達に困らない。それは企業がモラルハザードを起こしてメインバンクに発見されたときに「企業が被る不効用」の減少を意味する。すなわちそれは企業のモラルハザード誘因を高める（第3章）。銀行の対企業交渉力の低下は、メインバンクのモニタリング水準を低下させる（企業は銀行のモニタリングを嫌う）。メインバンクの企業統治に依拠した日本の金融システムは相対的に脆弱化したが、しかしその脆弱化を速やかに資本市場の企業統治機能（第3章）が補完できたわけではない。そして後述のプラザ合意などに起因する金融緩和政策による過剰流動性も、銀行の対企業交渉力を相対的に弱め、企業のモラルハザード抑止が不完全となる状態が出現した可能性が、特にバブル期や平成不況期前半に考えられる。

2.4 バブルの膨張と破裂
(1) バブル膨張と資産効果

1986年から1989年5月までの間、日本で金融緩和政策が行われた（公定歩合が1986年1月に5%から4.5%に引き下げられた）。さらに数回の公定歩合の引き下げが行われ、1987年2月には2.5%という低水準にまで引き下げられた。その金融緩和政策により民間銀行は多くの資金を保有したが、それは**過剰流動性問題**と呼ばれる。

日銀がこのタイミングで金融緩和を行った背景には、プラザ合意やルーブル合意などの国際情勢がある。**プラザ合意**はアメリカの強い要請により1985年9月にニューヨークのプラザホテルで開催された先進5ヶ国（G5＝アメリカ、日本、

西ドイツ、フランス、イギリス）の蔵相会議での合意である。その趣旨は、アメリカの**財政赤字**と**経常収支赤字**を改善すべく先進5ヶ国で政策協調し「**ドル高是正**」を行うというものであった。続く1987年2月のG7（G5＋イタリア、カナダ）の蔵相会議で合意された**ルーブル合意**では、日本・ドイツの内需拡大と低金利政策が議論された。しかしアメリカ経済は、1987年10月19日（月曜日）にニューヨーク証券取引所で生じた**株価大暴落**（ブラックマンデー）により混迷することとなった。

　国際政策協調の実現に向け、日銀はドル売り介入を行った（ドル安・円高誘導）。円高誘導は輸出産業に打撃を与えるため、日銀は同時に金融緩和政策を実施して内需を拡大し、その拡大した内需で輸入（特に対米輸入）を促進させ、日本の経常収支黒字を削減（＝アメリカの財政赤字・経常収支赤字の改善に寄与）する方針をとった。

　上述のような経緯で日銀により供給された貨幣が株式など有価証券や土地（主に首都圏の土地）の購入に向けられ、1986年から1989年末までの期間、日本では株価や首都圏地価が高騰した。日経平均株価は1986年1月の約1万3000円から1989年末の約3万9000円へと約3倍に上昇し、大都市商業地地価も約3倍に高騰した。

　高度成長期のように新産業勃興期に金融緩和が実施されれば、供給された貨幣は工場建設・技術導入・技術開発・ブランド開発など、将来により多くの収益をもたらす実物資産や無形資産の蓄積のために投資される。しかしその条件が充分に満たされない状況での金融緩和は過剰流動性もたらし、貨幣は株式（有価証券）・土地などの資産購入に向かい、バブルを膨張させる結果を招いた。

　株式や土地など自分が保有する資産の価格が上昇した場合、人々は消費意欲を高める傾向にあるが、それは**資産効果**と呼ばれる。この時期人々は資産効果により消費意欲を高め、高級品が次々に売れるなど、日本はバブル景気に沸いた[47]。消費の増加は有効需要を増やし景気を刺激し、資産価格を押し上げた。資産価格の上昇はさらなる投機を生み、資産価格をさらに押し上げ、資産効果がさらに消費を刺激していった。日銀のマネーストック増大によるそのような連鎖は、日銀が金融引締政策（バブル潰し）に転じるまで続いた。

　「銀行離れ」が進む中（大企業など優良顧客企業への融資が減る中）、銀行は過剰流動性を抱え、融資先を見つけるのに苦心した。銀行は株式や土地への投機目的

の企業に対しても不動産を担保に安易な審査で融資を行い、モニタリングも簡略化させた。1980年代の日本の銀行業における事業部制導入は収益重視の目的で行われ、審査経験が浅く企業のソフト情報などを充分に蓄積していない銀行員にも審査を担当させるなど、銀行の情報生産機能は低下した。

　そのような状況下で日銀はバブルの過度な膨張を懸念し、1989年5月に金融引き締め政策に転じた。金融引き締めの結果、1990年初頭にバブルは崩壊し、不動産業界を中心に多数の企業が債務不履行に陥った。銀行が融資に当たり担保とした不動産の価値は暴落し（土地神話の崩壊）、銀行は担保を回収して融資額を補うには、激減した担保価値では大幅に不足した。「平成不況」の始まりであり、「不良債権問題」の発生である。

　市場の需給で決まる株価や地価が**ファンダメンタルズ**（株価や地価の理論値）を超えた場合、その「超えた部分」は**バブル**と定義される。1980年代半ばから後半の日本では、需要増大による好景気で株価や地価のファンダメンタルズは上昇したが、しかしそれを超えるバブルが発生したと考えられる。ファンダメンタルズとは、その株式（土地）が生み出す（＝永久に生み出す）配当（地代）の流列の割引現在価値の合計を意味する[48]。

　「投機」目的で株式を購入する場合、企業Aの成長が将来大きいという自分の合理的な予測（例えば財務データによる予測）に基づきA社株を購入することが最善とは限らない。論拠に乏しい考えであっても、他人がB社株が上がると予想して多く買えば、実際にB社株は上昇する。したがって他人の予測を自分が予想して株式を購入する必要があるが、逆に他人は自分の予測を予想して株式を購入する。他人が自分の予想をどう予測するかを自分が予想し、その自分の予想を他人は予想に取り入れ、さらにそれを自分が予想に取り入れ……。複雑な人々の予測の連鎖は、時として株価をファンダメンタルズから乖離させ得る。そのような乖離が生じても株価上昇を人々が予想し合う以上、株価は上昇するため、自分も株式に投機することが合理的となる。経済事象の変化が他人の予測に与える影響を自分は予想して対応するが、他人もその自分の予想変化を予測して対応する。経済事象の変化は人々の予測の連鎖を複雑化させるが、時として同一方向に集約させもする。

　日本の1986年以降のバブル膨張の直接的原因は、日銀の急速なマネーストッ

クの増大（しかし当時物価は安定していた）にあり、人々の予測を"株価・地価の上昇"に足並みを揃えさせた。バブル膨張の要因は複数あり、日銀の要因に加え、業界により程度の差があるが、企業が新技術・新商品開発に注力せず財テク（＝この場合は株式や土地などの投機）に走った点、それを見逃した銀行の情報生産の劣化（銀行の対企業交渉力の低下）や、銀行離れに過剰流動性が加わり、銀行が融資拡大に焦り土地神話（地価は下がらないという盲信）の下で安易に不動産担保融資に飛びついた点などを列挙することができる。

当時は銀行の横並び意識が強く、他の銀行が安易な不動産担保融資にのめり込んでいる以上は株価・地価は上昇を続けるため、それを所与にすれば自分の銀行も同様の戦略をとることが最適となり、すべての銀行がそのような安易な融資を選ぶことがナッシュ均衡になったと考えられる。各銀行がその不合理性に気づいても、非協力ゲームの枠組みでは、ナッシュ均衡から抜け出せない。さらに別の要因として、企業が比較的容易に資本市場から資金調達できるようになり、銀行融資を断られたときに被る不効用（第3章の「不効用 D」）の低下が、企業のモラルハザードを誘発した点も考えられる。また監督官庁の銀行の検査・監督に問題があった可能性もある（監督官庁のモラルハザード問題）[49]。

(2) バブル破裂と平成不況

日銀は比較的物価が安定していたため金融緩和政策を続けたが、バブルを膨張させすぎたことを懸念し、金融引き締めに転じた。その政策転換がバブルを破裂させた。日銀は金融引き締めのため、1989年5月に**公定歩合**を2.5％から3.25％に引き上げたが、それ以降1990年8月までの間数回にわたり公定歩合を引き上げ、6％にまで至った。

大蔵省も1990年3月に不動産向け貸出規制である不動産融資の「**総量規制**」を実施した。金融当局のそれらの政策は、市場に"悪いシグナル"を伝達し、バブルを破裂させる。1990年に入り株価は暴落し、地価もそれにやや遅れ暴落した。平成不況期の始まりである。

1980年代後半の急激な株価や地価の上昇は、ファンダメンタルズを超えたバブルであると感じる人は多かった。バブルと感じても、株価・地価が上昇を続ける間は株式・土地などへ投機することで儲けることができる。人々が投機を続行すればバブル膨張は続く。しかしバブル発生を感じているときに、何ら

かの"悪いシグナル"（金融引き締めなど）が示されると、その直後にバブルは崩壊する。なぜならばバブル崩壊前に株式や土地を売り抜きたいと人々は考えるため、何らかの"悪いシグナル"があれば、それらの資産を売りに走るからである。すなわち、"悪いシグナル"直後の資産売却の増大（＝供給増大）で資産価格は暴落する。

バブル崩壊後の「平成不況」期に、メインバンクは多額の不良債権を抱え、超過利潤を用いた企業救済を行える状態にはなく、また安定株主として保有していた株式も売却せざるを得ないなど（株式持合いの解消）、メインバンク関係が変質していった。バブル崩壊で人々が保有する資産価値が大幅に下落し、それが消費意欲を減退させた。その効果は**逆資産効果**と呼ばれ、それによる需要の落ち込みが景気悪化に拍車をかけた。

ところでバブル崩壊で「土地神話」は壊れたが、地価はバブル崩壊とは関係なく下がり得る。「土地の需要」が下がれば地価は下がる。近年日本の人口減少は、土地の需要減少要因となり得る。マンションやオフィスビルの高層化も土地の需要減少要因となり得る。インターネット・ショッピングの普及は、小売店の店舗の土地需要を減少させる。東京一極集中回避で多数の企業が本社ビルを地方に移せば、東京の地価は下がり得る。IT活用で東京に本社を置く便益性は減少し、かつ首都直下型地震対策は地方への移設を促す。

何らかの事情で地価が下がれば土地の担保価値は下がるため、他の条件を一定にすれば不動産担保融資額は減り、景気の足を引っ張る。また地価下落による逆資産効果で消費意欲が減退すれば景気が悪化する。第2・3章で考察した「担保（土地）」を用いた逆選択防止のシグナリングやモラルハザード防止の誘因両立性条件成立も、地価下落で難しくなる。

平成不況の教訓を受け、**土地の開発事業**への資金供給の重要性を再認識する必要があるであろう。銀行が土地開発事業の情報生産を充分に行い、融資を通じて地価安定化に貢献する（土地投機などの融資には慎重となる）ことは、有意味であると考えられる[50]。

2.5　市場型金融システムへの移行

戦後日本の金融市場は強い規制に縛られ、また労働市場も日本的雇用慣行な

などにより市場原理が有効に機能していなかった。両者は**制度的補完関係**にあり、「長期的融資関係」「株式持合い」「終身雇用制」などの固定的な関係が密接な相互作用を持つ日本独自のシステムであった。

戦後日本の金融市場は、「厚生経済学の第一基本定理」の前提（完全情報、外部効果の不存在、完全競争）が満たされる状態から遠く、したがって市場メカニズムに依拠すれば「市場の失敗」の弊害により経済効率を大きく損ねる蓋然性が高かった。特に非対称情報から預金者が付和雷同する「銀行取り付け」「金融パニック」を防ぐ必要があった。そこで政府は様々な規制を設け、金融システムを安定化させ、かつ限られた資金を有望な産業・企業に人為的に供給する制度を構築した。

資本市場では、起債会（受託銀行と引受証券会社により構成）が社債発行などに当たり起債銘柄・発行量・起債時期・発行条件を調整した（起債調整）。当時はまだ評判という無形資産を蓄積できた企業も限られ、それを用いたシグナリングが行える状況になく、逆選択を防ぐためには起債調整のフィルターを通す必要があった。また成長前の企業の担保価値も低く（当時の企業資産は多くなく、地価も大幅上昇の前であり）、それを用いた非対称情報問題の解決も限られた。多くの企業は銀行融資に頼る必要があったが、特にメインバンクによる情報生産に依拠した融資、そしてそれを信頼した非メインバンクの融資参加（カウベル効果）が経済を牽引した。メインバンク関係（資本関係や人的関係を含む）、企業系列、内部労働市場など、市場原理に代わる「組織による資源（資金）配分」が行われ、「市場の失敗」を民間企業が主体的に回避した側面があると考えられる。

金融の外部効果については、プラスの外部効果（**外部経済効果**）では、特に産業発展に関する「**マーシャルの外部効果**」が大きかった。したがって公的金融機関である日本開発銀行（開銀）などにより重要産業・企業に長期資金が配分されたが（財政投融資による公共財供給と解釈可能）、民間では長期信用銀行（長信銀）も重要産業に長期資金供給を行った（補論Ⅱ参照）。長信銀は民間金融機関であるが、独占的に金融債発行が認められたため（長短分離規制）、レントを獲得し（レントが補助金に該当）、長期資金供給の外部経済効果が過小融資を引き起こす問題（パレート最適水準より過小となる問題）が緩和された。金融のマイナスの外部効果（**外部不経済効果**）では、「**銀行取り付け**」「**金融パニック**」（第5章）が最大の懸案事

項であり、競争制限規制や自己資本比率規制などにより金融システムの安定化が図られた。また銀行業は参入規制で守られ、銀行は超過利潤を獲得した。競争制限による超過利潤獲得で銀行経営は安定した。超過利潤は銀行のフランチャイズ価値を高め、銀行のリスク・テイキング行動を抑止する効果もあった。銀行の超過利潤を用いた企業救済で、企業（または従業員）が蓄積した無形資産は保護され、日本企業の生産効率の上昇に寄与した。それらの規制による利益が、規制による効率性の損失である**死重的損失**（deadweight loss）を埋め合わせて余りあれば、市場原理を束縛する各種の規制も正当化でき得る。

　財政投融資やメインバンク関係は、市場機能に代わり、強い金融規制の下で有望企業を見出し資金を配分するシステムであり、企業統治はメインバンクが主に担った。市場原理による"見えざる手（invisible hand）"（A. スミス）に代わり、政府・官僚や銀行経営者などが"見える手（visible hand）"として役割を果たした側面が強く、日本的雇用慣行がそれを補完した。政府の行政指導が強く、中央集権的な要素を多分に含んだ高度成長期の日本の経済システムは、「日本株式会社（Japan Inc.）」と呼ばれた（ジェームズ C. アベグレン）。

　メインバンク関係、系列取引、株式持ち合い、終身雇用制などは固定的で組織的な資源配分（資金・財・人材の配分）システムであり、市場による資源配分に対峙するシステムである。組織による配分は、非対称情報・取引費用・外部効果などが多く存在し、市場が整備されていない場合に有益である。しかし金融自由化の潮流は避けられず、日本でも市場の整備が進められ、市場原理が機能する金融システムに移行していった。非対称情報への対処は、シグナリング機能や誘因両立性条件などで対応可能な状況へと進んだ。情報開示義務や、インサイダー取引規制などの法整備も進み、市場は整備されていった。従来のメインバンクによる企業統治から、「市場規律」や「監査役・社外取締役によるモニタリング」に軸足を移したのである[51]。

　新規参入規制の緩和でネットバンク、楽天銀行、ソニー銀行、イオン銀行、オリックス銀行、ジャパネット銀行……などが次々に設立された（ネット証券会社も設立された）。インターネット・ショッピングが普及する中で、IT 企業など新しいビジネス展開を行う企業が銀行を設立すれば、消費者はその銀行預金を用いてスマートフォンで瞬時に決済ができ、ショッピングを楽しめる。預金者

が決済目的で預金した資金であれ、その一定割合は銀行に留まる（第1章参照）。したがって当該銀行（例えば楽天銀行）は、その資金をグループ企業（例えば楽天グループ企業）に融資可能である。

ネットバンクはグループ企業にメインバンクとして保険提供や企業救済機能を提供でき、グループ企業の安定性成長が達成でき得る。そして安定性を求めるグループ企業従業員のモラルハザード抑止効果を得られる（本章第1節参照）。そのことは当該グループ企業のパフォーマンスを改善し得るが、それが当該銀行の経営にプラスの影響を与え、当該銀行への信頼が深まり預金を広く集めるという好循環が生まれ得る。規制緩和による金融自由化でメインバンク関係が希薄化する中、新ビジネスを通じた新たな形でのメインバンク関係の萌芽を、規制緩和が醸成する可能性が考えられる（同時にIT企業の発達は、後述のフィンテック革命をも引き起こす）。

2.6　ユニバーサルバンクとアンバンドリング

日本では1947年に銀行業と証券業の分離（**銀証分離**）を定めた証券取引法第65条が制定され、銀行と証券会社の間に"垣根"（金融業界用語）が設けられ、両者で同じ業務を奪い合わない不可侵条約が定められた。しかし1993年に規制が緩和され、子会社設立で相互参入が可能となり、銀行は証券子会社を設立して証券業界へ進出（株式ブローカー業務を除く）できるようになった。そのことは、「ユニバーサルバンク」への道筋ができたことを示唆する[52]。

ユニバーサルバンクとは、銀行業務に加え、証券業務・信託業務を兼営できる銀行のことであり、欧州諸国に存在する。銀行が融資のみならず証券発行による資金供給も行えれば、企業の「銀行離れ」を防げる。そして銀行が蓄積した企業情報を有効活用して円滑に多様な形式で資金供給が行え、経済の活性化に貢献できる。

銀行業務や証券業務を行う際には、それぞれ企業情報の生産が必要である。同一主体がそれらの業務を兼営することで企業情報は組み合わされ、相乗効果が得られる。

「銀証分離」の理念は二つあり、一つは「銀行を証券業務のリスクから遮断し預金者保護を図ること」であり、もう一つは「利益相反を防ぐこと」である。

一つ目の「証券業務リスクの遮断による預金者保護」は、ITによる金融商品を用いた「リスク分散」や、銀行の貸出債権の証券化などによる最適な「リスク分担」の実現で対処し得る。しかし二つ目の「利益相反」は、金融システムを機能不全に陥らせる深刻な問題である。

銀行が証券引受（アンダーライター）業務を兼営した場合、銀行が融資先企業の業績が近い将来悪化することを情報生産で知ったとする。銀行が貸出債権の不良化確率が高まったことを**内部情報**として持った場合、銀行はその**リスクを投資家に転嫁**し得る。銀行は当該企業に証券（社債や株式）を発行させ（＝資金調達をさせ）、その資金で融資資金を返済させる。発行した証券は投資家に売却され、銀行の貸出債権は保全される。しかしその証券を買った投資家は、近い将来において企業業績の悪化で不利益を被るリスクを負う。

ある主体の利益のために他者に不利益を押し付けることは、**利益相反**（conflict of interest）と呼ばれる。利益相反を防ぎ健全な金融システムを構築するには、「銀証分離」が有意味であると考えられた。銀行が貸出債権の債務不履行リスクの高まりを情報生産で知った場合（ソフト情報を含む）、そのリスクを銀行に比べ情報劣位にある投資家に転嫁させる利益相反行動は、投資家（投資家は相対的にリスク回避的でない）に債務不履行リスクを取らせ、預金者（特に小口預金者は相対的にリスク回避的である）を保護することであり、「銀行取り付け」を防ぎ金融システムを安定化させるという考え方は正しくない。

銀行と投資家との間の情報の非対称性に起因する利益相反は経済効率を損ね、金融システムを劣化させる。投資家は銀行よりも情報劣位であることを自覚している。利益相反の疑いが残るシステムを維持すれば、投資家は証券購入に消極的となる。したがって企業の証券発行による資金調達に支障をきたし、経済を萎縮させる。

非対称情報問題は、第2・3章で考察したように、規制によらなくとも、無形資産蓄積、シグナリング、誘因両立性条件などのメカニズムに依拠して、市場原理の下で克服可能である。つまり銀証分離規制を緩和しても、市場原理を活用した効率的資金配分は達成可能である（市場整備の進展が前提）。

もし銀行が上述のような利益相反行動を行い、発行した証券価値が将来下がることになれば、銀行は情報生産者としての**評判**（無形資産）を失い、以後の

証券引受業務を順調に行えない。銀行は引受業務を行えなくなり、手数料収入を獲得できないことを回避すべく、利益相反行動を慎む誘因を持つ。

銀行は市場に対し利益相反行動を起こしていないシグナルを発信する必要があるが、証券引受に当たり**新規発行証券の一定割合を銀行自身が保有する**ことが誘因両立性条件となり得る。その場合、銀行は上述の利益相反行動を起こさない（プリンシパルが投資家で銀行がエージェントのモデルでのモラルハザードを起こさない）。その場合、銀行は将来の企業収益の悪化を防ぐべくモニタリングや経営コンサルティングを懸命に行う誘因を持つ。銀行は、証券引受の際に当該証券の一部を保有することのシグナル（利益相反を起こさないシグナル）で、証券を投資家に円滑に売ることができる。そのように銀行が自主的に利益相反を防ぐのであれば、銀証分離規制緩和は有意味であり、銀行が証券業務を兼営することによる範囲の経済を享受できる。

ところで Kanatas and Qi（1998）は、銀行が企業の貸出債権の不良化確率が高まったと判断した場合、新規証券発行により融資資金を返済させるならば（利益相反行動）、企業経営者のモラルハザードを誘発すると考えた[53]。では次に、銀行の利益相反行動に伴い企業経営者のモラルハザードが誘発され得る状況を考察してみよう。

銀行は情報生産で企業のモラルハザード（貸出債権の不良化確率を増加させる行動）を察知すれば、上述のような利益相反行動によりリスクを投資家に転嫁できる。銀行はリスク転嫁が可能な分、企業のモラルハザードを気にしなくなり、企業のモニタリングを簡素化させてモニタリング費用を節約する誘因を持つ。したがって銀行のモニタリングが簡素化される分、企業のモラルハザードは助長され得る。

銀行は企業経営者のモラルハザードをある確率で察知でき（内部情報）、その場合証券を発行させ資金を返済させる（利益相反）。投資家はモラルハザードで債務不履行リスクが高まったことを知らず（当初のリスクと同じと認識し）、当該証券を購入する（仮定）。そして投資家は事後的にも当該企業経営者のモラルハザードを知り得ない（第3章）。将来に企業が破綻する事態に至っても、投資家は単にビジネスが失敗したと認識するのであれば、企業経営者のモラルハザード誘因は助長される。ビジネスにリスクは付きものであり（成功確率は100％で

はない)、ビジネスの失敗時に企業経営者のモラルハザードの有無を個々の投資家が事後的に調査することは、情報生産能力（費用負担）の観点からも、立証不可能性問題やフリーライド問題の観点からも難しい。企業経営者はモラルハザードを起こせば、ある確率で銀行に察知される（銀行による内部情報を用いた立証不可能な洞察）。もし察知されれば投資家にリスクが転嫁され、投資家はモラルハザードを事後的にも認識できない（経営者は評判を毀損しない）。

　このような企業のモラルハザード誘発問題に関しても、やはり銀行が証券引受けの際に新規発行証券の一定割合を保有することで抑制できる。その場合、銀行は債務不履行リスクのすべてを投資家に転嫁できない（一部保有）ため、モニタリングを行い企業経営者のモラルハザードを抑止する必要がある。引受証券の一部保有が誘因両立性条件となり、銀行は企業の証券発行を円滑に行え、投資家に妥当な条件で売ることができる。

　では考察を一歩進め、Kanatas and Qi (1998) と逆の結論を導出してみよう。企業経営者にとって、モラルハザードを銀行に発見され新規証券発行で融資資金を返済させられることは不都合である。なぜならば企業が経営難に陥った場合、銀行融資に依存していれば救済される可能性があるが、証券発行ではその可能性が減るからである。**銀行は当該企業情報を蓄積**しているため、その蓄積した無形資産の消失を回避すべく企業再建に手を差し伸べる動機（企業救済動機）を持ち得る。しかし証券発行で資金調達した場合、投資家は銀行ほどには企業再建に積極的でなく（銀行ほど情報蓄積をしていない）、企業の清算を要求する可能性が高まる。現実には、優先債権者は企業再建よりも企業清算を好み、劣後債権者は逆に清算よりも再建を好むことが知られている（劣後債権者はただちに企業を清算すれば自分に回ってくる利益が少ないため、企業再建で自分の利益を増やすことを好む）。劣後債権者は当該企業情報を多く蓄積しているケースが多く（そのため債権の劣後化が生じ得るが）、銀行と一般投資家とでは銀行の方が企業再建を望むケースが多い。

　企業経営に問題が生じた場合、メインバンクが自主的に資金回収を劣後化させる（さらには融資額を増やす）などの行動で、非メインバンクの資金回収に便宜を図り、かつ救済に尽力するケースがある。したがって企業経営者は「銀行融資」が「証券発行」に変換されると、経営破綻時に救済される可能性が減少す

るため不都合である。

　そのように企業経営者は「銀行融資」が「証券発行」に変換されることを嫌い、銀行との融資関係を継続させ、銀行が自社情報を多く蓄積することを望むであろう（情報蓄積で情報生産費用が安くなり、その分貸出金利も減少し得る）。すなわち企業経営者は上述の銀行の利益相反行動を避けるため、モラルハザードを慎むことが考えられる。それは銀行と一般投資家との間で企業再建や企業清算に対する態度が異なり、投資家の方が企業清算に積極的である性質から生じる、モラルハザード制御メカニズムである。

　市場で評判を得た企業はモラルハザード誘因を失うため（第3章）、そうでない企業が銀行にモラルハザードを発見されたケースを考えよう。その場合、銀行の利益相反行動により銀行融資が証券発行に変換されれば、銀行との融資関係は希薄化し（融資額減少）、銀行からモニタリングを充分に受けていない企業（モラルハザード誘因が高い企業）であるシグナルを市場に発することになる。そのシグナルは、当該企業にとって資金調達や企業間取引の際に不利である。したがって企業は銀行の利益相反行動を恐れ、モラルハザードを慎む。

　銀証分離規制を廃し、市場原理に依拠しても利益相反の非効率を防げるならば、範囲の経済を享受できる。銀行が預金業務・貸出業務に加え、証券引受業務や保険業務などを同時に行えば、情報生産に関する「範囲の経済」を増幅させ経済効率を高め得る。銀行が発行証券の一定割合を保有し続けるためには、規模が大きい（＝預金総額が大きい）必要がある。なぜならば銀行規模が小さければ、預金引き下ろしに備えて貸出債権以外は流動資産で多く保有しなければならないからである。大手銀行であれば「大数の法則」（第1章）が効果的に働くため、非流動資産をある程度保有でき、誘因両立性条件を満たすシグナルを発信し得る（大手銀行の無形資産蓄積の多さもシグナル効果を補強する）。日本のメガバンクは大きな果実を求め、今後ユニバーサルバンクを指向する可能性が考えられる。

　ところで、それと逆行する**アンバンドリング**も同時に進んでいる。一つの束(bundle)である金融機能を複数に分割することが、アンバンドリング(unbundling)である。例として銀行の貸出債権の**証券化**（詳細は第5章）が挙げられる。それは銀行が貸出債権を担保にして「利子と元本の受取請求権を持つ

証券」を新たに創り、それをいくつかに分割して投資家に売る仕組みである。この新たに創出された資産担保証券は、銀行が投資家に当該証券を売却後も利子と元本の支払義務を負う遡及権付き（リコース）売却と、その義務を負わない不遡及（ノンリコース）売却とに分かれる。不遡及売却では銀行に融資先企業の情報生産の役割は残されるが（元本・利子の支払を監視）、債務不履行リスクの負担は投資家に移されるという形で金融機能が分割（情報生産機能とリスク負担機能が分割）される。

　銀行が情報生産を怠り当該企業が債務不履行となれば、投資家は損失を負うが、銀行は評判を落とし証券化を円滑に行う可能性を以後失う。銀行にとって貸出債権の流動化は重要な手段であり、証券化に関する評判を毀損できない。つまり銀行は、情報生産に関してモラルハザードを起こさない方が自身の利益に資する。

　上述のアンバンドリングにより、銀行は比較優位にある情報生産に集中でき（蓄積した企業情報の利用）、リスクを投資家と分担し合うことでリスク負担を最適化できる（投資家にリスク負担能力に応じて利益獲得機会を与える）。ユニバーサルバンク指向と金融機能のアンバンドリングという正反対の方向性は、同時に進展していくと考えられる。

　ユニバーサルバンクは「範囲の経済」が大きい場合に有益であり、アンバンドリングは最適な「リスク分担」の実現や「専門化の利益」（専門特化による効率性増進）が大きい場合に有益である。規制緩和で増加した選択肢から、各金融機関は比較優位に基づき最適な形態の選択を行うであろう。その結果として金融サービスの多様化が進み、それが経済効率を増進させていくと考えられる。ただしユニバーサルバンクの経営が破綻した場合、その影響は全世界に波及するため、金融秩序維持政策（第6章）が重要となる。

　今日ではIT企業が「人工知能」や「ビッグデータ」を駆使し、さらに「スマートフォン」をも活用して、決済を始めとする様々な金融の分野へ参入を試みている。それは**フィンテック**（FinTech）革命と呼ばれており（FinanceとTechnologyとの造語）、銀行にとって脅威的なライバルの出現を意味する。銀行はそれらIT企業との競争に負けぬよう（銀行業務の一部にフィンテックを取り入れるなどして）、さらに高付加価値の金融サービスを効率的に供給していかねばな

らないであろう。銀行は情報の非対称性が比較的大きな企業に対するソフト情報の蓄積に依拠した融資や、構築した信頼関係という無形資産の活用による金融サービスの供給に比較優位を持ち得る（人工知能を凌駕し得る）。したがって日本のメインバンクが、特に高度成長期において果たした役割を再認識することは、今後の銀行経営のあり方を考察する上で参考になるであろう。

補論Ⅰ　メインバンク関係とホールドアップ問題

メインバンク関係は銀行にとって特定的な取引関係であると同時に、企業にとっても特定的な関係である。第3章で考察したように、取引関係における特殊性はホールドアップ問題を惹起し得る。メインバンク関係を終わらせた場合、企業と銀行のどちらの方がより大きく不利になるかにより、以下に示す2種類のホールドアップ問題が生じ得る。

Ⅰ.1　企業が直面するホールドアップ問題

第一は、メインバンク関係の終了で「**企業の方が不利になるケース**」である。「銀行B」が「企業F」と取引を開始し、その融資を継続させ、企業Fの情報を一定程度蓄積する頃には、市場が"企業Fのメインバンクは銀行Bである"と認識するようになる。それを市場は継続融資や融資額（トップ・レンダー）などで認識する。系列企業の場合、メインバンクは同系列の銀行となるが、その場合はホールドアップ問題が生じないため（社長会などで協調するため）除外する。また企業Fが大企業へと成長すれば、優良格付けや名声などのシグナル効果で資本市場から容易に資金調達できるため、そのケースも除外する。

メインバンク関係構築の認識が市場に広がれば、銀行の交渉力が強まり、企業（＝無名企業）が不利な融資条件を突きつけられるホールドアップ問題が生じ得る[54]。

企業F情報を一番多く持つメインバンクの銀行Bがもし融資を断れば、すなわちメインバンク関係を終了すれば、"企業Fの経営に問題が内在する"というシグナルを市場に伝達することになる。経営が健全であれば銀行Bはメインバンク関係を継続させるはずであり（メインバンク・レントの獲得）、それを

終了させるということは、何らかの問題（修正困難な程度の問題）の萌芽をメインバンクが企業Ｆに見出したというシグナルを市場に伝達し得る。

その場合、他の銀行はメインバンクほど当該企業の情報を持たないため、融資を断るか、あるいは綿密な審査を行って融資を行う。綿密な審査費用は金利に反映され、企業Ｆの費用負担が増大する。また企業Ｆが資本市場から資金調達をする場合も、悪いシグナルで不利な条件でしか資金を調達できない（投資家はメインバンクほど企業Ｆの情報を持たない）。

すなわち企業Ｆが銀行Ｂと"メインバンク関係を形成した"という認識が市場に広がれば、銀行Ｂは企業Ｆの参加条件をかろうじて満たす（＝留保利潤を満たす）水準に貸出金利を高くする可能性がある。その場合、企業Ｆが他の銀行へメインバンクを変更する費用が莫大であれば（＝その変更が悪いシグナルとして機能すれば）、銀行Ｂとのメインバンク関係を企業Ｆは解消できない。この場合、企業Ｆが第３章における「下請け企業」に該当し、「銀行Ｂとメインバンク関係を持ったという社会的認識の形成」という、特殊部品の生産設備投資をしたことに該当し、銀行Ｂが自動車会社に該当する。

以上のことを企業Ｆは事前に理解できるため、数期間のみ銀行Ｂから融資を受けると、メインバンク関係が構築されたと市場が認識する前に、取引先を銀行Ｂ以外の銀行に変更する誘因を持つであろう（その場合メインバンクから融資を断られたという悪いシグナルを発しない）。同様のことを繰り返せば、企業は一つの銀行と長期的取引関係を構築できない。

このホールドアップ問題の回避として、銀行Ｂは企業Ｆと資本関係を持ち(株式保有)、また人的関係を持つことが考えられる。銀行Ｂが企業Ｆに対して企業Ｆの参加条件をぎりぎり満たすような高金利をつきつければ、企業Ｆの成長は鈍化し大企業への成長に手間取る（あるいは中小企業に留まる）。メインバンクは、「金利を高くするこの利益」よりも、金利を企業の参加条件をかろうじて満たす最大水準までは引き上げずに「**企業成長を促す利益**」の方が大きくなるようにメインバンク関係を強めれば、それが誘因両立性条件となる。

金利を高くすればその分だけ銀行Ｂの利益は増えるが、企業Ｆの成長鈍化で当該融資額の拡大も遅れ、債務不履行リスク減少や担保価値増大も遅れ、為替業務拡大の増収も遅れるなど、動学的にメインバンク・レントは減少する。

また成長鈍化でメインバンクである銀行Bが企業Fの株主として受け取る配当も減少し、銀行Bにとって企業Fは再就職先企業としての魅力も増えない。銀行Bは企業成長のプラス面を考慮して株式保有などメインバンク関係を強めれば、上述のホールドアップ問題は解決できる。

また銀行Bが企業Fに「企業Fの参加条件をかろうじて満たす条件」で融資を継続すれば、「第3章補論Ⅲ」で論じたように、企業Fはモラルハザード誘因を強く持つ。なぜならば、無名の中小企業Fは、銀行Bとの融資関係を継続させればかろうじて参加条件が満たされるのであれば（例えば超過利潤ゼロ）、モラルハザードを起こして一時的にせよ大きな超過利潤を獲得した方が有利だからである。その結果、企業Fは倒産しても失う評判という無形資産はなく、倒産しても一時的に大きな利潤を手にできる。企業経営を継続させても成長できず、留保利潤（例えば超過利潤ゼロ）獲得の状態が続くのであれば、モラルハザードを起こす一時的利益の方が勝る可能性が生じる。

そのモラルハザードを防ぐために、銀行Bは精力的にモニタリング（企業統治）を行わなければならず、モニタリング費用が大きければ（第3章の発見確率 Pr を高めるためのモニタリング費用が大きく逓増的であれば）、上述のように企業にとって不利な条件を銀行は提示しない。すなわち、銀行Bは企業Fがモラルハザード誘因を高めない水準の融資条件（＝企業Fの留保利潤を上回る企業利潤を与える融資条件）を示す方が銀行Bにとって得策となる。メインバンクである銀行Bが独占的に企業Fの情報生産を行うが、銀行Bは独占力を行使して企業Fの超過利潤をすべて吸い上げずに、「企業成長を促す」方が得策となり得る。企業成長によるマーシャルの外部効果が大きければ、寡占産業である銀行業において、当該銀行にその外部効果の利益の多くが吸収され得る（企業Fの下請企業などの融資をも伸ばし得る）。なお、銀行から長期資金を借り入れれば、企業は上述のホールドアップ問題を軽減できることが知られている。その場合、企業は長期間に渡り銀行の融資中継の圧力（＝融資条件の改悪）にさらされないためである（（注54）の文献を参照のこと）。

Ⅰ.2　メインバンクが直面するホールドアップ問題

第二のホールドアップ問題は、逆に「**メインバンク関係の解消で銀行の方が**

不利になる場合」に生じる問題である。このケースは、企業Fは容易に銀行B以外に資金供給主体を見つけられる状況（企業Fが優良格付け取得などの場合）が考察対象である。

　銀行Bが企業Fの情報を多期間にわたり費用を掛けて蓄積した場合、その情報を他の金融機関に転売することが通常できないため（第2章補論Ⅱ参照）、企業Fの交渉力が高まり得る。取引を中断すれば、企業情報を転売できないため、銀行Bは保有する企業F情報の無形資産価値を失う。それを銀行Bが恐れれば、企業Fの方が交渉力を持ち、安い金利を要求する可能性が生じる。第3章の文脈では、銀行Bが下請け企業に該当し、「企業情報」という特殊部品生産の設備投資をした場合に相当する。

　取引中断で銀行が失うのは、これまでに企業Fの情報生産に費やしてきた費用総額ではなく、その蓄積した企業情報が将来的に生み出す（融資継続の場合に生み出す）収益の割引現在価値である（＝情報の無形資産価値）。この場合の収益とは、蓄積情報に基づき的確に行える企業統治や経営コンサルティングで投資プロジェクトを高い確率で成功に導き、銀行が獲得していく金利などの収益の流列を意味する。

　融資期間がある程度経過し、銀行Bの情報蓄積が進んでメインバンク関係が構築でき、企業Fが市場で名声を獲得できた時点を考えよう。その時点で貸出金利を低水準に変更しなければメインバンクを変更すると企業Fが要求した場合、銀行Bがその要求通りに金利を下げれば情報の無形資産価値は減少する。その場合、これまで銀行Bが費やした情報生産費用の方が情報の無形資産価値を上回る可能性がある。そのような事態が事前に想定できれば、銀行Bは当初から企業Fとメインバンク関係を持とうとしない。

　しかし、そのように企業Fが成長して名声を博するまでには通常時間を要する。銀行Bは、企業Fが市場で名声を博するまでの間に動学的利益（メインバンク・レント）を充分に獲得できれば問題はない。通常企業は名声を博するまで時間を要するため、その間に銀行Bがこれまでに投入した情報生産費用（＝サンク・コスト）を回収できれば、ホールドアップ問題は深刻ではない。

　金利を安く変更した時点で情報の無形資産価値は低下するが、銀行Bはそれまでの取引で採算が取れればよい。企業Fは、名声を得たときに他の銀行

が提示できる最も安い金利（優良企業に対するプライムレート）よりも低い金利を銀行Bに要求できない。なぜならば他の銀行も同様にプライムレートよりも金利を安くできないからである。銀行Bは、優良企業に成長した企業Fに対してプライムレート（＝債務不履行リスクの減少などを反映した低金利で銀行の参加条件を満たす金利）で融資を続けても利益を稼げるため、メインバンク関係は継続され得る。ただし、資本市場からの資金調達割合が増える可能性はある。

　問題は企業Fが数期間で急成長する可能性があり、数期間後に銀行Bよりも有利な条件を提示する他の銀行にメインバンクを変更する場合である。そしてその当初の数期間の情報生産が、銀行Bにとって最も費用を要する場合である。企業Fは銀行Bの融資と情報生産で短期間に急成長できたわけであるが、成長して優良格付けを市場に伝達できる時点で、企業Fはメインバンクを変更する可能性がある。なぜならば情報生産費用をこれまで負担していない他の銀行は、情報費用を転嫁しない低金利（優良格付けに対応した低金利）を提示できるからである。また成長した企業Fが市場に名声を博せば、モラルハザード誘因が少なくなるため、新たにメインバンクとなった銀行は、モニタリング費用も安くなる。

　短期間での企業成長が事前に予測でき、短期間取引では採算が合わないならば、銀行Bは当初からメインバンク関係を築こうとしない。企業の成長前の短期間の融資で情報生産費用を金利に上乗せすれば、企業Fの参加条件を満たせない。その間は金利をあまり高くせず（費用を銀行が負担し）、長期間に渡る融資の間にで銀行に利益が出るように通時的な金利水準を決定すれば、両者にとって好都合である。しかし長期間の融資にコミットできなければ（短期間で資本関係などを充分に形成できなければ）、企業Fは名声を得た時点（仮定により短期）で取引銀行の変更誘因を持つ。また、取引先を長期間変更してはいけないという契約は、法律的に無効である。

　企業Fの取引銀行変更誘因を事前に予測する銀行Bは、安易な情報生産（＝低費用の情報生産）で融資可能な小規模案件に対してのみ、企業Fに融資を行う。情報生産が不充分であれば企業Fの潜在能力を見出すことはできず、多額の融資は行えない。また名声を博す以前では資本市場からの資金調達は難しく、したがって企業Fは短期間で急成長を実現できない。

このホールドアップ問題の回避は、企業Fが起業当初にベンチャー・キャピタルから資金供給を受けることで可能となる。ベンチャー・キャピタルは企業Fの潜在成長力を見抜き、企業Fに株式を発行させ、それを買い取る形で資金供給を行う。企業Fが短期間で急成長し株式を上場できれば株価は高騰し、ベンチャー・キャピタルは短期間で多額のキャピタル・ゲインを獲得できる。ベンチャー・キャピタルにとって短期間での企業成長は望ましい。銀行の融資契約では、企業成長後の企業収益増大に比例させた利子収入を銀行が得られない（融資開始前に定めた約定金利となる）。それに対して、ベンチャー・キャピタルは企業成長後（株式上場後）の株価増大の利益を獲得できるため、上述のようなケースに適している。日本におけるベンチャー・キャピタルの育成は、重要課題の一つである。

補論II　高度成長期の長信銀の役割

　長期信用銀行（**長信銀**）として、日本興業銀行（**興銀**）、日本長期信用銀行（**長銀**）、日本債券信用銀行（**日債銀**）の3行が存在し、日本の高度成長に貢献した[55]。また公的金融機関では、日本開発銀行（**開銀**）が低利で長期の資金供給を通じて、産業育成に貢献した。長信銀は優れた「事前の情報生産」能力で、将来的に有望な企業を見出し長期資金を供給した。そして融資後もモニタリングや経営コンサルティングなど、優れた「事後の情報生産」能力をも発揮した。また輸出入関連企業に対しては、公的金融機関である日本輸出入銀行（**輸銀**）が特に高度成長期に重要な役割を果たした。

　系列に関して、例えば三菱系列の場合であれば同系列企業のメインバンクは三菱銀行（当時）などの同系列銀行であり、長信銀はそれら系列企業のメインバンクになれなかった。しかし長信銀は系列企業に対しても融資を行った。すなわち非メインバンクとして長信銀は融資に加わったが、その際に融資先企業の情報生産をも行った。非系列企業に関しては、長信銀はその中の有望企業のメインバンクとなり活躍した。

　長信銀が優れた情報生産能力を有した理由は、優秀な人材を労働市場から集められたからであると考えられる。戦後の成長途上企業（幼稚産業）がまだ多

い中で、長信銀は民間では相対的に魅力的な就職先であり、比較的優秀な人材が集まったと考えられる。長信銀の銀行員は家計から預金を集める業務はなく、電力や重工業など、すなわち**経済を牽引するトリガー産業**を長期資金供給を通じて育成する業務に主に携わったが（高度成長期）、国家発展の見識を持つ人材が多く集まったと考えられる。長信銀は他の金融機関に認められない「**金融債**」[56]発行を認められ（**長短分離規制**）、その独占的利益（長期的に高収益が得られる長期融資に従事できる利益）獲得により、相対的に高い給与や充実した福利厚生を銀行員に提供でき、優秀な人材を確保できた側面があると考えられる（都銀に比べ長信銀の銀行員数は少なく、一人当たりの福利厚生などが厚かったと考えられる）。

　長信銀は融資に当たり、自身がメインバンクでない企業に対しても情報生産を行った理由は、**長期資金供給にコミットする**ためである。長信銀は融資先企業の経営が芳しくないと判明した時点で、他の金融機関と同様に短期間で資金を引き上げることができない。また当時成長産業の長期資金需要は旺盛であったため、企業に対して交渉力を長信銀は強く持ち、スムーズに企業情報を生産できた事情も加わる。高度成長期に長期資金を必要とするトリガー産業に対し、メインバンク（系列銀行など）の情報生産に加え、長信銀の情報生産が追加され、企業統治が補強された。重要産業に関しては情報生産の重複のロスよりも、企業統治補強のメリットが大きかったと考えられる。

　非対称情報下での均衡信用割当（第3章）で、あるいは政府の低金利政策の下で、高度成長期に（長期）資金に超過需要が発生した可能性がある。拘束預金により実効金利が高まった点は注意を要するが、高度成長期には長期資金に対して慢性的な超過需要があったといわれている。長期資金に対する超過需要の下で、長信銀・開銀は信用割当を行い（長期資金を要するトリガー産業・重要産業を選別して資金を割り当て）、融資先企業の順調な成長を目指したが、その推進のため長信銀は精力的に情報生産を行った。

　非メイン融資先企業であっても、企業成長は長信銀にとって有益であった。非メイン融資先企業が成長すれば、その下請け企業や原材料供給企業など多くの関連企業が新たに勃興して成長していく。したがって経済成長で長信銀は新たなメイン融資先企業を見つけることができる（長信銀は新たに勃興した有望な非系列企業のメインバンクになり、長期融資で育成可能である）。

長信銀の融資参加でメインバンクの情報生産が補強されるため、**長信銀融資はシグナル機能**を持ち（当該企業が有望であり企業統治も行われているシグナルとして機能し）、他の非メインバンクの当該企業融資への参加を促した側面がある（長信銀のカウベル効果）。

　公的金融機関である「開銀のカウベル効果」も知られており、開銀融資は国策としての当該産業・企業育成のシグナルとして機能した。当該企業の育成が国策である以上、当該企業の成長を国は様々な手法で後押しする（例えば関税での保護など）ことが予想できるため、開銀融資は有望企業のシグナルとして受け止められた。そのシグナル効果（＝カウベル効果）で他の銀行を当該企業融資に導いた（他の銀行の情報生産のフリーライド）。

　長信銀は、高度成長期にトリガー産業への資金供給を開銀や輸銀などとともに行い、カウベル効果で当該企業への他の銀行の融資誘導の役割を果たしたが、長信銀は民間銀行であるため、フリーライド問題が浮上する（開銀の場合は公共財）。カウベル効果が大きいことは、長信銀が情報生産に関して他の金融機関に広範にフリーライドされることを意味する。

　しかし長信銀は「長短分離規制」の恩恵で長期資金供給に独占的に特化でき、長期金利の利率は高く、利益を充分に確保できた（融資先の有望企業は、高度成長期に長期的には多大な収益を生み出し、高い長期金利を返済できるケースが多かった）。長短分離規制の恩恵がフリーライド問題を解決し、長信銀は意欲的に情報生産に従事できたと考えられる。

　また長信銀の情報生産に関するモラルハザードの抑止は、金融債発行と関係を持つと考えられる。長信銀が発行した金融債の多くを金融機関は購入した。金融債は当時において相対的に収益性が高くリスクが低かったため、金融機関は金融債を購入して資金運用を行った側面がある。長信銀が情報生産に関してモラルハザードを起こし、融資先企業の経営が不振となれば、長信銀は情報生産者としての評判（無形資産）を毀損する。他の金融機関は、長信銀の情報生産のモラルハザードを察知すれば、長信銀の貸出債権の不良化確率が高まったと予測し、金融債のリスクの増加を懸念する。すなわち長信銀は、情報生産の評判を毀損すれば金融債が思うように売れず資金調達に苦戦するペナルティーを支払うことになり、またカウベル効果も衰微する。

他の銀行は預金で資金を集めたが、預金者（特に小口預金者）は金融事情に相対的に疎く、銀行の融資先企業の業績に常に傾注しているわけではない。それに対して銀行は情報生産活動を通じて各業界の情報蓄積を行っており、長信銀のメイン融資先企業の動向に俊敏に反応でき得る。もし長信銀がメイン融資先企業に対して情報生産を怠っていると察知すれば、他の銀行は当該企業への融資資金（短期資金）を回収し、また金融債の購入を控えるであろう。つまり長信銀が情報生産を怠るペナルティーは相対的に大きいため、長信銀は情報生産を積極的に行い、高度成長に貢献したと考えられる。また前述のように、経済成長促進で長信銀がメイン融資先企業を獲得できたことも、情報生産誘因として働いたと考えられる。

　高度成長期の終焉は長信銀や開銀・輸銀の役割の幕引きをも意味していた。日本は第一次石油危機を契機として低成長期に移行したが、その後も長信銀・開銀・輸銀はしばらく温存された。しかし金融自由化の進展や、平成不況期の不良債権問題などで金融再編は加速し、興銀は他の都銀と合併して「みずほ銀行」、長銀は「新生銀行」、日債銀は「あおぞら銀行」となった（1998年に長銀と日債銀は経営破綻し、金融再生法に従い一時的に国有化され、後に正常債権部分が民間に売却され再スタートした）。開銀は公的金融機関の統廃合で北海道東北開発公庫と統合して「日本政策投資銀行」となり、輸銀は海外経済協力基金と統合して「国際協力銀行」となった。

【注】

(1) 市場への規制および政府の介入は「市場の失敗」の是正、すなわち市場効率の改善以外にも、「公平性」の改善など様々な観点から行われる場合がある。
(2) 下掲文献では、1960年代半ばから1970年代半ばまでの期間を考察対象とし、日本では敵対的企業買収がほとんど見られず、したがって企業経営者はその脅威から免れていたと分析されている。同書では、当時の日本での企業買収は、①経営困難企業の救済目的の買収、②業務提携を前提とした株式持合いのための当該企業株式の大量取得、③企業合併、④過去に外国企業と共同出資で設立した合弁企業の株式を全額取得し子会社にしたケースであったことを、山一証券の資料を用いて分析している。
堀内昭義「日本における資本市場の機能」、西村清彦・三輪芳郎編（1990）『日本の株価・地価』東京大学出版会、第8章所収

(3) 敵対的企業買収が旺盛なアメリカにおいて、企業資産の奪取を目的とする企業乗っ取りなども行われるようになり、企業が蓄積した無形資産（経営ノウハウやブランド価値）を喪失するケースなど、社会的に非効率的な結果を招く事例も多発した。そのため敵対的企業買収への対抗策が講じられるようになったが、対抗策にはポイズン・ピルや、ゴールデン・パラシュートなど多彩なものがある（第1章（注2）の村瀬〔2006〕を参照）。それら対抗策の実施により、1990年代以降のアメリカでは敵対的企業買収は減少に転じた。

(4) 「財政投融資計画」とは、国の制度・信用を通じて調達した資金を公共目的に融資する国の計画である。原資は日本郵政公社（民営化以前の郵便局）が集めた郵便貯金（＝郵貯）や簡易保険などであり、運用は国（特別会計と国債）、公的金融機関、公団・事業団、地方公共団体などである。全国津々浦々にあった郵便局は国の信用で広く国民から零細な余剰資金を集め（＝郵貯）、その資金を大蔵省（当時）の資金運用部に預託した。預託資金の一部は公的金融機関に回され、それが国家戦略上重要と考えられた産業・企業に融資された（例えば日本開発銀行による融資）。また同時に中小企業育成目的の融資も行われた（例えば中小企業金融公庫による融資）。それらの国家戦略的な資金供給は、戦後日本の経済復興と、それに続く高度経済成長に貢献した。しかし成熟化社会を迎え、財政投融資計画は大きく見直され、郵政民営化や公的金融機関の統廃合などが行われた。

(5) 下掲文献の通り海外でも長期的融資関係はあり、リレーションシップ・バンキングなどがある。しかしそれらは日本のメインバンク関係とは異なる。日本のメインバンクは融資先企業の株式を保有する（5％以内）が、アメリカでは銀行持株会社を通じて他社の株式を保有する例がほとんどない（それは株式保有により他の債権者に先がけた資金回収を否認され得るためである）。またアメリカでは、インサイダー取引規制により銀行による企業情報の生産に厳しい制約がある点も日本と異なり、融資に当たり銀行が財務制限条項を仔細に設定することで企業のモラルハザードを防ぐことに重点が置かれる。さらにアメリカでは「衡平的劣後化（equitable subordination）学説」により、日本のメインバンクのように銀行が企業救済を行うことも少ない。その理由も企業再建に失敗した場合、救済のため経営介入した銀行の貸出債権は他の債権者の債権よりも劣後するためである。またドイツのハウスバンクは日本のメインバンクに類似しているが同一ではない。

Petersen, M. A. and R. G. Rajan (1994) "The Benefits of Lending Relationships: Evidence from Small Business Data," *Journal of of Finance*, 49, pp. 3-37.

(6) メインバンクの起源は、戦時の「軍需融資指定金融制度」と考えられている。それは軍需会社に幹事銀行を割り当て、幹事銀行を中心に銀行団が協力して資金を供給する制度であるが、詳細は下掲文献［1］を参照のこと。またメイ

ンバンク関係全般については［2］を参照のこと。
［1］寺西重郎（1982）『日本の経済発展と金融』岩波書店
［2］Aoki, M. and H. Patrick（eds.）（1994）*The Japanese Main Bank System*, Oxford Univ. Press.（青木昌彦、H. パトリック〔1996〕『日本のメインバンク・システム』〔白鳥正喜監訳〕東洋経済新報社）

(7) 通産省・富士総合研究所「企業財務健全化促進調査研究：メインバンクシステムに関する調査」（1993年3月）のアンケート調査によれば、「メインバンクを持っている」と回答した企業は94.9％であり、「メインバンクを持っていない」と回答した企業は5.1％であった。同アンケートの回答企業数は、一部上場328、二部上場161、店頭公開114、非公開568、合計1171社である。

(8) 銀行の情報生産の変化に関し、「住専問題」は参考になる。住専（住宅金融専門会社）はバブル期に住宅ローン業務から逸脱して不動産・建設関連企業に融資を行い、バブル崩壊で多額の不良債権を負った。住専は都銀など情報生産力に優れた有力銀行が設立したノンバンクである。住専が企業に貸出す資金は、それら設立銀行（＝母体行）が供給したが、農林系金融機関も運用目的で巨額の資金を住専に投入した。住専のメインバンクは母体行であり、農林系金融機関は、住専の経営に関して情報生産を行わずに母体行の情報生産を信頼して融資した（＝母体行の情報生産にフリーライドした）。住専の不良債権問題に関して農林系金融機関は、メインバンクである母体行が責任をとるべきであると主張した（母体行責任）。この考え方は、メインバンクが超過利潤を獲得していた時期（特に高度成長期）に妥当する。しかしバブル崩壊で多額の不良債権を抱えた母体行には情報生産者として責任をとる余力がなく「貸し手責任」を主張し、住専に融資した「すべての金融機関（母体行を含む）」の責任であり、農林系金融機関にも応分の責任がある（自己判断で融資した以上は自己責任）と主張した。住専問題の処理には多額の公的資金が注入され、農林系金融機関は保護された。バブル崩壊後は住専問題をも踏まえ、非メインバンクも融資先企業の情報をより積極的に多く生産するケースが増えてきており、メインバンクの独占的情報生産も今日では変化が見られる。

(9) 委託されたモニターについては、第1章（注12）の文献 D. Diamond（1984）を参照のこと。銀行（エージェント）は預金者（プリンシパル）から委託されたモニターとして融資先企業の情報生産を行うが、銀行にはモラルハザード誘因があり、最適水準よりも過小な情報生産を行う可能性がある。情報生産には費用がかかるが、その費用の一部は預金金利の減少として預金者も負担する。預金者は銀行の情報生産により不良債権確率が減少する（＝預金の保全確率が増加する）便益を得るが、先述の情報生産費用をも負担する。その便益と費用の差を最大にする最適情報生産水準を、預金者は銀行経営者に期待する。しかしその最適水準よりも情報生産を減らし、情報生産費用を節約した分だけ銀行株主の配当を増やし得る。情報生産の減少により不良債権

確率は増加するが、もし銀行が倒産しても銀行株主は自分が出資した範囲でしか責任を負わず(有限責任制)、銀行資産の減少を自己資本で穴埋めできなかった分は預金者の負担となる。情報生産を預金者にとっての最適水準より減少させても、極端に減少させない限り、それで100％融資が不良債権化するわけではない。その場合でも契約通り資金が返済されることもあり、情報生産費用節約の利益を銀行株主は享受できる。銀行経営者が銀行株主の意向を反映した銀行経営を行う場合、預金者が望む最適水準よりも企業情報を過小生産するモラルハザードが生じ得る。

(10) この文脈ではメインバンクがエージェントで、非メインバンクがプリンシパルである。メインバンクの情報生産が増えるほど資金返済確率が増え、非メインバンクにとって有利となる。しかし現実において、非メインバンクはメインバンクに一定水準の情報生産量 a^* を期待する。a^* は非メインバンクの参加条件を満たす情報生産量である。メインバンクはシグナル(例えば多額の融資——本文で後述)を用い、a^* の遂行を非メインバンクに示す(誘因両立性条件)。ところでメインバンクのモラルハザード問題を考える場合、プリンシパルを当該企業のステークホルダー全体と考えるモデルが適切な場合がある。なぜならばメインバンクの情報生産が不充分のため企業経営が不振となれば、その影響がステークホルダー全体に及ぶからである(当該企業のステークホルダーには、非メインバンク、当該企業の下請け企業など関連企業、株主、社債権者、従業員などが含まれる)。したがってメインバンクの情報生産による「社会的利益」＝「メインバンクの利益」＋「メインバンク以外のステークホルダーの利益」－「メインバンクの情報生産費用」である。この場合の利益とは、メインバンクの情報生産(審査、モニタリング、経営コンサルティング)により当該企業経営の優良化(資金返済確率の増加、利潤増大など)で生じる利益である。「社会的利益」を最大にする情報生産量 a^{**} を、ステークホルダーはメインバンクに期待する。しかしメインバンクは自身の利潤関数を最大にする情報生産しか行わない、あるいは非メインバンクを配慮して上記の a^* だけの情報生産しか行わない誘因を持つ($a^* < a^{**}$)。それはメインバンクのモラルハザードである。なおメインバンクが非メインバンクに配慮する理由は、非メインバンクの当該企業への融資を引き出す必要があるためである。

(11) メインバンクが情報生産者としての信頼を失うことが、メインバンクにとって損失となる点について、下掲文献を参照のこと。
Aoki, M. (1988) *Information Incentives, and Bargaining in the Japanese Economy*, Cambridge Univ. Press, Cambridge, UK.

(12) (注6)の文献[2]青木・パトリック(1996)の第1章所収論文、青木昌彦、H. パトリック、P. シェアード「日本のメインバンク・システム：概観」において、メインバンクがトップ・レンダーでない例外ケースが3つ示されている。1つ目は、系列企業のメインバンクが当該系列の都市銀行であるが、同系列内の

信託銀行の融資額が例外的に上回るケースである。しかし当該都市銀行がメインバンクであることはビジネス界で共有知識であり、当該都市銀行も多額の融資をしているため誘因両立性条件は満たされる。2つ目はプロジェクト・ファイナンスにおいて、メインバンク以外の銀行がトップ・レンダーとなるケースである。プロジェクト・ファイナンスは、当該融資への返済を当該プロジェクトから得られる収益のみから行い、他の資産や他の投資プロジェクトから切り離すため特殊である。その場合にもメインバンクは当該企業の他の融資に関してはトップ・レンダーであり、企業統治に関与することが共有知識となっている（共有知識となっている場合に上述のような例外が存在し得る）。また3つ目は、近年における無借金企業の出現であり、その場合にもメインバンク関係が維持される場合がある点である（融資資金返済後も為替業務や資金運用業務などを継続させる）。この場合のメインバンクの情報生産に関する誘因両立性条件は、融資額以外のもの（例えば評判）である。上述のような例外を無視すれば、「メインバンクならば融資額が最大である」と考えてよい。ただしメインバンクを持たない企業も存在するため、逆は成立しない。

(13) メインバンクが誘因両立性条件を満たすべく「情報生産量」と「融資比率」の2つの内生変数を決定する理論モデル（特に高度成長期）が下掲文献で示されている。しかし近年における大企業の銀行離れ（＝資本市場の活用増大）は、メインバンクによる融資額を用いた情報生産の誘因両立性条件の成立を困難にさせる。しかし大企業は評判形成でモラルハザード誘因自体が減退し、また資本市場の企業統治機能が作用し、それらがメインバンクの情報生産による企業統治の低下を補完していると考えられる。
加藤正昭・フランク＝パッカー・堀内昭義（1992）「メインバンクと協調的融資」、東京大学『経済論集』第58巻1号

(14) 市場が企業のモラルハザードを疑えば、債務不履行リスクが高いと判断し、資金供給時に高い金利を要求する。その疑念で上乗せされた金利の分だけ企業の費用負担が増えるが、その増分は「エージェンシー費用」と呼ばれる。継続取引で企業のモラルハザードが抑制されるのは、メインバンクが毎期繰り返しモニタリングを行うためであり（第3章の内部告発とは異なる）、それにより企業のエージェンシー費用は減少する。なお非対称情報下で企業が外部（投資家）から資金を調達すれば、一般的にエージェンシー費用を負担するが、「内部資金」を使えばそれを節約できる。メインバンクを持つ企業はモニタリングを受けるため、モラルハザード誘因が少ないと市場から判断され、エージェンシー費用が小さくなる。したがって、それらの企業が投資を行う際に内部資金に頼る必要が少ないと考えられる。下掲文献［1］の実証研究において、系列企業はメインバンクを持つ企業であると解釈すると、その結論が支持されている。なお企業と銀行が長期的に密接な融資関係を構築すれば、銀行

の情報生産の効率性に基づく便益が企業と銀行の両者に発生することが、下掲文献［2］に示されている。

［1］ Hoshi, T., A. Kashyap, and D. Scharfstein (1991) "Corporate Structure, Liquidity, and Investment: Evidence from Japanese Industrial Groups," *Quarterly Journal of Economics*, 106, pp. 23-60.

［2］ Haubrich, J. (1989) "Financial Intermediation, Delegated Monitoring and Long-Term Relationships," *Journal of Banking and Finance*, 13, pp. 9-20.

(15) 銀行が顧客情報（企業や個人）を別の顧客に漏洩してはならないわけであるが、その情報隔壁のことはチャイニーズ・ウォールと呼ばれ、担当者を分けて情報遮断を行う。また金融自由化後において、銀行が子会社を用いて証券業を営むことが認められたが、銀行業で得られた顧客情報を証券業で流用しないように設けられる情報隔壁は、ファイヤー・ウォールと呼ばれる（ただし2008年にファイヤー・ウォール規制は緩和された）。

(16) Aghion, P. and P. Bolton (1992) "An Incomplete Contracts Approach to Financial Contracting," *Review of Economic Studies*, 59, pp. 473-494.

(17) メインバンクは当該企業の債権者と同時に株主でもあり、それらの主体の利害調整を果たせる立場にある。またメインバンクは当該企業の取引先企業にも融資していることがあり（特に企業系列の場合）、それらの企業のメインバンクである場合もある。つまり取引先企業の資金返済の観点から、それらの企業の利益も考える立場にある。また当該企業が消費財生産企業の場合、消費者にも配慮するであろう。それは消費者（＝預金者）に対して全体の調和を図る中心的存在である評判を築き、預金獲得を促したいからである。当該企業の労働者もメインバンクに預金を置く場合が多い（給与振込）。メインバンクはすべてのステークホルダーの利害を調整して適切な介入をしなければ、最適な調停役としての評判（無形資産）を毀損してしまう。したがって、特定のステークホルダーに大きな損失を与える行動をとらないことをすべてのステークホルダーが理解しており、一番多く当該企業情報を蓄積しているメインバンクの判断・行動が支持される場合が多い。

(18) 池尾和人「金融仲介理論の新展開」、伊藤元重・西村和雄編 (1989)『応用ミクロ経済学』東京大学出版会、第2章所収

(19) 下掲論文において国際比較が行われ、日本企業の現金保有率が高いことが示された。そしてそれは拘束預金の反映であると分析された。銀行は融資の際に当該企業がその銀行に開設した当座預金口座に資金を入金する。銀行から入金された融資資金の一部を企業は引き出さない"暗黙的"な約束がなされたが(特に高度経済成長期)、それは拘束預金と呼ばれる。実質的な貸出金利(＝実効金利) は拘束預金を反映して高くなる。融資額最大であるメインバンクの実効金利が最も高かった（メインバンクが当該企業に対して最も交渉力があり企業はメインバンクの意向に従い拘束預金を置いた）。拘束預金は「歩積

み」「両建て」の名で呼ばれ、銀行の交渉力が強い時期（金融自由化以前）に行われた慣行であり、現在は行われていない。その時期、企業は銀行との取引関係上、引き出せない拘束預金を持ったが、その金額だけ借入を減らして借入金利を節約ができたわけである。すなわち拘束預金の保有で企業は割高な金利（＝実効金利）を銀行に支払ったが、その割高な金利の分が本文の議論のように「保険料」として銀行に支払われたと考えられる。また当時の低金利政策の下で資金の超過需要を反映して、拘束預金を用いて実効金利を上昇させた（＝均衡金利に近づけた）という解釈も存在する。
Pinkowitz, L., and R. Williamson (2001) "Bank Power and Cash Holdings: Evidence from Japan," *Review of Financial Studies*, 14(4), pp. 1059-1082.

(20) 同様のことは定年前にも妥当する。ピラミッド型の権限構造を持つ銀行組織の上層部まで、すべての銀行員が昇進できるわけではない。途中で出世が停滞すれば勤労意欲が減退する。それに備え、定年前の銀行員をメイン融資先企業に出向という形で当該企業の役員ポストに就任させる場合がある。再就職の受け皿を持つことはメインバンク銀行員にとって有利であり、銀行は数多くの企業のメインバンクになることで銀行員に有利な出向先ポストを多く創り出せる。そうすることで銀行は給与を大きく引き上げなくとも優秀な人材を雇用でき、勤労意欲を高めることができる。一般に一定の年齢以上になれば労働者の限界生産性が低下するのに対し、日本企業では終身雇用制の下で賃金率は増加する年功賃金制がとられる傾向にあったが、銀行もその例外ではない。銀行は定年前の銀行員を出向させる「受け入れ先企業」を確保することで、銀行利潤の増大に寄与できた側面がある。

(21) 中小企業が成長して海外展開を行う大企業に成長した場合、当初のメインバンクである地銀を、国際業務が行える都銀に変更する例がある。その場合、海外ビジネスに関する情報を都銀は地銀よりも多く蓄積しており、その融資に関して都銀の情報生産費用の方が相対的に割安である。地銀が蓄積した当該企業情報（無形資産）は、国際業務に着手する企業の場合、都銀に対して低い障壁でしかない。しかし地銀が地元の地場産業企業のメインバンクとなっている場合、都銀はその地位を奪取できないのが通常である。地銀は当該企業のみならず地元経済に関する情報を長年にわたり蓄積しており、それが強固な参入障壁となるからである。また企業は地銀との長年の融資関係で信頼を得て、その分だけエージェンシー費用や取引費用を小さくできる。信頼関係（無形資産）の蓄積も参入障壁として機能する（特にメインバンク関係）。

(22) メインバンクになるために銀行Bが過去に要したセット・アップ費用はサンク・コスト（取り戻すことができない費用）であり、現時点で金利競争を行う際に銀行Bの金利決定水準に影響を及ぼさない。銀行Bからメインバンクの地位を奪取しようと試みる銀行B′は、そのセット・アップ費用を現時点で要するが、銀行Bは現時点で要さない。したがって銀行Bは銀行B′よりも

少なくともセット・アップ費用分だけ超過利潤を獲得でき、銀行Bはその超過利潤の一部を減らして金利を下げ、金利競争に勝つことができる（現時点における静学モデル）。動学的には各銀行の将来の情報生産費用の逓減（情報蓄積）具合や、継続融資で獲得可能な収益などを考慮する必要がある。なおサンク・コストに関しては下掲論文を参照のこと。

Tirole, J. (1989) *The Theory of Industrial Organization*, MIT Press.

(23) 銀行が他の銀行のメインバンクの座を奪い、メインバンク・レントを奪取することができない理由として、「参入障壁」の存在を考えた。別の考え方では、メイン融資先企業を奪い合う競争を銀行部門全体（寡占産業）が主体的に回避していると考えることもできる。もし他の銀行のメイン融資先企業を奪えば、次回は自分がメイン融資先企業を奪われる。そのような争奪競争の結果、すべての銀行のメインバンク・レントは失われる。それよりも争奪競争をしない方がすべての銀行にとって有利である。これはゲーム理論的には「無限期繰り返しゲーム」でトリガー戦略を用い、割引率が大きくない場合に、「メイン融資先企業を奪取し合わない」戦略の組がナッシュ均衡となるという考え方である。しかし現実には、メインバンクを変更する例は少ないながら存在はする。そのため、すべての銀行が「メインバンクの座を奪取しない」ことがナッシュ均衡となる無限期繰り返しゲームの均衡概念よりも、本文で示した「参入障壁」の考え方の方が説得的であると考えられる。メインバンクの地位を奪取するケースが少ないということは、蓄積された企業情報の参入障壁が大きいことを示唆しており、銀行にとって生産した企業情報が重要な無形資産であることを意味する。またメインバンクの地位の奪取が生じたケースは、参入障壁が相対的に小さかったケースであると解釈できるが、その例については（注21）をも参照のこと。

(24) 銀行のリスク負担で企業リスクを軽減させる機能（＝銀行の保険提供機能）については、下掲の2つの文献を参照のこと。

[1] Osano, H. and Y. Tsutsui (1985) "Implicit Contract in the Japanese Bank Loan Market," *Journal of Financial Quantities*, 20, pp. 211-229.

[2] Nakatani, I. (1984) "The Economic Role of Financial Corporate Grouping," in: Aoki, M. (ed.) *Economic Analysis of the Japanese Firm*, pp. 222-258, Amsterdam: North Holland.

(25) 下掲論文では、日本の化学工業のメインバンク関係において、金融費用の変動が企業の営業費用の変動を相殺していないという実証結果を得ている。企業は金融費用のみならず融資額の変動を嫌う。特に中長期事業計画を見直す必要がない場合、融資額の変動を嫌う。メインバンクを保有する企業は保有しない企業よりも安定的に資金を得られる。企業はメインバンク保有で融資額の変動リスクを減らすことができ、金融市場の需給の変動からある程度守られた側面がある。その分だけリスク回避的な企業の利得は増加するため、メ

インバンクは拘束預金を含めた実効金利を上昇させることで保険料を暗黙的に獲得し、その見返りに保険を提供したと考えられる。さらには、新しいプロジェクトに対する銀行の審査態度やモニタリングの仕方、各種手続の仕方などが従来と大きく変化せずスムーズに行われることを企業は望む。銀行は、それらを経済情勢に合わせて大きく変動させることなく、蓄積した企業情報を活用して円滑化させていくことで企業の利得を高め得る。

堀内昭義・福田慎一（1987）「日本のメインバンクはどのような役割を果たしたか」、『金融研究』6巻3号、日本銀行金融研究所

(26) 日本では、日本に居住する個人・一般法人・地方公共団体・地方公営企業などが保有する通貨量の残高をマネーストックと呼ぶ（ただし日銀を含む金融機関や政府が保有する通貨量の残高を含めない）。マネーストックは、日本でどれだけの通貨が流通しているのかを表す指標（一時点で計測した統計量）であり、日銀により定期的に公表される。日銀は2008年6月にこの統計量の定義を変更し（すなわち $M1$, $M2$, $M3$, 広義流動性の定義を変更し）、従来の「マネーサプライ統計」に替えて「マネーストック統計」として公表している。それに従い今日では通貨量をマネーストックと呼ぶことが多いが、本書もそれに従う。なお $M1$ などの定義は日銀HPや、第1章（注2）の文献、福田（2013）などを参照のこと。

(27) 第3章（注19）で効率賃金仮説を述べたが、その応用でメインバンクの実効金利が高いことを理論上説明可能である。企業（プリンシパル）はメインバンク（エージェント）に相対的に多く拘束預金を置き、実効ベースで高い貸出金利を支払い、非対称情報下でのメインバンクのモラルハザードを防ぎ得る。その場合のメインバンクのモラルハザードとは、金融引き締め期に「自社への融資額を減らさず他の非メイン融資先の融資額を減らす調整努力」の怠りや、「経営コンサルティング」の怠りなどを意味する。それらメインバンクの努力水準を、企業はライバル他社のメインバンク融資額の変動や、ライバル他社の新ビジネス展開――その銀行がメインバンクである流通企業の流通経路に乗せるなどの関与具合――と比較して理解できる。企業は経営戦略上、ライバル他社の情報生産を行うため、上述のメインバンクのモラルハザードを発見し得る。メインバンクは企業にモラルハザードを発見され、メインバンクを変更されると都合が悪い。なぜならば新たに融資先企業を見つけても、その企業とはメインバンク関係がまだ構築されていないため、非メインバンクとしての金利しか獲得できないからである。したがって、高い実効金利をメインバンクが受け取る場合、モラルハザードを起こして発見されたときに失うものが大きいため、モラルハザード誘因が失われる。ただし、メインバンクが当該企業に対して蓄積した情報の無形資産価値が大きい場合は、上述のメインバンクのモラルハザード誘因が乏しいため（取引停止でメインバンクが失うものが大きいため）、実効金利が高い理由は保険提供機能による（＝

保険料）と理解できる。

(28) 企業経営をコントロールできる「株主」と、その企業の「労働者」とを比較すると、前者よりも後者の方がリスク回避的である。なぜならば、運用資金を潤沢に持つ株主は様々な企業の株式を購入し「リスク分散」が行えるが、労働者はそうではないからである。若年労働者は貯蓄が少なく、購入できる金融商品数は限られる。熟年労働者は住宅ローン返済などもあるが、若年労働者のようにすぐに転職できず（若年労働者も不況時には転職が難しく）、企業業績の悪化時に熟年労働者が好業績企業に転職できても、それまで勤めていた企業の職位よりも下位となり所得が減り得る（これまでの業務経験を100%活かせるとは限らない）。また複数の企業に正社員として同時に就職することは通常ないため労働者の方が相対的にリスク分散が難しく、よりリスク回避的である。企業（株主）が労働市場での賃金変動よりも変動を抑えた賃金を毎期労働者に支払えば、リスク回避的である労働者の効用は増大する（Uだけ増大する）。企業は賃金変動を減らす代わりに賃金を W だけ下げても（ただし $U>W$ となるように下げても）、労働者は有利となる。リスク回避的でない企業（その企業の株主）は賃金を下げた分だけ配当を増やせるなど有利となる（リスク負担の不効用が小さい）。このように賃金変動を減らす（＝企業がその分の変動リスクを負担する）代償として賃金を下げる契約が暗黙的に結ばれると、両者ともに有利となり得る。この労働市場のリスク分担は「暗黙の契約理論」と呼ばれる。この研究に関し、以下の文献を参照のこと。
Azariadis, C. (1975) "Implicit Contracts and Underemployment Equilibria," *Journal of Political Economy*, 83, pp. 1183-1202.

(29) 労働者が賃金変動を嫌う理由は、「生活の安定」や「精神の安定」「ライフスタイルの安定」を好むことなどに関係しており、そうでない人の多くは自由業を選ぶ。したがって広義には、労働者は賃金のみならず福利厚生や労働時間の変動（家族と過ごす時間の変動）も嫌う。また人事異動の頻度や、転勤の頻度・転勤先地域の変動も嫌う。そして昇進確率の変動も嫌う（第2章補論Ⅱで述べた、労働者の前期の暗黙の負債を後期に取り戻せる確率の変動を嫌う）。メインバンクの保険提供機能は企業収益を安定化させるため、企業労働者の安定指向に貢献できる。加えてメインバンクの企業救済機能も、同様に企業労働者の失業リスクを減らし、企業労働者のモラルハザード抑制に寄与し、それがメインバンクの企業統治を容易にする。ところで、数学において異なる分野を統合する研究はラングランズ・プログラム（Langlands Program）と呼ばれ、それにより困難な問題を解決できる（例えばフェルマーの最終定理の証明）。ポアンカレ予想に関しては、微分幾何学と物理学の手法が証明に用いられた。経済学においても金融論や労働経済学などを統合し、現実の複雑な問題（例えば制度的補完性など）の分析が進んでいる。第6章補論Ⅱでは、数理生物学の進化論ゲームの分析手法を銀行取り付けモデルに応

用する。

(30) 簡単化して「銀行をリスク中立的」、「企業をリスク回避的」とモデル化すれば、銀行は期待値が同じであれば貸出金利の変動幅を小さくしても利得は変わらない（銀行はリスク負担可能）。銀行は預金の他にインターバンク市場などからも資金を集める。そのため銀行は市場金利の変動を貸出金利に反映させない分のリスクを吸収する。貸出金利の変動幅を小さくすることで企業の利得が A だけ増加するならば、銀行が長期的融資関係において金利変動幅を小さくし、その代わりに貸出金利を B だけ高くしても、$A>B$ である限り企業利得は増大する。そして銀行は金利増加分の B だけ利得を増やせるが、リスク中立（仮定）のためリスク負担からは影響を受けない。「銀行も企業もリスク回避的」な場合、企業の方が銀行よりも危険回避度が大きい限り、上述の議論は成立する。貸出金利が高くなる分だけ企業はメインバンクに搾取されるのではなく、金利変動リスクを企業は回避でき（メインバンクに負担させ）、その分だけ企業利得が高まるが、その見返りとして高めの金利を暗黙的な保険料として支払う。なお、金利変動を融資額変動に置き換えても同様である。ところで日銀の金融政策（特に金融引締政策）に対応して、銀行が証券化（第5章）などの手法を駆使して流動性を確保し、リスク回避的な主要企業への融資額の変動幅を小さくすることは、経済効率を増大させる上で重要である。

(31) 地方の中小企業の場合、融資する銀行は当該地方に存在する地方銀行や信用金庫・組合などであり構成メンバーが限られ（当該地域の銀行数が限られ）、取引銀行を他に変更しにくい。救済後に当該企業が急成長を遂げ、優良企業であるシグナルを財務データなどで市場に伝達できる例外的な場合を除き、非対称情報により当該企業が他府県の銀行に融資先を変更することは難しい（他府県の銀行にとって当該中小企業は無名であり情報を蓄積していない）。そのような場合、企業は取引銀行を変更できないため、銀行は企業救済を行い、企業再建後に企業の参加条件を満たす範囲内で金利を高くし、救済費用を通時的に回収し得る。少なくとも銀行が救済費用の回収に要する当面の期間は、その企業が取引先を他の金融機関に変更することが難しければ、当該銀行は救済誘因を持ち得る。また銀行を含む関連企業間で株式持合いが行われている場合も、企業は一方的に取引銀行を変更しにくい。

(32) 多数の銀行株主が短期的な利潤追求を考える場合、企業救済で得られる銀行利益が長期的に大きくても、短期間では小さければ企業救済は行われない。また、救済直後に企業が取引銀行を変更可能ならば、救済は行われない。特に高度成長期において、銀行株主の多くは安定株主であり銀行経営に介入しなかったため、銀行は長期的視野から企業救済が行えた。また企業側も、すでに蓄積された自社情報（無形資産）を活用可能な長期的取引関係にあるメインバンクに、引き続きその役割を果たしてもらう方が有利な場合が多かった。

(33) 系列企業の場合、救済後にメインバンクを変更することはないが、それ以外

の場合でも同様のケースが多い。救済後に企業経営が軌道に乗れば、メインバンクは企業の参加条件を満たす範囲内で金利を高め、救済費用を通時的に早く回収しようとする。したがって企業はメインバンク変更の誘因を持つ。しかし新たにメインバンクになった銀行は、当該企業の情報蓄積がなく情報生産費用が割高となり、融資条件を企業にとって有利にできない。メインバンクは企業が一時的な流動性危機に陥った経緯を知悉しているが、他の銀行は企業経営に疑念を抱けばその調査に費用を要し、それが金利に反映して高くなる。メインバンクを変更せず、一時的な資金不足の経緯をメインバンクから他の銀行に説明してもらい（経営の本質に問題がないことを説明してもらい）、継続的に資金調達可能な体制をメインバンクに形成してもらうことが、企業にとって有利である。メインバンクを変更した場合、新たにメインバンクとなった銀行が当該企業情報を蓄積できていないことを他の銀行が懸念して融資参加に躊躇すれば、当該企業は充分な資金を得られない。救済後に企業経営が健全化し、以後の取引でメインバンクが救済費用を回収できれば、その時期には企業は「市場の評判」を回復している。企業の信用リスクの低下に対応して、メインバンクは金利を引き下げる。そうでなければ企業は他の銀行にメインバンクを変更する誘因を持つ（企業の評判形成のシグナル効果で、他の銀行はメインバンクの座を奪う誘因を持つ）。なお企業救済時にメインバンクが融資額を増やす点や、企業救済全般に関する文献は複数存在するが、第1章（注2）の内田（2010）および、同書の参考文献を参照のこと。

(34) 1993年の商法改正で社債受託制度は改革されたが、高度成長期において社債受託制度が有効に機能していたことも、銀行の企業救済誘因となったと考えられる。当時企業が社債を発行して資金調達する際（社債発行は大手企業に限られたが）、社債受託制度の下で社債の多くを金融機関が引き受けた。その際にメインバンクが受託銀行となり「募集の受託」や「担保の受託」を行い、当該企業の新規発行社債を複数の金融機関に割り当てた（各金融機関の購入額を調整した）。他の金融機関（非メインバンク）はメインバンクの情報生産を信頼し、当該企業の社債は優良であると考え購入した（メインバンクは受託銀行として受託業務手数料を稼いだ）。すなわち企業が社債発行するにはメインバンクが優れた情報生産者であるという評判が確立している必要があった（そうでなければ他の銀行は当該社債を買わない）。メインバンクは情報生産者としての評判を落とせば、受託銀行としての活躍の場（手数料収入）を失うが、それがペナルティーとして機能するため、メインバンクの情報生産者としてのモラルハザードを抑制した側面もある。

(35) 企業救済に関し、下掲文献シェアード, P.（1994）を引用する。「日本における企業倒産の大部分は非上場企業の小企業によるものである。1990年において企業倒産の73％が払込資本金5000万円以下の企業であり、さらに25％が個人企業によるものであった。払込資本金1億円以上の企業倒産は27社（こ

れは全体の 0.4% にあたる）にすぎなかった。〈中略〉上場企業の倒産は皆無ではないが数はさらに少ない。1971 年から 1982 年の 12 年間において 31 社が倒産しており、その大部分が会社更生法の適用を申請した（上場企業数は 1972 年には約 1600 社であり、1982 年には 1775 社であった）。一般的にこれらの企業は有名なものは少なく、かつメインバンク不在あるいはメインバンクとの結びつきが弱いか関係が希薄であったとみられるものである」。

シェアード, P.（1994）「メインバンクと財務危機管理」（（注 6）の文献『日本のメインバンク・システム』第 6 章所収）

(36) 日本で金融自由化が進展するまでの間「株式持ち合い」が広範に行われ、過半数の安定株主は経営が順調である限りは経営者の方針に反対しなかったため、内部留保を確保できた（配当性向を低く保てた）。メインバンクの安定株主も同様のため、メインバンクは内部留保を蓄え、それを用いて企業救済が行えた。本文のような状況では、メインバンクは企業救済により損失を被る。メインバンクの安定株主は企業救済の意味（情報生産者としての評判毀損の最小化）を理解しており、メインバンクの企業救済に反対しなかった。しかし、株式持ち合いが壊れればその限りではない。1990 年代の平成不況期に日本の銀行の多くは多額の不良債権を抱え、超過利潤を失った（後に回復した）。平成不況の煽りで経営難に陥った企業の中には救済が望まれるケースもあったが、当時のメインバンクに救済の余裕がない場合があり、企業が経営破綻に至ったケースもある。特に住専問題（注 8）では、メインバンクが情報生産者としての責任を果たせない状況が露呈した。

(37) 内部労働市場は下掲文献［1］で概念化された。それは労働者を企業内の様々な部署・職種に配置する場合に、人事部が労働者の能力・適性を判断し、企業の慣行・規則・制度に依拠させ配分する仕組みを意味する。すなわち適任者を労働市場（＝外部労働市場）から採用する配分と異なり、組織内で人的資源配分を行う仕組みである。終身雇用制の日本企業では企業内部で労働者に技能を習得させ（OJT）、複数部署をローテーションさせながら適応性を身に付けさせ、人事部が適性を見極めて昇進させていく仕組みが主流であった（下掲文献［2］参照）。企業特殊的技能にはホワイトカラーの社内人間関係や、ブルーカラーの微妙な音の変化で機械の不調を感知する技能など多彩なものが含まれるが、内部労働市場で身に付く技能である。大学（院）・専門学校などで専門技術・知識を身に付けた労働者（薬剤師、弁護士、パイロット、……）を外部労働市場から雇用するのとは対蹠的な概念であり、非対称情報や取引費用の問題が大きい場合は、内部労働市場の活用が有益となる。

［1］Doeringer, P. B. and M. J. Piore,（1971）*Internal Labor Market and Manpower Analysis*, Heath Lexington Books.

［2］小池和男（1977）『職場の労働組合と参加』東洋経済新報社

(38) 労働者は前期に「暗黙の負債」を負う（第 2 章補論Ⅲ）。日本企業における

前期は、労働者にとって、平社員として内部労働市場で「企業特殊的技能」の蓄積途上にあり、主に「一般技能」に依拠して業務を遂行する。そして後期に出世できれば前期に身に付けた「企業特殊的技能」を発揮し、高度な判断業務を行い高い賃金を獲得する。すなわち労働者は、その企業特有の知識・技能を前期に充分に習得しなければ後期に出世が見込めず、前期に負担した「暗黙の負債」を後期に全額は返済してもらえない。逆に「企業特殊的技能」を前期に多く蓄積すれば高度な仕事が可能となり出世が見込め、昇進して前期負担の「暗黙の負債」を埋め合わせて余りある大きな利得（役職手当に加え役職ポスト就任の効用をも含む）を得られる見込みが高まる。上述のメカニズムは、労働者に「企業特殊的技能」を身に付けさせる誘因を与え、ホールドアップ問題の解決に寄与したと考えられる。しかしそれも「企業存続が前提」であり、企業はメインバンクを持つことで、一時的な流動性の危機などでは安易に倒産しない会社であることを労働者に認識させることが有意味となる。なお下掲文献［1］のアベグレン，J. C. の研究により、日本的経営の特徴である終身雇用、年功序列、企業内労働組合などが世界的に注目されることになった。また日本的雇用慣行に関して［2］をも参照のこと。

［1］Abegglen, J. C. (1958) *The Japanese Factory: Aspects of It's Social Organization*, The Free Press.（アベグレン，J. C.〔2004〕『日本の経営〔新訳版〕』日本経済新聞社）

［2］八代尚宏（1997）『日本的雇用慣行の経済学』日本経済新聞社

(39) 市場の取引費用が大きな場合、企業組織や系列での資源（資金）配分の方が効率的であり得る点は下掲文献を参照のこと。非対称情報問題がある場合や契約が不完備な場合においても（例えばホールドアップ問題）、組織内での資源（資金）配分（組織統合や系列化を含む）の方が市場型取引よりも効率がよい場合があり得るが、それはメインバンク関係においても同様に考えられる。Coase, R. H. (1988) *The Firm, The Market and The Law*, The University of Chicago.（コース，R. H.〔1992〕『企業・市場・法』〔宮沢健一・後藤晃・藤垣芳文訳〕東洋経済新報社）

(40) 下掲文献は銀行の倒産費用に着目する。銀行の倒産費用の一部は、「倒産せずに存続した場合の将来利潤の割引現在価値（＝フランチャイズ価値）」である。したがって割引率である金利が低く抑えられれば、銀行の倒産費用の割引現在価値が増大するため、倒産を避けるべく銀行はリスク・テイキングな行動を抑制する。低金利政策（＝割引率減少）で銀行が保有する資産価値（無形資産を含む）も増大するが、それも銀行のリスク・テイキングな行動を抑止する。逆に金利上昇は銀行の倒産費用や資産価値を下げ、銀行がハイリスク・ハイリターンのプロジェクトへ融資する誘因を強める。また金利上昇で企業の債務不履行も増大する。すなわち金利上昇は金融システムの不安定化要因となるため、低金利規制は有意味であり得る。「融資額」については、金利上

昇ケースでは、銀行の倒産費用が下がり融資増大誘因となるが、同時に企業の債務不履行リスクが増大し融資減少誘因となる。下掲文献では銀行は債務不履行リスクの増大をより重視し、貸出額が抑制されると考える。逆に金利下落ケースでは倒産費用の増大から銀行は貸出に慎重となるが、企業の債務不履行リスクの減少は融資額増大誘因となり、後者が前者を上回る限り融資額は増え、低金利政策は経済成長促進要因となる。同文献からは、「倒産費用が莫大な巨大銀行」が少数存在する寡占状態では、金利上昇局面（好景気）で融資額が増大し、金利下落局面（景気後退）で融資額減少が含意され、景気変動の増幅が示唆される。逆に「中小銀行が多数存在する経済」では議論が逆転し、景気変動の減衰が示唆される。

Stiglitz, J. E. and B. Greenwald（2003）*Towards a New Paradigm in Monetary Economics*, Cambridge Univ. Press.（スティグリッツ, J. E., B. グリーンワルド（2003）『新しい金融論―信用と情報の経済学』東京大学出版会）

(41) Hauswald, R. and R. Marqez（2006）"Competition and Strategic Information Acquisition in Credit Markets," *Review of Financial Studies*, 19, pp. 967-1000.

(42) 新規参入規制（寡占）は銀行に超過利潤をもたらし、銀行のフランチャイズ価値（銀行の将来利潤の割引現在価値）を高める。銀行は倒産時にフランチャイズ価値を失うため、倒産費用の一部はフランチャイズ価値である。新規参入規制は、銀行に超過利潤を与え銀行の倒産費用を高めるため、銀行のリスク・テイキング行動を抑止する。逆に規制緩和により銀行間競争が激化すれば、超過利潤は減り銀行の倒産費用も減少するため、他の条件を一定にして銀行にリスク・テイキング行動の誘因を与える。また後述の預金金利を低水準に規制し銀行に超過利潤を獲得させたことなども、銀行にリスク回避的行動をとらせる効果を持つ。しかし同時に、業務分野規制の緩和による銀行業務の範囲拡大が「範囲の経済」を生み銀行のフランチャイズ価値を高め得る点も、考慮する必要がある（（注40）参照）。

(43) イギリスで「金融ビッグバン」と呼ばれるロンドン証券取引所の大改革がサッチャー政権により1986年10月27日に実施された。その内容は証券売買手数料自由化や、ジョバー（証券自己売買業者）とブローカー（証券取次業者）の資格分離・二重資格制など多岐に渡る。その結果競争が促され、ロンドンは海外投資家を取り込み国際金融センターの地位を築いた。しかし競争激化でイギリスの証券会社の経営が不振となり、その多くが海外から進出した企業に吸収された。一国の経済発展に必須である国際的金融センターを国内に樹立することの重要性が、国内証券会社を守ることに優先するというサッチャー政権の理念は全世界に影響を及ぼした。日本では、金融機関合併などによる経営強化を進めながら、時期を遅らせ金融自由化を段階的に実施していった（日本版金融ビッグバン）。なお日本における金融自由化についての詳

しい分析は、下掲文献などを参照のこと。

蠟山昌一（1989）『金融自由化の経済学』日本経済新聞社

(44) 日本で1980年に開発された「中国ファンド」は中期国債（期間2、3、4年）を中心に運用する投資信託で、30日間の据え置き期間の後は解約手数料0で自由に引き出せ、配当金は1年定期預金金利に匹敵し、10万円から購入できた（10万円以上は1万円単位で増額購入できた）。MMFは1971年にアメリカで販売開始された投資信託で、小口資金を短期証券で運用し換金自由であった。それを参考に日本で開発されたMMF（追加型公社債投資信託）が1992年に販売開始された。最低購入単位は当初は100万円以上であったが1994年には10万円以上1万円単位で増額購入可能に変更され、魅力的な金融商品となった。1970年後半から国債（償還期間10年が主流）が大量発行されたが、1980年代後半に償還期限を迎える。その償還数年前には期近（きじか）国債が大量に流通市場で購入可能となる。企業（個人）など資金運用者にとって、自由金利商品である満期数年間の期近国債は銀行の定期預金（金利規制）よりも金利が高く魅力的な金融商品であった。さらに、信託銀行の「ビッグ」や長信銀の「ワイド」など魅力的な金融商品も出現した。

(45) 「過剰債務問題」は、プロジェクト・ファイナンスで解決でき得る。プロジェクト・ファイナンスとは、融資を行うプロジェクトを他のプロジェクトと切り離し、企業が「当該プロジェクトで得た収益」から銀行に返済を行う契約を結ぶことである。しかし銀行は当該プロジェクト収益を把握すべく情報生産を行う必要があり、銀行の情報生産能力が低下している局面ではプロジェクト・ファイナンスは困難となり得る。また銀行の「貸し渋り」に関しては、金融危機時に (1) 銀行の保有資産価値の下落で貸出が制約を受ける、(2) 借り手の債務不履行リスクへの懸念が強まる、(3) 銀行自身の流動性不足への懸念が強まる、(4) より優良な貸出先の出現を期待して銀行が融資を躊躇することなどが知られている。

(46) 「追い貸し」とは不良債権を抱えた銀行の多くが、当該不良債権を直接償却せず、当該企業に追加資金を融資した問題である。「追い貸し」で企業が生き残る間は銀行の不良債権は表面化しないが、不健全経営企業が存続し不良債権額が増大し（追い貸し分も不良化し）、かつ追い貸し分の資金は有望投資案件の融資に回せなくなる。地価上昇（担保価値上昇）で不良債権問題は緩和されるため、銀行経営者は政府の景気対策で地価が上昇に転じるのを持ち望み、「追い貸し」を行ったケースが多いといわれている。なお下掲文献（第4章）で、日本のバブル期にけるモラルハザード問題や、バブル崩壊後の日本の銀行の弱体化が不況を長引かせた点、さらにはその対策として「調整インフレ政策」を速やかに日本政府が行わなかった問題点などが述べられている。

Krugman, P. (1999) *The Return of Depression Economics*, W. W. Norton & Company, Inc.（クルーグマン，P.〔1999〕『世界大不況への警告』〔三上義一訳〕

早川書房）

(47) 金融緩和のため、日銀は公定歩合（第1章（注1）参照）を1986年11月に3%に、そして87年2月には2.5%にまで引き下げた。ところで自分が保有する株式や土地の価格が高騰しても、それだけでは所得は増えないが、「含み益」（現在売却した場合の利益）は増加する。持ち家に住む人は地価が上昇しても住み続ける以上（家・土地を売却しない場合）、所得は増加しないが消費を増加させた。例えば東京23区内で持ち家に住む人の場合、将来定年退職時にその家・土地を売り、都心から離れた（地価の安い）郊外にマンションを買えば、都心の地価高騰で家の売却資金がかなり残る計算になる。そうであれば、老後に備え貯蓄をあまりしなくてもよいため、その分を消費に回し現在の生活を楽しめる。すなわち資産の「含み益」の増加だけで消費が増え得る。ただしこの計算は、当時の土地神話（地価は下落しないという信念）の下で成立するものである。

(48) 第1期の期初における株式（土地）のファンダメンタルズを求めよう。第1期末に支払われると予想される配当（地代）をAとし、同様に第2期末、第3期末……に支払われると予想される配当（地代）を、すべてAと単純化する。この各期末のAを第1期初の時点の価値（割引現在価値）に直してすべて足し合わせると、A/rとなる。rは割引率であり、安全資産利子率が用いられることが多い。$\delta = 1/(1+r)$と表せば、$0 < \delta < 1$のため、ファンダメンタルズは、$\delta A + \delta^2 A + \delta^3 A + \cdots = \delta A(1 + \delta^2 + \delta^3 + \cdots) = \delta A/(1-\delta) = A/r$であることがわかる（無限等比級数の公式$1 + \delta^2 + \delta^3 + \cdots = 1/(1-\delta)$を用いた）。永久債券（コンソル債券）の価格$P$も同様に$P = A/r$となるが、債券価格$P$の高低と利子率$r$の高低とが逆の関係になることがわかる。

(49) この場合、国民がプリンシパルで、エージェントが金融監督官庁である。両者間の非対称情報（あるいは立証不可能性）や、両者間の目的関数の相違、そして事後的にも監督官庁の行動を国民が認識しにくいなどの要因から（第3章参照）、金融監督官庁のモラルハザード（検査・監督が不十分な問題や、癒着問題など）が生じ得る。規制当局のモラルハザード問題に関しては、下掲文献を参照のこと。

Laffont, J. J. and J. Tirole（1993）*A Theory of Incentives in Procurement and Regulation*, MIT Press.

(50) 銀行が融資を通じて土地開発事業を推進（最適都市計画の下でショッピングモール、マンション、病院などの建設、交通網整備などの推進）することは有益である。銀行が複数の土地開発・不動産・交通会社とメインバンク関係を強く持ち、総合的な情報生産（経営コンサルティングを含む）を行い、地価の暴落や高騰を防ぐ観点から融資計画を立てることは経済を安定化させ得る。また単なる"土地転がし"（転売目的の投機）に対して銀行は審査を強化し、銀行が地価下落や土地バブル発生を防ぐことを配慮して融資することは有意

味であると考えられる。また銀行がその遂行を怠らないよう、金融監督官庁がガイドラインを設け監督することも重要であろう。

(51) 日本経済新聞（2014年9月2日）は、一部上場企業のうち主要100社を調査した結果、社外取締役を2人以上置く企業が8割超（85社）であり、5年前の57社と比べ1.5倍に増えたと報じた。また取締役全体の半数以上を社外で占める企業も12社あったが、東京証券取引所一部上場企業全体では社外取締役を2人以上置く企業割合は34％であったと報じた。メインバンク関係の希薄化に伴い、企業統治のあり方も変化してきているが、2014年6月に成立した改正会社法では社外取締役を置かない大手企業にその理由を株主に説明する義務を負わせたことや、現政権（安倍政権）が企業統治を成長戦略の一環として打ち出していることも、同記事は伝えている。ところで社外取締役を導入していた東芝の不適切会計処理問題（利潤水増し問題）が2015年に浮上し（東芝は社外取締役に会計専門家を含めていなかった）、この制度の弱点が露見し、今後に課題を残す結果となった。なお第1章（注2）の村瀬（2006）において「モニタリング能力のリサイクル」が議論されている。ベンチャー企業などの起業当初は、当該企業技術などに精通したベンチャー・キャピタルや銀行などが、当該企業の情報生産・資金供給に当たるのが効率的である。そして企業が成長し株式上場した後は、財務データの格付けなどに依拠し、一般投資家が当該企業の社債や株式などを購入して資金供給と同時に情報生産を行う（格付け情報などを分析する）ことが効率的である。高度なモニタリング能力の保有者が希少であるため、そのような役割分担が効率的である。

(52) アメリカでは、銀行業と証券業を分離する法律であるグラス・スティーガル法が1933年に制定された。日本でもそれを取り入れ、証券取引法第65条が1947年に制定された。しかし、アメリカでは銀行が貸出債権を証券化する動きが生じ、また銀行持株会社の子会社を経由した証券業務を行う動きも起きた。そこで、1999年に銀行業・証券業・保険業の分離を撤廃する法律であるグラム・リーチ・ブライリー法が制定された。また、アメリカにおける州際規制（州境を越え複数の州にまたがる支店営業の規制）の撤廃を認めたリーグル・ニール法が1994年に制定され、アメリカ金融業界の再編が引き起こされた。

(53) Kanatas, G. and J. Qi (1998) "Underwriting by Commercial Banks: Incentive Conflicts, Scope Economies, and Project Quality," *Journal of Money Credit and Banking*, 30, pp. 119-133.

(54) 企業が直面するホールドアップ問題（銀行の交渉力が増大するケース）については、下掲論文を参照のこと。
Rajan, R. G. (1992) "Insiders and Outsiders: The Choice Between Informed and Arm's-length Debt," *Journal of Finance*, Vol. 47, pp. 1367-1440.

(55) 信託銀行も長期資金を供給した。信託銀行は、金銭信託・貸付信託・証券投

資信託・年金信託などで資金を集め、その資金を用いて長期貸出を行う。金銭信託であれば国民から金銭の管理・運用を受託し、それを貸出や有価証券などで運用して得た収益を、配当などの形で委託者に分配する。

(56) 長信銀は長期資金供給に従事するため、いつでも引き出せる普通預金での資金調達は不都合であり、「金融債」発行が認められた。長信銀は家計から預金を集められなかったが、企業預金は集められた。金融債は償還期間が5年である利付金融債と、償還期間が1年である割引金融債とから構成された。高度成長期において金融商品の数が限られた中で、投資家や余剰資金を持つ家計にとって、金融債は相対的に高金利で低リスクの魅力的な商品であった。また、金融機関も資金運用のため金融債を購入した。

第 5 章

銀行取り付けと金融パニック

　暗黒の木曜日と呼ばれる 1929 年 10 月 24 日、ニューヨーク・ウォール街で株価の大暴落が生じ、**世界大恐慌**へと発展した。それは「銀行取り付け」や「金融パニック」を惹起し、また国際金本位制の幕引きをも招いた。世界大恐慌を契機に、J. M. ケインズや G. カッセルが主張した管理通貨制（金と通貨量との量的関係を切り離す考え方）の導入や、金融パニック防止の制度設計が課題として浮上した。それは資本主義経済が成熟へ向けて辿る試練の道程であった。

　本章では「銀行取り付け」や、それが他の銀行に次々と波及していく「金融パニック」のメカニズムを考察する。そして次章でその政策について考察する。その政策は複数存在するが、主要なものは「**信用秩序維持政策**」と呼ばれる。

　銀行取り付けや金融パニックは「市場の失敗」や「金融政策の失敗」が招く問題の一つでもあるが、弥縫策では対処不能であり抜本対策を必要とする[1]。しかし政府の市場への介入・規制は副作用（特に市場効率の損失）を伴うため、市場原理（市場規律）の活用と対峙させて考察する必要がある。

第 1 節　銀行取り付け

　銀行の諸機能の一つに**期間変換機能**がある（第 1 章）。期間変換機能とは、いつでも引き出し可能な「要求払い預金」を多数の預金者から集め、その資金をプールした上で一定期間返済されない「貸出」に回す機能である。企業の資金需要には運転資金など短期的なものもあるが、設備投資など長期的なものも多い。長期資金を要する投資は一般に収益率が高くなるが、それはベーム・バベルクが主張した**迂回生産**の概念を想起すれば容易に理解できる[2]。迂回生産（＝投資）は経済効率を高め有益であるが、長期資金を必要とする。しかし多くの人々は自分の効用関数の変化や将来遭遇する状況の不確実性に備え、短期間しか資金を供給したがらない。そのため**期間のミスマッチ**が生じる[3]。

銀行は多数の預金者から預金を集め、**大数の法則**を利用し（第1章）、預金の一定割合を「流動資産」で保有して預金の払戻要求に即座に応（こた）えられるよう準備する。「流動資産」とは、「手許（てもと）現金」や「国債」など、現金および即時に現金化できる資産のことである。そして残りの資金を銀行は「貸出債権」など「非流動資産」で保有する（「貸出債権」を保有するとは、貸出債権の発行主体に「融資」することを意味する）。

銀行は預金払戻に備え流動資産を一定比率保有するが（その保有割合は大数の法則で決まる）、もし銀行の予測を上回るスピードで預金が次々に引き出されれば、銀行はその預金払戻要求のすべてには応えられない可能性が生じる。「非流動資産」を即時に流動化して預金支払に応じることは、金額が大きければ難しい。また銀行が「インターバンク市場」で不足資金を一度に調達しようとすれば、多額であればインターバンク市場金利が高騰し（不完全競争市場のため金利に影響を及ぼす）、すべての預金支払に応じられない可能性がある。預金者の預金払戻要求に銀行が応えられない場合、銀行は倒産する。

預金者が銀行の倒産を予期すれば、たとえそれが論拠のない予期であれ、銀行の破綻前に自分の預金を払い戻そうと銀行窓口に殺到する。その結果銀行は倒産する。それは「**銀行取り付け**」と呼ばれる。そして一つの銀行の取り付けは、他の銀行へ次々と波及し、銀行の倒産の連鎖を生む可能性がある。そのウイルス感染のような「銀行取り付け」の伝播は「**金融パニック**」と呼ばれるが、その事態を招けば貨幣経済は麻痺することになる。

1.1　銀行資産の形態

銀行は預金払戻に即時に応じるため「流動資産」を保有するが、それは「第一線準備」である「現金」と「預け金」（日銀への預け金）と、「第二線準備」とからなる。「第二線準備」とは、流動性が高く安全性も高い「国債」「政府保証債」「金融債」や、「米国国債」などを意味し、「第一線準備」の多くを消耗した場合に速やかに流動化する。また銀行は銀行間の短期資金の貸借市場であるインターバンク市場から資金を調達し、預金払戻に応じることもできる（ただし一度に多額資金の借入は、インターバンク市場金利を高騰させ得る）。

銀行にとって重要なことは、第一に数多くの預金者から預金を集め、それを

集積してプールすることである（各預金者の預金額はわずかであれ、多数から集めれば多額となる）。さらに預金者の層に偏りがないようにすることが必要である（第1章（注12）参照）。それにより「大数の法則」が働き、一定期間における預金の引出割合の平均値が確定できる。

第二に重要なことは、その確定した金額を「流動資産」（第一線・第二線準備）で保有することである。そして第三に、第二線準備を分散化させて保有することも重要である。なぜならば、例えば国債のみで保有していて、資金不足時に国債を一度に大量売却すれば国債価格が暴落するからである。すなわち完全競争市場ではないため、供給量が価格に影響を与えることを考慮し、保有資産を複数に分散させる（適量ずつ保有する）ことも重要である。むろん、銀行は不良債権を抱えないように企業情報を生産し、リスクが高い融資を慎む（加えて企業統治を行う）ことが同時に必要であるが、その論点は本章では捨象する。

以上の点に銀行が留意すれば、流動資産の保有範囲を超える多額の預金が不意に引き出される事態に直面しない限り、他の事情を一定として、銀行経営は安泰である。しかし何らかの事情で多額の預金引き出しに銀行が予期できずに遭遇すれば、銀行経営は危殆に瀕する。その打開策として、銀行が「貸出債権」などの「非流動資産」を速やかに流動化（現金化）して預金払戻に対応できるか否かが問題であり、それが次の論点である[4]。

1.2 非流動資産の流動化

貸出債権のような非流動資産を満期前に流動化しようとする場合、それが多額であれば困難を伴う。多額の貸出債権を満期前に流動化すれば貸出債権は減価するため、その減価が大幅であれば銀行経営を圧迫し、銀行取り付けの引き金を引く可能性がある。

人々は多額の預金流出を見聞きすれば、早晩その銀行は保有する流動資産を預金払戻に使い果たすであろうと予期する。そして次に銀行が非流動資産を速やかに流動化すると、その資産価値を大幅に減価させることを預金者は知っている。銀行の資産価値減価を考えれば、預金者が「当面引き出す必要のない預金」を急いで引き出し、銀行に非流動資産を流動化させることは非効率である。しかし他の預金者が次々と預金を引き出す状況においては（あるいはそうなるこ

とが予見できれば)、当該銀行が倒産する前に自分の預金を全額引き出すことが、すべての預金者にとって合理的な戦略となる(ここでは預金保険の存在を前提としていない)。すなわち、全預金者が今すぐ預金を引き出す戦略を選ぶことが「ナッシュ均衡」となり得る。その結果、銀行の非流動資産が流動化され、銀行資産の減価で預金者は損失を被り(預金の一部しか返済されず)、銀行倒産で銀行員や銀行株主なども不利益を被り、融資先企業も資金調達に苦慮するという社会的に非効率な結末を招き得る。

では次に、銀行が非流動資産を満期前に流動化して資産価値を大きく損なうことを単純な例で考えてみよう。銀行Bが企業Fに設備投資資金を1年満期で融資する。企業Fは銀行融資で工場を建設して製品を製造し、それを販売して得た資金の中から融資資金(元利合計)を1年後に返済する(契約)。企業Fが銀行Bから融資後半年で資金返済を求められても、工場は建設途中であり、まだ売上金を獲得できておらず資金を返済できない。したがって企業Fは契約通り1年後に返済すると主張し、銀行Bからの早期資金返済要求を断るであろう。もし満期前に返済するとすれば、"建設途中の工場"を売却して得た資金で返済することになるが、建設途中物件は安値でしか売却できず(建設途中物件の需要は少ない)、融資金額よりも非常に減価した資金を銀行に返済するという再契約になる。

この例からもわかる通り、銀行が非流動資産を満期前に流動化しようと思えば、資産価値を大幅に減価させる可能性がある。資産価値を大きく減価させて資金回収をすれば、預金者の預金支払要求のすべてに応えられない可能性が生じる[5]。そのような場合の対処法の一つとして、貸出債権譲渡(ローン・セール)について次に考えてみよう。

1.3 貸出債権譲渡

貸出債権を流動化させる方法の一つに**貸出債権譲渡**がある(より包摂的な概念である「証券化」については後述する)。銀行Bが企業Fに設備投資資金を融資した場合、銀行Bは貸出債権を取得する。ここで考える例では、この貸出債権は1年後に企業Fから融資資金の元利合計を受け取れる権利証書である。銀行Bがその貸出債権を他の「銀行B′」に売却することが貸出債権譲渡であり、

その方法で銀行Bは貸出債権という非流動資産を流動化できる。

　銀行Bが企業Fに融資を行った半年後に、銀行Bは資金が急遽必要となり、その貸出債権を「銀行B′」に売却した。この場合、「貸出債権の持ち主がBからB′に変更」されただけであり、企業Fは満期まで資金返済を要求されることがない。企業Fは1年後に契約通り元利金を「銀行B′」に返済すればよく、予定通り投資プロジェクトを実行できる。

　銀行Bは融資後半年で資金が必要となり貸出債権を売却したわけであるが、企業Fが高格付けを得ている場合は販売価格が大きく減価することはない。価格は市場情勢など諸般の影響を受けるが、企業Fが高格付けを獲得していれば、銀行Bは貸出債権譲渡により「元金」に加え数ヶ月分（半年未満）の金利を手にできるであろう。すなわち銀行Bはその販売代金を「銀行B′」から受け取る。「銀行B′」は残りの半年間その債権を保有することで、約半年分の貸出金利を稼ぐことができる（購入価格に依存する）。

　「銀行B′」は満期に企業Fから（ここでは当該プロジェクトが成功したと仮定し）元利金を受け取るが、銀行Bに支払った金額（貸出債権の購入価格）との差額の利益を稼げる。「銀行B′」は自ら有望な融資先（＝企業F）を見つけられなかったが、貸出債権の購入により企業Fに半年間融資を行ったことに匹敵する利得を得られる。

　貸出債権譲渡に関する事務手続きなどの諸経費のロスが生じるが、この手法を用いれば銀行Bは非流動資産を満期前に流動化でき、売却時点以降で企業Fの経営が悪化しても、その債務不履行リスクから免れる。また「銀行B′」は融資先を獲得でき金利を稼ぐことができる（ただし債務不履行リスクを負担する）。そして企業Fは予定通りにプロジェクトを遂行できる。

　この場合、企業Fが有望であることを「銀行B′」が容易に理解できる必要がある（優良財務データなどハード情報が必要である）。つまり企業Fが「高格付け企業」であり、企業Fの貸出債権の購入を望む「銀行B′」の存在が前提となる。銀行は情報生産により企業の投資プロジェクトを調べ、その有望性を知り融資を行うわけであるが、問題は無名の「企業F′」の投資プロジェクトの有望性を他の銀行に正しく伝え、その貸出債権を売却できるか否かという点である。

　銀行が"預金払戻に窮する"経営困難時に流動性確保のため貸出債権を売却

すれば、当該プロジェクトについて嘘をつき高評価を示して売却しようとするかもしれない。嘘をつけば市場の信頼を失い、以後順調に貸出債権譲渡を行えなくなるであろう。しかし銀行Bにとって性急な問題は将来の利益ではなく、現在の窮地からの脱却、すなわち預金払戻要求に対し早急に資金を獲得することである。そして他の銀行もその事情を予測する。

　「高格付け」の企業Fの場合、銀行Bは問題なく「銀行B′」に企業Fの貸出債権を譲渡することができる。しかし銀行Bは高格付け企業の貸出債権のみを次々と譲渡していけば、手許には相対的に低格付け企業の貸出債権が残ることになる。それは銀行Bの資産内容の悪化を意味する。そのことが預金者心理に悪影響を及ぼし得る。それは銀行Bの破綻確率の上昇を意味するが、預金者は経済雑誌などの報道でそれを知り得る。したがってそれが預金流出に拍車をかける可能性があるため、銀行Bは預金流出が続く以上は、高格付け以外の企業の貸出債権をも同時に譲渡しなければならないであろう。

　しかし銀行Bは、低格付けの「企業F′」の貸出債権を低価格でしか販売できない（需要が少ない）。銀行Bは、情報生産で「企業F′」が低格付けであるが将来有望であることを理解していても、その情報を信頼性のある形で瞬時に他の銀行に伝えることは困難だからである。それがソフト情報の場合は特に困難である。IT技術の進歩で情報処理時間は短縮されても、他の「銀行B′」が新たに「企業F′」の情報生産を行い、当該貸出債権を評価するには一定の時間を要する。すなわち貸出債権譲渡は、銀行経営逼迫時に必ずしも有効ではない。

　貸出債権譲渡の種類には、企業Fが債務不履行に陥った場合、購入主体である「銀行B′」が販売者の銀行Bに対して債務の履行を請求できる権利を伴うものと、伴わないものとがある。**「請求権を伴わないもの」**については、銀行Bは企業Fの債権管理を行うが、企業の債務不履行リスクを負わないため、モニタリングが不充分となる可能性がある。

　債権管理とは、契約通り資金が債権者に返済されるように、投資プロジェクトなどをモニタリングしたり、また担保価値が損なわれないように情報生産したりすることを意味する（例えば担保の土地を企業が売却したり、担保の機械を減価させないためのメンテナンスの手を抜かないように監視・管理する）。企業Fの高格付けは、現時点で企業Fの財務内容がよいことを意味するにすぎず、企業Fが現在着

手しているプロジェクトに関して、モラルハザードを将来起こさないということまでは意味しない。企業Ｆが世界に冠たる大企業であれば、モラルハザードを起こす可能性は低い（当該企業がモラルハザードを起こして失う無形資産価値が莫大である）。大企業の場合を除き、貸出債権譲渡後も銀行Ｂによる債権管理が必要である。

　預金流出に直面していない状況において情報生産者としての名声が確立している銀行が貸出債権を譲渡する場合、それを購入する銀行は当該銀行の債権管理を信頼するであろう。もし当該銀行が債権管理を怠れば、情報生産者としての評判を失う可能性があり、その評判という無形資産価値が莫大だからである。しかし預金流失が続く局面（銀行破綻の瀬戸際）においては、銀行に債権管理の余裕はなく、そのことは社会の共有知識であるため、他の銀行の信頼を得られない可能性が高い。そのような急場において、特に高格付けを得ていない企業の貸出債権に関しては、請求権を伴わない貸出債権譲渡は難しい可能性がある。

　「請求権を伴うもの」に関しても、銀行Ｂから多額の預金が流出している局面では、銀行Ｂの倒産リスクが高いため、「銀行Ｂ′」は貸出債権の購入を望まない可能性がある。当該貸出債権は銀行Ｂによる債権管理により効果的に価値を保てる（銀行Ｂの企業情報蓄積）。銀行Ｂが債権管理に尽力できない状況に至れば、例えば銀行Ｂが企業Ｆのメインバンクの場合、「銀行Ｂ′」は企業Ｆを銀行Ｂほど効率的にモニタリングできず、債権管理が不充分となり得る。そして銀行Ｂが倒産すれば、多くの場合で請求権を行使できない。

　以上の議論から、銀行が多額の預金流出に直面した時点で、貸出債権譲渡により銀行取り付けを回避することは難しい。同様に、ローン・パティシペーション（第４章）を用いても、銀行取り付けを回避することは難しいと考えられる。

1.4　証　券　化

　貸出債権流動化の一般的な方法として証券化（securitization）を考えよう。以下で銀行による証券化の典型的な仕組みを考察するが、**証券化とはキャッシュ・フローを生み出す資産を証券に変換する仕組み**である。

　キャッシュ・フローとは、資産が生む実質的総収入から営業経費を控除した残余資金であり、先の例では銀行Ｂが保有している企業Ｆの貸出債権はキャッ

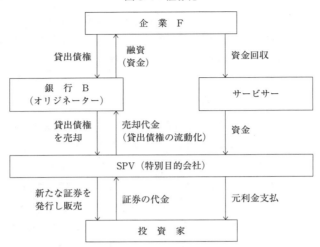

図5-1　証券化

シュ・フローを生む資産（1年後に元利合計を生み出す資産）であるため、証券化を行うことができる（図5-1参照）。

　銀行Bは、証券化に当たりSPV（特別目的会社：special purpose vehicle）を設立し、企業Fの貸出債権を満期前にSPVに売却する。この売却時点で銀行は流動性を確保できる。SPVは当該貸出債権を担保にして「新たな証券」を発行し、それを投資家に販売する。

　SPVは大口の貸出債権を担保に小口の証券を多数発行し、それを多くの投資家に売却できる（小口化で売却が容易となる）。また銀行が複数の貸出債権を証券化する場合、それらのキャッシュ・フローやリスクを組み替えて新たな証券を創出し発行できる。すなわち投資家の選好に合わせた新たな証券が発行でき、売却が容易となる。その新たに発行された証券は、企業Fの貸出債権という資産を担保に創出されたため、**資産担保証券**（ABS：Asset Backed Securities）と呼ばれる。

　SPVとは別にサービサーと呼ばれる主体が企業Fの資金回収や資産管理を行う。サービサーは企業Fから回収した資金で投資家に配当・利息・元金の返済を定期的に行い、担保となる企業Fの資産を管理する。サービサーはその業務で手数料収入を得る[6]。

投資家が購入した証券はSPVが発行したものであるため、**投資家は銀行Bの経営破綻リスクから隔絶される**(隔絶効果)。したがって銀行Bから多額の預金が流出しても(銀行Bが経営破綻に直面しても)、企業Fの経営の健全性を格付けなどにより確認できれば、投資家は当該証券化商品を購入する誘因を持つ。図5-1からわかる通り、企業Fの投資プロジェクトが成功すれば、配当や利子などがサービサー経由で投資家に支払われ、銀行Bの経営リスクから投資家は隔絶される。

企業Fが大企業であればモニタリングの必要に乏しく、証券化によりSPVは新証券を投資家に売ることが容易であろう。しかし銀行Bが多額の預金流出に直面すれば、大企業の貸出債権のみを証券化するだけでは預金払戻に必要な資金が不足するであろう。銀行Bは市場で名声を博していない企業の貸出債権をも証券化しなければならない。また銀行Bが有名企業の貸出債権のみを証券化していると、相対的に有名でない企業の貸出債権の保有比率が増え(=銀行の破綻確率が増え)、預金者心理に悪影響を及ぼし得る。

企業Fが無名企業の場合、市場は当該企業を把握できていない。したがって企業Fの情報を蓄積していない銀行B以外の主体が情報生産を行うことは非効率であるため、証券化の後に引き続き銀行Bに企業Fの情報生産を行わせる誘因を与える必要がある。その方法は、SPVが証券化する証券を「優先」部分と「劣後」部分とに分け、**銀行Bが劣後部分を購入する方法**である。この場合「優先」とは資金が先行して支払われることを意味し、「劣後」とは優先部分の支払が完了してから支払が行われることを意味する。

銀行Bが劣後部分を保有することが、企業Fの健全性に関するシグナルとなる(逆選択防止)。なぜならば、もし企業Fが不健全経営企業(銀行Bが情報生産で知る内部情報)であれば、その証券の劣後部分を銀行Bは保有しないからである。また一定水準の劣後部分を銀行Bが保有することで、企業Fのモラルハザードを抑止する誘因を銀行Bに与える(誘因両立性条件)。なぜならば、企業Fがモラルハザードを起こし返済資金が減少すれば、劣後部分を保有する銀行Bは資金回収ができなくなる恐れが生じるからである。

SPVにより新たに発行された証券は、投資家に売却後に銀行が利子や元本の支払義務を負う遡及権付き(リコース)売却と、その義務を負わない不遡及(ノ

ン・リコース）売却とに分けられる。前者では、銀行は当該企業の情報生産の誘因を持つが、後者においてもその誘因を持つ。なぜならば、当該証券が不良化すれば銀行の評判は失墜し、以後において証券化が難しくなる（投資家が購入しなくなる）からである。

　証券化は銀行の非流動資産を流動化する方法として有益であるが、預金流出時は資金獲得が急務であり、企業のモニタリングに費用を投じている余裕が銀行にない。投資家もそのことを承知しているため、証券化商品の購入を躊躇うであろう。すなわち多額の預金流失局面では、証券化によっても銀行は非流動資産を充分に流動化できない可能性が高い。

　銀行は、預金流出が始まってからSPVを設立したのでは間に合わない。そのため銀行は通常時にSPVを設立し、必要に応じて貸出債権の証券化を進めておき、預金流出の徴候が現れた時点で、証券化を急加速させる必要がある。しかし、その「証券化の急加速」が銀行経営の悪化シグナルとして機能すれば、その「証券化の急加速」がさらなる預金流出を生む結果となり得る（証券化の急加速は経済雑誌などの記者の執筆材料となり、人々にその情報が伝わる可能性がある）。

　投資家は**隔絶効果**により、企業Fの経営が健全であれば証券化商品を買うであろうが、預金者に「銀行Bの証券化の活発化」が伝達された場合、小口預金者は銀行Bの経営内容を情報生産していないため、銀行Bの経営難を予期すれば預金は流出する。そしてそれがさらなる証券化を加速させ……という悪循環を招く可能性がある。すなわち、「証券化の急加速」は上述のシグナル効果を考慮すれば危険である。しかし、証券化を急加速させなければ、預金流出に直面した銀行は流動性を速やかに確保できないという二律背反（アンビバレンス）を背負う。すなわち、証券化は「銀行取り付け」の特効薬とはなりにくい。

　証券化は「銀行取り付け」の特効薬ではなく、銀行が最適な「リスク分散」や「リスク分担」の実現のため、金融環境などの変化に対応して通常業務の一貫として適宜行うものである。同様のことは貸出債権譲渡についても妥当する。したがって「金融パニック」を回避するため、信用秩序維持政策を考えなければならない[7]。

　ところで、銀行は証券化により、保有する貸出債権の一部を最終的に投資家に売却できる。それはメインバンク関係と類似性が認められる。メインバンク

関係では、銀行Bが情報生産で企業Fの有望性を見出し、継続的な融資関係を構築し、メインバンクとなる。他の非メインバンクはそれを見て、企業Fに融資を始める（カウベル効果）。メインバンクとなった銀行Bは他の銀行の融資が集まる分だけ企業Fへの融資額を減らすことができる（ただしトップ・レンダーであることは維持する）。あるいは、企業Fの成長で膨らむ必要な融資額の一部のみを銀行Bは供給するだけでよい。銀行Bはそのようにして節約した資金を、他に発見した潜在的に有望性が認められる投資案件の融資に回すことができる。証券化では、銀行Bがメインバンクの役割を果たし、証券化商品を購入した投資家が非メインバンクの役割を構造上果たすと考えられる[8]。メインバンクは情報生産者としての役割を他の主体から期待されるのと同様（第4章）に、銀行がその役割を充分に果たせない局面では証券化は困難となる。

第2節　「サンスポット型」銀行取り付け

　太陽に黒点〈黒い影〉が現れることがあるが、サンスポットとは太陽黒点のことである。人々が太陽黒点の出現を不吉な徴候であると信じていて、例えば銀行が倒産すると思い込み預金を引き出しに走れば、銀行は本当に倒産する。そのように、**"根拠のない思い込み"** により引き起こされる「銀行取り付け」は、**サンスポット型銀行取り付け**と呼ばれる。

　サンスポット型銀行取り付けが起きる原因は、多くの割合を占める小口預金者が銀行の財務内容や融資先企業の財務内容・投資状況などを把握していないことに起因する[9]。

　銀行の経営内容の掌握には、預金額にかかわらず一定水準以上の情報生産を要する。小口預金者は、情報生産費用の方が情報獲得便益（小口のため少ない便益）を上回るため、情報生産誘因が乏しい。したがって小口預金者は銀行の健全性について正確な情報を持たず、巷（ちまた）に流布されたデマや噂（うわさ）に翻弄され、預金払戻に走ることがある。預金は各預金者に対し、銀行窓口に到着した順に支払われる（"first come, first served" principle）。各預金者は銀行資金が枯渇する前に自分の預金を確保しようと先を争って銀行に走るため、「銀行取り付け」は英語で "バンク・ラン（bunk run）" と呼ばれる。

ある人が預金払戻に走る行動は、他の預金者の行動に依存する。他の預金者がその噂を信じず、預金引き出しに奔走しなければ、自分も静観して"不必要に"預金を引き出さない。しかし多くの人々が銀行に列をなし預金払戻に殺到すれば、自分もそれに従う。預金が次々に引き出されていけば、その銀行は早晩倒産に至るが、その前に自分の預金を全額払い戻すことができれば、預金払戻は合理的となるからである[10]。

　では、サンスポット型銀行取り付けを「ゲーム理論」を用いて分析してみよう（**預金払戻ゲーム**）。「預金保険がない」前提で、プレーヤーは「情報生産を行わない預金者1と2」である。「0期初から1期初（＝0期末）」と「1期初から1期末」の2期間を考えるが、預金者は「現時点は$t=1$期初」でのみ行動を行う。

　銀行は1つしかなく、2人の預金者はすでに$t=0$期初に銀行に100ずつ預金した（所与）。「現時点（$t=1$期初）」で、2人の預金者は次に示す戦略の中から一つの戦略を同時に選ぶ（純戦略の静学ゲーム）。なお預金者数をN人（$N>2$）に拡張しても以下の結論は保たれる。

　預金者が選べる戦略は、現時点で預金（元利合計）を全額払い戻す（withdraw）「W」戦略か、まったく払い戻さない（don't withdraw）「DW」戦略かである。

　現時点で預金を引き出さなければ、預金者は銀行資産の大幅減価が起きない限り、$t=1$期末まで預金を継続させ金利を稼げる。なお銀行は、$t=1$期末に支払うべき預金を支払い解散する。すなわち途中で倒産しなければ2期間のみ存続する銀行を考えるが、以下で考察する通り、銀行は預金を全額払い戻せるとは限らない。なお銀行の土地・建物などの資産を無視する。銀行はそれらをリースしており、後述の銀行収益はそのリース代を支払った残余と考えてもよいが、簡単化のためそれらを無視し、銀行員給与支払なども無視する。

　以下で例を用いて表5-1の利得行列の説明を行う。表5-1から**ナッシュ均衡**は（DW, DW）と（W, W）であるが、サンスポット型銀行取り付け（W, W）が非効率であることがわかる（ナッシュ均衡に関しては（注16）を参照のこと）。

　このゲームにおいて、一方の人（預金者1）のみ預金を払い戻すことは、均衡にならないと直感的にわかる。なぜならば預金を払い戻さない人（預金者2）が損をするからである（預金者2は損する戦略を選ばない）。銀行が預金者1の預金払戻のために非流動資産を流動化させて大幅に減価させれば（流動化で大幅な減価

表 5-1　預金払戻ゲーム（サンスポット）

2＼1	DW	W
DW	<u>102, 102</u>	19, 101
W	101, 19	<u>60, 60</u>

が生じるモデルを考える）、預金者2が後で預金を払い戻す際に受け取る預金額が減少して損である。その損を避けようと預金者2も払い戻すため、銀行取り付けとなり（全預金者の払戻）、非流動資産の流動化で非効率的な結果を招く。また預金者1が払い戻さなければ、預金者2も余剰資金を払い戻さずに預金金利を稼ぐことが合理的である。同様のことは2人の立場を入れ替えても成立する。つまり（DW, DW）と（W, W）がナッシュ均衡であると直感的に理解できる。以下で表5-1の説明を行うが、煩瑣な数値例であるため本節の以下を省略し、上述のように直感的に理解してもよい。

2人の預金者とも生活費に困らず、「$t=1$期末まで預金を引き出す必要がない」（仮定）が、現時点で引き出す権利を持つ。1期間の預金利子率は1％であると簡単化する。各預金者は$t=0$期初に100預金した（仮定）ため、現時点（$t=1$期初）の預金の元利合計は101である。またその預金101を$t=1$期末まで保有すれば、銀行が倒産しない限り、預金の元利合計は102である（小数点切り捨て）。「**割引率を0**」と仮定するため、その場合の現時点（$t=1$期初）の割引現在価値も102となる[11]。後述する通り、預金の一部は$t=0$期初に企業に融資されるが、企業からの返済は$t=1$期末である。

バランスシート（**貸借対照表**）は「資産」と「負債」からなり、資産合計と負債合計とは等しい。**銀行のバランスシート**の主要項目を考えると、資産は「貸付（非流動資産）」「手許現金」「日銀準備（＝0と仮定）」と、「インターバンク貸付（＝0と仮定）」「株式や国債など有価証券保有（＝0を仮定）」とからなる。負債は「預金」「資本」と「インターバンク借入（＝0と仮定）」「劣後債（＝0と仮定）」である。資本（自己資本）は「発行済株式の価値額＋内部留保」である。劣後債は非金融部門企業の社債発行に該当し、銀行の資金調達方法であるが捨象す

る。また、インターバンク市場や日銀準備も存在しないと簡略化する。

$t=0$ 期初に銀行が 2 人の預金者から集めた預金総額 200 は、現時点で金利が加わり 202 である。銀行の $t=0$ 期初における資本は 50（仮定）であり、簿価会計を考え、増資などが行われないとする。本モデルの場合、現時点（$t=1$ 期初）における「資本」は、当初の 50 から預金金利と同額の 2 だけ減り「48」となり[12]、負債は 250（$=202+48$）である。

各預金者は $t=1$ 期末まで預金払戻の必要がないが（余剰資金）、**情報の非対称性**から銀行はそれを知らない。銀行は経営能力で $t=1$ 期初に、各預金者とも 40％未満の預金を引き出す可能性を見込み、預金者 1 人当たり 40 ずつ、合わせて 80 の資金を手許現金として保有することを $t=0$ 期初に決定したと仮定する[13]。そして $t=0$ 期初において銀行は、預金総額 200 のうち手許現金を除く 120 を貸付に回す決定をし、同時に資本 50 をも貸付に回す決定をした。すなわち銀行は、$t=0$ 期初において 170（$=120+50$）の非流動資産（貸付）を保有したと仮定する。

図 5-2　融資のフローチャート

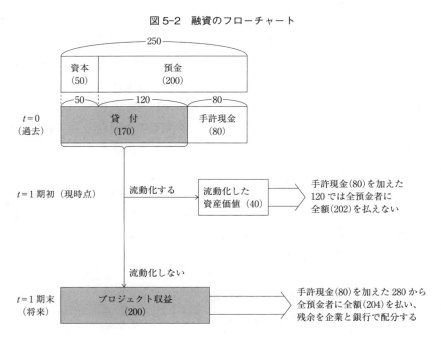

貸付は $t=1$ 期末の返済契約であるが、現時点（$t=1$ 期初）で流動化すれば 40 に減価する（仮定）。また流動化しなければ、現時点での貸付の価値は 170 である。それが $t=1$ 期末に返済されれば価値が増幅し、価値が 200 の融資案件である。すなわち、貸出債権価値（確率変数）の期待値が 200（現在価値も 200）と仮定する（リスク中立，割引率 0）。

各預金者は、$t=1$ 期末で貸出債権が 200 の価値になることを知ることができない（情報生産を行わない）が、$t=1$ 期末に預金の元利合計 102 を受け取れると考えている。すなわち銀行の融資先である有力企業の投資プロジェクトが成功する確率が非常に高く、簡単化のため成功確率が 1 であると預金者が予想していると仮定する。各預金者は**銀行取り付けが起きない限り**、$t=1$ 期末に預金の元利合計 102 を受け取れることを知っている。

財務データは公表されるため、「現時点」で預金者は銀行データ（$t=1$ 期初で預金 202、資本 48、手許現金 80、貸付 170）を知っていると仮定する。しかし**預金者は情報生産を行わないため**、投資プロジェクトの「将来」の収益（200）を知ることができない。また同様の理由で預金者は貸付を現時点で流動化すれば大幅減価することは知っているが、その金額まではわからない。貸付を現時点で無理やり流動化すれば大幅減価し、例えば 0 近くまで減価すると預金者が悲観的な予想をしても分析結果に影響を与えないが、ここでは銀行と等しく預金者は 40 に減価すると考えると仮定する[14]。

現時点で、銀行の貸出債権が不良化し融資資金が返済されない（$t=1$ 期末で非流動性資産価値が 0 になる）という"デマ"が流布されたとしよう。有力企業が経営難に陥ることは信じがたく預金者は無視するかもしれないが、有力企業が突然に経営困難となるケースもあり（例えばアメリカの有力企業のエンロンやワールドコムなど）、預金者は動揺するかもしれない。預金者は情報生産を行わないため、融資先企業の投資プロジェクトが将来（$t=1$ 期末）どのような結果となるか正しく評価できない（デマであるか否かを判断できない）。

各預金者は現時点で不安を感じなければ（デマを無視すれば）預金を「まったく引き出さず」金利を稼ごうとする。しかし不安を感じれば（デマが本当かもしれず、嘘であっても他の預金者が信じるかもしれないと思えば）現時点で預金を「全額引き出す」。預金者の戦略は、預金を「まったく引き出さない」か「全額引き

出す」かの二者択一である（仮定）。

各預金者の利得（表5-1）を考えるが、最初に**預金者1の立場**に立とう。まず「**預金者2がDWを選んだ場合**」を考える。現時点で、(1) **自分**（＝預金者1）**が「W」を選べば**、自分への預金払戻（元利合計101）に銀行は手許現金（80）では不足し（21不足）、非流動資産を $t=1$ 期初に流動化しなければならない（銀行は他に資金調達方法がないと仮定）。非流動資産を流動化すれば40の価値となるため、それを用いて銀行は自分に101の預金を支払うことができる。その場合、銀行に残された資金は19（＝40−21）であり、$t=1$ 期初時点で債務超過に陥る。しかし預金者2が預金払戻要求をしないため（預金者がDWを選ぶ場合を考えているため）銀行は $t=1$ 期末まで存続する。

銀行は残された資金19を $t=1$ 期初に融資できず（他に融資案件がないと仮定）、$t=1$ 期末に銀行は預金者2に預金19を支払い解散する。割引率＝0（仮定）のため、預金者2の現在利得は19である。$t=1$ 期初で預金者1は、引き出した預金101を $t=1$ 期末まで「現金で保有」するため（資産運用機会が他にない）、現時点の利得は101である[15]。

「**預金者2がDWを選んだ場合**」、(2) **自分が「DW」を選べば**、有益な投資プロジェクトに融資された資金は増加し（預金者はその値まではわからないが）、$t=1$ 期末に預金の元利金102が支払われると預金者は考えている（仮定）。この場合自分がDWを選べば（$t=1$ 期末まで預金すれば）、現時点（$t=1$ 期初）の自分の利得は102である。当該融資で増加した価値のうち預金金利以外を、銀行と融資先企業とで事前の契約に基づき分け合うが、ここではその配分を不問に付す（すなわち貸出金利を不問に付す）。

次に「**預金者2がW**」**を選ぶ場合**を考えよう。(1) **自分がDWを選ぶと**、手許現金80と非流動資産を流動化した40の合計120のうち101は預金者2が獲得するため、自分には19しか残されない。また (2) **自分がWを選ぶと**、手許現金80と現時点で流動化した非流動資産40の合計120を2人の預金者で折半する（仮定）ため、自分の利得は60となる。上述の議論は預金者1と2を入れ替えても成り立ち、表5-1に示される。

預金者1の最適反応を考えると、預金者2がDWを選ぶならば自分はDWを選ぶのが最適である。そして預金者2がWを選ぶならば自分はWを選ぶの

が最適である。同様の議論が預金者2の最適反応にも成り立つ。このゲームの**ナッシュ均衡**は2つあり、(DW, DW) と (W, W) とである。表5-1では最適反応に対応する利得の下に線が引かれている[16]。

(DW, DW) のときの両者の利得は102ずつであるのに対し、(W, W) のときの両者の利得は60ずつである。このゲームの場合、(DW, DW) が**パレート最適**である。この例に依拠すれば、**サンスポット型銀行取り付けは非効率**であり、それを防ぐことは社会的に有益であることがわかる。

上述の例では、2人の預金者の静学ゲームを考えた。現実には疑心暗鬼に陥った多数の預金者が次々と預金を払い戻す連鎖が拡大していく（第6章補論Ⅱ参照）。銀行は流動資産やインターバンク借入を用いて預金払戻に対応する。しかしそれでも資金が不足すれば、銀行は非流動資産を流動化して預金者への支払に応じなければならない。

もし銀行が非流動資産を必要に応じてスムーズに流動化できれば、人々はそのスムーズな銀行の預金支払を見て、問題なく預金はいつでも引き出せると安心し、預金全額が枯渇する前に銀行取り付け騒ぎは沈静化するかもしれない。

しかし預金喪失の恐怖心から預金払戻に奔走した人々が、引き出した預金を速やかに当該銀行に再度預金するかどうかは不明である。もし取り付け騒ぎが沈静化した後に、引き出された預金が再び当該銀行に速やかに再度預金されなければ、当該銀行は預金規模が縮小した小規模銀行となる。したがって銀行は規模縮小に見合うべく、多くの支店の売却や多くの銀行員の解雇を速やかに断行しなければならない。支店売却や銀行員の解雇に手間取り、過剰設備・過剰人員を抱えれば銀行経営は悪化し、やがて経営難に至る。銀行経営者がリストラを即時に断行できないであろうと預金者が疑えば、銀行が非流動資産をスムーズに流動化できたとしても、やはり銀行取り付けは沈静化できず、銀行は倒産する運命にある。

根拠なき理由で銀行を倒産させることは非効率である。人々の不安が他の健全経営の銀行に飛び火し（仮定から小口預金者は情報生産しないためデマが他の銀行にも広がり）、金融パニックを惹起すれば、失われる経済損失は計りしれない[17]。

第3節 「情報掌握型」銀行取り付け

3.1 預金者の情報生産

　銀行取り付けは、預金者が銀行情報を持たないサンスポット型のみではない。理論上、「すべての預金者が銀行情報を生産する場合」の取り付けも生じ得る[18]。預金者が銀行情報を生産する場合、銀行経営が大きく"悪化すれば"銀行取り付けが生じることはいうまでもない。その場合、銀行取り付けは銀行の倒産時期を早める。

　預金者の誰もが銀行情報を生産せず、銀行が知らぬ間に多額の不良債権を抱えていたとしても、預金者の大多数が預金払戻をしなければ、そして監督官庁が検査しなければ、銀行は存続でき得る。しかし預金者が銀行情報を生産すれば、一斉に預金払戻に殺到する事態となり、その不健全経営銀行は即時に倒産する。その場合の銀行取り付けは、「預金の早期引き出しに費用がかからない」などの条件下で、効率性の観点から望ましいと考えられる。以下ではそのような効率的な銀行取り付けのケースに焦点を合わせ、考察しよう。

　預金者による銀行情報の生産の重要性を明確化するため、前述の「預金払戻ゲーム」を応用してみよう。預金者が情報生産しなければ、銀行経営者は窮地に陥った場合に一攫千金を狙い、企業のハイリスク・ハイリターン（HH）の投資プロジェクトに高金利で融資する誘因を持つ例を考える。その融資はリスクが高く預金者の利益に反する。預金者が現時点で銀行情報の生産を行えば貸出債権の大幅な不良化を知り、ただちに銀行取り付けが生じるため、銀行経営者は起死回生を狙う"賭け"（HHへの融資）に出る余地を失う。すなわち銀行経営者によるリスク・テイキング行動が、情報掌握型銀行取り付けで防がれる。以下でそのことを数値例で説明するが、煩瑣なため省略して **3.2** に進んでもよい。

　情報生産の費用を無視するが[19]、預金保険が存在しない点などは以前の例と同様である。銀行は $t=0$ 期初の預金総額の 200（2人の預金者から100ずつ）のうち 80 を手許現金で保有し、残りの 120 に資本 50 を加えた 170 を貸付（非流動資産）に回した。貸付は、$t=1$ 期末で 200（$t=0$ 期初の期待値が200）になる投資

プロジェクトに対して行われた。以上のことを預金者は「預金時点（$t=0$ 期初）」で理解したと仮定しよう。もし預金者が「現時点（$t=1$ 期初）で情報生産を行えば」、経済情勢の変化を受け「貸付の $t=1$ 期末での価値（期待値）」が 200 から 20 へ減価したことを理解できる（仮定）。「将来時点」での大幅な不良債権化（20 にまで減価）が判明すれば、「貸付の現時点（$t=1$ 期初）での流動化価値」は 40 であるため、現時点で預金を引き出す方が得策である。すなわち預金者が現時点で銀行情報を生産すれば現時点で銀行取り付けが発生し、銀行は倒産する。

預金した当初（$t=0$ 期初）の予想に反し、現時点（$t=1$ 期初）で失敗の可能性が濃厚となった投資プロジェクトを最後（$t=1$ 期末）まで実行せず、途中で中断（現時点で中断）した方が非流動資産の価値が高いケースがしばしばある[20]。銀行経営者は銀行株主の意向を受けて経営すると仮定し、これまで無視してきた銀行株主の行動にも注意を払おう[21]。その場合、銀行株主と銀行経営者を同一視できるが、それを以下で銀行と呼ぶことがある。

預金者による銀行の情報生産の意味を考えるため、預金者が「現時点で銀行情報の生産を行わない」場合、すなわち預金者が現時点で貸付の価値を当初（$t=0$ 期初）の 200 のままであると思っている場合を考え、比較しよう。預金者は現時点で情報を生産しない（仮定）ためデマに惑わされる可能性があるが、銀行に関するデマは流布されないと仮定する。

現時点（$t=1$ 期初）で株主が銀行を解散した場合（解散を監督官庁が認めた場合）、銀行株主の利得は 0 である。法律的には資産は預金者に払い戻すことが優先されるが、銀行は現時点で預金者に預金全額を払い戻せないため、残余請求権者である銀行株主に残される資金はない。同様に銀行経営者が現時点で"銀行情報を公開"をした場合、「銀行取り付け」が即時に起き、やはり銀行株主の利得は 0 となる。

また銀行株主が $t=1$ 期末まで「銀行解散もせず」「情報公開もせず（＝銀行取り付けが起きず）」「預金者が情報生産をしない」まま時間が $t=1$ 期末まで経過した場合、銀行株主の利得は同様に 0 である（その場合も預金を全額払い戻せない）。

ここで議論を拡張し、銀行経営者（＝銀行株主）が現時点で突然新たに一つの融資機会に遭遇したとするが、それは私的情報であり預金者は知らない。すな

わち預金者は現時点で銀行は融資機会を持たないと考えている。情報生産を行わない預金者1と2は「新たな融資機会が生じたことを知らず」、また「貸付の不良債権化も知らない」。したがって預金者の利得行列はサンスポット型の表5-1と同じであり、ナッシュ均衡は（W, W）と（DW, DW）である。（W, W）が実現した場合、現時点で銀行取り付けが起こるため、銀行が新たな融資機会に遭遇しても実行できず、前述のサンスポット型銀行取り付けと比べて何の変化もない。問題は（DW, DW）が実現した場合であり、そのケースに着目する。

銀行が現時点で突然遭遇した融資機会とは、ある企業のハイリスク・ハイリターンの投資プロジェクト（＝HH）への融資である。また金融監督官庁の検査が行われない（少なくとも当面は行われない）と仮定する。では、（DW, DW）の下で、銀行が現時点で保有する手許現金80をHHに高金利で融資した場合を考えよう。現時点（$t=1$期初）で手許現金80をHHに投資すれば、$t=1$期末に「0.01の確率で3000となり、0.99の確率で0となる（仮定）」が、銀行はそのHHに高金利で融資を行う誘因を持つ。

$t=0$期初に融資した「非流動性資産」の$t=1$期末における価値は、仮定より20である。「預金者1と2」は、$t=1$期末には預金の元利合計102をそれぞれ受け取れるはずであったが、上述の非流動資産は20に減価したため、その非流動資産からは1人につき10ずつしか支払ってもらえない。残りは「手許現金」からの支払である。$t=1$期初の手許現金の融資（仮定より$t=1$期初に預金者は情報生産せず手許現金が融資に回されることを知らない）により遂行されるHHが成功すれば、預金者は$t=1$期末に契約通り預金の元利合計の全額を支払ってもらえる（銀行は高金利融資の返済資金で契約通り預金を支払えると仮定）。すなわち「預金者1と2」は$t=1$期末で、0.01の確率（＝HHの成功確率）で102ずつ預金を受け取れる。しかし確率0.99でHHは失敗し融資資金は返済されず、各預金者は$t=1$期末に非流動資産20を折半して10ずつしか得られない。各預金者の期待利得（期待値）を計算すると（リスク中立）、$0.01 \times 102 + 0.99 \times 10 = 10.92$である（ただしHHへの融資機会を得たことは銀行の私的情報であり、預金者は利得10.92の計算はできない）。

もし「$t=1$期初に預金者が情報生産」をすれば「銀行取り付け」となり、銀

行は手許現金80を融資に回せず預金払戻に当てる（預金払戻が手許現金の融資に優先すると仮定する）ため、各預金者の「手許現金」の配分は1人当たり40となる。また「非流動資産」は $t=1$ 期初に流動化すれば40の価値であるため、預金者1人当たり20となる。したがって各預金者は現時点で情報生産すれば利得が60（＝40＋20）となり、情報生産しない場合の利得（10.92）よりも大きい。この例では、預金者は情報生産した方が利得が大きくなる。

では銀行株主（＝銀行経営者）はどのように行動するであろうか。もし $t=0$ 期初に融資した「非流動性資産」を $t=1$ 期初に流動化すれば、すなわち「融資先企業の投資プロジェクトを途中で中断」すれば、それはニュースとなり預金者に知れる。プロジェクトの情報生産は銀行しか行っていないため、世間は当該投資プロジェクトの失敗の可能性が濃厚になったこと（＝成功確率が $t=1$ 期初で大幅に減少したこと）を現時点で知らない。企業の投資は大きなものであれば経済ニュースとなるが、$t=0$ 期初で有望と思われていた投資を中断すれば、新聞などで報道され預金者は情報生産をしなくともそれを知る[22]。

預金者は、預金時点（$t=0$ 期初）で非流動資産が途中（$t=1$ 期初）で流動化されると預金全額を払い戻されないことを理解しており（仮定）、プロジェクト中断のニュースが報道された時点で銀行取り付けを起こす。その場合、各預金者は60ずつの利得を獲得し、銀行の利得は0となる。

では預金者が現時点で情報生産せず、銀行が非流動資産を流動化しないまま、手許現金を「HHに高金利で融資」したらどうであろうか。この場合、預金者は $t=0$ 期初の貸付の $t=1$ 期末での期待値が現時点で20に減価したことを知らず、また現時点で手許現金を融資に回す計画も知らない。問題は銀行株主の利得である。$t=1$ 期末に0.01の確率でHHが成功した場合、預金者に契約通り102ずつの預金を払い戻すことができ、銀行は高金利融資の下でプラスの利得 X（X は預金者への支払い後の値）を獲得できる。銀行の期待利得は $0.01X>0$ であるが、X の値は貸出金利に依存する（X は成功時収益を銀行と企業との間でどのように配分するかの交渉——融資契約——に依存するが、ここでは不問に付す）。

この例では、銀行は現時点で「非流動資産を流動化せずに続行」し、かつ「手許現金をリスクが高い融資案件に高金利で融資」する誘因を持つ。現時点で銀行は債務超過にあるが、預金者が気付かぬ以上、銀行は経営を続けリスク・テ

イキングな行動をとり、プラスの期待利得を獲得する誘因を持つ。それは預金者（プリンシパル）の利益に反するが、銀行（エージェント）にとって期待利得の最大化行動である。なぜならば、それ以外の行動をとれば銀行の利得は０となるからであり、銀行はモラルハザード誘因を持つ。

この例では、現時点での預金者の情報生産は有意味であり、「情報掌握型銀行取り付け」は預金者利益と合致する[23]。

すべての預金者が銀行情報を掌握していれば、不健全経営の銀行に取り付けが生じても、他の条件を一定にして経営が健全な他の銀行に取り付けは波及しない（そうでないケースについては次に論究する）。以上の議論は預金者の情報生産費用を無視していたが、それが無視できない大きさであれば、預金者は情報生産をしない可能性がある。したがって債務超過に陥っている銀行を監督官庁が監査し、営業停止命令を出す規制が必要となるが、それは**早期是正措置**（prompt corrective action）と呼ばれる[24]。

3.2　情報生産の限界

3.1で「情報掌握型銀行取り付け」が預金者利益に資する例を考察した。しかしそれが金融パニックを惹起しないかといえば、実はその限りではない。なぜならば預金者の将来予測に複雑な影響をもたらす経済の攪乱が金融パニックを引き起こす可能性を看過できないからである。その代表例は「経済環境の変化（技術革新を含む）」「政府・日銀の政策転換」「（国際）政治情勢」「自然災害」などである。

「経済環境の変化」とは、例えばニュースで「円高」が報じられると、預金者は情報生産により当該銀行の融資先企業の中で輸出産業の経営悪化を予測できる。しかし「正確な銀行情報」を生産していた預金者でも、次の経済情勢の展開を正しく予測できるとは限らない。その主な理由は、経済は複雑な**相互依存関係**にあり、その複雑さが将来の完全予見を困難なものにするからである[25]。

預金者は判断を"瞬時に"行わなければならない。銀行経営が悪化した時点で預金を払い戻すタイミングが遅れると、預金を失う可能性がある。経済分析の専門家が時間をかけて分析すれば当該銀行の経営に支障がないことが判明する場合に、銀行の情報生産を行っている預金者が瞬時にそれと同等の判断をで

きる保証はない。預金者は「与件の変化」で「経済が複雑化」することは理解できるため、その結果銀行経営が悪化することを恐れれば預金払戻に走り、銀行取り付けが引き起こされる可能性がある。

「技術革新」はグッド・ニュースであるが、人々はそれを事前に正確に予期できない。シュンペーターは"新結合"という言葉で技術革新を呼んだが、彼によれば新結合は連続的な動きではなく「非連続的な躍進」であるため予測が難しい（彼が好んだ例では駅馬車から蒸気機関車への躍進）。技術革新により勃興する企業もあれば、その影響で衰退する企業もあり、その関連業界も少なからず影響を受ける。預金者は予期せず生じた技術革新の経済への影響について瞬時に正しく予見できるとは限らない。その理由も経済が複雑な相互依存関係にあるからである。銀行情報を綿密に調べている預金者もその例外ではない。ゲーム理論分析の均衡では、預金を引き出す必要がない銀行からも預金が引き出され、それが他の預金者の判断に影響を与え、次々と銀行取り付けが発生する「金融パニック」の可能性を、「預金者による銀行情報の生産」を前提にしても排除できない。

「(国際)政治情勢」も経済の相互依存関係に作用を及ぼし、金融パニックを引き起こす可能性があり、「自然災害」も同様である。「急激なインフレ」が中央銀行の金融緩和政策により引き起こされると人々が予期すれば（日銀はハイパーインフレに対して非常に慎重であるが）、金融パニックが惹起され得る。預金者は急激なインフレで貨幣価値が低下していくと予想すれば預金を引き出し、その資金で外貨や金または財を買うなどの行動に一斉に出る可能性がある。

預金者が「正確に銀行情報を生産」をしても、様々な要因が人々の予想に影響を及ぼし「金融パニック」は生じ得る。銀行の情報を緻密に生産しており預金払戻が合理的ではないと判断できる有識者でさえ、他の預金者の反射的で軽率な行動を予測して預金払戻に走る可能性がある。そのメカニズムはバブルの膨張や破裂（第4章）と共通し、資本主義経済の不安定性の一因である。

第4節　金融パニック

　小口預金者は銀行情報の生産誘因を持たないため、預金先の銀行経営に疑念を抱けばサンスポット型銀行取り付けが生じ得る。その事態に至れば、別の銀行の小口預金者も情報生産をしていない以上"不安"を覚え、預金払戻に走る可能性がある。銀行情報を生産している大口預金者は、自分が預金を置く銀行の経営が健全であることを理解していても、小口預金者が付和雷同して預金払戻に殺到すると予測すれば、やはり預金引き出しに奔走する。疑心暗鬼に陥った預金者が、堰を切ったように多数の銀行から次々と預金を引き出していく負の連鎖は、**金融パニック**と呼ばれる[26]。

　ある銀行の倒産が契機となり、上述のように他の健全銀行までも倒産していく効果は**ドミノ効果**（domino effect）と呼ばれる。預金者が正確に銀行情報を生産しても、何らかの経済攪乱に遭遇すれば、金融パニックが誘発され得る。

　ある銀行の破綻が人々の予想に働きかけ、他の銀行に取り付けが波及するドミノ効果とは別に、**ネットワーク**を通じた負の連鎖が金融パニックを惹起する可能性がある。ある銀行が経営難となれば、**インターバンク市場**で他の銀行から借りた資金を返済できず、その資金を貸した別の銀行の経営に悪影響を及ぼす。

　インターバンク市場は金融機関の間で短期資金を融通する市場であり、すぐに資金を回収可能な市場である[27]。ところがある銀行の経営難で、すぐに回収できるはずのインターバンク市場での貸出資金が回収できなくなった銀行は、預金払戻に備え非流動資産を流動化して対応しなければならないかもしれない。非流動資産を流動化する事態となれば、資産価値を減価させ銀行経営を圧迫しかねない。そのような負の連鎖は、ドミノ効果とは区別され、**ネットワーク外部性**に依拠した構造上のものであるため**相関効果**（correlation effect）と呼ばれる[28]。

　貸出市場を通じた相関効果もある。ある銀行が破綻すれば、その銀行から融資を受けていた企業の資金調達に支障が出る。破綻銀行に代わり、他の銀行が運転資金などを当該企業に速やかに融資すれば問題はない。しかしその企業が

市場で名声を博していない場合、どの銀行も即座に融資を行う誘因を持たない（即座に当該企業の情報生産・蓄積を行えない）。その結果その企業が経営難に陥れば、当該企業に部品や原材料を供給していた関連企業の経営に負の連鎖が及び、さらにそれらの企業の下請け企業や、その企業の社債などを購入した企業などへ負の連鎖が及ぶ。そしてそれらの企業経営の悪化が、それらの企業の取引銀行の経営に負の影響を及ぼし得る。したがって銀行情報を生産している大口預金者がそれらの銀行から大口預金を引き出す可能性がある。またそれが小口預金者にも伝わり拍車をかけ得る。

上述のように当該企業への融資を躊躇すれば、その負の連鎖の悪影響が自身に及ぶと各銀行はわかっていても、その融資は他の銀行が行えばよいと考え（すべての銀行がそう考え）、当該融資が滞り、それが負の連鎖を惹起する可能性がある。各銀行の合理的（＝自分勝手）な行動が、非効率な結果（非効率なナッシュ均衡）を招くことが非協力ゲームの下で生じ得る。

また**銀行間の決済システム**（第1章）を通じても相関効果は生じ得る。「時点ネット決済方式」では銀行間決済を瞬時に行わずに一定期間後に行うため、経営破綻銀行の影響（決済資金不払いの影響）が他の銀行に及ぶ。なお相関効果（ネットワーク外部性）により生じるリスクは、**システミック・リスク**と呼ばれる。

インターバンク市場や決済システムのネットワークなどは、参加者が増えるほど経済効率を上げるネットワーク外部性が大きい。しかしそれが裏目に出ると、システミック・リスクを招く。それは瞬時にシステム全体に伝播する負の外部効果である。人々の不安の膨らみがドミノ効果として追い打ちをかければ、そしてさらに相関効果とドミノ効果が相互に絡み合えば、経済全体へのダメージは甚大となるため、その対策（第6章）が不可欠である。

補論　貨幣発行自由化論と銀行取り付け

サンスポット型銀行取り付けでは、預金者1が「預金引き出し戦略」を選ぶならば、預金者2も「預金引き出し戦略」を選ぶことが最適反応となる（逆も同様）。それはゲーム理論的には「**戦略的補完**（strategic complements）」と呼ばれる[29]。

預金者の最適反応を考えると、相手が「預金引き出し戦略」を選べば、銀行が潰れる前に自分も同時に「預金引き出し戦略」を選ぶことが最適である。そして相手が「預金を引き出さない戦略」を選ぶならば、安心して自分も「引き出さない戦略」を同時に選び、預金金利を稼ぐことが最適である。このように相手と同じ戦略をとることが最適（＝**戦略的補完**）となることが、悲劇のナッシュ均衡（W，W）「＝銀行取り付け」を生む元凶である。

　同一方向に動くことが最適反応であれば、人々が一斉に預金を引き出すという「銀行取り付け」を招き得る。そして不安に駆られた人々が様々な銀行から次々と預金引き下ろす「金融パニック」を惹起し得る。では同一方向に動くことが最適反応である人々の行動を変更し、「**戦略的代替**（strategic substitutes）」、すなわち「相手と逆の戦略をとる」ことが最適となる社会システムを構築する術はないのであろうか？

　相手が「多額の預金を引き出す」と、銀行の倒産確率が増加して危険なため、「自分は引き出す預金額を逆に減らす」というような、相手と逆行する行動をとる戦略（＝**戦略的代替**）が預金者にとって最適となることはないのであろうか？　しかし相手が多額の預金を引き出すならば、銀行が潰れる前に自分も多額の預金を引き出さなければ危険であるのだが……。

　今日の先進国では、銀行券（＝紙幣）の発行は中央銀行が独占している。歴史的に回顧すれば、多数の民間銀行が独自の銀行券をそれぞれ発行していた時代がある。近代においては、ノーベル経済学者F. A. ハイエクが著書『貨幣発行自由化論』(1976)の中で、各民間銀行に独自の銀行券を発行させる制度が、貨幣供給量安定化の観点から望ましいと提唱した。本補論において「貨幣発行自由化」が「銀行取り付け」に与える影響を考察し、ハイエクの論点とは異なるが、「戦略的代替」の可能性について考察しよう。

　各民間銀行が独自の銀行券を発行する場合、各銀行は通貨の単位と名称を決める。ハイエクの案では、その通貨1単位で「商品バスケット」を何単位購入できるかという、商品バスケット価格が公示される。「商品バスケット」とは、例えば特定された何種類かの商品により構成された商品セットのことである。その制度の下では、通貨を大量に発行すれば通貨価値が下がり、また銀行の財務内容（公表が義務化）が悪化してもやはり通貨価値は下がり、当該通貨1単位

で購入できる商品バスケットの数量は減少する。したがって、各銀行はそれぞれ通貨価値を高め、かつ通貨価値を安定化させることで競い合う（預金獲得競争）。貨幣発行自由化で市場原理が機能し、通貨供給量が安定化するとハイエクは考えたわけである[30]。

　ハイエクは複数の民間の発券銀行による自由競争で通貨価値を安定させることを考えたが、本補論では観点を変え、貨幣発行自由化が銀行取り付けに与える影響を分析しよう。ハイエクはサプライサイドに焦点を合わせるが、ここではデマンドサイドに注目する。モデルを単純化し、ある1つの民間の発券銀行に2人の預金者がいるケースを考える。預金保険も中央銀行も存在しない。銀行は建物を持っている（銀行の所有者が銀行の建物を所有している）が、その建物の価値を金で測ると「金2000オンス」の価値があり（仮定）、今考えている期間中は金の価値は変化せず（金の需給が不変）、建物の価値も変化せず（建物は劣化せずその需給も不変）、住民はその建物の価値を正しく知っている（仮定）。

　2人の住民が銀行に労働を提供した。その労働はそれぞれ金1000オンスの価値であった（労働市場で金1000オンスと交換に提供される労働）。銀行はその2人に労働の対価として銀行券を1000枚ずつ渡した（銀行券は1種類のみ）。2人は銀行券をすべてその銀行に預金したと仮定する（その時点で買いたい商品がなかった）。単純化のため預金金利を0とし、普通預金のみ存在すると仮定する。

　銀行はその2000枚の銀行券を安全な投資プロジェクトに融資した。1期後に確実に元金と利子が返済されるプロジェクトである（仮定）。銀行券は銀行が所有する建物の価値に裏付けられ、単なる紙ではなく貨幣として当該地域で流通し得る。その社会で商品（サービス）と交換可能であり、価値尺度を持ち一定期間保存可能な媒体は、貨幣として機能し得る（流通する貨幣は通貨と呼ばれる）。この場合現時点で銀行券を増発しなければ、銀行券1枚に金1オンスの価値がある。なぜならばもし現時点で銀行を解散すれば、銀行所有者は建物を金2000オンスで売却し、債権者である預金者に銀行券1枚に対し金1オンスを交換できるからである。ただしこの場合「不換紙幣」である。商品バスケット1つの価値が金1オンスとすると（商品バスケットの価値は不変であるとする）、銀行券 m 枚で商品バスケットを m 個買うことができ、購入者は効用 m を獲得できる。

銀行券価値は、銀行券に対する人々の"信認"に依存する。銀行券自体は紙でしかないが、「銀行券を商品と交換できると人々が考える通念」が信認である。現在の日本銀行券は不換紙幣であり金と交換することはできないが、財と交換できるという信認を日本国内では100％得ている。しかしその信認は、銀行が銀行券を増発すれば薄れていく。どのように薄れていくかは一概にいえないが、銀行券を増発すればするほど銀行券価値が下がっていくことは、戦後日本のハイパーインフレ期が物語っている。しかし銀行券発行枚数が2倍になった場合に、人々の信認が1/2に薄れ銀行券価値も1/2に落ちるというわけでは必ずしもない。その場合、銀行券1枚で商品バスケット8/10個と交換してもらえると人々が考えるか、6/10個としか交換してもらえないと考えるかは理論的に確定できないが、信認が薄れ商品バスケット1個よりは少なくなる[31]。銀行券の増発が少ない場合でも、もし信認が完全に崩れれば、銀行券価値は0となり財と交換してもらえない。銀行券増発による銀行券価値の減価具合は、その社会の通念などに依存する。

　ここではデマンドサイドに焦点を合わせ、銀行は銀行券を増発してそれを貸出に回さないと仮定する。後述するように、銀行券の増発は預金払戻に応えるためにのみ行う。銀行は銀行券の発行枚数を住民すべてに正確に公表する（法的義務）。住民は銀行券の価値を理解し、銀行券は住民の信認を得たとしよう（仮定）。すなわち当該銀行券はその社会で貨幣としての機能を有し、それで商品を買うことができる。

　銀行は2人の預金者からそれぞれ1000枚ずつ集めた銀行券を当該地域で融資し、期末までその銀行券は返済されない（貸出債権は流動化できず銀行は資金調達手段を持たない）。したがって、現時点で預金者が預金（銀行券）を引き出しに来れば、銀行は当人の預金額の範囲内で要求された分の銀行券を増刷して預金者に手渡すが、それは公開情報である。

　このゲームでは2人の預金者がプレーヤーであり、彼らは自分の預金額の中から自由に預金を引き出すことができるが、「現時点」で同時に引き出す金額（戦略変数）を決定する。過去に預金した2人の預金者は、現時点で購入したい商品（商品バスケット）が生じたため、預金を引き出して商品を購入し、効用（利得）を得られる。

現在時点のゲーム（静学ゲーム）のため、まったく預金を引き出さなければ効用が0である。商品は現在欲しいのであり、将来は欲しくないと仮定する（あるいは時間選好率が非常に大きいと仮定する）。

預金者は預金を持つこと自体に効用がなく、商品を消費することで効用を得る。預金者は現時点で預金を引き出し商品を購入して効用を得られるが、銀行券増発による減価で購入できる商品数が減少することを同時に考えなければならない。

預金者1の預金引き出し銀行券枚数をXとするが、抽象化してXを連続変数（非負の実数）とし、預金者2の預金引き出し銀行券枚数をY（非負の実数）とし、両者の和をZとする（$Z=X+Y$）。$0 \leq X, Y \leq 1000$である。「Zは新たに銀行が増刷する銀行券枚数」であるが、預金者の払戻要求が増えればZが増え、銀行は銀行券を増刷して預金支払に当てる（その費用は無視する）。Zが増加するに従い、銀行券価値は低下する。

$Z=0$の場合、すなわち預金払戻が0の場合、1枚の銀行券価値は1である（＝商品バスケット1個の価値）。Zが大きくなり銀行券発行総数が増えるほど、銀行券価値は低下していく。銀行券発行枚数が非常に多くなりsとなれば、誰も銀行券と財とを交換しようとしなくなる。ただし、sはその社会で誰も銀行券と財とを交換しようと思わなくなる銀行券発行枚数（有限の値）であり、sはその社会の通念に依存するが、$s \geq 4000$を仮定する。

銀行券発行総数をNとし、銀行券1枚の価値Vとの関係が図5-3に示され

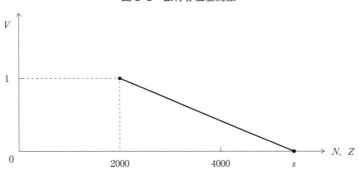

図5-3　銀行券価値関数

ている。Vは「1枚の銀行券」が「V個の商品バスケット」と交換可能であることを意味している。

図5-3に「銀行券発行総数N」と「銀行券価値V」の関係が描かれている。その両者の関係は当初2人の預金者に発行した2000枚から実線で描かれ、価値を失うsまで右下がりに描かれており、$N=2000$のとき$V=1$であり、$N=s$のとき$V=0$である。また単純化し、「Nの増加に従いVは直線的に減価していく」と仮定する。

Vと「2人の預金者の預金払戻に対応した銀行券新規発行枚数Z」との関係は、仮定より1次関数であり、それが次の①に表される。図5-3の右下がりの線分の両端の座標がわかるため、それを通る直線の方程式が求められ、①となる。ただし、$Z=0$（＝預金払戻がゼロ）のとき$N=2000$であり、$Z≦2000$である。Z（新たな銀行券増刷枚数）は図5-3の横軸Nの部分集合であり、$N=2000$と$N=4000$の区間で定義される。

$$V=[-Z/(s-2000)]+[s/(s-2000)] \quad \cdots\cdots ①$$

預金者1、2の利得関数U_1とU_2を次の②、③のように「銀行券価値×枚数」と定義する。

$$U_1=V \cdot X \quad \cdots\cdots ②$$
$$U_2=V \cdot Y \quad \cdots\cdots ③$$

上の②と③に、①と$Z=X+Y$を代入した上で、預金者1、2の反応関数を求める。反応関数はそれぞれ、$\partial U_1/\partial X=0$, $\partial U_2/\partial Y=0$であるため、次の③、④を得る。

$$X=(s/2)-(Y/2) \quad \cdots\cdots ③$$
$$Y=(s/2)-(X/2) \quad \cdots\cdots ④$$

預金者1の反応関数③が図5-4に描かれているが、反応関数が「右下がり」になっており、**戦略的代替**であることが注目点である。

戦略的代替とは、相手と逆行する行動をとることが最適であることを表す。相手が預金を多く引き出すと、それに応じて自分が保有する銀行券の価値が下がる。自分まで多く引き出せば、さらに銀行券価値が下がり、手持ちの銀行券は紙屑に近づく。それを防ぐためには、相手が預金を"多く"引き出せば、それに対応して自分は"少なく"預金を引き出し、銀行券価値をある程度の水準

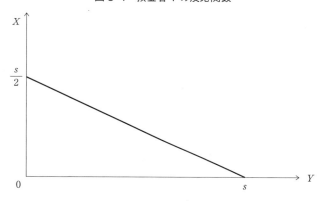

図5-4 預金者1の反応関数

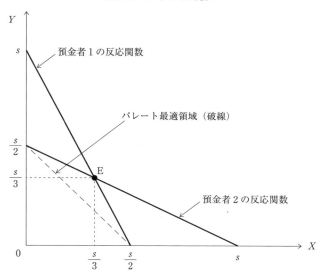

図5-5 ナッシュ均衡 E

に保つことが最適となる(そうしなければ銀行券で商品をほとんど買えなくなる)。

銀行券自体は紙であるため、それでどれだけ多くの商品(この場合は商品バスケット)と交換できるのかが問題となる。すなわち貨幣価値を保つことが重要である。そのためには相手が多く預金を引き出し貨幣価値を下げるならば、そ

第5章 銀行取り付けと金融パニック 273

れに追い打ちをかけるように自分も多くの預金を引き出し、さらに貨幣価値を下げることは自分にとって最適ではない。

図5-5に預金者1と2の反応関数③、④が描かれている（縦軸に Y を測っていることに注意）。反応関数③と④の交点がナッシュ均衡（図5-5のE点）である。ナッシュ均衡を求めると、$X=s/3$, $Y=s/3$ となる。

ここでE点がパレート最適領域（図5-3の破線）の上方にあることに注意を要する。両預金者からなる社会を考えると、両預金者とも社会的に最も効率的な預金引き出し水準よりも多くの預金を、ナッシュ均衡（E点）で引き出すことになるが、その分だけ銀行券価値を下げてしまう。

各預金者とも多く銀行券を引き出して多くの商品を買いたい欲望があり、預金引き出しの自制は相手がすればよく、自分は多く商品を購入して大きな効用を得たいと2人とも思うため、均衡においてパレート最適水準よりも多くの預金が引き出される。

なおパレート最適な領域は、U_1+U_2 を最大にする Z（$=X+Y$）に該当する。その1階の条件、$d(U_1+U_2)/dZ=0$ を計算すれば、パレート最適領域 $Z=X+Y=s/2$ が求まる（図5-5の破線）。ナッシュ均衡における X と Y の合計は、$2s/3$ であるため、パレート最適水準 $s/2$ よりも大きいことがわかる。

このモデルから、銀行が預金支払を停止する「支払停止措置」（第6章参照）が正当化され、かつその発動タイミング（本モデルでは引き出し預金額）が定まる。すなわち2人の預金者の預金引き出し銀行券枚数が合計で $s/2$ となった段階で預金支払を停止すれば、パレート最適性が確保できる[32]。

【注】

(1) 預金者が銀行情報を持たない場合（非対称情報）、デマなどで銀行取り付けが生じ得るが、それが他の銀行に伝播する外部不経済効果も生じ得る。非対称情報や外部効果などは市場の失敗を招き、経済効率を損なう問題を生じさせ得る。またバブル発生・崩壊が金融危機を招くことは、日本のバブル崩壊後の1990年代（平成不況期）の金融機関の経営破綻や、アメリカの2007～2009年の金融危機（リーマン・ショック）が雄弁に物語っている。それらは金融当局の金融政策の失敗、すなわちバブル発生（金融緩和）やバブル崩壊（金融引き締め）に関する金融政策の失敗、および金融機関への規制の失敗であ

ると考えられる。なお金融恐慌の歴史に関して、下掲文献を参照のこと。

Kindleberger, C. P. (1978) *Manias, Panics, and Crashes: A History of Financial Crises*, Macmillan.（キンドルバーガー、P. C.〔2004〕『熱狂、恐慌、崩壊　金融危機の歴史〔原著第4版〕』〔吉野俊彦・八木甫訳〕日本経済新聞社）

(2) 無人島の浜で魚を手づかみで捕ると、1日中働いて1匹しか捕れない。そこで魚の捕獲を「1日」中止して網を作れば、翌日から"1日に3匹"の魚を網で捕れるようになる。この「網を作る」作業（投資）が迂回生産であり、回り道（迂回）により経済効率を高め得る。さらに魚の捕獲を「3日間」中断し、より立派な網を作れば"1時間で3匹"の魚を捕獲でき、余った時間で他のことができる。このように迂回生産による投資は収益性が高いが、収益を得るまでに時間を要する。したがって銀行が期間変換機能により資金を長期的に供給すれば経済効率を改善できる点は長所である。しかし本章で考察する通り、長期的に融資した資金を短期間で回収しなければならない事態に銀行が突然陥った場合、効率的で迅速な回収が困難であるため、銀行取り付けや金融パニックを引き起こす短所を持つ。

(3) 人々は保有資金の一部の余剰資金を、満期が長く収益率が高い金融商品で保有するが、残りを現金や普通預金などで保有する。なぜならば人々は自分の好みがどう変化するか（効用関数の変化）、自分が遭遇する状況がどのように変化するか（不確実性）を事前に知り得ないため、一定水準の流動性（現金・普通預金など）を確保しておきたいからである。衣服や車の好みが急に変化し、買い換えたいと思うかもしれない。怪我で入院費が突然必要となるかもしれない。2014年8月17日の日本経済新聞によると、日本の家計が保有する金融資産は同年3月末で1630兆円であり、その53%に該当する864兆円が現金と預金で保有されている。なお定期預金は中途解約可能である。

(4) 下掲文献で、(A) funding liquidity と、(B) market liquidity とが考察されている。(A) は「資金調達」の容易さを表し、(B) は「資産売却」の容易さを表す。次にわれわれは (B)、すなわち銀行が保有する資産をいかに素早く投げ売り価格でなく妥当な価格で売却し、流動性を確保できるか否かを考察する。なお (A) は、銀行のインターバンク市場からの資金調達や劣後債発行などでの資金調達を意味するが、その実行は銀行経営の逼迫時には金額が多額となるため困難を伴う。

Brunnermeier, M. K. (2009) "Deciphering the Liquidity and Credit Crunch 2007-2008," *Journal of Economic Perspectives*, 23, pp. 77-100.

(5) 銀行が返済期日前に資金返済を企業に求め、企業がそれに応じるならば企業は建設途中の工場などを売却しなければならない。そのような銀行の性急な要求に企業が応じるケースは、工場建設途中で景気が悪化した場合や、当該業界特有の負のショックに突然遭遇した場合などである（例えば鶏肉業界における突然の鳥インフルエンザ流行など）。そのようなケースでは、その建設

途中の工場を一番需要する（その工場が適合する）同業他社の需要が落ち込むため、工場は安値でしか売れない。したがって返済額を減少させた再契約となり得るが、その論点に関して下掲論文をも参照のこと。ところで銀行は株式など有価証券を保有しているが、急に資金が必要となれば、それらを投げ売ることになる。その時点の相場で株価などが下落していれば（また大量に売れば値崩れで）、大きなキャピタル・ロスとなる。銀行がメイン融資先企業の株式を売却すれば、メインバンク関係の希薄化を招き得るが、経営逼迫時の銀行はそれを考慮する余裕がない。株式売却でメインバンク関係が希薄化し、企業統治の不備を招く（＝企業倒産確率の上昇）と人々が危惧すれば、銀行取り付けに発展しかねない。

Shleifer, A. and R. W. Vishney (1992) "Liquidation Values and Debt Capacity: A Market Equilibrium Approach," *Journal of Finance*, 47, pp. 1343-1366.

(6) 銀行Bは証券化の発起人であるためオリジネーターと呼ばれる。証券化にはオリジネーターやサービサー以外にも多数の主体が関与する。アレンジャーと呼ばれる主体は、SPVが発行する新しい証券のキャッシュ・フローやリスクの組み替え構造を立案し、証券発行や引受・販売の提案などを行うが、主に証券会社（投資銀行）が担当する。またアンダーライターと呼ばれる主体も参加し、証券化商品を受け入れ販売するが、それはアレンジャーと同一主体である場合が多い。また投資家への元利金支払に関して信用補完を行う主体も参加する。

(7) 銀行Bが企業Fに他の銀行B′から融資を受けさせ、その資金を銀行Bに即時に返済させ、銀行Bの預金流出に対応する方法（借り換え）も難しい。大企業でない企業情報を銀行B′が銀行Bほど蓄積できていない場合は、銀行B′は融資に即座には応じない（情報生産に時間を要する）。また銀行Bの収益が低い店舗などを他の経済主体に「営業譲渡」して、リストラを図ることもできる。その売却益を銀行Bは預金支払に回すことで銀行取り付けを沈静化させることも可能であるが、それを瞬時に行うことも困難である。

(8) 注意すべき点は、証券化において銀行Bはメインバンクの役割の一部しか果たさない点である。証券化において、メインバンク関係におけるメインバンクの役割は、銀行B（オリジネーター）に加え、サービサーやアレンジャー（注6参照）など複数の主体が束となり果たす。上述の複数の主体を束として捉えると、その束がメインバンクの役割を果たし、投資家を巻き込み企業への資金供給を円滑化する。メインバンク関係が希薄となった場合、カウベル効果も弱まる。しかし束となった金融プロ集団は、証券化商品が不良化して自身の評判を毀損しないように、それぞれの専門性を発揮し（専門特化の効率性を発揮し）、かつ協力して情報共有のシナジー効果を発揮し、メインバンク関係におけるメインバンクの役割を代替する。なお証券化は保険業にも及び、自

然災害保険契約を証券化したCATボンド（catastrophe bond）も存在するが、それは資本市場の資力を保険市場に導入する工夫である。同様にメインバンク関係による資金供給の限界を克服するために、銀行の情報生産などの機能を活かしつつ資本市場の資力を企業に注ぐ仕組みが、本文で述べた証券化であると解釈できる。

(9) 日本の場合、預金保険で保護される預金は1000万円以下であるため、それを超える金額の預金は大口と呼ぶことができよう。小口預金の厳密な定義はないが、少なくとも1000万円未満であり、一般常識では数十万円以下を意味するであろうと思われる。

(10) サンスポット型銀行取り付けの理論分析に関して、下掲文献が代表的であるが、第1章（注2）の酒井・前多（2003）でその理論的解説が行われている。Diamond, D. W. and P. H. Dybvig (1983) "Bank Runs, Deposit Insurance, and Liquidity," *Journal of Political Economy*, 91 (3), pp. 401-419.

(11) 人は「今期の消費からの効用」と「来期の同じ消費からの効用」とでは前者の方が大きいと感じる傾向にあるが、ここでは簡単化のためそれが同じであると仮定する（時間選好率が0）。また投資収益を考える場合には、その「投資機会」の他に銀行預金など「安全資産での運用機会」があると考える。預金金利を r（一定）とすると（$r=0.01$ の場合は1％の金利）、投資により1期後に得られる収益（期待収益）X は $(1+r)$ で割り現在価値に直すことができ、2期後に得られる収益 Y は $(1+r)$ の2乗で割って現在価値に直すことができる（以下同様）。すなわち投資収益が銀行に預金することに比べてどれだけ増えるかを、銀行預金との比較において相対的に考えるわけである。しかし本書モデルでは銀行預金しか運用機会がないため、現金Aをそのまま保有するか、Aを預金して金利を稼ぐしかなく、銀行預金と比較する他の運用機会がない。換言すれば銀行預金を「現金での保有」と比較することになる。したがって $t=1$ 期末の預金の割引現在価値を考える場合、その割引率を0（＝現金で保有の利益）と仮定する。また本書モデルではインフレ率（デフレ率）も0であると仮定する。

(12) 現時点で銀行は預金金利に該当する分「利益」が減り、その分「資本」が減る。「バランスシート」がストック概念であるのに対し、「損益計算書」はフロー概念である。「損益計算書」は「貸方」と「借方」とから成り、両者は総額において等しい。銀行の「損益計算書」を簡略化して示せば、「貸方」が「貸出金利受け取り・手数料」であり、「借方」が「預金金利支払・手数料」、「業務費用（＝0）」「償却（＝0）」「貸倒引当金（＝0）」「利益」である。本文の例では $t=0$ 期初から $t=1$ 期初（$t=0$ 期末）の間に企業から銀行に貸出金利などが払われない。したがって $t=1$ 期初の「貸方」は0である。しかしこの間の時間経過で預金金利は生み出される。したがって $t=1$ 期初における「借方」において、「預金金利支払」が発生した分と等しい金額の「利益」が減少する。

そして利益（フロー）減少の集積として資本（ストック）が減少する。すなわち本文の例では、現時点で預金金利の分だけ資本が減少する。

(13) 2人の預金者は余剰資金を預金したが、銀行は余剰資金であることを知らない（情報の非対称性）ため、銀行は $t=1$ 期初で預金の一部が引き出される可能性を配慮して手許現金を用意した。しかし銀行がうまく工夫し、預金者の「隠された情報（余剰資金か否か）」の一部を引き出せる可能性がある（第2章参照）。銀行は定期預金を導入し、2期間預金すれば金利が高くなるが、途中解約すれば金利が非常に低くなる仕組みを導入すればよい。その場合、預金者は余剰資金の一部を定期預金にするが、銀行取り付けの可能性を考える（銀行取り付けの予想確率に依存させて余剰資金の一定割合を定期預金にする）。預金保険で守られない以上、上述の定期預金は、リターンが高いがリスクが普通預金よりも高い金融商品となる。なお本モデルでは、普通預金のみを考える。

(14) 情報を生産しない預金者は「将来に関する情報」、例えば将来収益の値（200）を知り得ない。ただし預金者は当該有力企業の投資プロジェクトは確実に成功し、融資資金（貸出金利を含む）が銀行に返済されると考えている（仮定）。また預金者は建設途中の企業の工場を「現在」流動化する場合の「現在相場」を知ることができると仮定しているが、それは情報を生産しなくとも「現在」に関する情報を現在のビジネス活動で知り得ると考えられるためである。「現在」の銀行の公表財務データも、預金者は同様に知ることができると本文の例では考えている。なお現在の情報を預金者が知るという仮定は強い仮定であり、通常は現在の情報も費用をかけて生産しなければ知ることができないが、ここでは簡単化する。あるいは一般的に、現在の情報よりも将来の情報の方が生産費用が高いが、現在の情報の生産費用を基準化して0で測っていると考える。また将来の情報を生産しないという仮定は、その費用（機会費用）が預金者にとって非常に高いことを意味する。

(15) $t=1$ 期初で監督官庁の監査が入れば営業停止命令が出され、その時点で銀行は倒産する。その場合、利得行列は同じであり、DWを選択した預金者2に対して $t=1$ 期初に銀行は預金19を支払い倒産するが、ここでは監督官庁の監査を捨象する。またその場合、銀行株主（残余請求権者）も資本を失うが、銀行株主については第3節で考察し、監督官庁については早期是正措置の箇所で考察する。なお、ここでは預金保険（第6章）を考えていない。

(16) （DW, DW）と（W, W）の戦略の組がナッシュ均衡であることは次のようにわかる。まず（DW, DW）であるが、預金者1の立場に立つと、預金者2の戦略DWをそのままに保ち、預金者1は戦略をDWからWに変更する誘因がない（102から101へ利得が減少する）。同様のことは預金者2に立場を入れ替えても成り立つ。また（W, W）であるが、預金者1の立場に立つと、預金者2の戦略Wをそのままに保ち、預金者1は戦略をWからDWに変更する誘因がない（60から19へ利得が減少する）。同様のことは預金者2につ

いても成立する。すなわち（DW, DW）と（W, W）は、両プレーヤーとも相手の戦略を所与として自分が他の戦略に変更する誘因がないが、それが静学ゲームのナッシュ均衡の定義である。それ以外の戦略の組（D, DW）と（DW, W）については、相手の戦略を所与にして自分の戦略を他に変更する誘因があるためナッシュ均衡ではない。すなわちナッシュ均衡は、各プレーヤーが同時に最適反応を選んだ場合の戦略の組である。なお、1994年にJ. ナッシュは、ゲーム理論の研究に対する功績でノーベル経済学賞の栄光に輝いた。しかし皮肉にも彼の豊かな才能は、彼に数奇な運命を辿らせることになったが、その模様は映画「ビューティフル・マインド」に描かれている。ゲーム理論のテキストは多数あるが、例えば下掲文献を参照のこと。

Romp, G. (1997) *Game Theory: Introduction and Application*, Oxford Univ. Press.（ロンプ, G.〔2011〕『ゲーム理論とその経済学への応用』〔福住多一訳〕シーエービー出版）

(17) サンスポット型銀行取り付けの主要因は、多くの割合を占める小口預金者が銀行情報の生産を行わないことである。しかし銀行取り付けの口火を大口預金者が切る場合がある。大口預金者は情報生産をするため、銀行経営悪化の情報を入手すれば預金を引き出すことは当然である。しかしそれ以外の場合もある。例えば海外経済情勢に懸念材料があり、それが日本に波及する可能性がある場合、それが実際波及しても当該銀行経営に問題がないことを大口預金者は情報生産でわかったとする。しかし海外経済情勢が報道されれば、小口預金者がパニックに陥り預金払戻に走ることが予期できる。そこで情報生産で海外経済情勢を早期に知った大口預金者は、小口預金者がパニックになる前に大口預金を引き出す可能性がある。そしてその大口預金者の行動が口火となり、小口預金者の預金払戻行動が誘発され、銀行取り付けに発展する可能性もある。ゲーテは『格言と反省』の中で、「多数というものよりしゃくにさわるものはない。なぜなら、多数を構成しているものは、少数の有力な先進者のほかには、大勢順応のならず者と、同化される弱者と、自分の欲するところさえ全然わからないでくっついて来る大衆とであるから」と述べている（『ゲーテ格言集』〔高橋健二編訳〕新潮文庫〔1952〕所収、p. 140）。ここでいう「先進者」を情報生産を行う大口預金者と解釈し、その他の者を情報生産を怠る多数の小口預金者と解釈すれば、ゲーテの格言は銀行取り付けの本質の一面を物語っている。またそれは同時にバブル膨張（株買いに奔走）やバブル破裂（株売りに狂騒）の本性をも洞察している。

(18) 情報掌握型銀行取り付けの研究に関して下掲文献を参照のこと。文献〔1〕では預金者に理解可能なマクロショックを導入し、預金の早期引き出しに費用がかかる場合とそうでない場合とに分類して分析を行っている。そして情報掌握型銀行取り付けは、前者の場合は効率的であるが、後者の場合は効率的でないという分析結果などを得ている。文献〔2〕では、アメリカで預金保

険が存在しなかった時代に関し、情報掌握型銀行取り付けが銀行統治に有益であったことが述べられている。

[1] Allen, F. and D. Gale (1988) "Optimal Financial Crises," *Journal of Finance*, 53, pp. 1245-1284.

[2] Bhattacharya, S., A. W. A. Boot, and A. V. Thakor (1998) "The Economics of Bank Regulation," *Journal of Money, Credit, and Banking*, 30, pp. 745-770.

(19) 預金者の銀行情報の生産費用を無視するということは、換言すれば銀行情報をその「銀行」（または「公的機関」）が生産し、無料で正しく公開する状況を考えることに該当する。厳密には銀行の情報生産・開示費用の一部を預金金利の低下として預金者が負担する可能性がある。公的機関がその費用を負担する場合には、納税者にその負担が及ぶ場合（増税）と、公共財供給減少として非納税者を含む国民全体に及ぶ場合がある。なお銀行自身が銀行の情報生産・公開する方策については次章で論じるが、その場合でも預金者は銀行情報をチェックする手間（機会費用）を要する。

(20) プロジェクトの失敗が濃厚となった段階で非流動資産を流動化した場合の資産価値の方が、最後までプロジェクトを遂行した場合の資産価値よりも高くなるケースの典型は不況が深刻化していく局面で生じる。なぜならば時間が経てば非流動資産需要がますます落ち込み、価格の下落に歯止めがかからないためである。また好況局面でも、工場設備などを完成させるよりも、その前の基礎工事段階の方が転用機会が増え（需要が増え）、高値で流動化し得る（転用不能であれば破壊して更地にする費用がかかる）。

(21) 銀行経営者は銀行株主の意向に従い銀行経営を行う（そうでなければ株主総会で更迭される）と仮定する。後述する通り、「銀行株主」は非流動資産を現時点で流動化させない誘因を持つ。また「銀行経営者」にとっても、現時点で非流動資産を流動化して銀行を清算しない方が好ましい。本モデルでは無視しているが、現実には経営者は多期間にわたり経営に従事することで役員報酬などを多期間分得られるからである。なお法律違反がない限り、事業に失敗しても経営者は「有限責任制」で守られる（個人財産を没収されない）。

(22) 投資プロジェクトの中断は、それが大規模な場合、経済ニュースで報道され得る（例えばショッピング・モール建設の中断など）。ところが銀行がハイリスク・ハイリターンの投資プロジェクトに融資しても、そのすべてが報道されるわけではない。ニュースとして報道価値がある事柄でなければ逐一報道はされない。企業全体の遂行プロジェクト数が非常に多いためである。すなわち融資に関する情報は、銀行行動を調べなければわからない。本書の例では、$t=1$期初での手許現金を用いた融資額は80であったが、それが他の融資と比べ小規模であれば報道されない（融資額80の融資は報道されないと仮定する）。それに対して$t=0$期初の貸付120により遂行されている投資プロジェクトの

"現時点での中断"は報道されると仮定する。なお、本モデルでは「格付け機関」を無視している。格付け機関が銀行情報を生産すれば、非効率的な融資が明らかとなった現時点で「銀行格付け」が低下し、預金者による銀行取り付けが生じる可能性がある。ただし「格付け」は、財務情報公開の義務により、銀行が格付け機関に手数料を払い「定期的」に行われるが、現時点で格付け機関が調査するとは限らない。

(23) 日本ではバブル崩壊後（1990年代初頭）に経営難に陥った銀行が起死回生を狙いリスク・テイキングな行動をとった実例がある。アメリカにおいても1980年代初頭、多額の不良債権を抱えたＳ＆Ｌ（貯蓄貸付組合）が起死回生のギャンブルを行い、多額の資金を浪費したことが知られている。Ｓ＆Ｌの問題については下掲の文献を参照のこと。

White, L. (1991) *The S & L Debacle, Public Policy for Bank and Thrift Regulation*, Oxford Univ. Press.

(24) 「早期是正措置」はセーフティー・ネットの一環であり、監督官庁（現在の金融庁）が経営危機に陥った金融機関に対し、その経営状況に合わせ「業務改善指示」を出す、または「営業停止命令」を発令する客観的基準を設定した上で金融機関の検査を行うものである。日本では、早期是正措置が1998年4月に導入された（アメリカでは1992年に導入された）。ところで預金払戻は銀行窓口への到着順であり、遅れて到着した人は預金を引き出せない可能性がある。銀行情報の生産を怠り到着が遅れた預金者は、その結果に対し責任があるといえるかもしれない。しかし他の理由（仕事など）で到着が遅れ預金を失うことを、自己責任とは言いがたい。すなわち情報掌握型銀行取り付けは、「効率性の観点」からは望ましい場合であっても、「公平性の観点」からも望ましいとまでは必ずしもいえない。

(25) 例えば天候不順の予想は、大豆・小麦の先物取引を行う投機家の行動に影響を与え、投機家の行動変化を予測した食品会社の生産に影響を与え（大豆・小麦の価格変動の予測）、それを予測した外食産業に影響を与え、それを予測した外食産業に融資する銀行の行動に影響を与え、その銀行の融資額（資金供給）の変化が金融市場金利に与える影響を予測する投資家・投機家の行動や企業の設備投資計画に影響を与え……、という複雑な連鎖関係にある。各経済主体は相互依存関係にあり、与件の変化が均衡をどのように変化させるかを予測しなければならない。銀行の情報生産を行っている預金者でも均衡の変化を正確に予測できる保証はなく、銀行経営が将来どうなるかを正確に予見できるとは限らない。

(26) ディズニー映画の名作ミュージカル「メリー・ポピンズ」（原作名は「メアリー・ポピンズ」）について多くを語る必要はないであろう。子供たちが父親の職場である銀行を見学に行った際、老人（銀行会長）が子供たちにお小遣いを預金するようにいった。預金したくない子供たちは老人との言い合いの末に、"こ

の銀行はお金を返してくれない"と叫んだ。驚いた人々は預金払戻に殺到し、取り付け騒ぎとなる。お金（仕事）よりも愛情が大切であることの象徴として作品では銀行取り付けが表現されていると思われるが、女優ジュリー・アンドリュース扮する魔法使いメリー・ポピンズが活躍する架空の話である。しかし現実でも、世界大恐慌における経済停滞を深刻化させた主要因は銀行取り付けとその連鎖による金融パニックの発生である。日本においても数々の事例があり、1927年の「昭和金融恐慌」以外にも有名なものがある。1923年の関東地方に発生した大震災は銀行経営を逼迫させたため、日銀が救済措置を講じ事態の沈静化に努めた。しかし1927年3月の衆議院予算総会で片岡蔵相が"東京渡辺銀行が破綻した"と発言したため、その翌日に東京渡辺銀行とその姉妹銀行に預金者が預金払戻に殺到し、休業に追い込まれた。人々は動揺し、他の銀行からも次々と預金を引き出し、多数の銀行が休業に追い込まれた。また1973年12月に愛知県の豊川信用金庫で起きた銀行取り付けは、女子高生の"豊川信金は危ない"という根拠のない噂話により生じた。

(27)「インターバンク市場」は、コール市場、手形市場、ドル・コール市場などから成り、短期金融市場のうち参加者が金融機関に限られる市場である。銀行は予想よりも預金払戻が多いときにはインターバンク市場から資金を借り、翌日には返済する（オーバーナイト物）こともできる。逆に預金払戻が予想より少ない場合にはインターバンク市場で余った資金を運用し、翌日に返済してもらい預金払戻に備えることもできる。半日の貸借も可能であり（半日物から1年物まである）、便利である。日銀は金利誘導目的（金融政策）でインターバンク市場に介入する。

(28)「ドミノ効果」とは、一つの銀行の経営破綻で銀行システム全体の「信頼性」が損なわれ、他の銀行にまで不信の烽火が飛び火することであるが、下掲文献を参照のこと。それに対して「相関効果」は、複数の銀行がインターバンク市場や決済システムなどのネットワークで繋がっていることから影響が伝播する構造上の問題（ネットワーク外部性）であり、人々が正確な銀行情報を持っていても回避できない問題である。

Jacob, P. (1988) "The Domino Effect and the Supervision of the Banking System," *The Journal of Finance*, 43, pp. 1207-1218.

(29) 製品差別化された財の寡占市場で企業が価格競争（ベルトラン競争）を行う場合も「戦略的補完」となる。ライバル企業が値上げするならば、自社も便乗して値上げをして儲けるのが最適である。自社の値上げで顧客は他社に逃げようとしても他社も値上げしている。自社の差別化された製品（他社とほぼ同一であるがデザインなどが多少異なる商品）を、自社製品のファンである顧客はある程度値上げしても一定程度は買うため、他社に便乗して値上げすれば儲かる。「戦略的代替」として有名なものに「クールノー競争（生産量競争）」や、「共有地の悲劇ゲーム」がある。戦略変数が連続の場合、「戦略的

補完では反応関数が右上がり」となり、「戦略的代替では反応関数が右下がり」となる。下掲文献をも参照のこと。

Bulow, J. I., J. D. Geanakoplos, and P. D. Klemperer (1985) "Multimarket Oligopoly: Strategic Substitutes and Complements," *Journal Political Economy*, 93, pp. 488-511.

(30) ハイエクは、銀行間の競争の結果、通貨として市場に生き残る銀行券は数種類に限られると考えた。しかし数種類であれ、異なる銀行券が流通することは煩瑣であり、取引費用を要する。商店主はすべての商品に各通貨ごとの価格を掲示しなければならない。ハイエクはオーストリア・シリングとドイツ・マルクが同時に流通する町で暮らした経験から、その取引費用は小さいと考えた。

(31) ここでは貨幣数量説の成立を考えていない。換言すれば「貨幣の所得速度（velocity of money）」が一定でない場合を想定している。

(32) 本モデルにおいて同質的な M 人の預金者を考え、対称性を用いて M 人ゲームのナッシュ均衡を求めてみよう。すべての預金者の引き下ろし銀行券枚数はナッシュ均衡において等しくなるがそれを Q で表すと、$Q=s/(M+1)$ となる。したがって M 人全員の引き出し総枚数は $Z=sM/(M+1)$ となり、M で微分すると $dZ/dM=s/(M+1)^2>0$ となる。つまり預金者数が増えれば均衡において「1人当たり引き出し枚数」は減少していくが、「総引き出し枚数」は増加していき、銀行券価値は低下していく。$M\to\infty$ となれば、$Z\to s$ となる（s は銀行券が住民の信認を失う水準の発行枚数）。銀行は制度上、預金者数に上限を設けられないため（また預金者数制限はリスク分散の観点からも望ましくないため）、支払停止措置（パレート最適水準 $Z=s/2$ での停止）は有益であることが示唆される。

第6章

信用秩序維持政策

「銀行取り付け」がさらに「金融パニック」に発展すれば、経済に壊滅的な打撃を与える。企業活動に必要な資金供給源の多くが失われ、「決済システム（公共財）」も破壊される。預金者は貯蓄した老後の生活資金などを失う。したがって金融秩序を守る対策が不可欠である。その主要な制度として「預金保険制度」「中央銀行のラスト・リゾート機能」「BIS規制」などがあり、それらは「信用秩序維持政策」と呼ばれる。その詳細は第2節で述べることにして、まず第1節で、その他の金融システム安定化対策を検討することから始めよう。なお第1節では、預金保険が存在しないことを前提にする。

第1節　金融システム安定化対策

1.1　日銀のアナウンスメント効果

景気悪化の兆しがあれば、銀行は「貸倒引当金」を積み増す。貸倒引当金の積み増しはマネーストックを減少させ、それが金融パニックを誘発する可能性がある。貸倒引当金とは、銀行の「損益計算書」（フロー概念）の「借方」の一項目であり、企業への貸出金の一定割合が回収不可になることに備えて銀行が積み立てる資金である。

預金は**信用創造**により増大される。例えば銀行が企業Fの設備投資に融資すると、企業Fは工場建設のため建設会社に代金を銀行振り込みで支払う。つまり建設会社の預金口座に企業Fから代金が振り込まれる（新しい預金の創出）。さらに建設会社は下請会社の預金口座に代金を振り込み、次に下請会社は孫請会社の預金口座に代金を振り込み……それらが「銀行部門全体の預金」となる。このように新たに創出された預金は**派生預金**と呼ばれる。

銀行は預金の一定割合を日銀に準備として積み立て（**準備預金制度**）、残りを貸出に回すことができる。その貸出が派生預金を生み出す。派生預金を獲得し

た銀行はそれを貸出に回せるため、「貸出→派生預金→貸出→……」の連鎖により、銀行部門は全体として当初に受け入れた預金の数倍の預金を生み出すことができる（信用創造）。準備率（銀行が預金のうち日銀準備として積み立てる割合）をaとし（$0<a<1$）、当初預金をDとすると、派生預金の発生で銀行部門全体の預金は$(1/a)D$に拡大し、その多くを貸出に回せる。乗数の値は$(1/a)>1$であり、信用創造によるマネーストックの増大は景気を刺激する[1]。

しかしその逆も生じ得る。景気悪化の徴候を察知した銀行が一斉に貸倒引当金をμ（ミュー）の比率（預金との比率）だけ積み増せば（$0<\mu<1$）、それは「日銀準備率の増加と同等の効果」となり、預金は全体で$D/(a+\mu)$へと減少する。したがって日銀が追加的な金融政策を行わない限り、貸倒引当金の積み増しはマネーストックを減少させる。マネーストックの減少は企業投資を減少させ、景気を悪化させる。

「景気悪化徴候→銀行の貸倒準備金の積み増し→マネーストックの減少→投資減少→さらなる景気悪化→さらなる貸倒準備金の積み増し→……」、この一連の負の連鎖の懸念は、銀行の不良債権問題を浮上させる。それが預金者心理を動揺させれば、金融パニックが誘発され得る。

それを防ぐために日銀が準備率aを引き下げ、μの増大を相殺させること（人々のμ増大予想を打ち消す程度のaの減少）を**"速やかに公表"**すれば、人々の期待（心理）に影響を及ぼし得る。このような日銀の政策公表効果は**アナウンスメント効果**と呼ばれる[2]。

問題は、各銀行が「貸倒引当金の積み増し」による負の連鎖を理解しても、その積み増しを断念できないことである。なぜならばそれは他の銀行が行えばよく、各銀行自身はそれぞれ貸し倒れリスク増大に対し、安全策で貸倒引当金を増加させる誘因を持つからである。ゲーム理論的には、個々の経済主体が合理的に行動した結果、社会的に非効率な均衡に陥る可能性がある[3]。その陥穽（かんせい）から逃れる対策として、日銀が"瞬時に"人々の期待を変化させる（利得行列を変化させる）アナウンスメント効果は有益である。しかし日銀がアナウンス通り政策を実行することに関し、国民の信頼を得ていなければその限りではない（すなわち人々が日銀の動学的非整合性問題を懸念すればその限りではない）。

1.2 情報開示義務政策

　サンスポット型銀行取り付けは、多くの割合を占める小口預金者が銀行経営の情報生産誘因を持たないことに原因がある。したがって格付け機関が生産した銀行情報や、銀行自身が生産した銀行情報を、銀行店舗などで日々開示する制度（義務化）は有効であり得る。

　銀行の経営状況を評価するに当たり、貸出債権の評価が必要であるが、それは専門知識を要する。融資先企業の投資プロジェクトの成功確率を予測し、融資資金の将来における返済見込みを様々な観点から推測し評価しなければならない。貸出債権の評価は、融資先企業の情報を生産・蓄積し、経済情勢をも分析する部署を有する銀行は効率的に行えるが、格付け機関も様々な企業情報の生産・蓄積を行っているため同様に行える可能性がある。

　"first come, first served" principle により、預金者は「日々更新された最新の銀行経営情報」を求める。銀行が格付け機関に毎日情報生産を依頼した場合、その費用（手数料）は嵩む。その場合、生産した情報が日々格付け機関に蓄積され、情報生産費用は逓減するであろうが、銀行が格付け機関に支払う手数料は無視できないであろう[4]。

　それに対し、銀行が自身の情報を生産・開示する場合、「日常業務で知り得る情報」に加え、必要な情報を追加的に生産・分析して開示するだけでよい。したがって情報生産費用は他者に委託するよりも安価であろう。刻々と変化する経済情勢を預金者は経済ニュースなどで知り得るため、銀行はそれらを俊敏に開示情報に反映させなければ、預金者の信頼を損ね、預金流出に繋がる。各銀行は、開示情報の精度に関して他の銀行との競争にさらされる。各銀行は預金獲得競争に際し、公表情報が他の銀行より大きく悪化しないように、日頃から慎重に銀行経営に従事する誘因を持つ（**市場規律**）。銀行が日々開示するデータの正確性については、監督官庁の監査が必要である。開示情報に関して悪質な虚偽が判明した場合には預金が一挙に流出するため、銀行は情報操作を行えない[5]。

　では、預金者にわかりやすく指標化された統一基準の銀行経営データ（ここではそのデータ内容を不問に付す）を銀行に日々生産・開示させ、預金者に銀行の健全性を判断させる制度の構築は有益であろうか？　公表情報から銀行経営の

健全性を理解できれば、小口預金者は付和雷同して銀行取り付けを起こすことはない。また公表情報から銀行が健全でないことがわかれば銀行取り付けとなるため、不健全経営銀行を延命させる非効率性をも排除できる。そして健全経営の情報を開示している他の銀行に取り付けが伝播することもない。上述の情報開示制度の下で、銀行は預金者から毎日モニターされ、また情報を自行に都合よく操作できないため、健全経営の誘因が市場規律により与えられる。

　後述の BIS 規制との大きな相違点は、監督官庁の介入の有無にある。BIS 規制では、銀行の財務内容が事前に定められた自己資本比率などの水準を満たさない場合、監督官庁は当該銀行の営業を許可しない。それに対し、上述の情報開示義務では、正確な情報を日々開示すれば銀行は営業を自由に行える。ただし開示データの内容が大きく悪化すれば、多くの預金が引き出され得る。したがってそうならないように、銀行経営者は日々努力する。公開情報の正確さについては監督官庁が定期的に銀行監査を行い、不正確であればそれを公表する。後は預金者の判断に委ねられるが、開示情報の虚偽が報道された銀行からは預金が流出するであろう。銀行情報の開示義務化制度では、銀行ごとに開示データの値の良し悪しは異なるが、預金者がそれをどのように評価するかは地域特性や銀行規模などに依存して定まるであろう[6]。

　上述の制度では、預金者は銀行データを日々無料で入手できるが、銀行の情報生産費用の一部は預金金利の減少に反映され、その費用の一部を預金者も負担し得る。この制度の問題点は、預金者にとって日々銀行情報をチェックする手間（**機会費用**）の存在である。小口預金者はその手間を省く可能性がある（小口であるほど情報生産の便益が少ない）。そのような小口預金者が多い場合、彼らはデマに付和雷同し、コンビニなどの ATM で不必要に預金を下ろすかもしれない。またそれが予測できる以上、銀行情報を生産している預金者も預金払戻に走らざるを得なくなり得る。近年の SNS（フェイスブックなど）の普及が付和雷同的行動を助長し得る（若者が仲間意識から同一行動をとり得る）。「サンスポット型銀行取り付け」を防ぐ方法として、預金者に銀行経営情報を日々開示する方法は有益ではあるが、必ずしも完璧とはいえない。

　またすべての預金者が日々の銀行情報を入手しても、"経済の攪乱"が生じた場合、預金者は将来の経済見通しを瞬時に正確に判断できないため、銀行取

り付けが生じる可能性がある（第5章参照）。では、経済情勢の見通しについて専門家を有する官庁が、分析結果を瞬時に国民に伝達する方法はどうであろうか？ しかしその場合、国民が"政府は金融パニックを防ぐために過度に明るい見通しを述べている"と疑念を抱けば（その情報の真偽は将来実現するまで国民には理解できない）、やはり預金流出を招き得る。銀行や官庁による情報生産・開示政策は、市場規律を有効にし、金融パニックを防止する政策として有効性が認められるが、完璧ではないと考えられる（銀行の情報開示に関して補論Ⅰを参照）。

1.3 支払停止措置

　銀行取り付け防止方策の一つである「**支払停止**（suspension of convertible）」について考えよう。銀行から預金が流出した場合、銀行が非流動資産を流動化して預金を支払えば経済効率を損ねる。預金流出が一定水準に達した段階で「預金の払戻を停止する」ことを事前に預金契約で定めておくことの有益性が、複数の理論研究で考察されている[7]。

　健全経営の銀行が「サンスポット型取り付け」に遭遇した場合、支払停止措置は有益であるが、預金払戻停止のタイミングの基準作成が難しい。預金流出の速度や、その銀行がどの程度非流動資産をスムーズに流動化できるかという点も考慮しなければならない。基準が一律であれば、たとえ非流動資産を大きく減価させることなく流動化可能であっても、銀行はそれを怠り基準通りに支払停止を断行する誘因を持ち得る。

　支払停止で、生活に必要な資金を引き出せない人もいれば、直前に余剰資金を引き出した人もいる。銀行は、どの人が生活に不可欠な資金を引き出しているのか見分けることができない。

　必要資金・余剰資金に関する預金者と銀行との間の非対称情報問題は、預金払戻時期に依存させて預金金利を変化させることで緩和でき得る。その方法にもタイミング決定問題があるが、預金流出が顕著になった時点0で銀行に次のように宣言することを認める。例えば時点0から1週間後の時点1までの間に払い戻す預金は、通常の預金金利の元利合計額よりもa%減価させて払い戻す（$a>0$）。すなわち「払い戻し額」＝「預金元利合計」×$(1-a/100)$。そして時点1からさらに1週間後の時点2までの間に払い戻す預金は、b%減価させて払い

第6章　信用秩序維持政策　　289

戻し（$a>b$）、そして時点2以降はc%減価させ（$b>c$）、……といった具合であり、一定程度時間が経過すれば預金を減価させずにプラスの金利をつけてよい。

　食費など生活に必要な資金はすぐに引き出さなければならないが（生活できなくなる）、余剰資金をこの宣言の直後に引き出せば預金の減価を覚悟しなければならない。したがって引き出しに殺到する衝動に冷水を浴びせる効果がある。預金者は預金を今すぐ引き出す必要があるか否かを自分で知っているため、銀行が預金金利を払戻時期により変化させることで預金者のタイプを選別することができる（自己選抜(セルフ・セレクション)：第2章（注27）参照）。

　この方法により預金流失スピードを減速させ、銀行に非流動資産を流動化する時間的余裕を与えることができる（数日以内で流動化できる満期直前の非流動資産もある）。銀行が多額の非流動資産を時点0で流動化しなければならない非効率性を減らし、銀行資産価値を保全できれば、預金者全体の利益に資する。

　この方法は、タイミング決定問題や$a, b, c,……$の値の決定問題、預金の減価に社会的合意が得られるかという問題が残される。すぐに引き出す必要がある生活資金は減価が大きく、当面の間は引き出す必要がない余剰資金は減価が少ない点は「公平性の観点」から問題視されよう（余剰資金を多く持つ富裕層ほど減価割合が小さいことは逆進的である）。

　流動性が不足した銀行が、ある程度の金額の貸出債権を回収できるまでの期間、預金支払を停止すれば、急いで非流動資産を流動化させる非効率性を軽減できる。しかし預金者はすぐに預金を引き出せない不利益を被る。その不利益を預金金利の減価（マイナスの金利を含む）と解釈すれば、上で述べた預金払戻時期に依存させた預金金利の減価方式は、広義に支払停止措置の集合に含めて考えることができる。

　ところで経済の攪乱局面では、銀行の経営内容や経済情勢に関して情報生産を行っている預金者も次の経済展開を完全予見できず、銀行取り付けが生じる可能性がある。銀行経営や経済情勢に関して情報生産誘因があるのは**大口預金者**であるため、経済情勢の変化に俊敏に反応して預金払戻しに最初に走るのは大口預金者である。そして彼らの行動が小口預金者の取り付け騒ぎを誘発する可能性がある。大口預金に対してのみ（預金額に依存させて）支払停止措置を行えば、不公平性の批判が和らぐかもしれない。

第2節　信用秩序維持政策

　信用秩序維持政策は**プルーデンス政策**（prudential policy）とも呼ばれ、金融システムを安定化させる政策である[8]。本節では、その中でも代表的な「預金保険制度」「日銀のラスト・リゾート機能」、そして「BIS規制」について述べる。いずれも銀行取り付け・金融パニックを抑止する有効な政策であるが、副作用を伴う。

　副作用については、預金保険は二重のモラルハザード（「預金者」と「銀行経営者」のモラルハザード）を誘発するが、日銀のラスト・リゾート機能も同様である。BIS規制は銀行の自己資本の水準を規制するが、規制がない場合の銀行の最適資本構成と異なり得るため、それによる死重的損失が生じる可能性がある。ただし、その議論は、完全情報などの諸前提の下で「企業価値は資本構成に依存しないという定理（＝MM命題）」が成立しない場合（例えば情報の非対称性などがある場合）を念頭に置いている。

2.1　預金保険制度

　銀行の経営破綻による預金喪失リスクから預金者を守る制度に、預金保険制度がある。それは破綻銀行に代わり、**預金保険機構**が預金者に預金の一定額までを払い戻す制度である。預金保険制度の仕組みは普通の保険と同様であり、加盟銀行が保険料を預金保険機構に毎期支払う。加盟銀行の中に経営破綻した銀行が出れば、その銀行に代わり積立資金を用いて預金の支払を行う。払戻金額は一定額以下である（日本では1000万円とその利子まで）。預金保険機構による預金支払は「**ペイオフ**」と呼ばれるが、ペイオフは普通の保険の場合の「保険金」支給に該当する[9]。

　仮に民間保険会社の保険契約であれば、銀行破綻時に預金の損失をカバーする目的で、「預金者」が自身で「保険会社」と個別に預金保険契約を結び、保険料を毎期支払う。保険会社は複数のプランを示すが、預金者は銀行破綻時に預金の何％の保険金を受け取りたいかを考えプランを選ぶ。選んだプランに応じて保険料や、銀行破綻時に受け取る保険金が定まる。リスクがある事柄に関

して、人々がリスク回避的である限り、保険ビジネスは成立し得る。しかし小口預金者はリスク回避的ではあるが、少額預金に対して保険に加入して保険料を毎期支払う誘因に乏しい。したがって保険ビジネスが成立しにくい。そして小口預金者は銀行情報を生産する誘因も持たない。そのような状況で市場に任せておけば、サンスポット型銀行取り付けのリスクが潜在し、経済に不安定性が内在する。預金保険制度は、その不安定性を軽減させるために確立した制度である。

　預金保険機構の積立資金は、破綻銀行の経営再建や他の健全経営銀行との合併を促すためにも用いられる。多額の不良債権を持つ銀行の吸収合併に際し、合併先の銀行にその費用の一部を補塡する必要が生じるからである。合併が成功すれば、経営難銀行の預金者が守られ、かつその融資先企業も引き続き融資を受けられるなど、社会的な利益（外部経済効果）が大きく、その実現に向けて積立資金が用いられる（ただし合併後の新銀行から企業は融資の継続を断わられるケースもある——新銀行の経営方針の変更）。

　預金保険制度は、銀行情報の生産誘因を持たない**小口預金者の心理を安定化**させる効力が絶大であり、預金者は風評に惑わされ預金払戻に走ることがなくなる。しかし小口預金者は保護されるため、銀行経営に無関心となる副作用が生じる（風評を気にしないばかりか、銀行経営に無頓着となる）。預金者の多くが銀行経営に無関心でいれば、他の条件を一定にして、銀行経営者にモラルハザード（＝リスク・テイキング経営）の誘因を与える。預金者保護制度は預金者に銀行経営の関心を失わせ、**市場規律の効力を弱める**副作用を生む。

　預金者が保護されない場合、預金者は銀行経営に少しでも疑念を抱けば預金を引き出す[10]。したがって銀行経営者（エージェント）は、預金者（プリンシパル）にわずかな疑念をも抱かれないように、常にモラルハザードを慎まなければならない。預金保険制度はその市場規律作用を弱める。

　損害保険の例では、損害の全額を保険でカバーすれば、被保険者の不注意な行動（＝モラルハザード）を誘発する。それを防ぐ方法として、損害金額の一部のみカバーする**部分保険**が効率性の観点から優れていることが理論的に知られている。しかし部分保険であっても、保険がまったく存在しない場合よりはモラルハザード誘因が高まる。それと同等のことが預金保険にも当てはまる。預

金保険制度では一定金額の預金までしかカバーされないが（部分保険）、モラルハザード（銀行監視を怠る）誘因を預金者に与える（特に一定額未満の小口預金者のモラルハザード誘因は大きい）。

また同時に預金保険制度は、銀行（＝銀行株主の意向に従う銀行経営者）のモラルハザード誘因を高める。銀行がリスク・テイキングな融資を行い、失敗したときに預金保険機構が尻拭いをしてくれるのであれば、銀行のモラルハザード誘因は助長される。銀行がハイリスク・ハイリターンの投資プロジェクトに高金利で融資を行えば、成功時には大きな利益を銀行株主は得られる。また失敗して銀行が破綻すれば、銀行株主は出資金額を失うが、それ以上の損失が出れば預金者が背負う（有限責任制）。しかし預金保険機構が多数の小口預金者を保護すれば、銀行株主（経営者）への社会的制裁（批判）は弱まる。つまり預金保険制度は「預金者」と「銀行経営者」の**二重のモラルハザード**を誘発する副作用を持つため[11]、後述のBIS規制などがさらに必要となる。

2.2　預金保険のゲーム理論分析

「ゲーム理論」（静学ゲーム）を用いて、(1)「ペイオフ」または「銀行合併」が行われるケースと、(2)「早期是正措置」が行われるケースとを考察し、そのゲームにおけるナッシュ均衡とパレート最適性を分析しよう。なお動学分析については補論Ⅱで考察する。

(1) ペイオフおよび合併

前章で考察した「預金払戻ゲーム」に、「預金保険制度」を導入し、「ペイオフが行われる場合」および「銀行の合併が行われる場合」を考察しよう。2人の預金者がプレーヤーであり、2人の預金（余剰資金）はペイオフの対象である。前期に預金を行った2人が有する戦略は、現時点で預金払戻を行う（＝W）か、それとも現時点で預金を引き出さない（＝DW）、つまり来期に引き出すかの二者択一である。すなわち2人とも戦略集合は、WとDWから成り、現時点でその一方を両者が同時に選ぶゲームである（純戦略の静学ゲーム）。

まず「早期是正措置がとられない」場合について考察する。その場合銀行は債務超過に陥っても、預金者の預金払戻要求に応えられなくなるまで存続可能である。現時点で2人の預金者が同時にWを選ぶ場合、銀行は破綻し、預金

保険機構から各預金者に対して101ずつ資金が支払われる。2人が同時にDWを選べば銀行は健全性を保ち（融資したプロジェクトの成功を仮定し、それが共有知識であり）、預金継続で2期間分の利子を含む元利合計102の利得を各預金者は得る（割引率は0と仮定し、現時点の利得は両者とも102となる）。

「自分がDW」を選び「相手がW」を選べば、自分は現時点で預金払戻要求をしないため、現時点で銀行は破綻しない。すなわち銀行は現時点で預金払戻要求をした相手に資産流動化により101を支払えるため、現時点では倒産しないが債務超過である。そして次期に自分が預金払戻要求をする際に、銀行は払戻金が不足するため破綻するが、預金保険で元金と利子が保護され102の利得を自分は次期に得られる。同様に「自分がW」を選び「相手がDW」を選んだ場合、自分の利得は101で、相手の利得は102である。

表6-1の利得行列において、(DW, DW)が唯一のナッシュ均衡である。預金保険制度の導入で「銀行取り付け(W, W)」が排除できたわけである。

前章の「預金払戻ゲーム」（第5章：表5-1）では「支配戦略」が存在せず、各プレーヤーの最適な戦略は、相手の戦略に依存して変化した。ところが預金保険制度の導入により、DWが2人のプレーヤーにとって**「強支配戦略」**になったわけである[12]。強支配戦略とは、相手がどのような戦略をとろうとも自身の利得を最大にする「ベストな戦略が一つに定まる」ことを意味するが、今の場合それがDWである。

では次に、金融当局の調査で現時点における債務超過が判明した場合、預金保険機構の資金を用いて「他の銀行との合併」が行われるケースについて考えてみよう。この場合「銀行名」は変わるが合併銀行として存続するので、預金を現時点で払い戻す人は101を獲得し、来期に払い戻す人は102を獲得する。

表6-1　預金払戻ゲーム（預金保険）

1 \ 2	DW	W
DW	<u>102</u>, <u>102</u>	<u>102</u>, 101
W	101, <u>102</u>	101, 101

2人の預金者の利得は表6-1と同一であり、(DW, DW)が唯一のナッシュ均衡である。預金保険の導入で相互依存状況から抜け出し、表6-1のように自分の戦略のみに依存した利得獲得の状況に移行できたわけである（この場合は相手の影響を受けないが、本書では表6-1のケースも広義のゲーム理論分析に含めて考える）。

ところで銀行が債務超過に陥ったまま来期まで存続できるか否かは、監督官庁の監査に依存する。監督官庁は銀行の債務超過を発見した場合、監督責任を免れたい意識から、また預金者へ与える動揺を懸念する意識から、問題を先送りする可能性がある。その場合、「早期是正処置」が導入されれば、現時点で銀行は破綻するが、それが次の論点である。

(2) 早期是正措置

では次に、「早期是正措置」が導入され、現時点で債務超過の銀行が監督官庁の監査で発覚して倒産し、預金保険機構によるペイオフが実施されるケースを考えよう。

両者がDWを選ぶ場合は銀行が存続し、2人とも102の利得を得られる。しかしそれ以外のすべての戦略の組において銀行は現時点で破綻し、ペイオフが実行される。その場合、2人とも101の利得を得る。DWを選んだ預金者に対しても銀行倒産により、現時点で元利合計101が支払われる。この場合は利得行列が表6-2となり、ナッシュ均衡が(DW, DW)と(W, W)の2つになる。

(DW, DW)がパレート最適であるが、2人のプレーヤーにとってDWが「**弱支配戦略**」であるため、(DW, DW)が達成される可能性が高い。なぜならば「弱支配戦略」を選べば、「得をすることはあっても損をすることはない」ためである（(注12) 参照）。

第5章の「預金払戻ゲーム」（第5章：表5-1）には支配戦略が存在しなかった

表6-2 預金払戻ゲーム（早期是正措置）

1 \ 2	DW	W
DW	<u>102</u>, <u>102</u>	<u>101</u>, 101
W	101, <u>101</u>	<u>101</u>, <u>101</u>

が、「預金保険制度」の下で「早期是正措置」が導入されれば、DW が全預金者にとって「弱支配戦略」となり、社会的な効率性改善の可能性が高められる。

2.3　預金保険料とモラルハザード問題

　預金保険制度の欠点である「銀行経営者のモラルハザード」を誘発することを改善するには、預金保険機構が各銀行から徴収する保険料率を一律（固定保険料）にせず、「可変保険料」にすることが有効であることが知られている。すなわち保険料率を各銀行のリスクを反映させたものにすることがモラルハザード抑止に有益であるため、その保険料を「オプション理論」を用いて算定する研究も存在する[13]。

　銀行経営者がリスク・テイキングな行動（HH への融資など）を行えば、リスクの増加を受けて保険料が高まるというペナルティーが銀行に課される。ペナルティーを考慮して銀行経営者のモラルハザード誘因は軽減する。しかし可変的保険料に基づく預金保険制度を確立することは、困難を伴うことも知られている[14]。

　現実では、**預金保険は固定保険料**であり、上述のモラルハザード問題を内包している。したがってモニタリング誘因の乏しい預金者に代わり「金融当局」が銀行をモニタリングする（金融庁の監査・日銀の考査）ことが重要であると考えられる[15]。

2.4　日銀のラスト・リゾート機能

　「日銀考査」は銀行の経営リスクを減らし、銀行取り付け回避に一役買うが、それに加えて日銀（中央銀行）の重要な役割の一つに「**ラスト・リゾート機能**」があり、別名「**最後の貸手機能**」とも呼ばれる。

　日銀のラスト・リゾート機能とは、「預金払戻に必要な資産が不足した銀行」あるいは「銀行間決済に困難を来たす銀行」に対し、金融システムの安定性維持に不可欠と判断された場合に関して、日銀が資金を供給する機能のことである。銀行間決済に困難をきたすとは、ある銀行が流動性不足でインターバンク市場で借りた短期資金を返済できないことを意味する。その場合、その短期資金の返却を前提に行動している他の銀行が、預金払戻資金の不足に直面し得る。

インターバンク資金返済困難な銀行の出現を受け、各銀行がインターバンク市場での資金貸出に慎重となれば、インターバンク市場で資金調達を見込んで預金の多くを貸出などに回していた銀行が預金払戻の資金に不足する事態が生じ得る。

流動性不足に陥った銀行に速やかに日銀が資金を供給すれば、その銀行は滞（とどこお）りなく預金払戻が行える。日銀は発券銀行であるため、緊急時には裁量的に資金（日銀券）の供給を行える。したがって預金者心理を沈静化させ、「銀行取り付け」・「金融パニック」を防ぐことができる。また、その日銀の対処により、当該銀行はインターバンク市場での借入資金を速やかに返済でき、他の銀行の動揺を抑えられる。

預金者は、銀行経営が行き詰まれば日銀がラスト・リゾート機能を発揮するため、預金を失うことはないと思えば、銀行取り付けや金融パニックの危険は減少する。しかし人々が日銀のラスト・リゾート機能を信じ、安心してしまえば（最終的には日銀により預金が守られると思えば）、大口預金者でさえ銀行のモニタリングを怠るという預金者のモラルハザード問題を招き得る。加えて、銀行経営者も日銀による尻拭（しりぬぐ）い的救済を見込めば、リスク・テイキングな行動を行う誘因を持つ。

「日銀ラスト・リゾート機能」は人々に安心感を与え、銀行取り付け・金融パニックの抑止に有益であるが、その安心感が「預金者」と「銀行経営者」に「二重のモラルハザード誘因」を与える副作用がある点は、預金保険制度と同様である。

2.5　自己資本比率規制

「預金保険制度」や「ラスト・リゾート機能」によって、銀行取り付け・金融パニック問題は緩和される。しかしその副作用（モラルハザード問題の惹起）に対処するため、何らかの規制を銀行に課すことは、金融秩序を維持するために不可欠である。「自己資本比率規制」はその代表である。

銀行の自己資本比率（capital adequacy ratio）が高いことは、他の条件を一定にして、2つの効力を持つ。一つは「銀行が破綻しにくい」（＝預金者が預金を失いにくく、銀行取り付けが起きにくい）効力であり、もう一つは「銀行経営者のモ

ラルハザード誘因（リスク・テイキング行動）を減退」させる効力である。

　最初に、自己資本が多くなるほど銀行の破綻リスクが減少することを、単純な数値例で考えてみよう。銀行のバランスシートは「資産」と「負債」に分けられ、資産総額は負債総額と等しくなる。単純化して、「資産」は「貸付」（＝100）のみであり、「負債」は「預金」（＝60）と「資本」（＝40）のみであるとする。

　ここで「貸付」（＝貸出債権）が不良債権化し、100から80に減価したとしよう。すなわち融資した事業が不振であり、将来80しか返済されないと現時点で判明したわけである。この場合、「資産総額」が100から80に減価したため、「負債総額」も80に減価しなければならない。そこで「資本」を40から20に減価させ、銀行はこの事態に対応する。

　融資が"焦げ付いた"（＝不良債権化した）損失20を、**銀行株主が負担**することで預金者の「預金」を保全するわけである。銀行株主は銀行経営に責任があるため、債権者である預金者に損失を負わせないよう、出資額の範囲内で責任を負う義務がある[16]。

　では「貸付」が不良債権化し、100から50に減価したらどうであろうか？この場合、資産総額50と負債総額とを等しくするためには、「資本」40を0に減らしても、まだ10不足するため、「預金」を60から50に減らさなければならない。元本保証の預金を60に保てば、「資本」はバランスシート上で「－10」となり、**債務超過**（insolvency）に陥ることを意味する。

　この場合「銀行株主」は資本40を0にすることで責任を負うが、それで不足する10の責任は負わない（有限責任制）。また「銀行経営者」も法的違反がない限り、その責任（不足した預金10の責任）を負わない（有限責任制）。この場合、「預金保険」や「日銀のラスト・リゾート機能」「政府の緊急救済（bail-outs）」などがなければ銀行は倒産し、債権者である預金者が10の損失を被る。

　では「預金」が40で銀行の「資本」が60の場合はどうであろうか？総資産（100）に占める資本（60）の比率が高まったわけであるが、不良債権化した損失（50）を資本で穴埋めでき、預金を保全できる。この数値例でわかる通り、自己資本比率が高いほど、銀行の破綻リスクは少なくなる。それは自己資本の**ショック・アブソーバー**（衝撃吸収装置）機能と呼ばれる。

　大手金融機関に問題が発生すると、リーマン・ショックがそうであったよう

に、その負の影響が瞬時に全世界に伝播する。そこで国際業務に従事する各国の銀行に統一的に自己資本比率に関する規制を行うことで、国際的な金融秩序の維持を目指すことが指向された。

BIS は国際決済銀行（Bank for International Settlement）を意味するが、BIS 内に設けられたバーゼル銀行監視委員会は、銀行規制に関して国際的な統一基準を作成した。1988 年 7 月にバーゼル銀行監視委員会が定めた自己資本比率規制は、「**バーゼル合意**」と呼ばれる（別名「**BIS 規制**」）。その内容は、国際業務に従事する銀行に対して、「リスク・アセット総額」に占める「資本」の比率（自己資本比率）を 8％以上に保つことを定めたものである。

日本では 1993 年 3 月決算期以降この規制が国際業務を営む銀行に適用され、また国内業務に専念する銀行に対しては自己資本比率を 4％以上に保つことが要請されるようになった。「リスク・アセット」とは、銀行が保有する複数の資産（安全資産から高リスク資産まで様々ある）をリスクの違いによりいくつかの項目に分類し、その項目ごとにリスクでウエイト付けをして計算したものである。1988 年のバーゼル合意による銀行の自己資本比率規制は、その後改定されてきたが、さらに 2014 年の G20 で強化方針が打ち出され、国際業務を行う巨大銀行に関しては 2019 年以降 16〜20％に高め、かつ銀行経営破綻時に「元本を強制的に削減する条項（**ベイルイン条項**）付の劣後債」を銀行に資金調達手段として発行させることなどで、現在調整が進められている[17]。

ところで銀行の自己資本比率が高くなるほど、銀行経営者のモラルハザード誘因は減退する。「銀行経営者」は「銀行株主」の意向に添って銀行経営を行うと考え（意向に添わなければ更迭されるケースを考える）、以下で両者を区別せず「銀行」と呼ぶ。エージェントである銀行が、預金者などのプリンシパルの意に反してリスク・テイキングな行動をとれば、貸出債権が不良債権化する確率が増える。銀行はその増大した不良債権の確率で資本を減価させ、損失処理の義務を負う。すなわち銀行が経営破綻時に失う資本が多いほど、銀行がリスク・テイキング行動を行う誘因は減退する。

観点を換えれば、自己資本比率が高まると銀行株主による尻拭い枠が充実するため、預金者のモラルハザード（＝預金者が銀行経営の監視を怠ること）を誘発する可能性がある。銀行の自己資本などの財務データは公開情報であり、自己

資本比率は大口預金者であれば容易に知り得る情報である。自己資本比率の増大は、大口預金者の詳細な銀行情報の生産誘因を減退させ得る。しかし、自己資本比率増加による銀行のリスク・テイキング行動の抑制効果が大きいため、預金者のモラルハザード誘発効果の副作用は打ち消されて余りあると考えられる。

銀行は、預金者から"委託されたモニター"として融資先企業の情報生産を行う（D. Diamond）。自己資本比率が一定水準を超えることは、銀行の情報生産が充分である誘因両立性条件となる。なぜならば、情報生産が不充分で融資が不良債権化した場合、自己資本で穴埋めをするためである。すなわち、人質として差し出す自己資本が多ければ、銀行は企業情報の生産を充分に行う誘因を持ち、かつリスクが高い投資案件への融資に慎重となる誘因を持つ。

2.6　金融システムの未来——リーマン・ショックを超えて

銀行はビジネスに資金を供給し、同時に産業発展の外部経済効果（マーシャルの外部効果）に貢献する。また銀行は経済主体に預金など資金運用機会を提供し、かつ決済システム（公共財）を供給して経済効率の増大に寄与する。しかしその一方で、銀行取り付け・金融パニックという、経済を麻痺させる「外部不経済効果」を発症する危険性をも内包する。そのため信用維持政策が不可欠である。

ビジネスにリスクは付きものであり、銀行が極端にリスクを忌避しては中小企業育成や、革新的なプロジェクトが実現できない。第4章で、無名の零細企業であったソニーの戦後の躍進劇に言及したが、それはほんの一例にすぎない。今日の大企業の多くが創業当初は小規模であり、高いリスクを伴うプロジェクトに果敢にチャレンジした。そしてそれを銀行が融資で支えた。今後も、環境・介護・医療・ロボット（人工知能を含む）など、日本の将来を見据えた新規ビジネスに対し、銀行はリスクをある程度とって融資していく必要がある。しかし高リスクの融資は、貸出債権不良化の蓋然性を高め、預金者の不安を煽れば銀行取り付けを招きかねない。

高リスクのプロジェクトへの資金供給は、資本市場、またはベンチャー・キャピタルに任せればよいという考え方もある。しかし、**蓄積した企業・産業・経**

済情報に依拠し、銀行がリスクは高いが将来性を秘めたプロジェクトを見極めた上で資金を供給し、融資後もモニタリングすることは経済成長に有益であり、効率性において資本市場を凌駕する場合がある（第4章）。特に**情報の非対称性**が存在する場合、銀行の役割は大きいが、その理由は、情報生産機関による情報生産・販売が困難を伴うことに関係する（第2章補論Ⅱを参照）。

銀行の貸出債権の債務不履行リスクを、自己資本での吸収（銀行株主の負担）に過度に頼ることは適切ではない。銀行の外部効果を銀行株主のみでは内部化できないからである。外部効果がある以上、パレート最適性確保のため政府の介入が正当化され得るが、銀行救済（預金者保護）に巨額の国費が使われることに納税者の理解が得られないであろう。しかし自発的に多くの人々が銀行の「リスク分担」に加われば、問題は解決へと向かう。理論的には、より多くの人々が関与するほど、外部効果（externalities）は**内部化**（internalization）へと向かう（＝パレート改善へと向かう）。

銀行は「貸出債権譲渡」や「証券化」などの金融技術を駆使し、リスクを他の主体に分担してもらうことができる[18]。投資家などは高収益を求め、利潤動機で証券化商品などを購入し、銀行のリスクの一部を自主的に分担する。それらの金融商品の質や取引状況は市場で格付け・監視され、証券化商品の価格などに反映される。銀行の財務データなどの開示義務の下で、市場原理が作用し、効率的な**資金配分**、**リスク配分**、**リスク分散**が行われ、健全な銀行経営が維持され得る。

銀行が蓄積した企業情報・経済情報などの無形資産を活用して行う融資は、リスクはあるが有望性が認められるものである。銀行以外の主体は、自身でその有望性を見つけにくいため、銀行が証券化した金融商品を購入してリスク分担に参加し、将来の期待収益の恩恵に与ることができる。また金融商品購入後も、銀行に当該企業のモニタリングを怠らせない工夫も可能である（リコース売却など）。多数の主体がリスクを担い、銀行のリスク軽減を図ることは預金者保護にとって有益であり、銀行の外部効果を内部化へと導く。

投資家のみならず、多くの家計（預金者）も銀行預金のうち、生活資金でない余剰部分を用い――銀行の勧誘・助言を受け――、投資信託などリターンがある程度期待できる金融商品を購入している。それらの金融商品は、預金保険

対象外でありリスクを有するが、預金者は最適ポートフォリオの実現のため購入し（効用最大化行動）、銀行はその販売で手数料収入を獲得している。投資信託などにはリスクの低いものから高いものまで様々なものがあり、高度な金融技術が駆使され、証券化された金融商品が組み込まれた商品も多数ある。すなわち預金者も、自身のリスク回避度に応じて銀行のリスク分担に一役買っているわけである。預金者の投資信託などの購入額は、金融商品の多様化を受けて増加傾向にある。家計による様々な金融商品（預金を含む）の購入は、家計による「リスク分担」であり、「リスク分散」である[19]。

　銀行は、リスクが高いが経済成長への貢献度が高いと思われる革新的なプロジェクトへの融資を英断することが、社会的に望ましい場合がある。そしてそのリスクを事後的に他の経済主体に分担してもらうことが、預金者保護の観点から必要である。そしてその前提として、「整備された金融システム」（信用秩序維持政策を含む）が不可欠である。

　新しく勃興した企業を取り巻く中小企業集団などの中心に資金供給主体である銀行は位置し得るが、銀行はそれらの諸企業とメインバンク関係を持つことで、無名企業が有する非効率性（非対称情報によるエージェンシー費用など）を軽減することができる。他の主体は、無名企業のリスクを負担できないが（無名企業の社債や株式を購入することは不可能であるが）、評判を確立した銀行が証券化した金融商品であれば購入可能である。そのような金融技術の発展は資金配分を効率化し、最適資源配分の実現に寄与する。

　ただし課題も残されている。2007年から2009年にかけてのアメリカの**サブプライムローン**の不良債権化問題を震源とした金融危機（**リーマン・ショック**）は、世界経済に大きな打撃を与えた[20]。その影響を拡大させた要因の一つは、サブプライムローンを証券化した金融商品が数多く創り出されたことにある。その証券化商品をさらに証券化する"複層化"が行われ、影響を増幅させた。それらの証券化商品が海外を含め多くの投資家に販売され、また当該金融商品を取り扱う主体の一翼を担う「**影の銀行**」などに対する規制が緩かったことが、アメリカ金融危機の影響を世界に拡大させた要因の一つであると考えられる[21]。

　サブプライムローンを証券化したこと自体に問題があるとは思われない。ただし、複雑に複層化された証券化商品は、リスク評価が一部の専門家（クオンツ）

を除き難しくなる欠点は等閑視できないため、今後の検討課題であろう。問題の核心は証券化にあるわけではなく、サブプライムローンが**アメリカの住宅バブル**を前提に機能する仕組みであったことであり、アメリカ政府がその脆弱な基盤の金融活動を規制しなかったことにあると考えられる。

サブプライムローンは、住宅バブルの膨張過程ではうまく機能するが、住宅バブルが弾ければ行き詰まる性質を持っていた[22]。サブプライムローンの証券化が拡大していくことに危機感を持つ人々もいたが、すなわち危機は予見できたが、アメリカ政府はその規制に積極的に乗り出さなかった[23]。当時のアメリカ政権による住宅保有推進スローガンが影響した可能性が指摘されている。

銀行が貸出債権を証券化する、あるいは譲渡（ローン・セール）すれば、オフバランス化できるため、銀行規制だけでは有効ではない。サブプライムローンを証券化した金融商品はさらに証券化され[24]、その規模を拡大し、銀行規制を掻い潜って世界中に販売されていった。当時のアメリカの住宅バブル膨張の背景にあったFRBの金融緩和政策や、当時のアメリカ政権の持ち家率増大政策などに関する政治経済学的な検証も必要であろう[25]。

経済大国の金融システムは今や一国の問題ではない。市場原理を妨げないよう、規制は最小限に留めることは有益であるが、市場の限界をも考慮する必要がある。信用秩序維持は、「市場原理の活用」と「市場の限界を踏まえた政府介入・規制」との間の、まさにA. スミス、J. M. ケインズなど、多数の経済学者が取り組んできた課題のバランスの上に成立するということができよう。そして、「公平性」の問題も等閑視できない。

サブプライムローン問題のきっかけは、「持ち家を持つ主体」と「持たない主体」との格差問題にその一端があった。理論経済学は効率性問題の処方箋を書くことに優れているが、公平性は厳密な定義がないため、棚上げする傾向にある。しかし政治家は有権者の支持獲得のため、多数派の低所得者層をも取り込もうと画策する。サブプライム層への住宅資金融資を優遇措置で拡大し、それを金融工学を駆使した証券化でマーケット原理に乗せて効率性の問題として解決が試みられたが（持ち家率拡大キャンペーンが実行されたが）、その錬金術には限界があった。われわれは効率性に加え、公平性の問題にも目を瞑ることはできない[26]。日本の平成不況やリーマン・ショックは、金融当局や政権担当者の

判断ミスが認められるが、時代の風潮に染められた側面もある。国民もバブル景気に踊らされた。

　ゲーテは言う。「真理は人に属し、誤りは時代に属する。それゆえ、並外れた人について、次のように言われる。『時代の弊風が彼のあやまちをひき起こした。しかし彼の精神力がそれを離脱させ、栄光を得さした』と」。またゲーテの炯眼(けいがん)は次の真理をも射抜く。「古いもの、現存するもの、固定するものと、発展、形成、改造との戦いはいつも同じである。一切の秩序からしまいには形式拘泥(こうでい)が生じる。これを脱するために人は秩序を破壊する。そして暫(しばら)くたつと、再び秩序を作らねばならぬことに気づく」。(以上、ゲーテ「格言と反省」から抜粋、『ゲーテ格言集』〔高橋健二訳〕新潮文庫〔1952〕所収、p. 33、p. 146)。

　主要国の中央銀行・金融監督当局と、IMFやBISなどの代表から構成される金融安定理事会(FSB：Financial Stability Board)は、リーマン・ショックを受け、破綻すれば世界の金融システムに影響を及ぼす巨大銀行G-SIBs(Global Systemically Important Banks)を指定し、総損失吸収能力(TLAC：Total Loss-Absorbing Capacity)の条件を決定してG-SIBsにそれを課すことを決めた。バーゼルⅢは進化過程にある(リスク資産の見直しや、銀行の自己資本比率の増大などの改定)。過去の失敗を教訓とした人類の進歩に終わりはなく、金融システムの進化に終わりがない[27]。

補論Ⅰ　銀行の情報公開と参入規制

　銀行取り付けに関し、銀行情報の生産誘因を持たない小口預金者の行動が問題となる。銀行情報を持たない小口預金者はデマに翻弄され、預金引き出しに走る可能性がある。したがって各銀行が経営情報を開示し、透明性を高めた上で預金獲得競争を行えば、預金者は銀行情報を持つため、サンスポット型銀行取り付けを緩和できる。多くの小口預金者は、財務データを統計分析することはほとんどできないが、情報公開を行えば、例えば"銀行の融資先企業の多くが倒産した"というような論拠なき極端なデマは容易にチェックできる。

　では各銀行が透明性を高め、預金獲得競争をする状況を考えよう。そこで問題となるのが「銀行業における参入規制」である。参入規制は銀行間競争の阻

害要因となり得る。そこで本補論において、参入規制が銀行の情報公開に与える影響を単純なモデルで分析する。参入規制（＝銀行数の制限）により銀行間競争が緩慢となり、金融システムを安定化できればよい。すなわち、競争敗者の銀行に取り付けが起き、それが波及することを防げればよい。しかし参入規制が銀行の情報公開競争を鈍化させ、透明性の欠如が、情報を持たない小口預金者の付和雷同的行動を助長し、サンスポット型銀行取り付けを招くのでは逆効果である。

この補論のモデルで得られる結論は、「銀行の情報公開に基づく預金獲得競争において、参入規制は各銀行の公開情報量を減少させず、有益となる」というものである。なお以下において、預金保険制度がないことを前提にする。

ある地域で、同規模・同レベルの銀行（複数）が情報公開を各々行うことを考えよう。銀行が公開できる情報は、銀行の財務データや、融資先企業の財務データなどである。銀行はそれらの情報を一定水準公開すると同時に、どの程度情報公開をしているかという指標（＝透明性指標）を公開すると仮定する。例えば銀行のある特定の財務データの公開は 0.01 ポイントといった具合であり、まったく情報公開しなければ透明性指標は 0 であり、最大で 1 であると規格化されたと仮定する。その情報の種類や規格の具体的内容については不問に付すが、当該地域の全銀行で統一基準が作成されたと仮定する。

大多数を占める小口預金者は、銀行および融資先企業の財務データの分析能力を持たない。しかし情報公開量が多い銀行（透明性指標が 1 に近い銀行）は後ろめたいことをしておらず健全であると判断する。逆に情報公開量が少ない銀行は、預金者に隠さなければならない問題を抱えており、健全経営ではないと預金者は判断する。小口預金者は、銀行により公表された各種財務データなどを総合的に分析して判断できないため、透明性指標に関心を持つと仮定する。「透明性が高い」（＝透明性指標が 1 に近い）銀行は、「情報公開量が多い」わけであるが、公開した情報は分析能力がある金融専門家の目にも触れるため、銀行は経営の健全性に自信があると小口預金者は考える。また監督官庁の監査により、公開情報に虚偽が発覚した銀行からは預金が即座に流出するため、銀行は正確に情報を公開すると仮定する。なお、透明性指標の値（＝情報公開の程度）と銀行の期待収益との相関はないと単純に仮定する。すなわち、銀行ごとにリスク

資産の保有程度は多少異なるが、比較的リスク資産を多く保有する銀行も、情報公開をなるべく多く行い、より多くの預金を獲得しようと競争する。

銀行は、財務データなどと同時に「透明性指標（0〜1）」を公開する。各銀行がプレーヤーであり、各プレーヤーは透明性指標（戦略変数）を0〜1の範囲で選び預金獲得競争をする。当該地域にある複数の銀行が預金獲得競争をするが、ライバル銀行と比べ透明性指標が相対的に高い銀行ほど、より多くの預金を獲得できると仮定する。

資金1単位当たりの「利鞘（りざや）」（＝貸出金利－預金金利）は通常プラスであるが、「利鞘」に「融資金額」を掛けた分の利益を銀行は獲得できる。本モデルでは「利鞘」は一定のプラスの値（定数）であると仮定し、営業費用を無視する[28]。そして銀行はより多くの預金を獲得することで、より多くの利得を得られる。したがって銀行間で情報公開に基づく預金獲得競争が繰り広げられることになるが、その場合における参入規制の影響が分析の主眼である。

特定地域内における顧客数（＝総預金額）は限られているため、当該地域における一定の預金の争奪戦が銀行間で行われる。預金保険が存在しないため（仮定）、預金者は預金の安全性が一番の関心事である。預金者が銀行に預金する主要因は、預金金利を稼ぐことではなく、銀行の決済サービスを利用できることであると考えよう[29]。預金者は相対的に透明性指標が高い銀行に預金を預けると仮定する。

ある地域にほぼ同規模の銀行（プレーヤー）が2行ある（後にN行に拡張する）。銀行は預金者の信頼を得るため透明性指標を作成し公表するが、それには費用を要する。なお銀行は財務データなども同時に公開するが、それも透明性指数の作成費用に含める。またその作成した情報をインターネットなどで配信する費用C（固定費用）も別途かかる。

「銀行1の透明性指標の値をX」で表し、「銀行2の透明性指標の値をY」で表す。預金者は2つの銀行を比べ、相対的に透明性が高い銀行がより健全であると考え、預金先として好むと仮定する。したがって銀行はライバル銀行と比べ「相対的に大きな透明性指標の値」を示せば、より多くの預金を獲得できる。そして銀行はその預金を融資に回して利益を稼げる。単純化のため銀行は獲得した預金をすべて融資に回し、利鞘を稼げると仮定する。したがって銀行

が融資で得られる収益は「預金総額の一定割合θ」であり、θ（$0<\theta<1$）は資金1単位当たりの「利鞘」である（営業費用は無視する）。ほぼ同規模の銀行を考え、同地域のすべての銀行でθの値は同一であると単純化する（θは信用リスクを反映した期待値であり、銀行はリスク中立的と仮定する）。同じ地域で同規模の銀行は、ほぼ同じ地元企業・地場産業などに相乗りして融資しており、融資資金の返済確率や利鞘などに大差がない状況を考える。しかし、預金者は透明性指標の値が相対的に大きな銀行を優良銀行と考えて預金先に選ぶ。

当該地域（住民数一定）の預金総額はDである。預金金利が変化しない短期間において、住民移動や所得変動を無視すればDはプラスの定数である。Dの単位は問わないが、例えば単位を100億円とすれば、$D=1$は100億円を表す。銀行は$\theta \times$（獲得預金額）の収益を得る。

プレーヤーは銀行1と2であり、各プレーヤーの戦略は透明性指標$X \in [0, 1]$と$Y \in [0, 1]$であり、同時にXとYを決定する静学ゲームである。

銀行1が当該地域の預金Dの中から獲得できる預金の割合は、$X/(X+Y)$である。$X/(X+Y)$は、銀行2と比べたときの「銀行1の相対的な透明性指標Xの大きさ」を表しているが、その割合の分だけ当該地域預金を獲得できる[30]。

このとき、銀行1は$\theta D[X/(X+Y)]$の収益を獲得できるが、コストとして透明性指標作成費用Xと情報配信費用C（定数）を負担する。X（またはY）だけ透明性指標を作成するには、X（またはY）だけその費用がかかると単純化する。銀行1の利得関数Π_1は①に示され、銀行2の利得関数Π_2は②に示される。なお均衡の存在のため$\theta D<4$を仮定する。

$\Pi_1 = \theta D[X/(X+Y)] - X - C$ ……①

$\Pi_2 = \theta D[Y/(X+Y)] - Y - C$ ……②

銀行1の反応関数は$\partial \Pi_1/\partial X = 0$であり、銀行2の反応関数は$\partial \Pi_2/\partial Y = 0$であるが、それぞれの計算結果が③、④に示されている。

$X = (\theta D \cdot Y)^{1/2} - Y$ ……③

$Y = (\theta D \cdot X)^{1/2} - X$ ……④

銀行1の反応関数③を考えよう。③第1項を$X_1 = (\theta D \cdot Y)^{1/2}$で表し、③第2項に関しては$X_2 = Y$とおく。図6-1は縦軸に$X_1$と$X_2$が測られ、横軸に$Y$

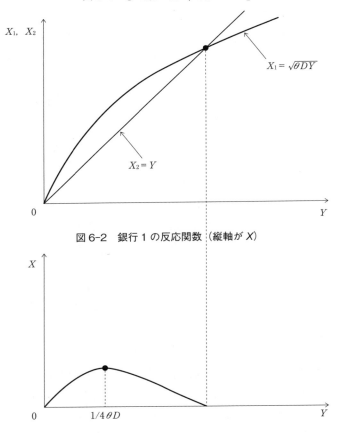

図6-1 ③の第1項 X_1 と第2項 X_2

図6-2 銀行1の反応関数（縦軸が X）

が測られている。③第1項は放物線を右に90度回転させた曲線となり、$X_2 = Y$ は45度線で描かれる。図6-1における X_1 と X_2 との垂直差が預金者1の反応関数になるが、それが図6-2に示されている。図6-1の X_1 と X_2 との垂直差は $Y = 1/4\theta D$ で最大となるが、それが図6-2の曲線の頂点に対応しており、③について $dX/dY = 0$ を計算すれば $1/4\theta D$ が求められる[31]。

　図6-3は「縦軸に Y を測り、横軸に X を測り」、銀行1と2の反応関数を描き、両者の交点である2つのナッシュ均衡を示している。ナッシュ均衡（X^*,

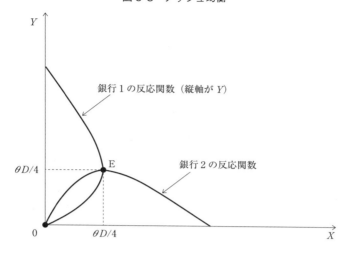

図6-3 ナッシュ均衡

Y^*)は、③と④を連立すれば求められるが、対称性から③(または④)と $X=Y$ を連立することで求められ、その結果が⑤に示される。

$(X^*=0,\ Y^*=0),\ (X^*=\theta D/4,\ Y^*=\theta D/4)$ ……⑤

なお図6-3では、$1/4\theta=\theta D/4\Leftrightarrow D=1/\theta$ のケース、すなわち $X^*=Y^*=1/4$ のケースを図示している。$D<1/\theta$ のケースでは、E点は両者の反応関数の「右上がり」の部分(戦略的補完)に存在する。また $D>1/\theta$ のケースでは(ただし $\theta D/4<1$ を仮定)、両者の反応関数の「右下がり」の部分(戦略的代替)に存在する。$X^*=0,\ Y^*=0$ の場合、$X/(X+Y)$ の値は数学的に不定であるが、ライバル銀行の透明性指標が0ならば、自分も0でも相対的な評価を悪化させずに、透明性指標の作成費用を節約できることを意味する。しかし透明性指標がゼロでは預金者が納得せず(=預金者の参加条件を満たすことができず)、預金を獲得できなくなり銀行経営を行えなくなると仮定する。したがって $(X^*=0,\ Y^*=0)$ を除外して考える。預金者と銀行双方の参加条件を同時に満たすナッシュ均衡は図6-3のE点 $(X^*=\theta D/4,\ Y^*=\theta D/4)$ のみであり、以下それに注目する。

⑤より、ナッシュ均衡E点における「透明性指標」は、「利鞘 θ」が大きいほど高く、また「当該地域総預金額 D」が大きいほど高くなることがわかる。

第6章 信用秩序維持政策 309

すなわち「情報開示に基づく預金獲得競争」をする場合、利益を稼げる余地が大きいほど、銀行はより多くの情報を開示してより多くの預金を獲得しようとする。

両銀行が合併して地域独占となれば、利潤関数は $\Pi_1 + \Pi_2 = \theta D - X - Y - 2C$ となるが、この場合は容易にわかる通り、情報開示をしないほど利得が増加する。$X>0$, $Y>0$ の範囲内で銀行は X, Y を極力小さくする（数学的には実数の連続性から最小値が求まらないが、ここでは情報開示を非常に怠り透明性指標を極力0に近づけると考える）。

独占となれば当該地域で無条件に預金を集められるため（預金者には他に選択肢がない）、情報開示を怠ることになる。また合併後に各店舗で情報配信を行う場合は情報配信費が $2C$ となるが、まとめてインターネット配信するならば C' となる（$C \leq C' < 2C$）であろう。その意味では合併が効率的であるが、独占となれば情報公開がほとんど行われないため、融資先企業の多くが倒産したというような根拠なき極端なデマにも小口預金者は反応する可能性があり、サンスポット型銀行取り付けが生じ得る。

預金者の参加条件を満たす $X>0$, $Y>0$ の下で、2つの銀行間で預金獲得競争が行われた結果、E 点において $X^* = Y^* = \theta D/4$ となり、地域独占よりも情報開示が行われ、サンスポット型銀行取り付けの危険が緩和される。

では次に同質的な銀行数を 2 から N に拡張し（$N \geq 1$ の実数）、「参入規制」の影響を考えよう。結論からいえば、$N>2$ の場合、N が増加して競争が激化するほど、X^*, Y^* は減少する（＝情報開示が行われなくなる）ため、「参入規制」（銀行数 N を一定数以内に保つ規制）は「銀行統治」と整合的となる。

銀行数が N で、各銀行の情報開示指標（0～1）を $X_1, X_2, \cdots, X_N$ で表し、$Z = X_1 + X_2 + \cdots + X_N$ と定義すると、第 i 銀行の利潤関数は次の⑥に表される。

$\Pi_i = \theta D(X_i/Z) - X_i - C$ ……⑥

第 i 銀行の反応関数は次の⑦となる。

$\partial \Pi_i / \partial X_i = [\theta D(Z - X_i)/Z^2] - 1 = 0$ ……⑦

対称性からナッシュ均衡における各銀行の透明性指標の値は等しく、それを X^* とおく。すなわちナッシュ均衡において $X_1^* = X_2^* = \cdots = X_N^* = X^*$ であり、$Z = N \cdot X^*$ である性質を用いると、ナッシュ均衡は⑧となる（預金者の参加条件

を満たさない $X^*=0$ を排除する)。

$$X_1^* = X_2^* = \cdots = X_i^* = \cdots = X_N^* \equiv X^* \equiv \theta D(N-1)/N^2 \quad \cdots\cdots ⑧$$

ここで⑧に $N=2$ を代入すれば先のモデルと一致し(⑤)、$N=1$(地域独占)を代入すれば情報開示指標が0になることが理解できる。$N \to \infty$ であれば、$X^* \to 0$ となり、銀行数の増大に伴い、各銀行は情報開示努力を低下させていく(0に近づく)ことがわかる(ロピタルの公式より $\theta D/2N$ の極限を考える)。

ナッシュ均衡で $\Pi_i = \theta D/N^2 - C$ であるため、銀行の留保利潤を0とすれば、$\Pi_i \geqq 0 \Leftrightarrow N \leqq (\theta D/C)^{1/2}$ となり、銀行の参入数に上限が存在する。ただしIT技術の進展で、もし情報開示費用が無視できるようになれば($C \to 0$)、N の上限がなくなる。その場合、自由参入の下では銀行の参入が続き(超過利潤がプラスである以上参入が続き)、銀行の情報開示努力は低下を続け、サンスポット型銀行取り付けの危険が増大していく(X^* が0に近づいていく)。

次に、「銀行数 N」がナッシュ均衡における第 i 銀行の「情報開示指標 X_i^*」に与える影響を分析するため、$\partial X_i^*/\partial N$ を計算すると、次の⑨となる。

$$(\partial X_i^*/\partial N) = \theta D(2-N)/N^3 \quad \cdots\cdots ⑨$$

地域独占($N=1$)の場合、⑨より($\partial X_i^*/\partial N$)>0のため、銀行数を2に増やすことで銀行の情報開示を増加させることができる。そして地域複占($N=2$)の場合が、本モデルでは情報開示水準が最大となる。そして $N>3$ の場合、⑨より($\partial X_i^*/\partial N$)<0となるため、参入規制を緩和して銀行数が増えると、各銀行の情報開示努力は減少していき、サンスポット型銀行取り付けの危険が高まる。したがって、$N>3$ のケースについては、監督官庁が銀行数をなるべく増やさない($N=3$ に近づける)「参入規制」を行うことで、各銀行の情報開示努力の低下を食い止め、サンスポット型銀行取り付けの危険を緩和することができる。なおナッシュ均衡における X_i^* ⑧について、N に関する極大の2階の条件(十分条件)は $N<3$ で満される($N=3$ は変曲点)。$N>3$ については、N が大きくなるほど X_i^* は減少していき、0に漸近していく(したがって $N=2$ で X_i^* は最大 $\theta D/4 < 1$ となる)。

補論II　銀行取り付けの進化論ゲーム分析

　銀行取り付けとその対策について、**進化論ゲーム**（evolutionary game）を用いて動学的に分析しよう。進化論ゲームは、プレーヤーに**限定合理性**（bounded rationality）を仮定し、人々が試行錯誤しながら動学的にどの均衡に向かって進むのか、そしてその均衡が ESS（evolutionarily stable strategy）と呼ばれる安定均衡であるか否かなどを分析する。銀行取り付けの状況などにおいて人々は動揺し、終始一貫して合理的に行動できない。しかし何が最適かを次第に学習し、適応していく。そのような状況における人間や生物の社会的行動の動学分析に、進化論ゲームは適している[32]。ただし以下におけるように、現実をかなり抽象化してモデル化する。

II.1　銀行取り付け

　ある地域の商店街に一つの銀行があり、全住民はその銀行に預金を置いている。預金は余剰資金であり、現時点で引き出す必要はない。ここで、大勢いる住民の中で、2人の預金者が偶然に銀行の前を通りかかったとする（住民の中からランダムに2人が選ばれたランダム・マッチングである）。その住民は銀行の前を通りかかったとき、高級品購入の衝動に駆られ預金を全額引き出すかもしれない（即座に買わなくとも、購入を想像して預金を引き出す点が重要である）。あるいは震災や銀行取り付けの心配が頭をよぎり、預金を全額引き出すかもしれない。またそれとは逆に、余剰資金の預金をまったく引き出さずに素通りするかもしれない。

　預金を全額引き出す戦略をWと呼び、まったく引き出さない戦略をDWと呼ぶ。2人の預金者はWかDWの一方の戦略を同時に選ぶ。預金者1、2の利得表が表6-3に示されている。

　今は2人の預金者を考えたが、当該地域の住民全体が預金者であり、その全体に占める「預金を引き下ろすW」の人の割合をx（$0<x<1$）で表す。したがって、「預金を引き出さないDW」の割合は$1-x$となる。DWの利得をΠ_{DW}で表し、Wの利得をΠ_Wで表すと、利得はそれぞれ次のように示される。

表 6-3　利得行列

1 \ 2	DW	W
DW	a, a	c, b
W	b, c	d, d

$\Pi_W = (1-x)b + xd$ ……①
$\Pi_{DW} = (1-x)a + xc$ ……②

W 対 DW の割合は，x 対 $1-x$ であるため，平均利得を次の AverageΠ で表すと③となる。

　　Average$\Pi = x\Pi_W + (1-x)\Pi_{DW}$ ……③

X を時間 t の関数と考え，進化論ゲームにおけるリプリケーター・ダイナミクス（replicator dynamics）を次の微分方程式で定義する[33]。

　　$dx/dt = x(\Pi_W - \text{Average}\Pi)$ ……④

④は次の2つのことを表している。

（ⅰ）④右辺のカッコ内（$\Pi_W - \text{Average}\Pi$）にまず注目しよう。預金を引き出して衝動買いをする利得 Π_W の方が平均利得よりも大きければ，W の人の割合 x は増えていく（$dx/dt > 0$）。逆に W の利得の方が平均利得よりも小さいならば，W の人の割合 x は減っていく（$dx/dt < 0$）。

限定合理性のため，人々は預金払戻をする（W）のと，払い戻さない（DW）のとでは，どちらが有利であるかを当初から正確に知ることはできない。しかし口コミ情報などで，平均的な利得を知ることができ，そして次第にどちらが有利であるかを学習していく。

W の方が平均利得よりも有利であるとわかっていけば，W の人の割合が増加していく（$dx/dt > 0$）。そして W の利益が平均利得と比べて大きければ大きいほど，すなわちカッコ内がより大きなプラスの値であるほど，より多くの人々が預金払い戻しに殺到する（$dx/dt > 0$ が大きな値となる）。またカッコ内がより小さなプラスの値であるほど，預金払戻に行く人の割合の増加はより緩慢となる。

逆にカッコ内が負であれば，W の人の割合がは減少していく（$dx/dt < 0$）。そ

してWの損失が大きいほど（カッコ内の負の値の絶対値が大きいほど）、預金払戻に行く人の割合は急速に減少する。またその損失が少ないほど、払戻に行く人の割合の減少は緩慢となる。

（ⅱ）次に④右辺のxに注目しよう。Wの方が平均利得よりも得な場合（Π_W-AverageΠ＞0の場合）、当初にWを選ぶ人が多ければ（xが大きければ）、DWの人も、周囲のWの人々に同調して慌てて預金を引き出しに走る。すなわちxは急増する。しかしWの人が当初に少なければ（xが小さければ）、xが当初に大きい場合ほどには殺気立って預金払戻に走らないが、それでも預金払戻に行く人の数は徐々に増えていく。

Wの方が平均利得よりも損な場合（Π_W-AverageΠ＜0の場合）は、xは減っていくが、損をした人の割合xが当初に多ければ、彼らの情報が口コミなどで拡散していくため、多くの人々にWは損であることが急速に伝播していき、xの減少は急激となる。

またその場合当初において、その損であるWの人数が当初少なければ、損をしたという情報が伝播しにくいため、xの減少は緩慢となる。

では④を書き換えよう。④に①、②、③を代入すると、次の⑤が得られる。

$dx/dt = x(1-x)[(a-b-c+d)x-(a-b)]$ ……⑤

⑤の右辺を$F(x)$と置くと、三次方程式$F(x)=0$の解は、⑥に示される3つである。

$x=0, 1, \lambda$

ただし $\lambda = (a-b)/[(a-b)+(d-c)]$ ……⑥

ここで第5章の「預金払戻ゲーム」（預金保険が存在しないケース）を考えよう。「第5章の表5-1」より、$a=102, b=101, c=19, d=60$のため、$\lambda=1/42$となり、$0<\lambda<1$であるが、λはゼロに近い値である。

$F(x)$の導関数$F'(x)$を求め$x=0, 1, \lambda$を代入すると、$F'(0)=(b-a)\equiv\alpha$, $F'(1)=(c-d)\equiv\beta$となる。今定義したαとβを用いると$F'(\lambda)=-\alpha\beta/(\alpha+\beta)$となる。ここで、第5章表5-1の数値を代入し、$F'(0), F'(1), F'(\lambda)$の符号を求めると次⑦が得られる。

$F'(0)<0, F'(1)<0, F'(\lambda)>0$ ……⑦

⑦に基づき、フェーズ・ダイアグラムを描くと図6-4のようになる。λは不

図6-4 $X>\lambda$で銀行取り付け

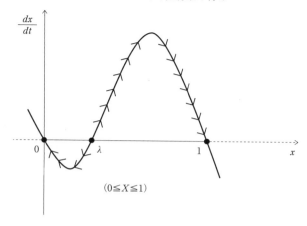

($0 \leq X \leq 1$)

安定均衡である。当初において、xが偶然にλと一致すればxは変化しないが、少しでもλからそれればxは変化していく。この数値例では、$\lambda<x\leq 1$の領域が大きいが、当初においてxがλよりも大きく$\lambda<x<1$の場合、xは1に向かって増加していき（預金払戻の人の割合が増加していく）「銀行取り付け」となる。逆に当初に預金を払い戻す人が非常に少ない場合（$0<x<\lambda$）、預金を払い戻す人の割合が減少していき、「銀行取り付け」に発展しないことがわかる。なお当初において$x=0, 1$の場合は、xは変化しない。

xが増えるということは、時間の経過に伴い、預金を払い戻しに行く人の割合が増えていくことを意味する。逆にxが減るということは、時間の経過とともにWからDWに切り替える人が増えていくことを意味する。WからDWに切り替えた人は、引き出した預金を再度預金すると考えるが、預金の出し入れに伴う金利の損失（機会費用）を無視する。

このケースで「銀行取り付け」に発展させないためには、λが大きくなればよい（なるべく1に近づけばよい）。すなわち$0\leq x\leq \lambda$の範囲が大きくなれば、当初のxがその範囲に属する可能性が高まり、預金を払い戻しに行く人の割合が減少していく可能性が高まる。

⑥より$\partial \lambda/\partial (a-b)>0$が計算で求まる。つまり$a$が大きくなるか$b$が小さくなるか、またはそれらが同時に生じれば$a-b$は大きくなり$\lambda$は大きくな

る。すなわち預金を長期間預けたときの金利の方が短期間預けたときの金利よりも非常に大きくなれば（＝それらの金利の差が拡大すれば）、人々は預金払戻に行かなくなる可能性が高まることがわかる。

また⑥より $d-c>0$ が 0 に近づいていけば λ は大きくなる。そのためには、d が小さくなるか、c が大きくなるか、それが同時に生じるかである。d は預金者すべてが預金を払い戻した場合の利得であるが、それが小さくなれば預金払戻に殺到する誘因が薄まる。例えば「支払停止措置」が制度化され、預金者が銀行に殺到し（W, W）が生じた場合、預金の支払が停止されれば、当分の間は預金を利用できず預金者は「不効用 V」を得る。「不効用 V」が大きければ、(W, W) のときの預金者 1、2 の利得はそれぞれ $d-V$ と小さくなる。

c は他者が預金を払い戻す場合に「自分は払い戻さない」ときの自分の利得である。例えば銀行の自己資本比率が増加して自己資本のショック・アブソーバー機能が充実すれば c の値は増加し得るが、それは預金払戻誘因を減退させ得る。

II.2 預金保険

では、預金保険が導入される場合を考えよう。預金保険に該当する第 6 章の表 6-1 より、$a=102, b=101, c=102, d=101$ のため、$F(x) = -x(1-x)$ と二次式に退化し、解は $x=0, 1$ であり、フェーズ・ダイアグラムは図 6-5 となる。x

図 6-5　預金保険

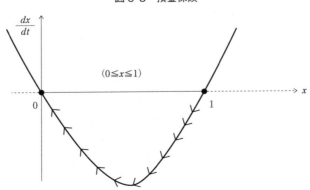

が当初において $x=1$ でない限り（全員が預金払戻をしない限り）、x は 0 に向かって減少していく（ただし当初において $x=0$ の場合は 0 が維持される）。預金保険制度の下では、銀行から預金を引き出さない人の割合が時間の経過とともに増えていき、「銀行取り付け」が生じない方向に人々は動いていく。

II.3 早期是正措置

次に預金保険の下で早期是正措置が行われる場合（表 6-2）を考察しよう。この場合三次方程式 $F(x)=0$ は重根を持ち、$x=0$ と $x=1$（重根）となり、$F'(0)<0$, $F'(1)=0$ となる。したがってフェーズ・ダイアグラムは図 6-6 のように描くことができる。この場合、先に考察した預金保険の場合と同様、当初において $x=1$ でない限り、x は $x=0$ に向かって減少していく（ただし当初において $x=0$ の場合は 0 が維持される）。

II.4 λが ESS になるケース

最後にλが安定均衡（進化論ゲームにおける ESS）になるケースを考察しよう。「第 5 章：表 5-1」（預金保険がないケース）に基づきモデルを拡張する。

（W, W）のとき、両者は不効用 $V(>0)$ を得ると仮定する。預金者 1、2 を家族単位で考えれば、預金者 1、2 全員が預金引き出しに銀行窓口に殺到したときに混雑現象が生じ、不効用 V を被る（あるいはすべての預金者が W を選んだと

図 6-6 早期是正措置

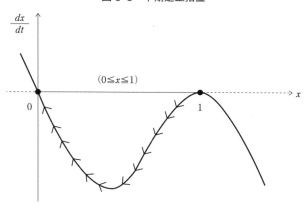

きの銀行員のあわてた接客の仕方に預金者が不快 V を感じる)。そして預金を引き出して現金を手にしたときの喜び $U(>0)$ を加えよう。効用 U の解釈として、預金を払い戻せば「銀行取り付け」で預金を失わない安堵感が含まれると考えてもよい。利得行列は、「第5章：表5-1」の数値に U と V を加え、表6-4となる。

$1<U<V-41$ を仮定するが、その場合 $F'(0)>0$, $F'(1)>0$, $F'(\lambda)<0$ となる。また $\lambda=(U-1)/(V-42)$ となり、$0<\lambda<1$ であることがわかる。

したがってフェーズ・ダイアグラムは図6-7のように描くことができ、$x=\lambda^*$ が安定均衡になる（進化論ゲームにおける ESS のため λ^* で表す）。すなわち当初において $x=0, 1$ である場合を除くすべての場合について、x は λ^* に向かい収束していく。

λ^* における預金払戻の金額が銀行の流動資産比率を下回れば、銀行経営は安泰である可能性が高い。ただし当初において x が λ を大きく上回る場合、x

表6-4　U と V を考慮した利得行列

1＼2	DW	W
DW	102, 102	19, 101+U
W	101+U, 19	60+U−V, 60+U−V

図6-7　λ が ESS になるケース

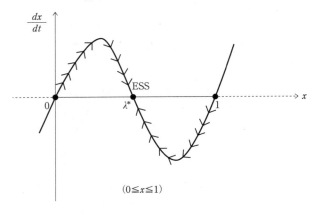

($0\leqq x\leqq 1$)

は時間が経てば減少してλ^*に向かい収束していくが、それまでの間に銀行が流動性に不足し、インターバンク市場借入などで対応できなければ、銀行は非流動資産を流動化しなければならない。その非効率性が大きい場合、中央銀行が当該銀行に一時的に流動性を供給する（ラスト・リゾート機能）ことは、有意味な政策であることがわかる。

λ^*は小さな値の方が好ましい。なぜならば当初のxがλ^*より大きい場合でも、時間が経過すればλ^*に向かいxは収束していくからである。収束先のλ^*が小さければ、xはλ^*に接近していくため、預金払戻に行く預金者の割合が小さくなるわけである。したがって、銀行は預金で集めた資金の多くの割合を貸出に回すことができる。λ^*を小さくするには、Vを大きくすればよい。すなわち、人々が預金払い戻しに殺到した場合（本モデルでは（W, W）の場合）、「預金支払額に上限を設ける」あるいは「一時的に預金支払を停止する」など、（W, W）における預金者の「不効用V」を増大させることを、銀行が事前に公表してそれにコミットする政策は有意味である。

【注】

(1) 当初預金Dのうち$(1-a)D$が貸出に回り派生預金となる。その派生預金を獲得した銀行は、そのうち$(1-a)$の割合を貸し出し、すなわち$(1-a)^2D$を貸し出し、それが新たな派生預金となる。そして次は$(1-a)^3D$の派生預金が生まれ……という具合である。それらの預金をすべて足し合わせ無限等比級数を計算するとD/aとなるが、$0<a<1$を考慮すれば、当初預金Dよりも大きい。そのことは信用創造と呼ばれる。

(2) 日銀が準備率を引き下げれば、銀行取り付けが生じた際に用いることができる資金が減るため、預金者心理に対してマイナス要因となる。過剰準備がない下で（例えば現在の日銀のマイナス金利政策の下で）準備率が高ければ、それを大幅に引き下げる政策をとることで銀行が預金払戻に不足した資金を多く補うことができる（＝銀行が準備を多く日銀から引き出し得る）。しかし日銀準備が低水準の状態では、その効果が薄れるため、銀行が流動性不足に陥った際に心配である（準備率の引き下げはその心配を浮上させ得る）。しかし日銀は発券銀行であるため、日銀券を増発して銀行救済に当てることができる。したがって人々は準備率の変化を気にしないかもしれない。しかし、そのような場合には日銀券増発に伴うインフレによる貨幣価値の低下を人々が懸念すれば、やはり銀行取り付けが生じ得る。人々の心理作用は複雑であるが、日銀の準備率引き下げによる金融緩和政策は景気を刺激すると判断する人が現

実には多いため、銀行取り付けに対して鎮静作用があると考えられる。
(3) 貸倒引当金の積み増しの効果は、積み増し資金を銀行が「手許現金」(第一線準備) で保有するか、「国債」(第二線準備) で保有するかにより効果が異なる。もし銀行が「手許現金」で保有すれば、その分だけ「日銀準備」が増加したことと同等の効果を生む。しかし「国債」で保有すれば、すなわち銀行が国債を購入すれば、国債価格は上昇し国債金利は減少する（債券価格と利率は逆の関係となる）。それが国に景気対策として財政支出増加（＝国債発行増加）を促す効果を与え得る（国は財源を国債発行で容易に確保でき、国債利払いが安く済む）。その場合、財政出動により景気が刺激され、銀行の貸倒引当金積み増しによる景気悪化効果は打ち消される可能性がある。しかし今日の日本のように国債残高が非常に多い場合、政府は国債発行に慎重となるであろう。また銀行が保有する資産の価格に変化が生じれば、「自己資本比率規制」により銀行の貸出態度に影響が生じ、その銀行の貸出態度の変化が景気に与える効果も存在する。
(4) 銀行情報を生産した格付け機関は、他の格付け機関と手数料競争に巻き込まれる可能性がある。しかし他の格付け機関は、当該銀行の情報を蓄積できていないため、情報生産費用を安くできない。したがって当該格付け機関はそれを見越して、その分手数料を安くしない。もし取引継続による情報蓄積を前提に、契約当初に手数料を逓減させていくプランを複数の格付け機関が銀行に提示し、顧客銀行の獲得競争を行う場合、手数料は安くなり得る。問題は、経済情勢の変化などを受け、どの時点で費用を多くかけて経済情報・銀行情報を詳細に生産しなければならないかを、事前に完璧に契約する（完備契約）ことが難しい点にある。その難点が格付け機関などを用いる場合には生じるが、銀行自身が情報生産を行う場合、その問題は回避できる。複数の格付け機関が競争すれば、手数料の安さのみならず、正確な情報を生産することが重要となり、そのような格付け機関のみが市場に選ばれる。ある格付け機関が生産した情報が不正確であると預金者にわかれば、その格付け機関を利用して情報を開示している銀行から預金が引き出される。その場合、銀行は市場で信頼を得ている他の格付け機関に変更しなければならない。つまり格付け機関は存亡をかけ正確な情報生産に専念し、それに見合う手数料を要求する。銀行が格付け機関を利用する場合、市場で信頼を獲得した格付け機関を選び、かつ一定水準の優良格付けを得なければ預金を集められない。格付け機関への頻繁な手数料支払を考慮すれば、銀行が自身の情報を生産し公開する方が割安であると考えられるが、その場合は監督官庁の監査を要する。
(5) 監督官庁が銀行の開示情報に悪質な虚偽を発見した場合、即時にそのことを公表することを法的に定めておく必要がある。監督官庁は銀行取り付けが生じることを嫌い、銀行の虚偽情報を見逃す（公表しない）誘因を持つからである。そのことを銀行が事前に予期すれば、銀行はリスク・テイキングな行

動を起こし、かつ粉飾した情報を開示する誘因を持ち得る。大口預金者は銀行情報を生産するが、銀行の開示情報の一部にでも虚偽を発見すれば、大口預金を引き出す可能性がある。そのこと自体が銀行経営に大きな打撃であるが、大口預金者の引き出し行動が銀行の開示情報の不正確性のシグナルとして小口預金者に伝わり、銀行取り付けの口火を切る可能性もある。

(6) 景気悪化で、格付け機関が地方銀行Bの格付けを下げても、例えば漁港町での魚肉加工などの地場産業に主に融資する地方銀行Bは、開示データを下方修正しないかもしれない。不景気でも地元で普段多く食される食品需要は低下しにくいからである。地元住民が地場産業の底力を熟知していれば、銀行の開示データの方を信じるであろう。また地方銀行Bの開示データが他府県の銀行データよりも悪くとも、融資先の地元企業の経営状況を地元企業で働く住民は熟知しているため、預金が流出しない可能性がある。中小銀行の開示情報の内容が大手銀行などと比べ良好でなくとも、地元経済に大きな異変がなければ、地元住民は当該中小銀行に預金を預け続ける可能性がある。逆に開示データの値が優良な大手銀行でも、微少なデータの変動が預金者に動揺を与え、預金が流出する可能性もある。大手銀行は複雑な取引関係に巻き込まれているため、わずかなデータの変化が他の多くの経済主体に影響を与え、それが当該銀行に跳ね返ってくる過程で、その影響が悪化・増幅する懸念があるからである。開示データの数値が多少悪い銀行から良い銀行に預金がシフトするとは必ずしも限らない。それは地元住民と銀行の信頼関係・銀行規模・地方特性など、様々な要因に依存して決まるであろうが、正確かつ詳細な情報開示で市場規律が働くことは確かである。

(7) 例えば下掲文献[1]などにおいて支払停止措置の有効性が理論的に分析されている。また、まったく別の観点での銀行取り付け予防策として、銀行の「決済機能」と「金融仲介機能」とを分離させ、前者のみに特化した銀行を創設するという考え方がある。それはナローバンクまたはコアバンクと呼ばれるが、下掲文献[2]を参照のこと。ナローバンクでは、銀行資産を短期国債やアメリカ財務省証券などに限定することで、銀行が常に流動性を確保できる状態を保ち、銀行取り付けによる決済システム（公共財）の麻痺を予防する考え方である。ただしナローバンクは、本書で考察するような金融仲介機能を失う難点を持つ。

[1] Gorton, G. (1985) "Bank Suspension of Convertibility," *Journal of Monetary Economics*, 15, pp. 177-193.

[2] Litan, R. E. (1987) *What Should Banks Do?*, Brookings Institution, Washington, D. C. (ライタン, R. E.〔1988〕『銀行が変わる―グラス＝スティーガル体制後の新構図』〔馬渕紀壽・塩沢修平訳〕日本経済新聞社)

(8) 信用秩序維持政策は「事前的規制」と「事後的規制」とに大別される。「事前的規制」とは、銀行取り付けが生じないように、事前に予防策として行われ

る規制であり、「競争制限規制」と「健全経営規制」とに分けられる。「競争制限規制」は、金融機関の競争を激化させないように規制し、競争に敗れ破綻する金融機関をなくすための規制である。それは、参入規制、新商品開発規制、価格規制、店舗規制などから構成される。「健全経営規制」は、自己資本比率規制や大口融資規制から成る。「事後的規制」とは、ある銀行が債務超過に陥った場合、その悪影響が拡散しないために行われる規制であり、セーフティー・ネットと呼ばれる。それは、「中央銀行のラスト・リゾート機能」「預金保険機構によるペイオフ・資金援助」「早期是正措置」から成る。金融自由化は、競争制限規制を緩和させ市場メカニズムを効率的に機能させる取り組みである。今日では「競争制限規制」の緩和に対応させ、「自己資本比率規制」が強化されている。

(9) 世界大恐慌（1929年）は世界経済を荒廃させたが、アメリカでは3分の1の銀行が破綻し、その対策が急がれた。そこで1933年にアメリカで銀行法改正により「連邦預金保険公社（FDIC）」が設立された。それを模倣しカナダ、イギリスなど世界各国で相次いで同様の制度が導入された。日本では1971年4月に預金保険法が公布施行され、同年7月1日に特別法人「預金保険機構」が設立された。アメリカの連邦預金保険公社は加盟銀行の監視機能を備えるが、日本の預金保険機構はその機能をほぼ有さない点などが異なる。なお、本文の「ペイオフ」という言葉は、ゲーム理論では「利得」という意味で用いられるため注意を要する。

(10) もし預金市場が完全であれば、銀行経営者がリスク・テイキングな行動（モラルハザード）をとると、預金者はそのリスクを反映させた高い預金金利を銀行に要求する（銀行預金が危険資産となれば、そのリスクに見合う高金利を要求する）。預金市場が完全であり、非対称情報や取引費用などがなく価格調整が瞬時に行われるならば、銀行経営者がリスク・テイキングな行動をとると預金金利が瞬時に高騰するため、銀行経営者のモラルハザード誘因が抑止される。またリスク変化に応じて価格（金利）調整が瞬時に行われないならば、数量調整となり、預金のリスクが高まれば預金量が変化する（預金が引き出される）。なお現実の預金市場は上述のような完全性を有さない。

(11) 預金者が銀行の監視を怠るというモラルハザードであるが、その場合のプリンシパルは「国民」であり、「預金者」がエージェントである。預金者が預金先銀行の監視を怠り、その結果銀行が破綻すれば、その銀行の融資先企業は資金調達に苦慮する（即時に取引銀行を替えられず倒産するかもしれない）。その結果不況・生活難（さらには金融パニック）になれば、預金を保有しない人（子供など）をも含め、「国民全体」に悪影響が及ぶ。なお、預金保険と銀行経営者のモラルハザードの関係は下掲の文献を参照のこと。

Berlin, M., A. Saunders, and G. Udell (1991) "Deposit Insurance Reform: What are the Issues and What Needs to be Fixed?," *Journal of Banking and*

Finance, 15, pp. 735-753.
(12) プレーヤーが2人の場合を考える。戦略 s_i^* がプレーヤー i にとって強支配戦略（strictly dominant strategy）であるとは、他のプレーヤーのすべての戦略に対し、戦略 s_i^* をとることでプレーヤー i の利得が必ず大きくなることを意味する。それに対し、プレーヤー i の戦略 s_i^* が弱支配戦略（weakly dominant strategy）とは、他のプレーヤーのすべての戦略に対し、戦略 s_i^* をとることでプレーヤー i の利得が大きくなることはあっても小さくはならず、かつ他のプレーヤーのある特定の戦略に対しては s_i^* をとることで、必ずプレーヤー i の利得が大きくなることである（第5章（注16）のロンプ〔2011〕を参照のこと）。
(13) この点に関しては下掲文献 [1] [2] を参照のこと。
 [1] Merton, R. C.（1977）"An Analytic Derivation of Deposit Insurance and Loan Guarantees," *Journal of Banking and Finance*, 1, pp. 3-11.
 [2] 池尾和人（1990）『銀行リスクと規制の経済学』東洋経済新報社
(14) 可変的保険料を銀行システムに導入することが困難であることに関して、下掲文献を参照のこと。また第1章（注2）の酒井・前多（2003）をも参照のこと。Chan, Y. S., S. I. Greenbaum and A. V. Thakor（1992）"Is Fairly Priced Deposit Insurance Possible?," *Journal of Finance*, 47, pp. 227-245.
(15) 金融当局が預金者を代表して銀行をモニターし、銀行の財務状況（自己資本比率など）に応じて銀行経営に介入することが必要であるという考え方は、「代表仮説」と呼ばれる。その点に関して下掲文献を参照のこと。
 Dewatripont, M. and J. Tirole（1994）*The Prudential Regulation of Banks*, MIT Press.（ドゥワトリポン, M., ティロール, J.〔1996〕『銀行規制の新潮流』〔北村行伸・渡辺努訳〕東洋経済新報社）
(16) 株主は株主総会で議決権を持ち経営に関与できるが、それは「発言（voice）」と呼ばれる。すなわち経営者は多数の株主の意向（voice）に従わなければ更迭され得る。また株主は、経営者の経営方針に納得できなければ「退出（exit）」できる。すなわち当該株式の一部または全部を売却できる。多くの株式が売却されるとその株価は暴落するが、株価を大きく下げれば経営者は株主により更迭される可能性が高まる。したがって経営者は、大幅な exit が生じないように留意する。株主は「発言」と「退出」により経営者をコントロール可能であり、換言すれば株主は経営に関与でき得るため、経営の結果責任をとる必要が生じる。しかしそれは保有株式の範囲内に限定される（有限責任制）。
(17) 「1988年のバーゼル合意」の自己資本比率規制はその後2007年に改定され、「バーゼルⅡ」と呼ばれた。バーゼルⅡでは自己資本比率の算定の際のリスクについて、信用リスクに加え、市場リスクやオペレーショナル・リスクを考慮するようになり、また金融機関が自己資本比率などを計算するに当たり規制当局が検査を行うことなどの改定が行われた。さらに2013年から「バーゼ

ルⅢ」が段階的に実施され、自己資本のうち中核的自己資本（Tier1）の定義を狭くし（普通株式や内部留保を重視し）、経営破綻時におけるショック・アブソーバーとしての機能強化が図られた。日本経済新聞（2014年9月14日）は、20ヶ国・地域（G20）は国際展開する巨大銀行の自己資本比率規制を今の2倍近い16〜20％に引き上げ、銀行の経営破綻リスクをさらに減少させるべく調整に入り、2019年以降に適応させると報じた。また銀行経営破綻時に投資家が損失負担する条項（ベイルイン条項）付きの劣後債を積み増しさせ、投資家負担で預金者を守り、銀行破綻時の税金投入を軽減させる方針であると報じた。日本で規制対象となるメガバンク（G-SIBs）の自己資本比率は高水準にあるが、それでも銀行経営に影響が出る可能性がある。それらの自己資本比率は同記事によると「三菱UFJ FG（＝フィナンシャル・グループ）15.53％」、「三井住友FG 16.18％」、「みずほFG 14.86％」である。日本経済新聞（2015年8月13日）は、資本規制強化に備え上記3メガバンクは償還期限のない「永久劣後債」を発行したと報じた（三菱UFJ FGは3月に1000億円、三井住友FGと、みずほFGは7月に3000億円ずつ調達した）。永久劣後債は、銀行資本の中核となる「中核的自己資本（Tier1）」として計上できる。普通株による資金調達では発行済み株式が増え株価が下落する懸念から、永久劣後債を発行したと考えられるが、規制強化を受け3メガバンクはさらに数千億円〜1兆円規模で永久劣後債を発行予定である、と同記事は報じた。

(18) 下掲文献で、銀行が優良な貸出債権を証券化などにより流動化する利点として、銀行は事前の情報生産（審査）に特化できることが考察されている。すなわち証券化（貸出債権譲渡を含む）により、銀行は情報生産専門機関に近づいた存在となり、情報生産に関する専門化の利益を発揮でき得る。銀行の情報生産による付加価値生産は貸出債権の販売価格に反映される（すなわち情報生産費用が回収できる）。またローン・パティシエーションの場合などは、銀行は事後の情報生産（モニタリングや経営コンサルティング）の役割をも果たす必要がある。情報生産・販売に特化する困難については第2章補論Ⅱで述べた通りであり、情報生産専門機関の存在は困難を伴う。したがって銀行が情報生産と同時に融資を行い、当該貸出債権の有望性を市場に示す。そして一定期間後に銀行はその貸出債権を証券化する。それはメインバンクが情報生産をして融資を行った後にそのシグナルを見て他の非メインバンクが当該融資に参加し（カウベル効果）、その分メインバンクは融資額を低下させていく（ただしトップ・レンダーであることは保つ）ケースと類似している。情報生産専門機関と銀行との相違点は、当初の一定期間の融資の有無である。また情報生産専門機関は預金で資金を集められないが、銀行の場合は預金（企業預金を含む）で資金を集められるため、企業預金の動きから事後の情報生産に関する範囲の経済の利益をも入手できる。

James, C. (1988) "The Use of Loan Sales and Standby Letters of Credit by

Commercial Banks," *Journal of Monetary Economics*, 22, pp. 395-422.

(19) リスクが異なる様々な金融商品を購入すること自体がリスク分散であるが、株式などが含まれる金融商品を購入することは、別の意味でリスク分散となり得る（投資信託にも株式が組み込まれたものがある）。自分が勤める企業の業績が悪化した場合、賞与が減る（すなわち所得が減る）ことが多いが、別の企業では利潤拡大、増配、株価上昇、そして給与増加の場合がある。その増益を反映する投信もある（高配当となり得る）。正規社員として複数の企業で同時に働いてリスク分散を行うことは難しいが、様々な企業の株式や金融商品を購入することで、家計（労働者）もある程度はリスク分散を行い得る。

(20) 「サブプライムローン」とは、アメリカで低所得者や信用履歴が低い個人（＝サブプライム層）向けの住宅ローンであり、数種類あり返済条件もそれぞれ異なるが、当初数年の間は優遇措置があり、その後に返済条件が厳しくなるものが多い。その一例として「2/28 ARM」は、当初2年間の優遇期間は低い固定金利であるが、その後28年間は変動金利に移行する（優遇期間後はリスクプレミアムが加算され市場金利よりも割高となる）。2000年代初めにアメリカの住宅ブームでサブプライムローンは急増した（2001年の1900億ドルからピークの2005年には6250億ドルに急増した）。「リーマン・ショック」とは、サブプライムローンの証券化商品を大量に保有したアメリカ大手の投資銀行「リーマン・ブラザーズ」の破綻に由来して名付けられた、2007～2009年のアメリカ金融危機、および世界経済への影響の総称である。上述の金融危機に関して、下掲文献［1］［2］を参照のこと。なお［2］において、当該金融危機を引き起こした重要な要因として次の5点が指摘されている（pp. 135-136より引用）。①サブプライムローンは住宅価格の上昇を前提としたローンであった。②サブプライムローンの証券化は複雑すぎて、投資家には適正な価格を見出す情報がなかった。③金融機関と投資家のレバレッジ比率が高すぎ、かつ、短期資金への依存度も高かった。④サブプライムローン関連の証券化商品は世界中の金融機関と投資家によって購入された。⑤大金融機関の破綻。

［1］Diamond, D. A. and R. G. Rajan（2009）"The Credit Crisis: Conjectures about Causes and Remedies," *American Economic Review*, 99（2）, pp. 606-610.

［2］岩田規久男（2009）『金融危機の経済学』東洋経済新報社

(21) 「影の銀行」（shadow bank）とは、ヘッジファンドや証券化のための特殊な資金運用会社などの総称であり、銀行規制が及ばない。アメリカの金融機関の中には影の銀行であるSIV（Structured Investment Vehicle）を設立し、SIVを用いて証券化商品に多額の投資を行ったケースがある。その際に短期の資金調達で長期の投資を行うという高いリスクをとり（高いリスクをとる分だけ高収益を狙うわけであるが）、そして高いレバレッジをかけたが（自己資

本に比して高い比率の借入を行ったが)、SIV に対する規制は行われなかった。
(22) サブプライムローンは数種類あるが、例えば「2/28 ARM」は当初 2 年間の優遇期間を過ぎると返済条件が厳しくなり、債務不履行に陥りやすくなる(注 20 参照)。しかし以下のように楽観視された。当時アメリカでは、金融緩和を背景に雇用情勢・賃金水準が良好であり、住宅価格も上昇した。住宅価格上昇は担保価値を上昇させる。アメリカでは住宅価格の上昇分を担保にして新たに借入を行うことができ、それは「キャッシュ・アウト」と呼ばれる。住宅バブル期はキャッシュ・アウトを用いて返済が可能であった。そのため住宅バブル膨張を前提に、サブプライムローンは楽観視された。サブプライムローンの"貸し手"は、当該貸出債権をすぐに証券化しリスクを切り離せるため、安易に住宅ローンを供給する動機を持った。また複数のサブプライムローンをプールして証券化商品を組成するため、リスク分散の観点から格付けを上げることができ、証券化商品の需要も伸びた。サブプライムローンの"借り手"も、アメリカ政府の持ち家率増加キャンペーンに踊らされた。
(23) AIG 社はリーマン・ショックで破綻し救済された保険会社である。救済された理由は"too big to fail"(大きすぎて潰せない)からである。AIG 社やヘッジファンドは CDS(credit default swap)を大量に販売した。CDS はデリバティブの一種であり、債務不履行時に債権者が被る損害に対する「保険として機能する金融商品」である。CDS の購入者は AIG 社などに対してプレミアム(=保険料)を支払うが、債務不履行時には契約に応じて損失補填(=保険金)を受け取れる。サブプライムローンを複層的に証券化した金融商品には CDS が組み込まれたものも登場し、投資家の投資意欲を煽った。ところで、サブプライムローンは住宅バブルにより成り立つ仕組みであったため、住宅バブル崩壊で破綻することは予期できた。実際、アメリカの住宅バブルの崩壊を予測し、サブプライムローンやその証券化商品が債務不履行に陥ることを予測して、CDS を大量に購入した投資ファンドがあった。その予測自体は合理的であったが、換言すれば政策当局も同様の予測が可能であったわけである。しかしアメリカ政府は住宅バブルの抑制や、サブプライムローンおよびその証券化商品の開発・販売への速やかな規制を行わなかった。
(24) サブプライムローンなどを担保に証券化が行われ、住宅ローン担保証券(RMBS)が組成された。次に RMBS などを裏付けに、再度の証券化で債務担保証券(CDO)などが再組成されていったが、その際に格付けを上げるための工夫が施された。具体的には、証券化に当たり RMBS を優先劣後構造によりトランシェ(tranche)と呼ばれるカテゴリーに分類し、サブプライムローン返済から得られるキャッシュ・フローを優先順に元利金を支払う構造が考案された。当該キャッシュ・フローは、まず最優先のシニア・トランシェの元利金支払に充当され、次にメザニン・トランシェ、最後にジュニア・トランシェの元利金支払に向けられた(トランシェはリスクや優先順位によりさ

らに細分化されていった)。RMBS はトランシェに分けられ組成され、各トランシェ内で複数のサブプライムローンなどが組み合わされ、リスク分散が行われる分だけ格付けがよくなった。格付けは優先順位が劣後するほど低くなるため、劣後するトランシェの商品は売りにくい。そこで下位トランシェ商品を他の貸出債権などと組み合わせ、再パッケージ化して新たに CDO を組成し、格付けを上げて販売が行われた。そのように証券化は複層化した。金融工学的には巧妙な手法であったが、そこには住宅バブルが弾ければサブプライムローンの不良化の危険が潜んでおり、それはすなわち RMBS や CDO など証券化商品破綻の導火線への点火を意味していた。

(25) 当時のアメリカの金融緩和政策は、グリーンスパン FRB 議長の下で行われた。BIS は「資産価格の上昇局面ではバブル膨張を警戒して金融引き締めを検討する」という考え方(BIS View)を有していたのに対し、当時の FRB (アメリカ連邦準備制度理事会) は「資産価格上昇局面ではバブルか否かわからないため対処せず、バブルが弾けたときに速やかに流動性を供給して対処する」という考え方(Fed View)を有していたことも、アメリカ住宅バブル膨張に影響したと考えられる。ただしバブル崩壊前にファンダメンタルズとの乖離を判別するのは簡単ではない。ところで、持ち家率増加政策はクリントン政権 (1993 ～ 2001 年) で行われ、サブプライムローンは証券化を誘発しながら 1990 年代後半に拡大していった。後続の G. W. ブッシュ政権 (2001 ～ 2009 年) も持ち家率増加政策を行い、住宅減税などの政策を実施した。それらは政治的な判断 (＝有権者の支持を集める手段) で行われたわけであるが、その戦術がサブプライムローン問題に影を落とした側面があると考えられる。

(26) ゲーテは『若きウェルテルの悩み』高橋義孝訳、新潮文庫 (1951) で、「むろんぼくらは平等ではないし、平等でありうるわけのものじゃないが、それにしたところがぼくをしていわしむれば、尊敬されるためにはいわゆる下層民から遠ざかっているにかぎると思いこんでいる手合は、負けるのをおそれて敵にうしろを見せる卑怯者と何の選ぶところもないではないか」(第一部：五月十五日、p. 11) と述べている。「尊敬される」(＝経済学的に評価される論文を執筆する) ために、「下層民から遠ざかっている」(＝格差問題など公平性の問題を捨象し数学的に分析可能なパレート効率性などの分析に特化する) ことは、「敵」(＝社会問題の根源) に背を向ける卑怯な行為であると、ゲーテの批判が経済学者にも向けられている。公平性の厳密な定義がない中で、良き社会の実現に向け、効率性と公平性のバランスをも暗中模索していかなければならないであろう。"Astrology is the parent of modern astronomy as alchemy is of chemistry."(錬金術から化学が生まれたように、占星術から天文学が生まれた) という言葉がある。サブプライムローン組成の"錬金術"は破綻したが、それをステップに学問的発展を行える叡智を人類は有している。

(27) 下掲論文 [1] は、銀行の融資態度が厳しくなることが企業経営に悪影響を

及ぼすことを複数の観点から理論的に分析している。銀行の融資態度が厳しくなれば、資本市場にアクセスしにくい企業の業績は悪化するが、下掲文献 [2] では企業の生産性ショックが一時的な場合でも、それが増幅され景気循環の波が拡大される可能性が示されている。景気後退期は銀行のバランスシートが痛むため、BIS 規制は銀行の融資態度を厳しくさせ得る。したがってその時期には特に銀行の情報生産能力が重要となる。景気後退期に銀行が企業の投資プロジェクトの有望性を的確に見出し、それを融資で伸ばしていくことが重要であると同時に、俊敏な判断で有望性が希薄化したプロジェクトへの融資を減らす（あるいは停止する）ことも重要である。

[1] Holmstrom, B. and J. Tirole (1997) "Financial Intermediation, Loanable Funds and the Real Sector," *Quarterly Journal of Economics*, 112, pp. 663-692.

[2] Bernanke, B. and M. Gertler (1989) "Agency Costs, Net Worth, and Business Fluctuations," *American Economic Review*, 79 (1), pp. 14-31.

(28) 銀行がリスク・テイキングな行動をとり、その情報が公開されれば、預金金利は"瞬時に"上昇するはずである。しかし現実には、銀行の格付けの悪化に反応し、その情報を知り得る大口預金者が"瞬時に"大口預金金利の増大を要求するわけでない。大口預金は相対取引のため金利変更を交渉できるが、大口預金者はその交渉の取引費用を考慮する。彼らは他の金融商品への乗り換えを検討するが、必ずしも瞬時に乗り換えるわけではない（他の投資機会の探索に時間を要する）。ところで預金者は ATM の普及（コンビニとの ATM 提携）により預金の出し入れを"瞬時に"行える（取引費用の低下）。預金に関して、リスクを瞬時に反映させた"金利の調整"（価格調整）は緩慢であるのに対し、"預金額の調整"（数量調整）は比較的速やかに行われ得る。預金者にとって、リスク変化に対応した預金金利変更の交渉に要する取引費用よりも、銀行を変更すること（＝預金の預け替え）の取引費用の方が少ないと考えられる。本モデルのように預金保険制度がなく銀行情報が公開されれば、銀行のリスク変化に対応させ、多くの預金者が機動的に預金額を変化させる可能性がある。本モデルは数量調整（預金額調整）を仮定し、短期的に預金金利や貸出金利などは一定（短期的に価格調整が行われない）と仮定する。ここでいう短期とは価格調整が行われない期間であり、戦略が決定される時点で各プレーヤーにとって金利は所与である。

(29) 普通預金金利は本書校正時点（2016 年夏）で低水準であり（約 0.01％）、人々（小口預金者）の預金保有動機は預金金利獲得ではないであろう。預金保有の主な理由は、カードで買い物ができたり、電気代などが自動支払できたり、給与振込先口座が必要であるためなどであると考えられる。

(30) 2つの銀行の競争に関して、わずかでも透明性指標の値が大きい銀行がすべての預金を獲得できるわけではない。その理由は製品差別化があるためであ

る。銀行が異なれば、家からの近さや、待ち時間の長さ、接客サービスなどに多少の差（＝製品差別化）があり、預金者はそれらも考慮する。しかし預金者を一番惹きつける要因は透明性指標の相対的な大きさである。製品差別化がある価格競争（ベルトラン競争）において、1円でも安い価格を提示した企業がすべての顧客を獲得できるわけではない。ライバル企業製品のファンは、多少価格が高くともライバル企業の製品差別化された製品を買う。しかし自社が価格をライバル企業と比べて大幅に安くすれば、多くの顧客を（全員ではないが）ライバル企業から奪える。それと同様に本モデルにおいて、銀行は相対的な透明性指標の大きさに依存して預金を獲得できると想定する。

(31) 「図6-2」の預金者1の反応関数は、Yが0以上$1/4\theta D$以下までは右上がり（戦略的補完）であり、Yが$1/4\theta D$よりも大きくなれば右下がり（戦略的代替）となる。Yが$1/4\theta D$までは、ライバル銀行が透明性指標の値を増大させれば自身も対抗してそれを増大させ、預金を獲得しようとする。しかし、Yが$1/4\theta D$よりも大きければ、相手がその大きな水準よりもさらに透明性指標の値を増大させれば顧客である預金者をかなり相手に取られることになるが、それに対抗して自行がそれを増やしても効果が少ないため（焼け石に水）、むしろ逆に透明性指標の値を減らしてその費用を節約して利潤を増やそうとする。Xを減らしても0でない限りは$X/(X+Y)$はプラスの値となり、預金を獲得できる。

(32) 進化論ゲームは、メイナード・スミスにより生物の進化を分析するため考案された。彼は、ネオ・ダーウィニズムの立場から集団遺伝学の考え方をゲーム理論に導入した。生物は最初からすべてを知悉して合理的に行動するわけではなく、環境に適応して次第に進化していく。人間も状況によっては最初から必ずしもすべてを知悉して合理的に行動できるわけではない。銀行取り付けなどの場合はパニックとなり得る（限定合理的となり得る）が、試行錯誤しながらも最善を尽くして適応していく。そのような状況を分析するには進化論ゲームは適しているが、下掲文献［1］［2］を参照のこと。

［1］Maynard-Smith, J.（1982）*Evolution and Theory of Games*, Cambridge Univ. Press.（メイナード・スミス，J.〔1985〕『進化とゲーム理論』〔寺本英・梯正之訳〕産業図書）

［2］Fernando Vega-Redondo（1996）*Evolution, Games, and Economic Behavior*, Oxford Univ. Press.

(33) ④、⑤のtはtimeを表し、$x=x(t)$と考える。dx/dtはxの動学的変化を表し、例えば「1分間（＝Δt）のxの変化（Δx）」を表すが、極限概念で表現されている。したがって$dx/dt>0$であれば図6-4～6-7の図中の矢印は右向きを示し（x増加）、$dx/dt<0$であれば矢印は左向き（x減少）を示す。

結びに代えて
―実用と信頼の美しい社会に向けて―

　"遊惰の徒"にも怠ける由あり。それを知ったのは、葉桜の下で蟻が忙しく餌を運び始めた頃である。「働かないアリにも働き」と題された記事で長谷川英祐・北海道大学准教授の「シワクシケアリ」の実験を知った（日本経済新聞〔2013年4月28日〕）。

　働き蟻の中にも働かない仲間がいる。それは蟻の遊戯ではない。働く蟻ばかりを集めても一定割合が働かなくなるが、それはリスク分散であると理解されている。群全体が常時働き疲れていれば、外敵の襲撃で全滅する。すなわち休む予備軍も必要である。

　"すべての卵を一つの籠に入れてはいけない"というフランスの格言はリスク分散の極意を物語る。フェルナン・ブローデルによれば、19世紀に至るまで、大規模商人は商業活動を一分野に限定しなかったそうである（『歴史入門』第2章）。彼は商業分野が統合されなかった理由を当時の資本不足で説明しているが、コチニール染料と香辛料など、相関が少ない分野を選んで商人が事業展開した同書の例などは、リスク分散をも表している。驚くことに蟻は同様のことを本能で会得し、"累卵の危うき"を回避しているのである。

　社長の然諾を重んずる企業が危殆に瀕する場合がある。ワンマン経営企業の社員は社長に阿諛追従する。"問題の萌芽"は拱手傍観され、麻痺した組織の中で歪に育つ。そして往々にして不祥事の黒い花を咲かせる。全社で一つのことを追い求めれば、見えるものも見えなくなる。集団催眠にかかるからである。しかしそこに"遊び"の要素が加われば、別の考えに至るかも知れない。"遊び"とは、当面の目的を忘れ、しばし非生産的な空想の水面に身を漂わせることであり、人類など高等生物に許された知的活動である。

　遊び心を持つ遊惰の徒の複眼には、盲信的な組織の愚行が映し出されよう。"遊惰"とは言葉が悪いならば、"遊戯"と言い換えよう。効率重視の競争社会で、遊戯は許されない。しかし蟻も食物連鎖の摂理の中で、熾烈な弱肉強食の競争に日々さらされており、競争にさらされるからこそリスクを分散し、怠惰役を配置する。

ヨハン・ホイジンガは著書『ホモ・ルーデンス』の中で、「ホモ・サピエンス」（＝人類）は「ホモ・ファベル」（＝作る人）ではないと考える。それは他の動物もモノを作ることがあるからである。例えば中南米に生息するハキリアリは、茸(きのこ)栽培で知られる。ハキリアリは森で木々の葉を切り取り、巣に持ち帰る。その葉を肥料に、茸（アリタケ）を巣の中で栽培する。そしてその茸の胞子から糖分をもらい餌とする。この昆虫の驚異的な農耕生活は、餌を確実に得るための方策であり、リスク回避行動である。しかし"遊び心"を持たぬハキリアリに進歩はなく、単調に茸の生産を繰り返すのみである。

　では、われわれは何であるかといえば、ホイジンガは「ホモ・ルーデンス」（＝遊ぶ人）であるという。人類の発展過程で、実用に直結しない遊びの要素が新たな発明・発見の萌芽を育(はぐく)んだ事例は枚挙に遑(いとま)がない。ロジェ・カイヨワは著書『遊びと人間』の中で遊戯をいくつかに分類したが、その中には「非生産的な活動」が含まれる。非生産的な活動はビジネス界で忌避されるが、そこから視野が開け活路を見い出せるかもしれない。

　人類がホモ・エコノミクス（＝経済人）となって久しい。利益追求という不惜(ふしゃくしんみょう)身命の猛者(もさ)となり、自社製品の布教のため世界を飛び回る。可惜身命(あたらしんみょう)となり残業を断っていては出世も覚束ない。現代人の多くはホモ・ルーデンス（遊ぶ人）としての矜持を失い、非生産的な夢想に耽る暇もなく、ホモ・ファベル（作る人）と化して忙しく奔走する。驚くことなかれ、これは現代人に限ったことではない。『徒然草』七十四段で、世捨人兼好(よしけんこう)は浮世を冷徹に見据え述べている。

　「蟻のごとく集まりて、東西に急ぎ、南北に走る。高きあり、賤しきあり。老いたるあり、若きあり。行く所あり、帰る家あり。夕(ゆうべ)に寝ねて、朝(あした)に起く。いとなむところ何事ぞや。生(しょう)をむさぼり、利を求めて止む時なし」。

　これまで「実用」と「遊戯」とを対峙概念のごとく論じたが、実はそうではないことを小林秀雄の名作『鐔(つば)』が示唆している。文筆家の窺知(きち)をここで参酌するのも悪くない。「鐔」とは刀剣の柄(つか)（＝手で握る部分）と刀身(とうしん)（＝刀の部分）との境に挟まれた薄い円形の金属板のことであり、柄を握る手を刀から守るためのものである。鐔は「応仁の乱」の産物であり、世は下克上の乱世である。斬るか斬られるか、刀剣の持ち主に"遊び心"が宿る余裕などない。「乱世が太刀を打刀(うちがたな)に変えた」と小林秀雄は述べるが、刀剣は実用本位のものとなる。

その乱世に、遊び心に満ちた優美な装飾が施された鐔が作られる。その一見矛盾した歴史の一幕を、名作『鐔』の滋味掬すべき文章で追想してみよう。

「誰も、身に降りかかる乱世に、乱心を以て処する事はできない。人間は、どう在ろうとも、どんな処にでも、どんな形ででも、平常心を、秩序を、文化を捜さなければ生きて行けぬ。そういう止むに止まれぬ人心の動きが、兇器の一部分品を、少しずつ、少しずつ、鐔に仕立てて行くのである」。「装飾は実用と手を握っている。透の美しさは、鐔の堅牢と軽快とを語り、これを保証しているところにある」。

　ここでいう「透」とは透かし鐔のことであり、鉄の地金に鑿で模様を抜いた鐔のことである。『鐔』の著者はそれ以上を語らない。この短編は、伊那の友人から高遠城址の桜見物に誘われたときの話で終わる。茅野から杖突峠を越える途を選び、峠の下の諏訪神社に著者は辿り着く。満開の桜にもかかわらず境内に人影はない。そして最後の文章が著者の真意を伝える。

「白鷺だか五位鷺だか知らないが、一羽がかなり低く下りて来て、頭上を舞った。両翼は強く張られて、風を捕え、黒い二本の脚は、身体に吸われたように、整然と折れている。嘴は延びて、硬い空気の層を割る。私は鶴丸透の発生に立会う想いがした」。

　寡黙に真理を物語る名文である。羽ばたかず風を捕らえて滑空する白鷺の動きに無駄はない。脚は胴に吸われたように折られ、嘴で空気の層を割る。空気力学者ならずとも、理想的な形状であることがわかる。翼を一杯に広げ風を孕み、胴は空気抵抗を最小にする。この実用性・合理性に裏打ちされた白鷺の美しさに文筆家は心を摑まれる。装飾は単なる飾りではない。美はその実用的使命から自生するものである。『鐔』の著者はいう。「もし鉄に生があるなら、水をやれば、文様透は芽を出したであろう」と。

　ホモ・ルーデンスとしての遊び心の余裕が、リスク分散やリスク回避の精神を醸成する。その精神的な余裕があれば、東京電力も震災前に福島原発に充分な高さの防波堤を築いていたであろう。彼らは東日本大震災規模の津波襲来の可能性を、過去のデータから事前に推測していたのであるから。東京電力は生起確率や経営効率に囚われ、発電に直結しない充分な高さの堤防作りを、非生

産的な"城壁作り"と芥視した。

　地域独占企業が利潤追求に汲々(きゅうきゅう)としていたわけではない。逆に独占ボケで遊び心を忘れ、ホモ・ファベル（作る人）として営々と業務を繰り返した。社員はハキリアリと化し、単調に茸栽培に従事した。茸栽培（原発）という驚異のテクノロジーを地域独占的に所有し、窓外(かな)に流転(てん)する外界を遮断した。なにしろ外敵の襲撃などないのであるから。競争なければ活力なし。無機質化した組織に遊び心は育たず、視野は狭まる。

　乱世の実用が鐔の「鶴丸透」を産んだ。鐔は堅牢なだけでは不充分であり、軽くなければならない。重い刀は手の動きを鈍らせ、一瞬先に相手に斬られる。命を守るには、透を入れて軽くする必要がある。実用に裏打ちされた粧飾は美しい。リーマンショック後の乱世で、効率が重んじられ、遊びは切り捨てられた。老舗百貨店も孤城落日の有様であり、過多なる日本の国債発行残高も若年世代の軛(くびき)となる。日本が逆境にある今であるからこそ、ホモ・ルーデンスとしての矜持を取り戻そうではないか。

　「装飾は実用性と手を握っている」という小林秀雄の洞察は正鵠(せいこく)を射ている。装飾の美しさとは"遊び"の要素である。しかしここで注意が必要である。実用が美を奏で人を和ませ、心に余裕を持たせるには「人への信頼」が前提にあるからである。その肯綮(こうけい)に中(あた)る文章を、世の紛擾(ふんじょう)から身を遠ざけた兼好は残している。

　「神無月の比(ころ)、来栖野(くるすの)といふ所を過ぎて、ある山里にたづね入る事侍(はべ)りしに、遙かなる苔の細道を踏み分けて、心ほそく住みなしたる庵(いおり)あり。（中略）かくてもあられけるよと、あはれに見るほどに、かなたの庭に大きな柑子(かうじ)の木の、枝もたわゝになりたるがまはりをきびしく囲ひたりしこそ、少しことさめて、此(こ)の木なからましかばと覚えしか」（『徒然草』第十一段）。

　山里の風情ある草庵の庭に柑子（みかん）の木がある。枝はたわわに実をつけている。それを囲いで囲うことは実用であり、遊びではない。その木がなければどんなに良かったであろうと兼好は残念に思う。そこには鐔の実用に裏打ちされた美がない。白鷺(しらさぎ)の優雅に風を捕らえる舞がない。囲いは他人への猜疑(さいぎ)の表象である。実用が美を放つのは、人への信頼が奥底(おうてい)にあるからである。装飾された鐔は、信じるに足る機能があるから美しい。白鷺も身に危険を覚えれ

ば華麗に舞うことなどできぬ。蟻も怠ける同胞を嚙み殺したりはしない。実用の美の根底には信頼という無形資産がある。日銀券への信認が日銀券を貨幣にし、人への信頼が人を規範を守る社会人にする。地球環境保全への資金融資も、心の余裕と、信頼に足る企業のエコ開発努力、そして信頼できる金融システムがなければ行えない。

　鐔には透を、実業には遊び心を、人には信頼を与えてみては如何（いかが）であろうか。「人間は、どう在ろうとも、どんな処にでも、どんな形ででも、平常心を、秩序を、文化を捜さなければ生きて行けぬ」ものであるから。

　白鷺は心の遊（すさび）にまかせ、信頼の蒼穹を、気高くも優雅にそして悠然と舞う。

索　引

ア　行

相対型取引	10
赤字主体	4
アレンジャー	64
安定株主	167
アンバンドリング	213
暗黙の契約理論	232
暗黙の負債	76
委託されたモニター	163, 180, 300
一般技能	185
一般職	75
依頼人	28
インターバンク市場	10, 244, 266, 282
迂回生産	243
エージェンシー費用	188, 190, 227, 302
エージェント	28, 96
SNS	47
SPV	250
MRF	19
LBO	151
追い貸し	201, 238
横領問題	40, 58
OEM 生産	87

カ　行

外国為替	16
カウベル効果	180, 222, 253
価格競争規制	196
価格変動リスク	8
隠された行動の問題	28
隠された知識の問題	27
隔絶効果	251-2
格付け機関	53
確率変数	25
影の銀行	325
貸し渋り	201, 238
貸倒引当金	285
貸出債権譲渡	9, 246
過剰債務	201
——問題	238
過剰流動性問題	202
株式持合い	167
可変保険料	296
為替管理政策	192
監査役	208
監査役会	116
間接金融	6, 9
——優位	193
間接証券	7
完備契約	67
期間のミスマッチ	14, 243
期間変換機能	243
企業救済	175
企業統治	114
企業特殊的技能	185
議決権	6
起債調整	22
起訴不可能性	108, 112
希薄化	51
規模の経済	38
逆資産効果	206
逆選択	28, 31, 40
キャッシュ・フロー	249
CAT ボンド	276
キャピタル・ゲイン	6, 113, 125

キャピタル・ロス	6, 113
強支配戦略	294
協調融資	63, 191
業務分野規制	196
均衡信用割当	108
銀行取り付け	244
銀行離れ	201, 203
金匠の原理	15
銀証分離	196, 209
金融債	221-2
金融仲介機関	6
金融パニック	244
金融抑制	194
クレジット・ライン方式	192
グレシャムの法則	30
黒字主体	4
経営コンサルティング	126, 162, 179
経験財	39, 47
決済	16
限定合理性	312
行使価格	113
厚生経済学の第一基本定理	157
拘束預金	170, 228
公定歩合	20, 202
行動の事後的不確証	98
購買力	4
衡平的劣後化学説	224
効率賃金仮説	153
国債の市中消化	198
小口化	12
小口預金	253
国内為替	16
護送船団方式	192

サ 行

サービサー	250
債権管理	248
最後の貸手機能	296
財政投融資計画	158, 224
債務超過	298
債務不履行リスク	5, 8, 13
サブプライムローン	302, 325
参加条件	34
サンスポット型銀行取り付け	253
参入規制	305
参入障壁	170
CSV	153, 179
CDS	326
事業部制	201, 204
シグナリング均衡	41
シグナル	41
自己資金	55
自己資本	255
自己資本比率	53
——規制	297
事後の情報生産	59, 69, 118, 153, 164
資産効果	203
資産担保証券(ABS)	250
資産変換機能	8
死重的損失	208
市場型取引	10
市場規律	292
市場の失敗	157
システミック・リスク	18, 267
事前の情報生産	65, 153, 164
実効金利	170, 228
時点ネット決済方式	18, 267
支払停止措置	289, 316
支払保証小切手	23
資本市場	7
社外取締役	201, 208
弱支配戦略	295

終身雇用	186	**タ 行**	
住専問題	225		
準備預金制度	18, 285	大数の法則	14, 244
証券化	9, 213, 249	代理人	28
情報生産	36, 161	中期国債ファンド	199
情報の非対称性	97	長期信用銀行	220
情報の漏洩問題	61	長期的融資関係	166
ショック・アブソーバー	298	長短分離	196
進化論ゲーム	312	──規制	222
新規参入規制	195	直接金融	6, 9
新商品開発規制	194	貯蓄	21
信託銀行	241	TOB	151
信託受益権証書	8	低金利政策	192
人的関係	183	敵対的企業買収	114, 201
信認	270	転換社債	51
信任関係	57	店舗規制	197
信用創造	285	動学的非整合性問題	109, 286
信用秩序維持政策	291	投資信託	11
信用リスク	5	トップ・レンダー	164
垂直統合	110	ドミノ効果	266, 282
スクリーニング	88	取締役会	116
ステークホルダー	121, 169		
ストック・オプション	112	**ナ 行**	
世界大恐慌	243		
セルフ・セレクション	88, 290	内外金融市場分断規制	197
専門化の利益	38, 163	内部化	127
戦略的代替	268, 272	内部告発	117
戦略的補完	267	内部労働市場	185, 235
相関効果	266, 282	ナッシュ均衡	254
早期是正措置	264, 281, 295, 317	ナローバンク	321
総合職	75	日銀ネット	16
相互モニタリング	187	日本株式会社	208
ソーシャルインパクト・ボンド	139	日本版金融ビッグバン	197
総量規制	205	ネットバンク	185, 190
即時グロス決済方式	18	ネットワーク外部性	266
ソフト情報	60, 188-9	年功序列	78, 186

年功賃金	186
——制	76
ノン・リコース	251

ハ 行

パーク	113, 120, 148, 168, 182
バーゼル合意	299, 323
ハイイールド債	89
派生預金	285
発行市場	21
バブル	204
バランスシート	255, 298
範囲の経済	38, 71, 196
ピーチ	29, 31, 33, 72, 81
BIS 規制	299
非対称情報	27
非流動資産	244
ファンダメンタルズ	115, 204, 239
フィンテック	214
不確実性	13, 25
不完備契約	169
——問題	68
普通社債	51
部分保険	292
プライベート・ブランド(PB)	87, 139
プラザ合意	202
フランチャイズ価値	208, 236-7
フリーライド問題	40, 58, 163
不良債権	13, 200
プリンシパル	28, 96
プルーデンス政策	291
分離均衡	41, 50, 72, 74-6
ペイオフ	291
ベイルイン条項	299
ベンチャー・キャピタル	50, 125, 220
ホールドアップ問題	108, 184, 186, 188, 215, 217
保険証書	8
保険提供機能	172
保護貿易政策	192
保証書	45
本源的証券	6

マ 行

マーシャルの外部効果	127, 207
埋没費用(サンク・コスト)	44, 218, 229
マネーストック	172, 286
見えざる出資	76
無形資産	43-4
——価値	43
メインバンク	121, 131, 158, 253
——・レント	127, 170
モジュール	150
モニタリング	162
モラルハザード	98, 129

ヤ 行

役員派遣	167
誘因両立性条件	105, 135, 143
ユニバーサルバンク	209, 213
預金証書	8
預金保険	316
——機構	291
——制度	291

ラ 行

ラスト・リゾート機能	296, 319
ランダム・マッチング	312
ランダム・モニタリング	119
リーマン・ショック	302, 325
利益相反	196, 210

リコース	251	——問題	46, 97, 169
リスク・アセット	299	流通市場	21
リスク回避的	26	流動資産	244
リスク回避度	26, 189	留保利潤	34
リスク中立的	26	ルーブル合意	203
リスク分散	13	レモン	29, 31, 33, 72, 81
リスク分担	26	——問題	29
立証不可能	132, 180	ローン・パティシペーション	191
立証不可能性	97, 112		

【著者紹介】

加藤　正昭（かとう・まさあき）
　現職　大東文化大学経済学部教授
　専攻　銀行理論、金融システム論
　著書　『経済学によく出てくる数学』（共著）、同文館出版

銀行理論と情報の経済学

2016年10月14日　第1版1刷発行

著　者―加藤　正昭
発行者―森口恵美子
印刷所―シナノ印刷㈱
製本所―渡邉製本㈱
発行所―八千代出版株式会社

　　〒101-0061　東京都千代田区三崎町2-2-13
　　TEL　03-3262-0420
　　FAX　03-3237-0723
　　振替　00190-4-168060

＊定価はカバーに表示してあります。
＊落丁・乱丁本はお取り替えいたします。

ISBN 978-4-8429-1688-0　　©2016 Masaaki Kato